上海理想信息产业（集团）有限公司成立于1999年，为中国电信全资子公司，员工1700余人，年收入超过10亿，同时也是上海互联网大数据工程技术研究中心，聚焦于电信、政府、金融、教育、医疗、制造等多个行业，拓展ICT业务。

5G_{hello}用电信
畅享新智能

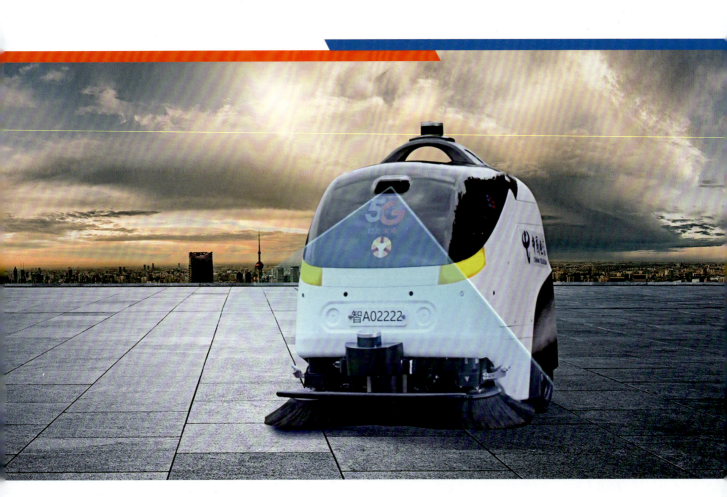

中国电信5G清扫消毒无人车
自动作业　无轨巡航

《2019—2020 中国信息通信业发展分析报告》
征订单（复印有效）

书　名	《2019—2020 中国信息通信业发展分析报告》		
书　号	ISBN 978-7-115-54762-0		
开　本	大 16 开	定价	360 元/册
订阅单位			
邮寄地址	（邮编：　　　　　　　）		
联系电话		联 系 人	
订阅册数		金　额	
邮箱		传　真	
银行汇款	户名	北京信通传媒有限责任公司	专票信息	税号	
	开户行	中国工商银行北京体育馆路支行		公司地址及电话	
	账号	0200008109200044661		开户行及账号	
是否需要发票	发票抬头				

《2019—2020 中国信息通信业发展分析报告》
征订启事

《中国信息通信业发展分析报告》由中国通信企业协会主编，人民邮电出版社出版，每年出版一本，旨在反映当年中国通信业的发展变化情况，分析行业发展的趋势，探讨行业热点、难点问题，为政府和相关部门提供行业发展方面的分析与建议。自 2006 年出版以来，其因为客观、中立的视角，翔实丰富的数据，而受到业界的欢迎和认可。

《2019—2020 中国信息通信业发展分析报告》聚焦通信、互联网及战略性新兴产业领域，全面梳理了中国通信业的发展变化情况，介绍了中国信息通信行业的发展、大宽带及网络融合、数字经济与信息安全、工业互联网与人工智能、5G 技术与应用的发展。对过去一年的重大研究成果及问题进行了比较全面的论述、分析和研究，同时，也对 2020 年通信业的发展作出了预测和展望。

《报告》以专家的视点，从不同角度对人工智能、"互联网+"、工业物联网、5G 发展、数字经济、移动互联网等热点问颐进行了深度阐述。同时，书中还搜集了 2019 年中国通信业的各项评奖结果，并提供了大量全面反映当前通信业发展状况的专业统计数据。

各单位如需订购，请按以下方式联系。

联 系 人：李娅绮　刘　婷

联系电话：010-81055492

　　　　　010-56081121

通信地址：北京市丰台区成寿寺路 11 号邮电出版大厦 714 室

邮政编码：100164

E-mail：378733088@qq.com

中国电信
CHINA TELECOM

5G hello用电信
畅享新智能

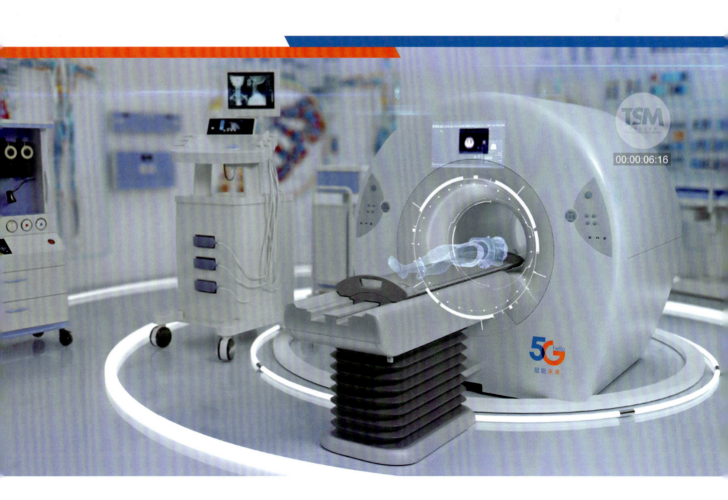

中国电信5G远程医疗

远程检测　远程会诊　远程诊疗

5G hello 云网　安全上云

云网融合｜安全可靠｜专享定制

助力百万企业免费上云

扫码办理

1000M⁺ 速度

中国移动5G网速 更快

尽享 无限 可能

中国移动 5G⁺
China Mobile

智慧冬奥　联通未来

冰雪激情"码"上体验

联通三千兆

出门用联通**千兆5G**
进门用联通**千兆宽带+千兆Wi-Fi**

千兆5G

千兆Wi-Fi

千兆宽带

冬奥信赖 联通力量

联通三千兆

出门用联通千兆 5G
进门用联通千兆 宽带 千兆 WiFi

千兆5G
超高速移动网络

千兆宽带
超高速光纤入户

千兆WiFi
超高速家庭无线网络

冬奥信赖
联通力量

5G^n

让未来生长

联通三千兆

出门用联通 千兆5G

进门用联通 千兆宽带 千兆WiFi

冬奥信赖 联通力量

5G云游戏
就是咪咕快游

中国移动 China Mobile 5G⁺⁺ | 咪咕

- 3000+款精品云游戏，无需下载，即点即玩
- 手机、PC、TV、VR，一品跨端，精彩不断
- 观战、助战、对战，云端连线，开黑无极限

咪咕快游

中国移动 5G⁺⁺ | 咪咕

咪咕视频

咪咕4K超高清体育赛事直播生产系统

咪咕4K超高清直播生产系统涵盖"采、编、播、存、传"全流程环节,形成高稳定、高效率、高开放度的超高清内容播出体系,支撑超高清体育赛事直播业务的快速发展。

信号制作(一次)	信号回传	二、三次制作	总控调度	内容分发
业界领先 内容生产能力	全球范围网络传输保障	制作中心	播出中心	内容源站 转码
• 演播室		二次制作: 包装剪辑、 调色调音、特效等	监播	
• 合作场馆	• 5G超高清 信号回传网络		调度	媒资入库 介质存储
• 转播车		三次制作: 广告嵌入等	转码	
• 三方信号	• 国内专线组网		播控	
创新融合 运营商优势	• 国际专线传输	• 总控中心及演播室集群		• 融合全网 CDN加速能力
• 场馆专线预埋 • 5G覆盖保障	• 卫星传送补充	• IDC联合规划,IDC联合规划,基础资源共享		

咪咕

让通话前的等待更期待

1亿人都在用的中国移动视频彩铃

好看
超高清全面屏

个性
海量内容
将世界装进手机

传情
随心DIY
定制专属浪漫

码上加入
"亿级用户俱乐部"
玩转视频彩铃

中国电信 | CHINA TELECOM | 5G hello

电信三千兆

5G hello + 光宽带 + Wi-Fi 6 ▶ 极速体验全天候 ▶

千兆5G	千兆宽带	千兆Wi-Fi
随享极速畅连 尽情探索更多精彩	网络够快够宽 让家庭生活更智慧	Wi-Fi满屋覆盖 全屋上网自由自在

码上办理

营业厅查询

详情请咨询10000号或电信营业厅　中国电信北京公司

中国电信 CHINA TELECOM

5Ghello 购机节

购5Ghello，
来电信！

办橙分期 享960-4320元 手机优惠

北京电信明星员工 贾林

麦芒9 5G
原价¥2199
+¥1029
翼支付消费券

中国电信 CHINA TELECOM

享千兆光宽带
办理5G套餐，月均279元即可享1000M
光宽带，月均169元即可享500M光宽带

套餐升档享7折
办理5G套餐，同时办理橙分期合约，低
至7折优惠

畅享5G应用
天翼超高清/天翼云游戏/天翼云VR/
天翼视频彩铃/天翼云盘

玩转电信Plus会员 特定档位套餐
可免费畅享

会员特权(5选1):优酷/爱奇艺/ 商品特权:
腾讯/饿了么会员/翼支付代金券 京东大额优惠券

本地特权(2选1):
物美、金凤成祥代金券

扫码办理

此终端价格为办理橙分期199元档优惠后的价格
更多具体政策，请详询办理营业厅。

☎ 详询客服 10000 189.cn
中国电信北京公司

 |

安全云网　暖春行动

服务疫情防控　助力复工复产

云网融合｜安全可靠｜值得信赖

天翼云会议

中小企业上云

教育上云(校园)

天翼智慧社区

天翼高清云课堂

天翼大喇叭

医院上云

天翼看家

天翼来电名片

现在办理

详情请咨询10000号或电信营业厅　　中国电信北京公司

07:30

清晨不下床，
手机号令全屋家电~

上门定制 全屋WiFi
全屋组网 Wi-Fi无死角

智慧生活管家服务
扫码立即预约
千兆路由器1台+上门安装服务

09:30

随时随地"掌"看神兽，
嘘~学习中请勿打扰！

天翼看家 把家带在身边
随时随地 安全看家

智慧生活管家服务
扫码立即预约
智能摄像头/智能门铃1台
+1天云回看年包（12个月）+上门安装服务

家庭云 记忆永留存
安全保存 全家共享

扫码下载天翼云盘

登录天翼云盘APP
即可领取30G家庭云空间

美好时光不再短暂，
云上永久珍藏快乐！

15:30

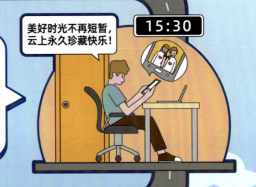

20:30

高清画质大开眼界，
客厅空降超级现场！

天翼高清 海量片库
4K超高清 共享精彩

扫码了解详情

即刻办理电信光宽带，以上智慧家庭产品享更多优惠

营业厅查询

详情请咨询10000号或电信营业厅

中国电信北京公司

中国移动
China Mobile

5G⁺⁺ 未来
无限可能

买手机 到移动

大牌5G手机
购机优惠

信用购机
优惠高至 **5300**元

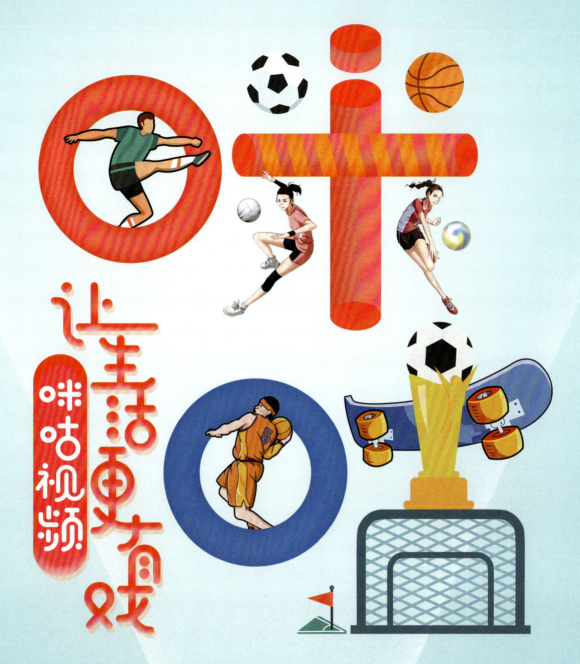

让生活更有戏

咪咕视频

海量内容一网打尽

赛事集结热血出击

咪咕视频

中国联合网络通信有限公司
广东省分公司

中国联通是一家经营综合电信业务的国有特大型骨干电信运营企业，企业资产规模超过5200多亿元，在国内31个省（自治区、直辖市）和境外多个国家和地区设有分支机构，全系统从业人员达到30余万人。中国联通是由集团层面整体推进混合所有制改革的中央企业，正在实施聚焦创新合作战略，致力于建设"五新"联通（新基因、新治理、新运营、新动能、新生态）。2019年，中国联通发布5G品牌——"5Gn让未来生长"，致力于科技创新、赋能行业，给客户带来无限精彩体验。2019年，中国联通实现服务收入2644亿元，其中，云计算、大数据、物联网等产业互联网创新收入呈现100%以上的高速增长。

中国联通广东省分公司是中国联通在广东省的重要分支机构。近年来，广东联通围绕"四个走在全国前列"等重要批示指示精神，围绕建设粤港澳大湾区、深圳中国特色社会主义先行示范区和省政府"一核一带一区"区域发展新格局，广东联通积极践行新发展理念，重点实施数字化创新"三大转型"，落实"三大变革"。2016年，广东联通收入规模跃居中国联通各省分公司前列；2018年，广东联通被中国通信产业榜评为中国通信产业新型数字化服务领军企业；2019年，广东联通位列中国通信产业榜省级运营商第2名，被评为中国联通党建工作示范区。2015年以来，广东联通累计为2500家政府单位和11000家企业提供信息化服务，产业互联网专家形象深入千政万企。2019年，公司坚持5G网络、业务双领先战略，在5G网络建设和应用创新领域多项领先。2020年，公司致力于构建"一型两化（平台型、数字化、生态化）"企业，争当5G时代高质量发展排头兵。

5Gⁿ

让未来生长

双网共享　智慧双倍

中国联通&中国电信共建共享5G网络

覆盖翻倍　速率翻倍　带宽翻倍

北京 2022 年冬奥会官方合作伙伴
Official Partner of the Olympic Winter Games Beijing 2022

5Gⁿ未来会员

~~138元~~ 促销价98元/年

吃喝玩乐全搞定

购物返利1%

购物即返生长值，
买越多省越多

多号积分共享

积分当钱花，
全家一起更精彩

沃厅购机95折

机友狂欢，
每天都是双十一

折扣券95折

生活更省心
95折加油券月月领

视听会员N选1

热门VIP任选一
月月领到手软

缤纷生活　触手可及

新·改变世界

京 2022 年冬奥会官方合作伙伴
cial Partner of the Olympic Winter Games Beijing 2022

智慧沃家
让爱生长

解决方案

数字家庭信息化

给您带来 极致未来体验

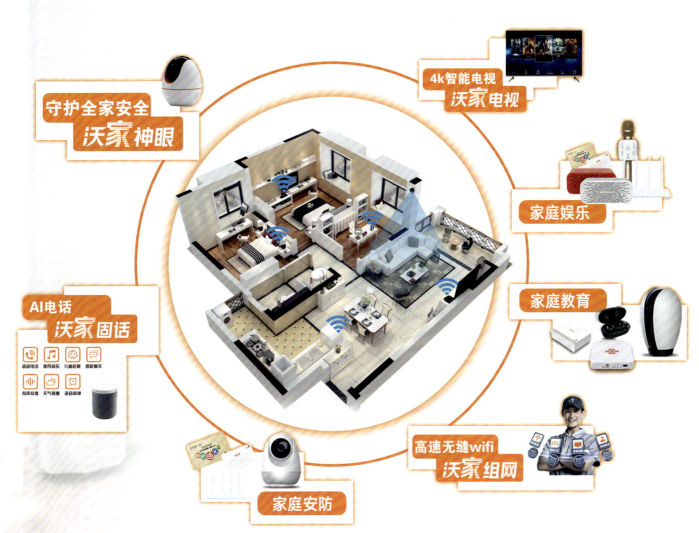

4k智能电视
沃家电视

守护全家安全
沃家 神眼

家庭娱乐

AI电话
沃家 固话

语音电话 推荐音乐 儿童启蒙 智能聊天
有声点播 天气提醒 语音闹钟

家庭教育

家庭安防

高速无缝wifi
沃家 组网

冬奥信赖 联通力量

智慧沃家
让爱生长

扫描立即办理

1000多项

5G技术专利申请

每一步领先，我们都会牢记使命

移动双千兆
美好新生活

码上升级5G套餐

移动双千兆
让家庭美好生活发生

在家用 **1000M** 宽带，在外用 **1000M** **5G**

新网络　新权益　新产品　新服务

码上升级5G套餐

中国联合网络通信有限公司
上海市分公司

中国联合网络通信集团有限公司（以下简称中国联通）于2009年1月6日在原中国网通和原中国联通的基础上合并而成，在国内31个省（自治区、直辖市）和多个国家和地区设有分支机构，是一家同时在纽约、香港、上海三地上市的电信运营企业，连续多年入选"世界500强企业"。

中国联合网络通信有限公司上海市分公司（以下简称上海联通）是中国联通在上海的重要分支机构，拥有包括移动和固定通信业务在内的全业务经营能力。按照上海主要行政区划分，上海联通共设置了12个区分公司。自融合以来，上海联通坚持规模发展、效益发展、创新发展不动摇，经营业绩稳步提升。收入从融合之时的不足40亿元，增长到2019年的超百亿元，实现了企业规模跨越式的翻倍增长。与此同时，上海联通还坚持以党建统领发展、融入发展、推动发展，成功探索打造了"融入式"党建。从2008年起，连续16年蝉联八届"上海市文明单位"称号。先后被评为"全国文明单位""全国五一劳动奖章"、上海市文明行业、上海市企业文化建设示范基地，邮电系统最美职工之家。

在集团聚焦战略的引领下，上海联通植根上海这一片热土，主动对接地方经济建设和社会发展，助力地方基础设施能级提升。移动网络质量领先行业，根据中国社会科学院—上海研究院和电信科学技术第一研究所联合发布的《上海市移动通信用户感知度测评报告（2018年）》，上海联通用户感知综合评分连续三年保持领先；政企网络10G PON技术全覆盖，持续保持固网技术领先、用户体验领先；2019年，规模开展5G商用部署，截至2019年底，全市部署超8000个5G站点，率先实现5G网络全覆盖，主要城区5G驻留比达91%以上。2020年，上海联通将继续发力，推进共建共享，加快5G建设步伐。

近年来，上海联通更是加快数字化转型步伐，打造新型企业，积极深化体制机制改革，坚持走以创新为引领的差异化发展道路，加快培育依托CT能力的IT能力，在5G、云计算、大数据、物联网、人工智能等方面打造特色优势，聚焦智慧城市、智能制造、智慧医疗、智慧教育等重点领域，成功打造了上飞"5G未来工厂"项目、为市教育单位独家提供教育行业云服务、助力沪上三甲医院上线为互联网医院等等，力争成为数字化综合信息服务运营商，为上海"五个中心"建设，打造全球卓越城市和建设社会主义现代化国际大都市、推动智慧城市建设积极贡献力量。

为进一步落实"网络强国""数字中国""智慧社会"，为上海市新基建、在线新经济赋能，围绕全面建成小康社会的宏伟目标，严格履行对社会的承诺，全力创新通信产品，不断提升服务水平，为中国电信业的改革发展，为上海经济建设和社会发展做出应有的贡献。

联通5G
让美好如约而至

网速更快　选联通

流量更多　选联通

体验更好　选联通

宽带选联通
让生活精彩随行

双千兆 全家享

智享高速率 | 智享大流量 | 智享新生活

5Gⁿ
让未来生长

"传承红色基因
共克疫情时艰
勇担央企使命"

1 203770千米光缆巡线4499条重保专线网络

发送1.5亿条防疫公益短信 **2**

3 为700万学子提供18000课时"云课堂"

云、大、智创新助力5000家企业复工复产 **4**

5 对口援随5G远程医疗系统为患者架起30次生命之门

··· 江西联通在行动 ···

南京邮电大学
Nanjing University of Posts and Telecommunications

厚德弘毅求是笃行

华夏IT英才的摇篮

"双一流"建设高校　　　　**江苏高水平大学建设高校**
ESI中国大学综合排名百强　　**中国大学综合实力百强**

因邮电而生　◆　随通信而长　◆　由信息而强

校友出资翻新华礼堂

快闪《我和我的祖国》

国际电信联盟秘书长赵厚麟校友

2019年荣获八项全国电子设计竞赛一等奖

"薪火传、踏歌行"办学77周年校庆跑

国家自然科学进步奖二等奖

姜佳音校友获得篮球世界冠军

早日建成电子信息领域特色鲜明的高水平研究型大学

奋斗目标

第一阶段：到2022年，即办学80周年时，学校一流学科建设水平进入全国前列，综合实力进入全国80强，为建成电子信息领域特色鲜明的高水平大学打下坚实基础。

第二阶段：到2035年，即办学90周年左右，学校一流学科建设接近世界先进水平，综合实力进入全国50强，初步建成电子信息领域特色鲜明的高水平研究型大学。

第三阶段：到本世纪中叶，即办学100周年左右，学校一流学科建设水平进入世界前列，综合实力进入全球高校500强。

学校简介

南京邮电大学是国家"双一流"建设高校和江苏高水平大学建设高校，其前身是1942年诞生于山东抗日根据地的八路军战邮干训班，是我党、我军早期系统培养通信人才的学校之一。1958年改建为本科高校，取名南京邮电学院；2005年4月，更名为南京邮电大学。2000年起实行中央与地方共建，2018年成为部省共建的"双一流"建设高校。学校秉承"信达天下 自强不息"的南邮精神，践行"厚德、弘毅、求是、笃行"的校训，发扬"勤奋、求实、进取、创新"的校风。目前学校已发展成为一所以工学为主体，以电子信息为特色，理、工、经、管、文、教、艺、法等多学科相互交融，博士后、博士、硕士、本科等多层次教育协调发展的高校。办学77年以来，学校为国家输送了各类优秀人才23万余名，很多成为国内外信息产业和人口计生领域的领军人物、技术精英和管理骨干，享有"华夏IT英才的摇篮"之誉。

南京邮电大学官方微信

南京邮电大学官方微博

中国普天信息产业集团有限公司（以下简称"中国普天"）是中央企业。其前身源于中国邮电工业总公司，1999年9月更名为中国普天信息产业集团公司，2017年12月更名为中国普天信息产业集团有限公司。

中国普天通过不懈努力，逐步建立了新中国完整的邮电通信工业体系，在不同历史阶段为国家信息通信产业的发展壮大做出了贡献，不断推进从传统通信设备制造商向信息化整体解决方案提供商和综合运营服务商的转型，业务覆盖信息通信与网络安全、智能装备、智慧应用、创新创业园区服务、新能源汽车充电服务等领域。

作为国家创新型高新技术骨干企业，中国普天净资产超过100亿元，拥有上市公司5家，员工近2万人。集团在京津冀经济圈、长江三角洲、珠江三角洲、中西部地区和国外均建立了研发和产业基地，产品和服务遍及全球100多个国家和地区。

面向未来，中国普天将坚持"以市场为导向、以客户为中心"，提升集团核心竞争力，致力于发展信息通信产业，使社会更智慧，努力将公司培育成为全球客户信赖的信息通信技术合作伙伴！

信息通信与网络安全

中国普天作为信息通信产业国家队，提供从系统设备、终端配套到工程服务的系列公网和专网通信产品。

TETRA/PDT集群系列产品　　　　　　　　　　单模光纤生产线

▶ 智能装备和终端

中国普天融合新一代信息通信技术改造现代制造业、生产性服务业等传统行业的装备，
实现装备智能化和业务数字化，推动智慧社会建设。

智慧物流设备服务于现代物流中心　　　运行中的智能轨交产品　　　自动柜员机（ATM）生产线

▶ 智慧应用

中国普天提供一系列优化城市管理和服务、提升资源效率、改善民生质量的智慧应用
解决方案，重点聚焦于智慧城市、智慧民生、智能家居等领域。

智能家居面板产品　　　　　　　曲靖市养老综合服务中心

新能源汽车充电服务

中国普天发挥在信息通信等领域积累的产业优势，自主
研发了电动车动力供给网络智能管理系统，为中国新能
源汽车的大规模商业化发展提供了切实可行的整体解决
方案并实现落地运营。

创新创业园区服务

中国普天发挥技术创新引领作用，带动上下游中小企
业融通发展，形成良好的规模效益和社会影响力，被
批准为"全国双创示范基地"。图为普天东信科技园。

中国卫通集团股份有限公司
China Satellite Communications Co., Ltd.

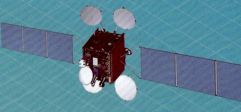

中国卫通
共创美好数字生活

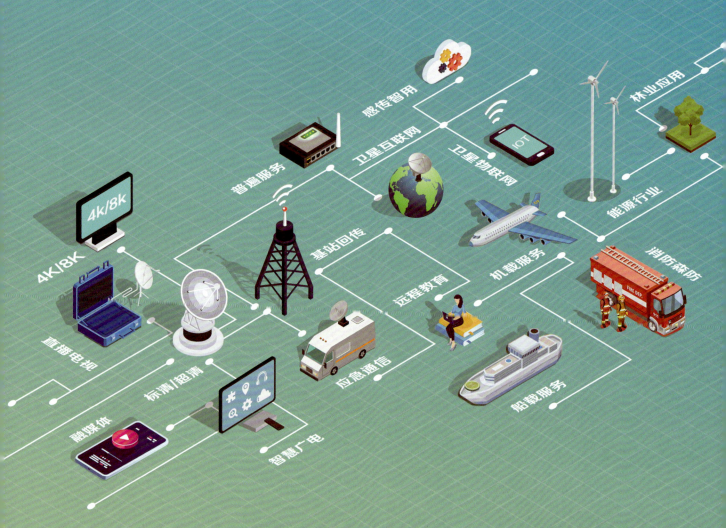

◆ 做好卫星运营服务　　◆ 自主可控　天地一体
◆ 搭好地面应用平台　　◆ 基础电信业务经营许可
◆ 推动综合信息服务　　◆ 增值电信业务经营许可

◎ 中国卫通集团股份有限公司　　◎ 地址：北京市海淀区知春路65号中国卫星通信大厦A座21层

中国卫通集团股份有限公司（以下简称中国卫通）是中国航天科技集团有限公司从事卫星运营服务业的核心专业子公司，具有国家基础电信业务经营许可证和增值电信业务经营许可证，是我国拥有通信卫星资源且自主可控的卫星通信运营企业，被列为国家一类应急通信专业保障队伍。2019年6月28日，中国卫通成功登陆上交所主板挂牌交易，股票代码：601698。

中国卫通运营和管理着15颗优质的在轨民商用通信广播卫星，覆盖中国、澳大利亚、东南亚、南亚、中东以及欧洲、非洲等国家和地区。公司拥有完善的基础设施、可靠的测控系统、优秀的专业化团队、卓越的系统集成和7X24小时全天候高品质服务能力，为广大民众提供安全稳定的广播电视信号传输，为国家政府部门和重要行业客户提供专属服务，为重大活动和抢险救灾等突发事件提供及时可靠的通信保障，赢得了广大客户的好评和高度信赖，树立了良好信誉和品牌形象。

中国卫通秉承"以国为重、以人为本、以质取信、以新图强"的核心价值观，充分发挥卫星运营国家队的主导作用，坚持"做好卫星运营服务、搭好地面应用平台、推动综合信息服务"三位一体发展路径，努力完善多频段、多轨位、广覆盖、安全可靠、服务多样的天地一体化综合信息服务体系，全力推进我国卫星通信、卫星互联网产业的发展。

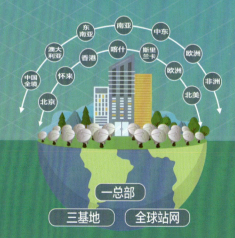

- ◆ 多星统一测控平台
- ◆ 传统业务综合信息服务平台
- ◆ 电信级宽带卫星基础运营平台

◎ 电话：010-62586600　　◎ 传真：010-62586677　　◎ 邮编：100190

中国移动通信集团设计院有限公司

中国移动通信集团设计院有限公司(简称"设计院")是中国移动通信集团有限公司的直属设计企业，中国移动研发机构之一的"网络规划与设计优化研发中心"。公司发展历史可以追溯到1952年，是中国通信企业协会、中国工程咨询协会副会长单位，中国工程标准化协会通信委员会的组建单位，国家高新技术企业。被北京市科委和北京市科技咨询业协会评为北京首批科技咨询"信誉单位"，连续数年跻身建设部组织评选的中国勘察设计单位综合实力百强行列。近年来，在中国通信企业协会组织的评选活动中，连续被评为"全国通信行业用户满意企业"及"先进通信设计企业"。

设计院是国家甲级咨询勘察设计单位，具有承担各种规模信息通信工程、通信信息网络集成、通信局房建筑及民用建筑工程的规划、可行性研究、评估、勘察、设计、咨询、项目总承包和工程监理任务的资质；持有电子通信广电行业（通信工程）甲级、电子系统工程专业甲级和建筑行业（建筑工程）甲级资质；具有信息系统集成及服务一级资质；具有承担国家发展改革委委托投资咨询评估资格；已通过ISO9001国际质量体系认证；持有《中华人民共和国对外承包工程经营资格证书》，可承接对外承包工程业务。

5G基站一体化能源柜

产品介绍： 5G基站一体化能源柜系统由1套多输入多输出(MIMO)直流电源、1~4个智能磷酸铁锂电池模块、机柜以及配套等设备组成，并预留BBU、PTN 等通信设备安装空间。根据使用场景，系统分为室内机柜、室外机柜。

产品功能： 基于MIMO理念，提出5G基站一体化能源机柜产品。

免市电改造： 一方面通过叠加新能源进行补充，一方面通过智能削峰实现市电与储能能量协同，智能调度多种能源输入，避免市电改造。

免电源改造： 整合现网直流电源剩余容量，多路电源互补满足5G供电需求，避免对现网现网直流电源扩容改造。

免电池更换： 备用电池容量动态匹配计算，现网电池与智能锂电联合保障5G备电时长要求，避免现网电池更换。

与传统改造相比，一体化数字能源机柜产品解决方案将改造周期缩短约90%、CAPEX降低30%、能效提升8%~17%。

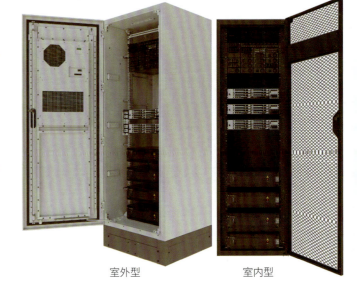

室外型　　　　室内型

微模方　CMDI Modular Data Center

产品介绍：

微模方是一款**"即装即用"**的模块化数据中心产品，由机柜系统、电源系统、配电系统、空调末端、综合布线系统、消防系统、监控管理系统等组成，采用标准化组件、预制化安装，具备独立运行功能，满足快速灵活、弹性部署需要。该产品荣获中国工程建设标准化协会**"2019年数据中心科技成果奖"**杰出奖。

产品功能：

模块化设计、冷热通道封闭，具有**"多快好省"**特点。

场景多&装机多： 广泛适用于新建或改造仓储式云数据中心和边缘数据中心，较传统模式装机效率提升16%。

部署快： 较传统模式建设周期缩短60%。

抗震好： 获得信息产业通信设备抗震性能质量监督检验中心颁发的信息通信设备抗震性能合格证，可承受8~9度地震。

电费省： 封闭冷热通道，自配监控系统，节能效率提升3%。

FPA软件度量智能平台及服务

产品介绍：

对软件规模、工作量和质量等事项进行量化，使复杂的软件过程全面数字定义，使得相关人员能够正确理解、管理、和追溯软件。我们可提供：

（1）第三方在线评估报告： 合理明确软件/项目范围，估算开发工作量、加强软件开发成本核算，减少重复开发和闲置功能，提升投资效益；

（2）软件度量过程基准数据库： 为客户建库、内嵌在生产平台中，使得软件度量更加标准化和精细化；

（3）度量体系咨询培训： 提供软件规模、软件工作量、软件成本和软件管理四方面的专业培训，提高客户软件管理能力。

产品功能：

（1）提供系统功能架构图、关键时序图；
（2）提供软件功能详细清单一览表；
（3）提供软件软件规模度量详尽报告（功能点）；
（4）提供软件工作量测算详尽报告（人天）。

综合上述，FPA软件度量智能平台及服务是需求管理、投资预算、商务谈判依据、实施验收和辅助审计等中国移动项目管理全流程的重要依据。提升软件管理水平、保障软件开发质量和高效、促进降本增效。

区块链政企专网

产品介绍：

在客户现有通信网络内搭建包括区块链基础设施网络底座、管理与能力平台、应用开发界面等在内的一整套区块链应用部署与运行的整体解决方案，提供高效、便捷、低成本、安全的区块链应用开发、部署和运维管理服务。

产品功能

多链建设多应用支持

· 专网可任意选择公共节点建立各种组合的联盟链和私有链，支持一键部署并同时运行各类不限数量的应用（由资源情况决定）。

网内网外数据互通

· 专网支持多底层框架，可通过链内链外专业解决方案实现不同框架下应用的数据互通。
· 专网具备与上下级专网互通的能力。
· 可使用自己的根密钥，也可以选择BSN根密钥下的子密钥，实现与公网之间的数据交互。

统一授权、集中管理与控制

· 专网管理部门可作为用户使用统一ID参与专网上任一运行的区块链应用。
· 专网管理部门能够对专网内所有应用进行实时监控和管理，可随时调整用户权限和数据权限。

动态可控的资源配置

· 专网可动态调配计算、存储、网络等资源，使之维持在60%的合理使用率，根据业务量随时调整资源配置，节省负载资源。

低成本高效率的部署方式

· 将复杂的底层区块链技术封装为简单易用的普通技术接口，提升系统链改便捷性。
· 在具备专网系统平台和云/IDC资源的条件下，无需额外部署硬件服务器或云服务。
· 对现有业务系统无影响，不改变技术服务格局。

高效专业的运维与服务体系

· 专网具备专业运维服务团队，实施统一维护管理，使用方可不用部署任何区块链环境运维团队。
· 专网搭建完毕后，提供免费通用应用，在应用商店中提供各类应用。

企业概况

长飞光纤光缆股份有限公司(以下简称"长飞公司")成立于1988年5月,是专注于光纤光缆产业链及综合解决方案领域的科技创新型企业,也是全球光纤预制棒、光纤、光缆供应商。

长飞公司于2014年12月10日在香港联交所挂牌上市(股票代码:06869.HK),2018年7月20日在上海证券交易所挂牌上市(股票代码:601869.SH),开启了跨越式发展的全新征程。

长飞公司主要生产和销售通信行业广泛采用的各种标准规格的光纤预制棒、光纤、光缆,基于客户需求的各类特种光纤、光缆,以及射频同轴电缆、配件等产品,公司拥有完备的集成系统、工程设计服务与解决方案,为世界通信行业及其他行业(包括公用事业、运输、石油化工、医疗等)提供各种光纤光缆产品及综合解决方案,为全球70多个国家和地区提供优质的产品与服务。

自成立以来,通过技术引进、消化、吸收与再创新,长飞公司探索出了一条振兴民族产业的成功之路,自主掌握PCVD、OVD、VAD三种预制棒制造工艺,是国家认定的企业技术中心、全国智能制造试点示范企业、全国制造业单项冠军示范企业,入选全国工业互联网平台集成创新应用试点示范项目等,荣获国家科技进步二等奖(3次)、全国质量奖、欧洲质量奖等权威奖项,获得600余项中国专利和多项欧洲、美国、日本等国外发明专利,并成为光纤光缆制备技术国家重点实验室的依托单位以及国际电联ITU-T和国际电工IEC标准制定的重要成员之一。

秉持"智慧联接 美好生活"的使命,长飞公司以"客户 责任 创新 共赢"为企业核心价值观,在棒纤缆业务内涵增长、技术创新与智能制造、国际化地域拓展、相关多元化以及资本运营协同成长五大方面积极布局,致力于成为信息传输与智慧联接领域的领导者!

技术创新

长飞光纤光缆股份有限公司
YANGTZE OPTICAL FIBRE AND CABLE JOINT STOCK LIMITED COMPANY

地址 ADD:中国武汉光谷大道9号　　9 Optics Valley Avenue, Wuhan, China
邮编 PC:430073　电话 Tel:400-006-6869　Email:400@yofc.com　网址 Web:www.yofc.com

创新平台

- 光纤光缆制备技术国家重点实验室

- 国家企业技术中心

- 国家技术创新示范企业

- 智能制造试点示范企业

技术实力

- 三次荣获"国家科学技术进步二等奖"

- 同时掌握PCVD、OVD 和VAD 三种预制棒制备技术

- 拥有全系列通信单模光纤和多模光纤,同时拥有超低损耗G.652、G.654、G.657 单模光纤和 OM3、OM4、OM5 多模光纤

- 作为行业代表相继中标制造业"单项冠军示范企业"、工业互联网试点示范项目和工业强基工程项目,入选国家工业互联网平台集成创新应用试点示范项目,2019年12月完成工业互联网标识解析二级节点上线

- 承担了国家973计划、863计划、科技重大专项国家重点研发计划、国家自然科学基金、科技支撑计划、国际科技合作项目、国家电子发展基金专项等国家级项目、课题40余项

- 申请中国专利900多项,获得授权近600项;申请海外专利180多项,获得授权70多项

智慧联接 美好生活
Smart Link Better Life

以 **联接** 铺就5G商业生态无限可能

用 **创新** 赋能千行百业共享智慧生活

长飞光纤光缆股份有限公司
YANGTZE OPTICAL FIBRE AND CABLE JOINT STOCK LIMITED COMPANY

地址 ADD: 中国武汉光谷大道9号　　9 Optics Valley Avenue, Wuhan, China
邮编 PC: 430073　电话 Tel: 400-006-6869　Email: 400@yofc.com　网址 Web: www.yofc.com

股票代码 Stock Code：

601869.SH 06869.HK

中贝通信
Bester Group

01 公司简介

| 主板上市公司

2018年11月在上海证券交易所主板上市（股票代码 603220）

| 综合实力雄厚

注册资本3.38亿元，员工3000余人，拥有交换、传输、无线网络、光通信、数据与存储、电源供电等专业工程师500多名，其中一、二级建造师与项目经理近200名。

业务区域涉及全国20多个省（市）、自治区，形成了南方、北方、中部、西南、西北、东部6大业务区，面向全国主要省市设置了近30多个办事处/事业部、近200个项目部。

02 公司拥有的行业资质

电子与智能化专业承包
一级资质
信息系统集成
二级资质

对外通信工程
承包资质
有线通信规划设计专业
甲级资质
通信网络代维
甲级资质

通信工程施工总承包
一级资质
通信信息网络系统集成
甲级资质

工程咨询
甲级资质
通信行业工程设计
甲级资质
通信行业工程勘察
甲级资质
通信建设工程企业安全生产服务能力
甲级资质

电力工程施工总承包
三级资质
城市及道路照明工程专业承包
三级资质
机电工程施工总承包
三级资质

建筑工程施工总承包
三级资质
钢结构工程专业承包
三级资质
施工劳务
不分等级

03 业务领域

• 通信网络建设

移动通信网络、交换与智能系统网络、光网络传输系统、光缆线路与通信基础设施、通信网络优化、维护、通信网络规划、勘查设计与咨询。

• 通信与信息化集成

企业信息化系统集成、专用通信网络集成、建筑智能化系统集成、智能交通系统集成、智慧城市等总承包。

• 国际业务总承包

在"一带一路"沿线多个国家，提供通信网络建设、数据网络建设和智能化与信息化等项目总承包服务。

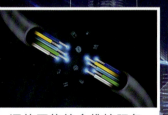

国家高端专业智库
产业创新发展平台

地址：北京市海淀区花园北路52号　业务联系方式
网址：www.caict.ac.cn　　　　　电话：86-10-62305593
邮箱：yf@caict.ac.cn　　　　　　传真：86-10-62305540

广 告 索 引

前 插

中　插

后　插

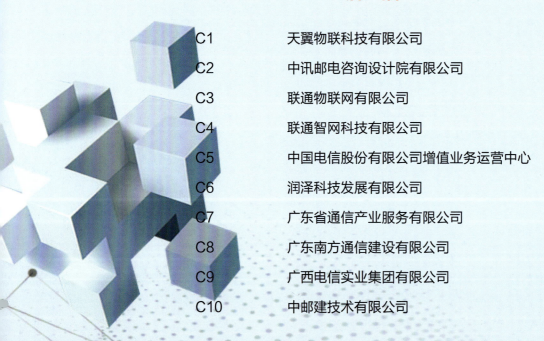

2019—2020
中国信息通信业发展分析报告

 中国通信企业协会　编

人民邮电出版社
北　京

图书在版编目（ＣＩＰ）数据

2019—2020中国信息通信业发展分析报告 / 中国通信企业协会编. -- 北京：人民邮电出版社，2020.10
ISBN 978-7-115-54762-0

Ⅰ．①2… Ⅱ．①中… Ⅲ．①通信技术－信息产业－产业发展－研究报告－中国－2019-2020 Ⅳ．①F492.3

中国版本图书馆CIP数据核字(2020)第168505号

内 容 提 要

本书是一部综合反映 2019 年中国信息通信业发展的研究分析报告。对 2019 年信息通信业和互联网的发展以及新政策、新业务、新技术和由此带来的影响等进行了深度分析，并对 2020 年信息通信业的发展作出了预测和展望，内容涵盖了运营、市场、业务、技术、管理等众多方面，以及信息通信和互联网产业链的各个环节。书中给出了大量翔实的数据，同时收录了行业内专家针对备受业界关注的热点问题专门撰写的文章。全书具有较强的分析性、研究性和参考性。本书可供信息通信业的各级管理人员、相关研究单位工作人员以及中国信息通信业发展的各界人士参考。

◆ 编　　　　中国通信企业协会
责任编辑　李　静
责任印制　彭志环

◆ 人民邮电出版社出版发行　　北京市丰台区成寿寺路 11 号
邮编　100164　电子邮件　315@ptpress.com.cn
网址　https://www.ptpress.com.cn
北京华邦印刷有限公司印刷

◆ 开本：880×1230　1/16　　彩插：56
印张：17　　　　　　　　2020 年 10 月第 1 版
字数：676 千字　　　　　2020 年 10 月北京第 1 次印刷

定价：360.00 元

读者服务热线：(010) 81055493　印装质量热线：(010) 81055316
反盗版热线：(010) 81055315
广告经营许可证：京东市监广登字 20170147 号

前　言

2019 年，我国通信业持续深化行业转型，新业务创新逐步形成发展新动能，网络升级和新型信息基础设施建设推进顺利，有效支撑全社会数字化发展。

2020 年是全面建成小康社会和"十三五"规划收官之年。我国信息通信业发展处于新的历史起点，面临诸多新要求、新机遇、新挑战，全行业将以习近平新时代中国特色社会主义思想为指导，坚持新发展理念，坚持以供给侧结构性改革为主线，科学把握行业发展形势，持续深化体制机制改革，加快建设5G 网络，推动我国信息通信业实现高质量发展。

《2019—2020 中国信息通信业发展分析报告》聚焦通信、互联网及战略性新兴产业领域，全面梳理了中国通信业的发展变化情况，介绍了中国信息通信行业的发展、大宽带及网络融合、数字经济与信息安全、工业互联网与人工智能、5G 技术与应用的发展。对过去一年的重大研究成果及问题进行了比较全面的论述、分析和研究，同时，也对 2020 年通信业的发展作出了预测和展望。

针对这一年行业的发展重点，《报告》以专家的视点，从不同角度对人工智能、"互联网＋"、工业物联网、5G 发展、数字经济、移动互联网等热点问题进行了深度阐述。同时，书中还搜集了 2019 年中国通信业的各项评奖结果，并提供了大量全面反映当前通信业发展状况的专业统计数据。

《报告》邀请了近百位行业内知名学者、专业人士、行业观察家、分析师、媒体人撰写相关稿件，并得到了中国信息通信研究院，中国电信、中国移动、中国联通等电信运营企业，北京邮电大学和人民邮电报社以及企协各专业委员会的大力支持。《报告》在成书过程中，也得到了人民邮电出版社的大力支持，其所属的信通传媒公司调动了大量的人力、物力，组织作者编写《报告》，并且进行了认真的编辑加工，使本书能够及时出版。

《报告》还存在需改进之处，真诚希望业内外人士提出宝贵意见，以便我们今后在组织编写的过程中不断改进和提高。

中国通信企业协会

2020 年 4 月

目　录

数字经济与信息安全篇

工业互联网与人工智能篇

5G 技术与应用发展篇

专家视点与专题研究篇

附录 A 政策法规

附录 B 创新成果类

附录 C 数据类

工业和信息化部 2020 年工作会议

苗 圩

2019 年 12 月 23 日，全国工业和信息化工作会议在京召开。会议以习近平新时代中国特色社会主义思想为指导，全面贯彻党的十九大和十九届二中、三中、四中全会精神，认真落实中央经济工作会议部署，传达学习贯彻国务院领导同志批示要求，总结 2019 年工作，分析面临的形势，部署 2020 年任务。

会议指出，今年以来，面对国内外风险挑战明显上升的复杂局面，全系统认真贯彻落实党中央、国务院决策部署，统筹推进稳增长、补短板、调结构、促融合、优环境各项工作，较好地完成全年目标任务。预计全年，全国规模以上工业增加值增长 5.6% 左右，单位工业增加值能耗同比下降 3% 左右，软件和信息技术服务业收入增长 15%，电信业务总量（上年不变价）增长 20%，互联网行业收入增长 20%。

一是党对工业和信息化领域的领导持续加强。全面加强党的领导和党的建设，深入学习习近平新时代中国特色社会主义思想，制订学习领会贯彻落实习近平总书记重要指示批示和党中央重大决策部署实施办法；扎实开展"不忘初心、牢记使命"主题教育；强化监督执纪问责，严肃查处典型违纪违法案件。

二是制造业发展质量稳步提升。去产能成果进一步巩固，一批落后产能依法依规退出；开展工业行业综合督查检查，长江经济带 10 省份完成 70% 的危险化学品生产企业搬迁改造任务；消费品工业"三品"专项行动扎实开展；启动先进制造业集群培育工作；制定完成 49 项强制性国家标准，全行业国际标准转化率达到 80%；深入开展脱贫攻坚，全面完成定点扶贫任务。

三是制造强国建设重点任务加快推进。继续实施制造业创新中心、智能制造、绿色制造等工程；5G 手机芯片投入商用，存储器、柔性显示屏量产实现新突破；国际合作扎实开展，中俄宽体客机项目研制稳步推进，中法联合研制涡轴发动机取得型号合格证，金砖国家未来网络研究院中方分院在深圳成立。

四是网络强国建设取得扎实进展。正式启动 5G 商用，全国开通 5G 基站 12.6 万座；超额完成网络提速降费年度任务，"携号转网"全国实行，IPv6 基础设施全面就绪；扎实推进电信普遍服务试点；精心组织农村宽带网络专项整治；整治骚扰电话，清理"黑宽带"，打击"黑广播""伪基站"和 App 侵害用户行为等取得明显成效。

五是两化深度融合明显加快。深入实施工业互联网创新发展战略，启动"5G+工业互联网"512 工程；加快智能制造标准体系建设；推广服务型制造、共享制造等新业态、新模式，探索人工智能"揭榜挂帅"机制，启动建设长三角工业互联网一体化发展示范区、人工智能和车联网先导区，大数据、区块链等创新应用日趋丰富。

六是行业发展环境不断优化。推动实施更大规模减税降费；推动出台促进中小企业健康发展的指导意见；扎实开展清欠行动，清欠金额预计超过 6000 亿元，圆满完成清偿一半以上的目标任务；行业法制建设力度加大。

会议指出，我国发展仍处于重要战略机遇期，在高质量发展方面具备不少得天独厚的优势。我们有全球最完整的产业体系和上、中、下游产业链，有超大规模的市场优势和内需潜力，有庞大的人力资本和人才资源，有具备较强竞争力的新型基础设施。尤其是近年来，全系统坚持以习近平新时代中国特色社会主义思想为指导，推动工业通信业发展，使其出现诸多积极变化。振兴实体经济特别是制造业成为各方共识，制造业高质量发展迈出坚实步伐，探索出一条制造业加速转型发展的中国路径，部分重点领域在全球竞争格局中缩小差距实现并跑甚至领跑。行业管理能力水平不断提升，抵御风险、战胜困难、保持长期向好态势的能力条件得到进一步巩固和提升，为抓住新一轮科技革命和产业变革重大机遇奠定了坚实的基础。

会议对 2020 年重点工作进行了部署。总的要求是：坚持以习近平新时代中国特色社会主义思想为指导，全面贯彻党的十九大和十九届二中、三中、四中全会精神，深入贯彻党中央、国务院决策部署和中央经济工作会议精神，紧扣全面建成小康社会目标任务，坚持稳中求进工作总基调，坚持新发展理念，坚持以供给侧结构性改革为主线，围绕加快建设现代化经济体系和推动高质量发展，立足制造强国和网络强国建设，加快提升工业基础能力和产业链水平，扎实抓好"六稳"工作，统筹推进稳增长、促改革、强基础、调结构、深融合、防风险，保持工业通信业运行在合理区间，确保"十三五"规划圆满收官，更好地支撑和保障全面建成小康社会。

会议要求抓好以下 7 个方面的重点任务。

（一）贯彻"六稳"部署，确保工业经济运行在合理区间

着力稳定制造业投资，引导资金投向供需共同受益、具有乘数效应的先进制造、基础设施短板等领域，促进产业和消费"双升级"；促进消费平稳增长，实施公共服务领域电动化工程，落实好中央财政新能源汽车推广应用补贴政策；结合 5G 商用步伐，加快 4k/8k、VR/AR 等新技术应用，增加中高端信息服务供给。

（二）突出协同攻关，提升产业基础能力和产业链水平

以企业和企业家为主体，组织打好产业基础高级化、产业链现代化的攻坚战；抓好关键核心技术攻关；实施产业基础再造工程，进一步调动部门、企业、行业协会等各方力量，缓解产业基础薄弱问题；积极推动沿海地区产能有序向中西部和东北地区梯度转移，重点在基础条件好的中等城市打造一批高端制造业基地。

（三）聚焦重点领域，加快制造业高质量发展

在制造业创新方面，再培育遴选 4 家左右国家制造业创新中心，加强考核评估和动态管理；在智能

制造方面，加快细分行业标准体系建设；在绿色制造方面，大力推进绿色化改造、工业节能诊断及节能监察；巩固去产能成果，有序推进"僵尸企业"处置；推动电弧炉短流程炼钢发展；加快推动危险化学品生产企业搬迁改造，确保 2020 年年底前全面完成城镇人口密集区的中小型企业和存在重大风险隐患的大型企业的搬迁改造任务。

（四）着眼融合发展，拓展数字经济发展新空间

坚持智能制造主攻方向，持续深化人工智能、区块链、物联网、大数据等技术创新与产业应用，推动工业化和信息化在更广范围、更深程度、更高水平上实现融合发展；依托工业互联网创新发展工程，继续推进网络、平台、安全三大体系建设；实施"5G+ 工业互联网" 512 工程；加快制造业数字化、网络化、智能化转型，持续推进车联网、工业互联网及人工智能创新应用先导区建设；高度重视中小企业智能化改造。

（五）健全制度体系，增强企业发展信心和竞争力

强化促进中小企业发展工作机制，继续抓好《中小企业促进法》和《关于促进中小企业健康发展的指导意见》的贯彻落实，在全国范围内开展中小企业发展环境评估；健全支持中小企业发展的政策体系，缓解融资难的压力；建立防止拖欠中小企业款项制度，政府部门和大型国有企业拖欠民营企业的剩余无分歧欠款要做到应清尽清，推动出台实施及时支付中小企业款项条例，将规范政府部门、事业单位和大型企业与中小企业的业务款项往来纳入法治轨道。

（六）提升治理能力，促进信息通信业的高质量发展

稳步推进 5G 网络建设，深化共建共享，力争在 2020 年年底实现全国所有地级市覆盖 5G 网络；优化提升网络供给质量，深化电信普遍服务，重点支持边疆和偏远地区的网络深度覆盖；继续做好网络提速降费工作，在扶贫助残领域实施精准降费；持续提升 IPv6 网络质量和服务能力，支持 IPv6 在 5G、工业互联网、车联网等领域融合创新发展；创新电信和互联网行业监管，抓好骚扰电话综合整治等重点工作，抓好携号转网服务质量；加大无线电管理力度。

（七）深化改革开放，营造有利于高质量发展的良好环境

深化落实"放管服"和重点领域改革，编制、公布工业和信息化部行政许可事项清单，优化道路机动车辆生产许可管理，组织清理与企业性质挂钩的歧视性规定和做法，进一步深化电信、烟草等重点领域改革；扩大高水平开放合作，取消商用车制造外资股比限制，引导外资投向电子信息等先进制造业、研发设计等现代服务业和中西部地区，牵头办好2020年中国—东盟数字经济合作年活动和中小企业国际合作论坛，深入推进金砖国家新工业革命伙伴关系。

会议强调，全系统要自觉在思想上、政治上、行动上同以习近平同志为核心的党中央保持高度一致，切实把党领导经济工作的制度优势转化为治理效能。以党的政治建设为统领，巩固深化"不忘初心、牢记使命"主题教育成果，扎实开展"让党中央放心、让人民满意的模范机关"创建工作。坚决整治形形色色的形式主义、官僚主义，持续为基层减负。要更加紧密地团结在以习近平同志为核心的党中央周围，振奋精神、脚踏实地、尽心竭力，为夺取全面建成小康社会伟大胜利、实现"两个一百年"的奋斗目标，作出新的更大贡献。

培育壮大数字经济新引擎

陈肇雄

习近平总书记指出，当今世界，科技革命和产业变革日新月异，数字经济蓬勃发展，深刻改变着人类生产生活方式，对各国经济社会发展、全球治理体系、人类文明进步影响深远。中央经济工作会明确提出要大力发展数字经济。面对世界百年未有之大变局，面对推动高质量发展的使命任务，我们要坚持以习近平新时代中国特色社会主义思想为指导，贯彻新发展理念，敏锐抓住信息化这一千载难逢的历史机遇，趋势而上，加快做大做强数字经济发展，为实现"两个一百年"的奋斗目标奠定坚实基础和培育强劲发展新动能。

一、准确把握数字经济发展大势

数字经济是新兴技术和先进生产力的代表，把握数字经济发展大势，以信息化培育新动能，用新动能推动新发展，已经成为普遍共识。

（一）发展数字经济是实现跨越发展的时代机遇

纵观世界文明史，每一次技术产业革命，都会对人类生产、生活方式变革带来广泛而深远的影响。人类社会经历了农业经济、工业经济，正在进入数字经济时代，网络信息技术应用使其加快从虚拟经济向实体经济、从消费领域向生产领域延伸拓展，经济社会数字化进程不断加快，第四次工业革命孕育兴起，带来生产力又一次质的飞跃，深刻重塑世界经济和人类社会面貌，为各国发展创造了新的历史机遇。

（二）发展数字经济是构筑竞争新优势的迫切需要

以信息化和信息产业发展水平为重要特征的综合国力竞争日趋激烈，数字经济是世界各国驱动经济发展的重要力量，更是大国竞争的重要领域。当前，数字经济方兴未艾，但全球新的产业分工远未形成，产业格局尚在调整。在重大发展机遇面前，谁能顺应发展趋势，下好先手棋，释放数字经济叠加、倍增效应，谁就能赢得发展主动权，取得发展先机，构筑国家竞争新优势。

（三）发展数字经济是发展新动能的重要途径

我国经济已由高速增长阶段转向高质量发展阶段，正处在转变发展方式、优化经济结构、转换增长动力的攻关期。发展数字经济，加快转变经济发展方式，把握数字化、网络化、智能化发展机遇，探索新技术、新业态、新模式，探寻新的增长动能和发展路径，是推动经济发展从要素驱动向创新驱动转变，打造经济发展质量变革、效率变革、动力变革的新引擎的重要途径。

二、我国数字经济蓬勃发展

我国数字经济发展步入快车道，形成了顶层引领、横向联动、纵向贯通的战略推进体系。据统计，从 2012 年至 2018 年，我国数字经济规模从 1.12×10^5 亿元增长到 3.13×10^5 亿元，总量居世界第二，占 GDP 的比重从 20.8% 增加到 34.8%，已经成为经济高质量发展的关键支撑。

（一）数字产业化基础更加坚实

网络能力全球领先，截至 2019 年 11 月，全国光纤用户渗透率达到 92.5%，4G 用户达到 12.8 亿户，占移动电话用户的比例接近 80%，远高于 49.5% 的全球平均水平。创新能力持续增强，移动通信技术实现了从 2G 空白、3G 跟跑、4G 并跑，到 5G 引领的重大突破。10 家互联网企业进入全球市值前 30 强，形成了一批具有全球影响力的科技型企业。产业发展量质齐升，2019 年 1—11 月，规模以上电子信息制造业增加值同比增长 9.7%，软件业务收入接近 6.5×10^4 亿元，同比增长 15.5%，赋能、赋值、赋智作用日益凸显。

（二）产业数字化进程提速升级

数字化新模式蓬勃发展，2019 年 1—11 月，网络零售额达到 $9.5×10^4$ 亿元，规模居全球第一，2019 年前三季度移动支付交易规模达到 $2.52×10^6$ 亿元。工业数字化稳步推进，截至 2019 年 9 月，规模以上工业企业的数字化研发设计工具普及率、关键工序数控化率分别达到 69.7%、49.7%，具备行业、区域影响力的工业互联网平台超过 70 家，平均工业设备连接数量超过 69 万台，已被广泛应用于石化、钢铁、机械等实体经济各行业，降本增效提质作用显著。新动能不断释放，2018 年，产业数字化总量达到 $2.49×10^5$ 亿元，占数字经济的比重接近 80%，是我国数字经济发展的主引擎，为实体经济高质量发展注入了新动力。

（三）数字化治理能力显著提升

法治环境更加健全，互联网立法取得重大进展，信息安全立法加快推进，打击违规收集个人信息、电信诈骗等违法犯罪活动取得积极进展。治理方式持续创新，基于产业大数据的决策支撑能力持续增强，依托数字平台的服务模式规模扩张，鼓励创新、包容审慎、协同共治、规范有序的数字经济发展环境持续优化。更高水平对外开放格局逐渐形成，建有 34 条跨境陆缆和多条国际海缆，连通亚洲、非洲、欧洲等世界各地。G20、金砖、中欧、中俄、中泰等多边、双边数字经济合作持续深化，取得丰硕成果。

■ 三、培育壮大数字经济新引擎

当前和今后一段时期，是全球数字经济发展的重大战略机遇期。我们要以习近平新时代中国特色社会主义思想为指导，坚持新发展理念，把握高质量发展要求，坚持以供给侧结构性改革为主线，紧紧围绕构建现代化经济体系，立足制造强国和网络强国建设全局，加快数字经济发展步伐。为此，重点做好以下 5 个方面的工作。

（一）加强战略谋划，完善数字经济发展政策体系

持续完善数字经济发展的战略举措和推进机制，使各种发展政策相互协同、相互配套，形成支持发展的长效机制；加快完善数字经济市场体系，推动形成数据要素市场，以数据的流动来引导科技、资本、人才等生产要素优化配置，协同推动数字经济发展。

（二）升级信息基础设施，强化数字经济发展支撑

加大网络提速降费力度，继续抓好电信普遍服务试点；稳步推动 5G 网络建设和商用部署，加强人工智能、物联网、工业互联网等新型基础设施建设，推动传统网络基础设施优化升级，加快建设高速、移动、安全、泛在的基础设施，形成万物互联、人机交互、天地一体的网络支撑能力。

（三）突破核心关键技术，增强数字经济发展动力

强化基础研究，提升原始创新能力，努力走在理论最前沿，占据创新制高点，取得产业新优势；坚持应用牵引、体系推进，加快突破信息领域核心关键技术，提升数字技术供给能力和工程化水平，打好产业基础高级化、产业链现代化的攻坚战，进一步夯实数字产业化发展基石。

（四）构建产业融合生态，拓展数字经济发展空间

全面深化数字技术在农业、工业、服务业及社会各领域的应用，推动传统产业转型升级，拓展新模式、新业态、新产业；深入实施工业互联网创新发展战略，推动工业化和信息化在更广范围、更深程度、更高水平上实现融合发展，进一步提升产业数字化水平。

（五）加强数字化治理，贡献数字经济发展"中国方案"

深化"放管服"改革，建立健全与数字经济发展规律相适应的法律法规和标准体系，营造良好的发展环境；全面提升关键信息基础设施、网络数据、个人信息等安全保障能力；以服务共建"一带一路"为重点，以数字经济为纽带，加强与各国在政策、技术、标准等方面的交流合作，共同推动全球数字经济繁荣发展。

5G 发展应处理好的关系

吴基传

纵观全球，5G 进入产业化全面冲刺阶段，主要国家和地区纷纷加快 5G 商用部署进程，全面展开融合应用探索。2019 年 6 月 6 日，工业和信息化部向中国电信、中国移动、中国联通、中国广电颁发 4 张 5G 牌照，标志着我国正式开启 5G 时代。在当前世界局势日趋复杂的形势下，在国内经济高质量发展处于爬坡过坎关键期的背景下，如何做好 5G 商用这篇大文章，成为摆在行业面前的一个紧迫课题。当前发展 5G 应处理好几个关系，才能更好地推动 5G 应用，服务经济社会高质量发展。

■ 一、处理好发展 5G 无线网与提升主体骨干网智能水平的关系

2018 年 3 月，3GPP 确定的 5G 公共组网方式是在 4G 的基础上探索出的下一代移动网标准。当前的 5G 无线网络离不开智能骨干网络，智能骨干网络不仅仅是有线网络，也包括无线网络。5G 网络是智能网络的重要组成部分。

国家"十三五"规划明确提出，加快构建高速、移动、安全、泛在的新一代基础设施，推进信息网络技术广泛应用，形成万物互联、人机交互、天地一体的网络空间。这一空间包括地下的光纤高速网、地面的无线宽带网等，以及各种用户接入网。进入 5G 时代后，地面的光纤传输网络会进行骨干网的升级，随着光纤网络的密布，绝大多数家庭实现固定光纤网的部署。

任何一个国家都必须牢牢把握自己的网络空间控制权，没有网络安全，就不可能有信息安全。因此，确保网络的安全性尤为重要。

处理好 5G 网络与智能网络之间的关系十分重要。对此，必须加强对智能网的深度投入和完善，切实实现智能网络的功能，应用软件开发、底层计算、人工智能技术，做到网络无缝覆盖，实现各种传输及处理信息的网络智能接转和应用。

5G 是当今最热门的话题之一。5G 是一个移动无线网络，其 NSA 有 4G 的实践经验，但是垂直行业的 SA 没有实践经验。SA 的标准不是一成不变的，可根据实践的发展进行调整，比如，3GPP 使用 OFDM 的调制方式，3G、4G 和 5G 才能同时存在。由此看来，推动 5G 发展还要处理好 5G 业务的开发和应用与整个智能网络的协调发展的关系。

■ 二、处理好 5G 技术与应用场景的关系

吴基传认为，5G 主要的战场在于"物与物的连接"，在产业互联网，包括工业互联网、农业互联网、采矿业这些垂直行业都可以运用到 5G 技术。

现代农业生产可用互联网实现几千亩地的无人化种植。在农业这个垂直行业里，5G 就可以实现"智能农业生产"。但是垂直行业的独立组网给我们提出了一个很严峻的问题，就是如何建立和设置这种垂直组网方式。

所以，5G 在产业互联网上是一个蓝海，是一个巨大的市场，要加大 5G 对于独立组网的研究和探索。当前工业互联网是垂直行业，有独立的生产体系，如航天工业、船舶工业等，应用 5G 切片技术可以实现这类工业在集中生产的范围内用 5G 进行管控。这将对现有生产流水线体系产生一次大的变革，改变从原材料进厂到部件、组装、调测、产品出厂的流水作业。可以按不同要求，在不同地点实现数字化、个性化、智能化的生产方式。在不同地点可以用 5G 独立组网在小区域内进行生产。"实现这种独立组网进行生产的形式应具备一定条件：一是产品有一定规

模；二是生产工艺有一定特殊性；三是企业有一定的资本和能力，确实属于大型垂直行业。"吴基传说。

无人工厂必须有自己的独立组网，既要与公众网连接好，又要有自己的特色。因此，垂直组网的工业互联网，需要公众智能网为其远距离传输和操控。作为国家大型网络公司应具备为产业提供服务平台建设、平台服务，或者平台信息维护服务的能力。

三、处理好 5G 建设应用与服务业务开发的关系

5G 建设还是要服务于业务开发，5G 建设一定要研究考虑服务的对象和服务业务的需求，任何好的技术没有社会需求都难以实现它的价值，只有靠有力的市场需求拉动，才能使技术更加进步和发展。

企业是要研究投入产出比的，如果只投入，很少产出，或者亏损，肯定是无法维持生产的。作为一个企业来讲，它要研究的是用先进的技术，根据市场的需要，不断地更新它的产品。

技术进步为满足需求提供了强大的动力，也为企业的发展带来推动力，因为企业如果没有市场，就没有收入，没有收入就维持不下去，这就是市场经济。所以 5G 在探寻应用和开发的同时，一定要考虑到它的业务和市场的关系，并处理好这种关系。

现在 5G 正处于市场培育阶段，按市场需求去发展 5G 才是正道。可喜的是，已经有众多单位在进行 5G 的应用试验。

四、要重视数字经济人才的培养和法律法规的创建

信息科学技术的飞速发展促进了生产力发展，但如何使用新技术，适应数字经济条件下人才培养和法律法规的创建也十分重要。

吴基传认为，传统的网络服务企业要从旧的生产方式观念转变过来，目前最大的短板还是人才的短缺。网络运营企业有充足的网络资源，有丰富的数据资源，如何把资源变成财富，要靠转变观念，调整原有管理模式，引进一大批数字技术，尤其是软件和大数据分析处理的人才。传统电信运营商应该面向新的时代，用新的观念对待现在的业务，树立平台的观念。服务机制上要从单打独斗、相互无序竞争转为共建平台、共享服务利益、共创新的命运联合体来适应数字经济时代，切实做好平台的创建、维护和支撑，繁荣我国信息服务业。

从国家层面看，要调整和新建数字经济服务，对网络企业发展创新的激励政策。

从社会层面看，要制定和完善规范数字经济、现代网络技术服务的规章以及法律，规范服务者和被服务者的行为。维护社会公平，遵守人类的伦理道德，促进科学大胆探索，保障技术创新的权益。加大对前沿科学研究的投入，科学有序地推进应用的试验。5G 发展切实为实现"四个自信"，满足人民美好生活服务，保障我国现代网络空间安全，起到了坚实的保障作用。

中国电信集团公司 2020 年工作会议

柯瑞文

2019 年 12 月 27 日，中国电信集团公司 2020 年度工作会在北京召开。本次会议的主要任务是以习近平新时代中国特色社会主义思想为指导，深入贯彻落实党的十九大和十九届二中、三中、四中全会，中央经济工作会议精神，回顾并总结中国电信集团公司 2019 年的工作，分析面临的新形势，研究部署 2020 年的重点工作任务，带领全体干部员工坚定信心、履职尽责，深化改革、加快发展，推动企业高质量发展，向领先的综合智能信息服务运营商迈出坚实的步伐，为全面建成小康社会、实现"十三五"圆满收官作出新的更大的贡献。

工业和信息化部副部长陈肇雄出席会议并讲话，工业和信息化部、审计署和国务院国有资产监督管理委员会相关领导出席会议，中国电信集团有限公司董事长、党组书记柯瑞文作工作报告。

陈肇雄在讲话中介绍了 2019 年信息通信业的发展情况，通报了 2020 年信息通信行业有关工作安排，充分肯定了中国电信 2019 年各项工作所取得的成绩。他指出，中国电信面对富有挑战性的复杂形势，将持续深化企业转型，大力推动改革创新，业务发展取得新进步，网络建设彰显新作为，履行责任体现新担当，改革创新激发新动能，服务水平实现新提升，企业党建取得新成效，为推动信息通信业高质量发展做出了重要贡献。

陈肇雄强调，我国信息通信业发展正处于新的历史起点，面临诸多新要求、新机遇、新挑战，希望中国电信坚持以习近平新时代中国特色社会主义思想为指导，深入贯彻党的十九大和十九届二中、三中、四中全会精神及中央经济工作会议精神，坚持党建统领，保持战略定力，以网络升级支撑数字化转型，以改革创新提升发展质量和效益，以优质服务增强人民群众获得感，以共建共享实现行业共赢发展，以高质量党建推动高质量发展，为顺利实现"十三五"目标打下坚实基础，在支撑经济社会高质量发展中再建新功。

会议指出，2019 年，中国电信坚持以习近平新时代中国特色社会主义思想为指导，认真贯彻落实党中央重大决策部署，积极践行网络强国战略，坚定维护网络和信息安全，扎实推进中央巡视整改和主题教育整治整改，坚持党建统领，加快规模发展，深化改革创新，提升服务水平，企业高质量发展取得新的成效。

■ 一、抓党建

深入学习贯彻习近平新时代中国特色社会主义思想，积极配合中央巡视，扎实开展"不忘初心、牢记使命"主题教育，认真学习贯彻十九届四中全会精神，探索高质量发展体系，强化制度意识，加强制度建设；加强企业党建，发挥党组织把方向、管大局、保落实的领导作用。

■ 二、促发展

坚持以客户为中心，不断提升服务水平，持续拓展业务规模。服务满意率保持行业领先，垃圾短信、骚扰电话、不明扣费整治效果明显。坚持"携得了、转得快、用得好"标准，按时推出携号转网服务；开展 5G 体验，让"用户说了算"。重点领域拓展成效明显，个人信息化方面，权益体系初步构建，应用加速赶超，5G+ 权益 + 应用销售模式初具雏形；家庭信息化方面，提供全屋 Wi-Fi、天翼看家、小翼管家等应用，智家规模初见成效；政企信息化方面，聚焦智慧城市、数字政府、工业互联网等重点领域，改革效果初显。云成为新的增长点，天翼云品牌影响力不断扩大，持续增强核心技术自主掌控力。

三、固根基

加强网络建设，网络能力不断提升，5G 建设扎实推进，通信保障和网信安全取得较好成效。加强队伍建设，坚持人才是第一资源，推进人才强企，加快推进干部队伍、专业人才队伍和一线员工队伍建设，不断夯实企业高质量发展的基础。

四、强管理

加强新产品供给，强化渠道运营，优化经营分析。强化智慧运营，加强资金管理，开展 4+2 资源效能提升，动态优化资源配置，加大集采力度，加强风险防控，进一步提升运营管理水平。

五、激活力

坚决推进政企改革，持续推进研发体系改革，扎实推进总部改革，积极开展混改，不断增强企业发展活力和内生动力。

六、树形象

认真履行央企责任，担当尽责的企业形象进一步树立。积极践行新发展理念，率先制订并实施"加强企业自律和行业协同的九项措施"；全集团共同努力，扶贫工作取得显著成效；落实提速降费要求，开展"处僵治困"和亏损企业治理，助推"一带一路"建设，加强安全生产工作。

会议认为，多年来，中国电信广大干部员工始终坚守初心使命，努力拼搏，企业保持长期健康发展，取得了较好的成绩，积累了丰富的经验，形成了优秀的文化，这些都是中国电信的宝贵财富，必须加倍珍惜和重视，不断完善和发展。中国电信主要有 6 个方面的优势：

一是初心使命没有变。为党政军服务、为人民服务的初心使命根植于各级党组织和广大干部员工心中，建设网络强国，维护网信安全，为人民美好生活提供综合信息服务，是新时代践行初心使命的必然要求。二是网络基础没有变。网络是中国电信作为中国特色社会主义重要物质基础的直接体现，企业的建设、经营、管理等各项工作都基于网络展开。三是队伍基础没有变。中国电信拥有一支爱岗敬业、艰苦奋斗、勇于创新的队伍，是企业持续发展的根本保证。四是技术和市场双轮驱动的发展模式没有变。电信行业是技术和市场双轮驱动特征明显的行业，两者不可偏废，每次通信代际技术更替都是改变行业市场格局的重大机遇。五是电信行业朝阳产业的定位没有变。数字产业化和产业数字化孕育着巨大的市场空间，随着 5G、云计算、大数据、物联网、AI 等现代信息技术的蓬勃兴起，行业前景光明。六是中国电信的金字招牌没有变。长期以来，中国电信深受各级政府信任，在用户心中有很好的口碑。

会议认为，当今世界正经历百年未有之大变局，我国正处于实现中华民族伟大复兴的关键时期，要准确把握内外部形势的六个趋势：一是企业要进一步加深对中央要求的理解，站位进一步提高；二是信息通信技术日新月异，企业亟需加速转型；三是客户需求不断升级，综合信息服务前景广阔；四是产业态势发生显著变化，生态合作成为主流；五是宏观环境错综复杂，必须清醒认识并准确把握；六是顺应形势变化，企业不断优化调整。

会议强调，2020 年是我国全面建成小康社会和"十三五"规划收官之年，也是中国电信高质量发展的关键之年、决定性之年。全集团要以习近平新时代中国特色社会主义思想为指导，深入贯彻落实习近平总书记关于国企改革发展和党的建设的重要论述，全面贯彻党的十九大和十九届二中、三中、四中全会及中央经济工作会议精神，坚持以人民为中心的发展思想，坚定不移地贯彻新发展理念，全面落实中央企业工作会议部署和工信部各项工作安排，按照党建统领、守正创新、开拓升级、担当落实的总体思路，扎实推进网络强国建设，维护网信安全，深化企业改革，扩大对外合作，提升服务水平，拓展用户规模，推进企业高质量发展，向领先的综合智能信息服务运营商迈出坚实步伐，为全面建成小康社会、实现"十三五"圆满收官作出新的更大的贡献。

会议明确了 6 个方面的重点工作。

一是聚焦客户需求，做强信息服务。打造中国电信"值得信赖"的品牌形象；守底线，零容忍侵害客户权益行为；优感知，聚焦重点领域，提供高质量服务；强品牌，建立"客户说了算"的服务评价体系，塑造中国电信值得信赖的品牌形象，把中国电信建设成为服务型、用户信赖的企业。

二是推进云网融合，夯实发展基础。打造简洁、敏捷、集约、开放、安全的泛在智联网，搭建云网融合的数字化平台，为云网一体化 DICT 解决方案奠定基础；建设一体化云网基础设施，稳步推进 5G 网络建设；构建一体化云网运营体系，从云、网、端入手强化"运行维护、服务支撑、安全保障、能力开放"，满足客户对云网业务"产品丰富、交付及时、质量领先、安全放心"的需求；打造一体化云网产品和应用，实现"云网对接"向"云调网""网融云"演进，推出针对不同客户的云应用模式。

三是传承红色基因，维护网信安全。围绕"信息基础设施的保卫者、清朗网络空间的守护者、智能安全服务的提供者、网络安全生态的建设者"的定位，进一步强化网信安全体系和能力。强化关键信息基础设施保护，在安全基础信息和数据管理方面推进自动化、可视化，持续更新完善网信安全基础管理制度。打造信息安全防火墙，严防自营合作平台产生和传播违法不良信息，严防网络接入安全风险，严防用户个人信息泄露和过度收集，严防通讯信息诈骗责任事件。拓展网信安全产品服务与生态，强化优势能力，为政府及企业、家庭及个人客户提供可靠的安全服务，围绕 5G 安全、云安全、数据安全、物联网、安全咨询等领域，聚合力量，建设网络安全生态。

四是强化运营管理，提高企业效率。做优智慧运营，提升中台能力，夯实智慧运营基础，高效支撑企业智慧运营。做活渠道触点，以客户为中心，

建设专业化、数字化、开放创新的综合渠道体系 2.0，增加客户触点，确保"客户在哪里，渠道就建设在哪里，服务和人员就跟进到哪里"。完善监督体系，始终把监督落实在前面，推动采购转型升级，完善审计工作管理制度，加强风险防范工作。

五是深化改革创新，扩大生态合作。加快"双改"步伐，对内推进云改，对外推进混改。加大机制创新力度，坚持责权利对等，坚持市场化原则，鼓励积极尝试、创新突破，充分调动各级企业和广大员工的积极性、主动性、创造性。加强生态合作，聚焦物联网、天翼云、智慧生活、垂直行业应用、5G 5 个重点领域，构建通信、云、物联网、数据、渠道、服务、能力开放体系平台组成的"4+2+1"能力开放基础，面向内部、客户、产业、应用 4 类合作主体，形成战略、产品、能力、项目 4 类合作伙伴。

六是加强企业党建，狠抓落地执行。加强思想政治建设；加强队伍建设；加强基层党建；正风肃纪，推进全面从严治党；加强作风建设，开展"两深入两服务"活动，深入市场、基层，服务客户、员工；狠抓工作落地执行，示范引领抓落实，改革创新抓落实，强化考核抓落实；坚持党的领导，加强党的建设，坚持制度自信，发挥政治优势；履行央企责任，加强企业自律和行业协同，扎实推进扶贫攻坚，坚持依法治企，做好稳就业、民企清欠、处僵治困、审计问题整改、安全生产、信访维稳等工作。

实干托举梦想，奋斗成就未来。会议号召全体干部员工坚持以习近平新时代中国特色社会主义思想为指导，紧密团结在以习近平同志为核心的党中央周围，坚持党建统领、守正创新、开拓升级、担当落实、锐意进取、奋力拼搏，坚守建设网络强国、维护网信安全的初心使命，推动企业高质量发展，为全面建成小康社会作出新的更大的贡献。

中国移动通信集团公司 2020 年工作会议

杨 杰

中国移动通信集团公司 2020 年工作会议于 2019 年 12 月 26 日在北京召开，工业和信息化部副部长陈肇雄出席会议并讲话，工业和信息化部、审计署、国务院国有资产监督管理委员会相关司局领导出席会议，中国移动董事长、党组书记杨杰做工作报告。

陈肇雄在讲话中介绍了 2019 年信息通信业发展情况，通报了 2020 年信息通信行业有关工作安排，充分肯定了中国移动通信集团公司 2019 年各项工作取得的成绩。他指出，中国移动通信集团公司面对错综复杂的国际形势和国内经济下行压力，主动融入经济社会发展大局，加快转型发展步伐，有序推进 5G 网络建设，持续提升服务水平，扎实履行企业社会责任，深入开展党建工作，有力促进了我国信息通信业量质并进发展和经济社会数字化转型。

杨杰在《加快转型升级 深化改革创新 奋力开创世界一流示范企业建设新局面》的工作报告中，总结了 2019 年中国移动通信集团公司的发展情况，分析研判了形势变化，部署了 2020 年工作。

他指出，中国移动通信集团公司持续推进转型发展，价值经营成效初显，4G 客户达到 7.5 亿户，家庭宽带客户达到 1.7 亿户，物联网智能连接数量达到 8.3 亿个。中国移动通信集团公司发布实施 "5G+" 计划，5G 布局发展有序推进，牵头 5G 国际标准关键项目 58 个，建设开通 5G 基站超 5 万座，在 50 个城市提供 5G 商用服务，引导终端厂商推出 32 款 5G 终端，中国移动通信集团公司在工业互联网、智能交通、智慧医疗等领域实现 51 个应用示范项目落地。深化开展管理提升工作，经营机制改革取得新突破。中国移动通信集团公司扎实履行央企社会责任，全面实行携号转网，通过深化网络提速降费，手机上网流量资费下降 47%，中小企业宽带和专线资费分别下降 37% 和 23%；多种形式深入开展扶贫攻坚，

获中央单位定点扶贫考核最高等次评价。2019 年，中国移动通信集团公司全力应对人口红利消退、流量红利快速释放、同质化竞争加剧、政策性减利等多重影响，在大体量和高基数基础上保持了企业发展总体平稳、稳中向好。

2020 年是中国移动通信集团公司成立 20 周年，也是中国移动通信集团公司夯实 5G 领先基础、全面筑牢创世界一流"力量大厦"的关键之年。杨杰强调，要明确稳健进取的发展目标，重点做好以下 8 个方面的工作。

一是务实推进 "5G+" 计划，加快实现技术升级、网络升级、应用升级、运营升级、生态升级 5 个升级；坚持以 5G 融入百业、服务大众为着眼点，稳步实施 "5G+" 计划，以技术融合打造产业转型升级加速器，以数据融通搭建社会信息流动主动脉，以管理融智夯实数字社会建设新基石。

二是推动个人、家庭、政企、新兴"四轮"市场全向发力，实现收入稳定增长和结构优化；深化基于规模的价值经营，着力转方式、调结构、拓规模、稳增长、防风险，实现个人、家庭、政企、新兴"四轮"市场融合、融通协同发展。

三是加快补强能力短板，锻造企业核心竞争力。坚持创新驱动，突出战略引领，提升产品创新、网络支撑、销售服务、组织运营、战略执行五大能力，促进资源优势高效转化为能力优势，全面增强"要素＋能力"竞争实力。

四是持续深化改革，激发高质量发展动能。巩固提升重点领域改革成效，调整优化以客户为中心的市场经营体系，统筹实施网络运营体系改革，深化基层网格化运营，扎实落实国资国企改革要求，释放改革红利。

五是强化注智赋能，提升智能化运营水平。加快智慧中台的建设运营，推动数据融通，强化能力

共享，提升智能化运营水平，努力打造领先的新型智慧城市运营商，输出敏捷高效的智能化服务，为经济社会发展注智赋能。

六是持续改善服务质量，不断强化优质服务。深化全方位、全过程、全员服务体系建设，全面实施品牌重塑，持续改善网络质量，切实保障客户权益，进一步提升服务质量和客户的满意度、忠诚度，引领行业健康发展。

七是健全公司治理体系，全面提升管理效能。

通过完善治理结构和决策机制，深化精细管理和提质增效，加强风险防范和合规经营，着力在健全现代企业制度、提升管理效能上下功夫，夯实高质量发展基础。

八是全面提升党建质量，以高质量党建引领和保障企业高质量发展。牢牢把握新时代党的建设总要求，对照 2020—2022 年党建工作规划抓好工作落实，在加强党建引领、发挥"三个显性化"作用、推进党业融合上持续发力，不断提士气、树正气。

中国联合网络通信集团有限公司2020年工作会议

王晓初

2019年12月17—18日，中国联合网络通信集团有限公司2020年工作会议在北京召开。工业和信息化部副部长陈肇雄出席会议并讲话，工业和信息化部有关司局及审计署有关领导出席会议，公司董事会外部董事吴晓根、陈建新应邀参加本次会议。

陈肇雄在讲话中充分肯定了中国联合网络通信集团有限公司2019年各项工作取得的成绩，介绍了2019年信息通信业的发展情况，通报了2020年工业和信息化部的相关工作安排。他指出，中国联合网络通信集团有限公司面对复杂多变的内外部环境和艰巨繁重的企业改革转型发展任务，开展了大量卓有成效的工作，重大决策部署全面落实，混合所有制改革不断深化，5G网络建设与规模商用有序推进，企业加快高质量发展步伐，经营呈现持续向好的局面，成为国企改革先锋典范。陈肇雄强调，我国信息通信业发展正处于新的历史起点，面临诸多新要求、新机遇、新挑战，要以习近平新时代中国特色社会主义思想为指导，全面贯彻党的十九大和十九届二中、三中、四中全会精神及中央经济工作会议精神，坚持稳中求进的工作总基调，坚持新发展理念，坚持以供给侧结构性改革为主线，科学把握行业发展形势，统筹谋划，主动作为，推动我国信息通信业实现高质量发展。希望中国联通贯彻落实党中央决策部署，全面加强党的领导，持续深化体制机制改革，加快建设5G网络，不断提升服务质量与水平，大力拓展市场新空间，努力开创高质量发展的新局面。

中国联合网络通信集团有限公司党组书记、董事长王晓初在会上做了题为《深入贯彻落实党的十九届四中全会精神，提升企业治理能力，推动联通高质量发展》的讲话，李国华总经理做了题为《坚定不移贯彻新发展理念着力推动企业高质量发展》的工作报告。集团公司领导班子其他成员出席会议。

会议认为，2019年是中国联合网络通信集团有限公司发展历程中又一个不平凡之年。在党中央的坚强领导下，中国联通积极应对复杂形势与转型阵痛，全面接受中央巡视政治体检，扎实开展"不忘初心、牢记使命"主题教育，深入践行新发展理念，坚决落实高质量发展要求，积极主动推进行业生态建设，强力实施5G网络共建共享，持续深化混合所有制改革，不断加强"五新"联通建设，企业各项工作迈出新步伐，一些关键领域的谋篇布局取得突破性进展。一是坚持以政治建设为统领，党中央决策部署得到坚决贯彻落实。2019年中国联合网络通信集团有限公司政治建设的力度、深度与广度全面加强、全面见效，坚持用科学的创新理论武装头脑，指导实践，推动工作取得新进展，坚持以中央巡视为契机检视自我，破解问题，改善生态实现新突破，坚持以"不忘初心、牢记使命"主题教育锤炼党性，联系群众，担当作为迈出新步伐，认真落实中央部署，大力整治"形式主义、官僚主义"，积极为基层减负，为推动企业改革发展提供了强有力的保障。二是直面行业发展新挑战、新要求，推动经营转型取得开局性进展。公司坚持不懈地推动行业生态建设，为整治电信业恶性竞争开展大量工作，作出积极贡献；坚持不懈地推动经营模式转型，收入增长企稳回升，效益水平持续提升，一些业务领域和区域发展呈现良好态势；坚持不懈地推动新旧动能转换，大力开拓政企市场发展空间，创新业务实现高速增长；坚持不懈地践行以人民为中心的发展思想，顺利完成"提速降费""携号转网"工作，制度与流程优化成效明显，服务口碑持续改善。

三是深入落实网络强国战略，新一代信息通信基础设施建设实现重大突破。中国联通深入学习贯彻习近平总书记关于网络强国重要论述，制定《关于深入贯彻落实网络强国战略的实施纲要》，自觉肩负起网络强国战略国家队和主力军的使命担当，建设网络强国的政治自觉、思想自觉和行动自觉全面加强；深入践行新发展理念，以共建共享新模式推动 5G 发展取得突破性进展；深入推进基础设施能力建设，网络质量与系统能力大幅提升。四是纵深推进混改，微观主体活力不断激发。瘦身健体持续深化，划小改革迭代推进，社会化合作运营范围扩大，管理组织持续变革，人力资源改革全面推进。五是在深度融合上下功夫，企业党建质量全面提高。以提升组织力为重点，打基础，补短板，狠抓基层组织、基本队伍、基本制度建设，破解基层党建工作难题；推进全面从严治党不断深化，全面加强宣传思想工作，持续开展精神文明创建系列主题活动，唱响主旋律，凝聚正能量。

会议指出，2020 年是全面建成小康社会和"十三五"规划收官之年，也是中国联通进一步深化实施聚焦战略、纵深推进混合所有制改革、以创新转型引领高质量发展的关键之年，机遇与挑战并存。经过聚焦战略实施 3 年来的努力，中国联通的综合实力得以增强，未来发展的基础日益扎实。中国联通 2020 年的工作要坚持以习近平新时代中国特色社会主义思想为指导，全面贯彻党的十九大和十九届二中、三中、四中全会精神及中央经济工作会议精神，坚决贯彻党的基本理论、基本路线、基本方略，以政治建设统领全局，增强"四个意识"、坚定"四个自信"、做到"两个维护"，紧扣全面建成小康社会目标任务，坚持稳中求进的工作总基调，坚持新发展理念，坚持以改革开放为动力，坚定聚焦创新合作战略定力，围绕"提价值、谋发展、重基础、有激情"，着力加快产品、渠道、创新 3 个转型，着力提升网络、IT、治企 3 个能力，纵深推进混合所有制改革，扎实推进全面互联网化运营，建设"五新"联通，奋力开创高质量发展新局面，为全面建成小康社会和"十三五"规划圆满收官作出应有贡献。会

议提出，围绕上述工作要求，中国联通要按照混改 3 年业绩承诺底线要求，2020 年实现经营业绩稳定增长、发展质量全面提高、服务水平持续提升。

会议强调，做好 2020 年工作，中国联通上下要坚决贯彻中央经济工作会议精神，统一思想认识。一是坚决统一对贯彻新发展理念的认识，把行业生态优化工作落到实处。坚定不移地推进"创新、协调、绿色、开放、共享"理念的持续深入落地，在创新驱动中培育增长动能，沉淀核心能力，巩固互联网运营差异化优势，在开放共享中落实网络共建共享，全面改善行业生态，提升企业价值。按照中央要求，坚决把坚持贯彻新发展理念作为检验各级领导干部的一个重要尺度。

二是坚决统一对实现高质量发展的认识，把发展模式转型工作落到实处。始终以发展为第一要务，彻底转变传统经营观念，加大转型力度，实现发展方式、竞争方式、销售方式"3 个转变"，发展方式由过于追求规模数量的粗放式发展，转向有效益、高质量的精细化发展；竞争方式由过于依靠资费价格抢夺客户，转向通过产品、内容和服务的优化赢得客户；销售方式由过于依赖高佣金、高补贴、高奖励的成本拉动，转向注重投入产出、防止收入倒挂、提升发展质量的价值经营。

三是坚决统一对践行以人民为中心发展思想的认识，把改进服务工作落到实处。自觉扛起央企社会责任，坚决打好"三大攻坚战"，助力解决民生问题；深入践行"三个一切"的经营理念，扎实解决网络质量、产品应用、业务规则、渠道触点、IT 计费、生产流程等方面的短板问题，持续提高服务质量与水平。

四是坚决统一对新时代党的建设总要求的认识，把党建与业务深度融合工作落到实处。坚持和加强党的全面领导，坚持党要管党、全面从严治党，切实把党的政治优势转化为企业治理效能，以高质量党建引领企业高质量发展。会议提出，2020 年要重点抓好 7 项工作：一是坚持和加强党的全面领导；二是加快公众产品转型；三是加快渠道提质转型；四是加快政企创新转型；五是提升网络竞争能力；六是提升 IT 集约支撑力；七是提升

企业治理能力。

会议提出，要持续学习贯彻习近平新时代中国特色社会主义思想，认真抓好党的十九届四中全会精神的学习和贯彻。要坚决贯彻党中央决策部署，确保脱贫攻坚任务如期全面完成，坚持靶心不变、焦点不散、工作力度不减、资源投入不减，深化产业扶贫，突出消费扶贫，持续发力不松劲，确保定点扶贫任务全面完成和承诺指标兑现，全力打赢脱贫攻坚战。要坚持守初心、担使命，持续加强企业党建和党风廉政建设。要以政治建设为统领，抓好巡视和主题教育整改工作。要以组织力提升为重点，推进党建与业务深度融合，持续加强党风廉政建设与反腐败工作，持续加强企业文化与职工队伍建设，为公司发展改革提供坚强保证。

中国铁塔股份有限公司 2020 年工作会议

佟吉禄

2020 年 1 月 7—8 日，中国铁塔股份有限公司 2020 年工作会议在北京召开。工业和信息化部副部长陈肇雄出席会议并讲话，工业和信息化部相关司局领导出席会议。

陈肇雄在讲话中介绍了 2019 年信息通信业的发展情况，通报了 2020 年信息通信行业有关工作安排，充分肯定了中国铁塔股份有限公司 2019 年各项工作取得的成绩。他指出，2019 年，中国铁塔股份有限公司面对行业发展的新形势、新变化，扎实有效地开展各项工作，加快推进 5G 站址规划，不断深化共建共享，纵深拓展跨行业资源共享，企业党建工作成效显著，公司发展整体呈现稳中向好态势，有效支撑了信息通信业高质量发展。

陈肇雄强调，我国信息通信业发展正处于新的历史起点，面临诸多新要求、新机遇、新挑战，希望中国铁塔坚持以习近平新时代中国特色社会主义思想为指导，认真贯彻落实党中央国务院决策部署，充分发挥信息通信基础设施建设主力军的作用，立足共享，不负重托，全面加强党的领导，筑牢企业发展根基；深挖共享潜力，支撑 5G 集约建设；坚持创新驱动，激发企业的动力和活力；强化运维保障，确保通信网络安全稳定，以更加昂扬的斗志、更加过硬的作风、更加扎实的举措、更高质量的工作，为数字经济发展、网络强国建设作出新贡献。

中国铁塔董事长、党委书记佟吉禄做了题为《深化转型 固本强基 奋力开创高质量发展新局面》的讲话，总经理、党委副书记顾晓敏代表公司管理层做了题为《加快转型升级 深化共享协同 全力推动高质量发展》的工作报告。

会议全面回顾了中国铁塔成立 5 年来的工作。5 年来，中国铁塔不忘初心、牢记使命，坚持客户导向、价值导向，高擎共享旗帜，深化转型发展，推动"一体两翼"战略落地，即以面向通信行业内的塔类与室分业务为"一体"，以跨行业站址应用与信息服务、面向社会的能源服务为"两翼"，在融入党和国家事业、社会经济发展大局中持续提升企业价值，彰显使命担当。一是支撑网络强国战略落地。5 年来，累计投资超 2000 亿元，完成塔类建设项目 220 万个，助力我国快速建成全球最大移动宽带网络；2019 年全量统筹 5G 基础设施建设，完成 5G 基站建设项目超过 13 万个，97% 利用已有资源建设，为 5G 商用提供有力基础支撑。二是保持与行业协同发展。牢固树立行业命运共同体意识，不断增强协同行业降本增效的思想自觉和行动自觉；统筹利用自有资源和社会资源，低成本、高效率满足客户需求，塔类租户与 2015 年相比翻了一番，完成了 24.2 亿平方米的室分项目建设，覆盖高铁总里程超 1.9×10^4 千米、地铁总里程达 3327 千米；2019 年，地面宏站、微站利用社会资源比例分别达 17.3% 和 84.7%，降低了建设投资；与客户联合管控新建地面塔，提升新建共享水平，节省了客户成本；积极推动疑难站址清理，协同管控电费、场租，成效显著；依托遍布全国的站址资源和服务能力，"两翼"业务快速发展，促进收入结构持续优化，初步形成了多点支撑的业务增长格局。三是公司实力得到显著提升。发展前景与价值创造能力得到包括资本市场在内的各方充分认可。四是服务品质持续改善。以客户为中心、服务为根本，创新搭建运维监控体系，实现全量站址可视、可管、可控。累计投入 243 亿元进行更新改造，断电退服时长与断电退服率与 2016 年刚开始全量维护时相比分别下降了 50.5% 与 38.8%；积极履行企业责任，圆满完成重大活动通信保障和各类应急抢险任务。五是发展环境更加良好。推动移动通信基础设施"入规""入法",回归到与水、电、气、暖等一样的公用基础设施地位。全国29个省（自治区、直辖市）明确铁塔公司统筹5G建设规划,27个省（自治区、直辖市）出台通信基础设施建设与保护地方立法,738个县区已加入当地规划委员会,在各级政府减少行政审批的情况下实现19个省135个城市铁塔公司代表行业入驻政府政务服务中心。

会议认为,公司发展改革取得显著成效,关键在于做到"6个坚持"。一是坚持共享发展模式。新建铁塔共享率从历史的14%提升到80%以上,助力行业降本增效,提高全要素生产率,提升社会整体经济效益。共享是公司得到各方支持、迅速成长壮大的根本,也是对价值创造最基础的支撑。二是坚持为客户创造价值。秉持"中国铁塔与3家电信企业是利益共同体、命运共同体、责任共同体"的认识,始终坚守为客户创造价值的初心,主动适应客户需求,竭诚与行业协同发展。三是坚持创新驱动发展。四是坚持市场化发展模式。五是坚持精益高效管理。六是坚持党的全面领导。深入学习贯彻习近平新时代中国特色社会主义思想、党的十八大、十九大精神,认真贯彻落实党中央、国务院决策部署,深入开展"三严三实""两学一做"学习教育和"不忘初心、牢记使命"主题教育,在国务院国有资产监督管理委员会党委组织的党建责任制考评中连续两年被评为"优秀"。

会议提出,做好2020年工作,要以习近平新时代中国特色社会主义思想为指导,全面贯彻党的十九大和十九届历次全会精神,全面落实中央经济工作会议部署,坚决贯彻党的基本理论、基本路线、基本方略,以政治建设统领全局,增强"四个意识",坚定"四个自信",做到"两个维护",紧扣全面建成小康社会目标任务,积极践行新发展理念,坚定不移地统筹"一体两翼",深化转型发展,强化市场导向,锻造竞争能力,固本强基,提质增效,全力把中国铁塔做强、做优、做大,实现高质量发展,为建设成长型和价值创造型"两型企业"的目标而努力奋斗。

会议强调,实现高质量发展,要发展为先,统筹"一体两翼",提高发展质量,保障发展的协同性、均衡性和可持续性。一方面,要不忘初心,着力为行业提供更多服务,为电信企业优质高效地做好服务支撑,促进一体业务稳健发展;另一方面,要抓住5G机遇,依托塔、房、电、维护力量等核心资源,实现两翼业务共享协同快速发展。

会议提出,要主动适应变化,以赢得客户认可为首要目标,进一步强化市场导向,坚定不移地走市场化发展道路;要聚焦客户降本增效的关注点,构建价值创造型服务体系,牵头解决行业发展长期以来面临的规划、选址、引电、电价、维系、赔补等问题,将政策支持优势真正转化为共享发展和价值创造优势;要关注客户感知,强化维护服务保障,站在服务客户的角度,共同推动场租电费压降、服务质量提升;要推进产品及定价市场化,着力打造面向客户的多样化产品体系,培育市场化竞争优势;重点围绕资源统筹、资产运营、社会信息服务、平台运营、创新发展5个能力,打造市场化竞争力。

会议强调,认真贯彻落实十九届四中全会精神,全面提升公司治理力;完善制度建设,进一步强化党对企业的全面领导,按照"两个一以贯之"的要求,将党的领导融入公司治理,并推进管理制度化、标准化、流程化、信息化;夯实基础管理;深化体制机制创新;强化人才队伍支撑。

会议强调,2020年是全面建成小康社会和"十三五"规划收官之年,是5G大规模商用之年,也是中国铁塔转型升级、"一体两翼"战略落地的关键之年,全年着力抓好6项重点工作。

一是加快提升市场化发展能力,推进一体业务持续稳健增长。更好发挥通信基础设施建设主力军、国家队作用,快转型、提能力,经济高效地助力5G大规模商用,在为行业带来新变化、创造新价值中实现自身持续发展;注重协同规划、资源掌控、综合共享,在4G基础上全量承接、全面满足5G需求,经济高效地支撑5G网络能力提升;充分发挥统筹、牵头作用,统一进场,积极争取"零场租、低电价"，提供有源与无源相结合的多样化建设方案，推动室分业务快速规模发展。

二是紧扣与"一体"共享协同发展，推进"两翼"业务上规模、增效益。跨行业业务努力由简单挂高和空间租赁向综合信息化服务和平台运营延伸，实现规模效益发展；能源经营业务要进一步强化与主业共享协同发展，打造有差异化竞争优势的产品；强化平台运营，为"两翼"业务拓展赋能。

三是聚焦客户关切与认可，做强、做优综合服务。与客户同呼吸、共命运，协同电信企业降本增效，共同管控综合成本，共同维护行业整体利益；继续做好降电费、控场租工作；与电信企业联合管控维护成本。

四是着力强化产品技术及体制机制创新，提升创新发展水平。在产品创新上，重点打造 5G 共享室分、5G 电源、智慧杆塔等创新产品和解决方案。

五是持续推动提质增效，提升管理防控风险。抓实基础管理和规范管理，深入推进精益管理，守住风险防控底线。

六是推进党建与生产经营紧密结合，以高质量党建引领企业高质量发展。压实党建责任，服务生产经营；建强人才队伍，支撑转型发展；守住廉洁底线，强化正风肃纪；强化工会群团组织桥梁纽带作用。

2020年信息通信业（ICT）十大趋势分析

中国通信企业协会

2019年，信息通信业平稳运行。电信业务收入累计完成 1.31×10^{12} 元，较2018年增长0.7%。其中：固定通信业务收入完成4152亿元，较2018年增长9.3%；移动通信业务收入完成8944亿元，较2018年下降2.9%。电信业务总量达 1.07×10^{13} 元，同比增长62.7%，实现增加值（现价）7120亿元，较2018年增长4.3%。5G商用开局良好，截至2019年年末，三家基础电信企业已在全国开通5G基站10万余个。然而，行业经过持续大幅"提速降费"后，业务总量不断翻番的同时，业务总收入和利润持续下滑，通信运营企业如何通过深化转型，实现持续发展已经成为通信行业全局性、战略性的紧迫课题。

信息通信技术发展至今，实现了许多创新和突破，但创新无止境，未来仍然存在很大的技术提升空间并产生大量的新应用。展望未来，以下技术衍进趋势值得我们关注。

趋势一：5G时代起航，开创数字化转型的无限空间

在网络覆盖方面，未来5年，将全面建成覆盖城乡、品质优良的5G网络基础设施。在用户数方面，预计2024年全球5G用户数接近12亿，我国5G用户数超过7亿，渗透率约达45%。在产业赋能和经济带动方面，5G全面赋能工业、交通、能源、医疗及经济社会的各个领域，推动生产生活方式的新一轮变革。预计2024年5G直接带动经济产出增加值累计达20000亿元，间接带动的经济总产出增加值累计达60000亿元。

趋势二：信息网络演进重构，构筑数字经济发展的关键基石

云计算成为互联网社会不可或缺的基础设施。2019年年底，中国的云计算产业规模达4300亿元。放眼未来，云计算服务的竞争已趋白热化。它不仅改变信息技术产业，还将深刻改变人们工作和公司经营的方式。信息网络将以高速泛在、智能敏捷、集约高效、安全可信为特点演进重构，集感知、连接、存储、计算、处理、交换等为一体，成为数字基础设施。

趋势三：计算能力升级，打造无处不在的万物智能

未来5年，量子、类脑等颠覆式技术实现小范围应用突破，摩尔定律仍占据主导，面向细分领域的芯片架构/异构系统创新以及计算资源的灵活部署成为关键。5G加速边缘计算的规模应用，未来50%的数据将在边缘实现处理；面向安防、语音、自动驾驶等领域的专用智能计算芯片和异构加速系统创新活跃；结合人脑运行机制的无/弱监督学习逐步迈入工程应用；医疗健康领域的脑控（脑机接口）产品将得到应用；量子退火开始应用于人工智能领域，提升并行算法能力。

趋势四：从感知到认知，人工智能迈入后深度学习时代

人工智能上升为国家战略，市场前景十分广阔。

随着人工智能技术的逐渐成熟，科技、制造业等业界巨头不断深入布局。据预测，到 2020 年，中国在人工智能的市场规模将接近 500 亿元。人工智能的快速发展为机器人带来新风口，"AI+ 机器人"市场将迎来新的发展机遇。算法加速向后深度学习时代演进；算力面向特定场景的需求，走向多元定制化；感知应用更加广泛，认知应用逐步成熟。

▌趋势五：承载可信数据，区块链打造可信任的数字社会新型基础

当前，区块链主要解决多主体间信息流可信穿透问题，打通数据孤岛。区块链技术不断创新、区块链应用方向不断拓展、区块链治理与监管不断完善成为区块链未来发展的三大重点。随着区块链技术、应用、治理的不断完善，将为承载数字资产和价值流互连做好准备，成为未来信息基础设施重要的组成部分。区块链与人工智能、物联网等技术深度融合，共同组成泛在的、可信任的数字社会新型基础。

▌趋势六·"一深一广"，工业互联网平台成为数字化转型的核心载体

"一深"是指提供数字线程与建模工具，支撑数字孪生构建，更精准描述和优化物理世界，构建智能决策载体；"一广"是指汇集优化生产要素，驱动模式创新与资源配置，成为未来产业生态核心载体。工业互联网平台的搭建将成为智慧城市一种更智慧的方法通过利用以物联网、云计算等技术改变政府、企业和人们的交互方式，对于民生、环保、公共安全、城市服务、工商业活动等各种需求做出快速、智能的响应，提高城市运行效率，为居民创造更美好的城市生活，这将成为未来城市发展的方向。

▌趋势七：技术与需求驱动，推动安全理念与实践的双向变革

数字浪潮推动各领域转型，带来网络安全新需求，技术演进 + 应对需求，驱动网络安全向按需安全、智能安全、主动安全、安全一体化方向发展。

按需安全是指以虚拟化技术赋能安全，对各类已有的安全能力进行原语性定义、智能组合，实现场景化安全能力的高效整合。

智能安全是指结合安全大数据分析、智能情报、攻击预测等技术，提前感知威胁、预判攻击行为、构筑网络安全攻防对抗优势。

主动安全是指聚焦移动目标防御、拟态防御等主动防御理念，实现攻击目标不可见、攻击路径不可达，扭转网络安全被动防御劣势。

安全一体化是指以零信任安全、分布式信任管理体系等打造内生信任模式，是"网络架构 + 安全架构"的融合演进。

▌趋势八：ICT 产业开启新一轮增长周期

当前，5G、人工智能、边缘计算、区块链等新一代信息技术创新，经济社会数字化转型正驱动 ICT 产业新一轮增长，2020 年 ICT 产业会开启新一轮增长。

与此同时，由于全球政治和贸易格局的不确定性影响经济走势，技术创新、投资回报、商业模式和产业生态的不确定性加深，未来五年 ICT 产业增长的不确定性也在加深。

▌趋势九：开放合作，共塑全球数字治理规则体系

围绕数据跨境流动、知识产权保护、数字贸易、数字税收等规则正成为数字经济时代全球治理规则建构的重要内容，亟需在分歧与争议中寻找利益契合点，共塑全球数字治理规则体系。

▌趋势十：蓄势待发，量子信息技术在探索中寻求突破

在量子通信方面，基于量子密钥分发（QKD）

的量子保密通信将在高安全性需求的专网领域继续开展应用探索，但工程化和实用化水平仍需进一步提升；量子保密通信的规模化网络建设应充分论证，分阶段稳步实施；基于量子隐形传态（QT）和量子存储中继实现量子态信息传输与组网，是未来量子通信发展的主要方向。

在量子计算方面，量子计算的优越性得到实验验证；专用量子计算机用于解决经典计算难以处理的特定问题，未来 3 ～ 5 年有望在优化、模拟、人工智能等领域取得突破并探索实际应用；通用量子计算机用于解决普适性问题，需量子比特数量及质量、编码、算法和软件等进一步提升，技术路线将逐步收敛，业界普遍预计突破仍需十年以上。

而在量子测量方面，各领域技术的成熟度和发展水平不一，量子时间基准、惯性导航、目标识别等方向的样机系统有望在通信网络、航空航天和国防等领域率先应用；量子测量设备和系统的集成化与芯片化将是未来长期发展的目标。

信息通信业十大趋势（2020—2022年）

中国信息通信研究院

一、5G 时代起航，开创数字化转型的无限空间

在网络覆盖方面，未来 5 年，我国将全面建成覆盖城乡、品质优良的 5G 网络基础设施。

在用户数方面，预计到 2024 年，全球 5G 用户数将近 12 亿户，我国 5G 用户数将超过 7 亿户，渗透率达到约 45%。

在产业赋能和经济带动方面，5G 全面赋能工业、交通、能源、医疗及经济社会的各个领域，推动生产生活方式的新一轮变革。预计到 2024 年，5G 直接带动经济产出增加值累计达到 $2×10^4$ 亿元，间接带动的经济总产出增加值累计达到 $6×10^4$ 亿元。

二、信息网络演进重构，构筑数字经济发展的关键基石

信息网络将以高速泛在、智能敏捷、集约高效、安全可信为特点演进重构，集感知、连接、存储、计算、处理、交换等为一体，成为数字基础设施。

三、计算能力升级，打造无处不在的万物智能

未来 5 年，量子、类脑等颠覆式技术实现小范围应用突破，摩尔定律仍占据主导，面向细分领域的芯片架构、异构系统创新以及计算资源的灵活部署成为关键。

5G 加速边缘计算的规模应用，未来 50% 的数据将在边缘处理；面向安防、语音、自动驾驶等领域的专用智能计算芯片和异构加速系统创新活跃；结合

人脑运行机制的无 / 弱监督学习逐步迈入工程应用；医疗健康领域的脑控（脑机接口）产品将得到应用；量子退火开始应用于人工智能领域，以提升并行算法能力。

四、从感知到认知，人工智能迈入后深度学习时代

算法加速向后深度学习时代演进；算力面向特定场景的需求，走向多元定制化；感知应用更加广泛，认知应用逐步成熟。

五、承载可信数据，区块链打造可信任数字社会新型基础

当前，区块链主要解决多主体间信息流可信穿透问题，打通数据"孤岛"。区块链技术不断创新、区块链应用方向不断拓展、区块链治理与监管不断完善成为区块链未来发展的三大重点。

区块链技术、应用、治理的不断完善，将为承载数字资产和价值流互联做好准备。区块链与人工智能、物联网等技术深度融合，共同组成泛在、信任的数字社会新型基础。

六、"一深一广"，工业互联网平台成为数字化转型核心载体

"一深"是指提供数字线程与建模工具，支持数字孪生构建，更精准描述和优化物理世界，构建智能决策载体；"一广"是指优化生产要素，驱动模式创新与资源配置，使其成为未来产业生态核心载体。

七、技术与需求驱动，推动安全理念与实践双向变革

数字浪潮推动各领域转型，带来网络安全新需求，"技术演进＋应对需求"驱动网络安全向按需安全、智能安全、主动安全、安全一体化方向发展。

按需安全是指以虚拟化技术赋能安全，对各类已有的安全能力进行原语性定义、智能组合，实现场景化安全能力的高效整合。

智能安全是指结合安全大数据分析、智能情报、攻击预测等技术，提前感知威胁，预判攻击行为，构筑网络安全攻防对抗优势。

主动安全是指聚焦移动目标防御、拟态防御等主动防御理念，实现攻击目标不可见、攻击路径不可达，扭转网络安全被动防御的劣势。

安全一体化是指以零信任安全、分布式信任管理体系等打造内生信任模式，实现"网络架构＋安全架构"一体化的融合演进。

八、冲破阴霾，ICT 产业开启新一轮的增长周期

当前，5G、人工智能、边缘计算、区块链等新一代信息技术创新发展，经济社会数字化转型正驱动 ICT 产业新一轮增长，预计到 2020 年，ICT 产业开启新一轮增长。

与此同时，由于全球政治和贸易格局的不确定性影响经济走势，技术创新、投资回报、商业模式和产业生态的不确定性加深，未来 5 年，ICT 产业增长的不确定性也在增加。

九、开放合作，共塑全球数字治理规则体系

数据跨境流动、知识产权保护、数字贸易、数字税收等规则正成为数字经济时代全球治理规则构建的重要内容，亟需在分歧与争议中寻找利益契合点，共塑全球数字治理规则体系。

十、蓄势待发，量子信息技术在探索中寻求突破

在量子通信方面，基于量子密钥分发的量子保密通信将在高安全性需求的专网领域继续开展应用探索，但工程化和实用化水平仍需进一步提升；充分论证量子保密通信的规模化网络建设，分阶段稳步实施；基于量子隐形传态和量子存储中继实现量子态信息传输与组网，是未来量子通信发展的主要方向。

在量子计算方面，量子计算的优越性已得到验证；专用量子计算机用于解决经典计算难以处理的特定问题，未来 3 ～ 5 年有望在优化、模拟、人工智能等领域取得突破并探索实际应用；通用量子计算机用于解决普适性问题，需量子比特数量及质量，编码、算法和软件等进一步提升，技术路线将逐步收敛，业界普遍预计，其突破仍需 10 年以上。

而在量子测量方面，各领域技术成熟度和发展水平不一，量子时间基准、惯性导航、目标识别等方向样机系统有望在通信网络、航空航天和国防等领域率先应用；量子测量设备和系统的集成化与芯片化将是未来长期发展目标。

信息通信综合篇

我国信息通信业发展分析与展望

2019 年，我国信息通信业整体增速有所放缓，产业技术创新十分活跃，对国民经济发展的贡献进一步提升。

一、2019 年信息通信业发展情况

（一）我国信息通信业收入增速有所放缓，产业结构持续软化

2019 年，我国信息通信业收入规模超过 2.53×10^5 亿元，同比增长 7.8%，受贸易形势和业务发展周期的影响，增速比 2018 年下降了 2.3 个百分点。信息通信产业结构持续软化，其中信息通信服务收入（电信业、互联网、软件业收入合计）占比超过 38%，比 2018 年提高了 1.6 个百分点。

我国信息通信领域创新发展不断加快。世界知识产权组织《2019 年全球创新指数》[1] 报告中指出，中国在全球 120 多个经济体中创新指数排名由第 17 位上升到第 14 位，实现连续 4 年上升，且在信息通信领域的各子指标的排名相对往年也有所提高。

（二）我国电信业处于增长动力的换挡期，新兴业务成为新动力

2019 年，我国电信业处于增长动力的换挡期，电信业务收入增速下滑，电信业务收入比 2018 年下滑 2.1 个百分点，远低于 GDP（Gross Domestic Product，国内生产总值）的增幅；电信业务总量[2] 为 1.74×10^4 亿元，比 2018 年增长 18.5%。行业竞争异常激烈，用户价值进一步下行，2019 年，移动互联网接入流量消费为 1220 亿吉比特，比 2018 年增长 71.6%。

2019 年，移动宽带迈入 5G 时代。2019 年 6 月

6 日，工业和信息化部正式发放 5G 商用牌照，电信运营商加快 5G 网络建设。截至 2019 年 11 月，全国已开通 5G 基站 11.3 万座，5G 套餐签约用户接近 250 万户。我国建成全球覆盖范围最广的 NB-IoT（Narrow Band Internet of Thing，基于蜂窝的窄带物联网）网络，实现室内、交通路网、地下空间场景深度覆盖，其用户快速增长，用户数达到 10 亿户，占移动总连接数的比重达到 38%。

我国电信业密切配合地方政府，加快推动智慧城市等重大工程和项目的建设，积极提供 5G、物联网、大数据、云计算、人工智能等新兴业务，为政府注智，为行业赋能。固定增值及其他业务逐渐成为行业发展的新动力，对收入增长的拉动作用开始显现，截至 2019 年年底，蜂窝物联网用户达到 10.3 亿户，全年净增 3.57 亿户。IPTV（网络电视）用户 2019 年净增 3870 万户，净增 IPTV（网络电视）用户占净增光纤接入用户的 78.9%。

（三）我国互联网企业营收增速高位趋缓，积极拓展新空间

2019 年，我国上市互联网企业营收增长高位趋稳。2019 年，我国上市互联网企业总营收达 2.2×10^4 亿元，同比增长 20% 左右。2019 年，我国软件业务收入保持较快增长，超过 7×10^4 亿元，同比增长 14%；软件产业加快高质量发展步伐，行业人均创造业务收入接近 100 万元，同比增长 10%。

随着一二线流量红利见顶，互联网企业加快向三四五线城市和农村用户渗透，下沉市场成为新增用户的主要来源。拼多多、快手、趣头条等依靠下沉市场实现快速发展。互联网龙头企业也大力拓展下沉市场，淘宝超过 70% 的新增年度活跃用户来自下沉市

注：1. 世界知识产权组织从 2007 年开始每年都发布全球创新指数报告，通过创新指数衡量全球 120 多个经济体的创新能力。

2. 按照上年价格计算。

场，京东超过 40% 的新用户来自下沉平台"京喜"。在下沉市场接受度更高的直播电商持续火爆。"双 11"活动的前 9 个小时，淘宝直播引导成交突破百亿元。

消费互联网市场渐成红海，传统龙头企业、大型互联网企业都将目光转向企业市场，加快探索工业／产业互联网业务，开辟行业发展的新空间。我国企业服务市场空间广阔，2019 上半年，我国各类市场主体达 1.16 亿户，日均新设企业达 1.94 万家，目前大多数中、小、微企业的数字化转型需求亟待被满足。龙头企业都通过组织架构调整打造技术中台、数据中台，提升为企业的服务能力。领先的制造企业也通过打造工业互联网平台开放数字化服务能力。专业化的企业服务类公司基于丰富的行业知识打造关键环节的服务能力。

（四）我国电子信息制造业规模增长趋缓

我国电子信息制造业规模增速有所下降。近 5 年，电子信息制造企业主营业务收入增速均高于工业整体增速，进入 2019 年，移动通信制式处于换代期，通信基础设施投资和移动终端销售收缩，集成电路等元器件产业进而处于周期性波动低谷，加之全球经贸环境的不稳定性，2019 年我国电子信息制造业规模增速为 5%，比 2018 年有所下降。从细分领域来看，2019 年，通信设备制造业、电子元件及电子专用材料制造业、计算机制造业等细分领域的增速分别为 4.9%、1.0%、4.4%，低于电子信息制造业的平均水平；电子器件制造业增长 8.3%，高于电子信息制造业的平均水平。新兴技术驱动电子信息制造业投资活跃。2019 年，电子信息制造业固定资产投资同比增长 16.8%，增速同比 2018 年提高 0.2 个百分点。

经过多年的发展，我国在以集成电路、新型显示器为代表的上游基础领域加快突破，基本已经形成以环渤海、长三角、珠三角、中西部为代表的四大产业集聚区，企业竞争力不断提升。在手机方面，国产手机品牌持续领跑国内市场，合计市场份额从 2015 年的 46% 提升到 2019 年的 90.7%，数量达到 3.52 亿部；2019 年，我国国产手机上市新机型为 506 款，同比下降 27.2%，占国内新机型的比例达 88.3%。

■ 二、对 2020 年信息通信业的展望

在数字经济保持迅猛发展态势的背景下，2020 年，我国信息通信业收入增速回暖。其中，电信业务收入增长进入下行通道，互联网企业收入仍保持较高的速度增长，软件业营收增速持续提升，电子制造业增加值仍将保持平稳增长。

（一）信息通信产业将进入新一轮增长周期

我国经济稳中向好、长期向好，5G、人工智能、工业互联网、物联网等战略性、网络型基础设施建设将激发和释放潜在的经济动力和活力，成为信息通信行业乃至整个社会的新的增长引擎。

（二）电信业推动国民经济数字化转型

信息通信业进入新阶段，传统的基础设施加快向数字化、网络化、智能化的方向升级，支撑数字化转型的产业生态体系逐步完备，数字化转型实现由特定领域应用示范到全面推广。

（三）互联网产业由应用创新向技术创新转变

人工智能、工业互联网、5G 等前沿技术创新，助力化解人口流量红利减弱带来的发展挑战，推动互联网产业进一步变革升级。互联网政企市场将快速崛起，领军企业大力推进架构调整和业务布局，智慧城市、工业互联网、人工智能与数据分析等成为核心着力方向，企业、政府端市场将成为中国互联网产业的主要增长亮点。

（四）5G 推动信息通信制造业升级发展

5G 系统设备逐步成熟，带动射频、天线、光模块等通信器件技术升级和产业需求扩张，催生微基站等新产业规模化发展，带动超高清、虚拟现实等产业链上的企业全面进步。

2020 年，信息通信产业持续赋能传统行业。信息通信技术创新以数字化服务需求为核心，加速推动产业生态融通变革，以人工智能、虚拟现实、工业互联网为代表的信息通信技术持续使能传统领域，不断拓展出新的产业边界，医疗、金融、零售、制造等领域应用效果将逐步显现。

（中国信息通信研究院　刘若朋）

2020年信息通信业发展趋势分析

2019年，我国信息通信业整体增速继续回落，产业结构持续软化，技术创新促进信息通信产业对国民经济发展贡献持续提高。我国基础电信业进入4G技术产业成熟期和5G的商用元年的叠加期，移动数据流量红利面临阶段性见顶态势；下沉市场成为消费互联网新的拓展空间，企业侧互联网应用加速渗透；外部环境的不确定性给信息通信制造业带来新的挑战。展望2020年，我国信息通信业将继续保持稳定健康的发展态势，以5G为代表的新一代信息技术催生新的市场需求，带动信息通信制造业高质量发展，ICT和实体经济、政府治理公共服务的融合将更加深入。

一、2019年信息通信业发展情况

（一）我国信息通信业规模增速持续回落，产业结构持续软化

2019年，我国信息通信业受贸易形势和业务发展周期的影响，收入增速继续下降，2019年产业收入规模突破2.5×10^5亿元，同比增长7.8%，比2018年下降2.3个百分点。产业结构持续软化，信息通信服务业收入（软件业收入＋电信业务收入＋互联网服务收入）达9.4×10^4亿元，同比增长15.5%，占产业收入比重超过38%，比2018年提高1.6个百分点；信息通信制造业收入规模达1.57×10^5亿元，同比增长5.0%，占产业收入比重为61.9%左右，比2018年同期下降1.6个百分点。

从4G发展以来，我国已成为信息通信专利申请大国，专利申请量年增速远高于全球平均增速，申请总量位居全球第一，被受理的信息通信专利申请总量位居全球第一。在世界知识产权组织发布的世界创新指数排名中，我国2019年排名由第17位升至第14位。

（二）电信业进入4G技术产业成熟期和5G的商用元年的叠加期，电信业务收入零增长

2019年，我国电信业正式迈入4G技术产业成熟期和5G的商用元年的叠加阶段，电信业务收入增速明显下滑，电信业务收入增长0.8%左右，比2018年下滑2.1个百分点。从收入结构来看，固定通信业务增速持续高于移动通信业务，占比持续提高。2019年，固定通信业务收入同比增长9.5%，在电信业务收入中占比达31.8%，比2018年提高2.6个百分点；移动通信业务收入下降2.9%，受用户规模增长放缓和互联网应用替代等多种因素影响，移动语音业务收入继续下降。固定数据及互联网业务、固定增值业务在数字政府和智慧城市等重大工程的推动下，成为行业发展的新动力。2019年，固定数据及互联网业务收入增长5.1%，固定增值业务收入增长21.2%。

高性能信息通信基础网络推动行业高质量发展。在国家网络强国战略和提速降费专项行动等政策的指引下，通信业持续加快光纤带宽升级，网络提速和普遍服务效果显著。截至2019年12月底，互联网宽带接入端口数量达到9.16亿个，FTTH/O占比超过90%。100Mbit/s及以上接入速率的固定互联网宽带接入用户占比达85.4%，1000Mbit/s以上接入速率的固定互联网宽带接入用户达87万户。我国光纤宽带发展保持全球领先地位，光纤到户渗透率远高于全球平均水平（65%）。移动网络覆盖向纵深延伸，4G用户达到12.8亿户，占移动电话用户的比重超过八成。我国已建成全球覆盖范围最广的物联网。截至2019年年底，蜂窝物联网连接数达到10.3亿个，净增3.57亿个，电信企业提供的物联网行业应用超百种，泛智能终端产品超过3000款，在公共事业、智慧交通、智慧社区、智能制造等领域不断渗透。蜂窝物联网用户达10.3亿户，2019年净增3.57亿户。

（三）互联网平稳较快增长，对数字经济支撑作用不断增强

互联网业务收入保持较高增速。2019 年，我国规模以上互联网和相关服务企业收入达到 1.2×10^4 亿元，同比增长 21.4%。行业利润达到 1024 亿元，同比增长 16.9%，增速比 2018 年提高 13.1 个百分点。从收入结构来看，互联网信息服务（包括网络音乐和视频、网络游戏、新闻信息、网络阅读等服务）收入同比增长 22.7%，占比最高达 65.3%。生活服务、网络销售等互联网平台与实体经济加速融合，平台服务规模不断扩大，互联网平台服务企业（以提供生产服务平台、生活服务平台、科技创新平台、公共服务平台等为主）收入同比增长 24.9%。5G、云计算、大数据和人工智能等新技术快速发展，新型基础设施建设进入快速增长期，互联网数据服务（含数据中心业务、云计算业务等）收入持续高速增长，部署的服务器数量同比增长 17.3%。整体来看，我国互联网行业规模持续扩张，对数字经济增长的贡献持续加强。

技术创新步伐加快，研发投入再创新高。2019 年，我国互联网行业研发费用为 535 亿元，同比增长 23.1%，增速比 2018 年提高 4.1 个百分点，高出同期业务收入增速 1.7 个百分点。互联网企业不断加大科研投入，提升关键核心技术创新能力，在 5G、人工智能、云计算、大数据等关键核心技术领域取得突破，部分技术处于国际领先水平。2019 年互联网百强数据显示，2019 年中国互联网百强企业的研发投入突破 1500 亿元，比 2018 年增长 45.1%，平均研发强度突破 10%，比我国研发经费投入强度高出近 8 个百分点。

我国互联网企业国际地位逐渐提升。2019 年，全球市值最高的 30 家互联网公司中，中国企业占 9 席，仅次于美国的 18 家。上榜的中国公司依次是：阿里巴巴（4）、腾讯控股（5）、美团点评（10）、京东（12）、拼多多（14）、百度（15）、网易（16）、三六零（24）、腾讯音乐（29）。截止到 2019 年年底，腾讯和阿里巴巴的市值均超过了 4000 亿美元。

（四）我国软件业加快云化、平台化发展

我国软件和信息技术服务业呈现平稳发展态势，收入和利润均保持较快增长，2019 年，全国软件和信息技术服务业规模以上企业收入达到 7.2×10^4 亿元，同比增长 15.4%。盈利能力稳步提升，2019 年行业利润总额 9362 亿元，同比增长 9.9%；人均实现业务收入 106.6 万元，同比增长 8.7%。

信息技术服务加快云化发展，软件应用服务化、平台化趋势明显。2019 年，软件产品实现收入同比增长 12.5%，占全行业比重为 28.0%。其中，工业软件产品实现收入增长 14.6%，为支撑工业领域的自主可控发展发挥了重要作用。信息技术服务加快云化发展，信息技术服务实现收入同比增长 18.4%，增速高出全行业平均水平 3 个百分点，占全行业收入比重达 59.3%。信息安全产品和服务收入稳步增加，同比增长 12.4%。嵌入式系统软件收入同比增长 7.8%，已成为产品和装备数字化改造、各领域智能化增值的关键性带动技术。

（五）技术换代周期叠加不确定的外贸形势，我国电子信息制造业增长趋缓

2019 年，规模以上电子信息制造业营业收入同比增长 4.5%，利润总额同比增长 3.1%；增加值同比增长 9.3%，增速比 2018 年回落 3.8 个百分点；固定资产投资同比增长 16.8%。从结构来看，通信设备制造业营业收入同比增长 4.3%，利润同比增长 27.9%；电子元件及电子专用材料制造业营业收入同比增长 0.3%，利润同比下降 2.1%；电子器件制造业营业收入同比增长 9.4%，利润同比下降 21.6%；计算机制造业营业收入同比增长 3.9%，利润同比增长 2.6%。

从技术周期来看，2019 年是 5G 换代期，通信基础设施投资和移动终端销售收缩，且集成电路等元器件产业处于周期性波动低谷，消费者市场（移动终端销售）进入存量时代，企业对 5G 网络和设备仍持有观望态度。从整体需求来看，消费电子产品（笔记本电脑、平板电脑、智能手机等）主要产品市场需求增速放缓，我国智能手机市场销量连续出现下滑。

二、2020 年信息通信业发展展望

未来 5 年，5G、边缘计算、物联网、人工智能等新一代 ICT 将加速与实体经济融合应用，颠覆传

统制造方式、组织模式和产业形态。

未来 5 年，支撑数字化转型的基础设施和产业体系基本完备，工业互联网将在航空、汽车、机械、电子等重点领域及传统行业全面应用推广。5G+ 车联网、5G+ 无人机、5G+ 智能电网等新场景、新业态大规模推广。预计到 2025 年，支撑数字化转型的产业生态体系逐步完备，将诞生一批平台型领军企业，形成具备国际竞争力的工业互联网产业体系。

ICT 将重塑社会治理和服务模式，从而形成共建、共享、共治的群体智慧和基于数字孪生的治理模式；可有效提供情景交融、主动服务体验，通过高清视频、沉浸式体验等技术手段，助力服务向普惠化、高端化发展，激发智慧社会不断演进。

电子制造受 5G 商用、边缘计算等应用加速部署影响，终端出货规模回暖，ICT 与行业应用进一步加深，行业数字化转型红利逐步释放，带动 ICT 制造业重回增长态势。

整体来看，我国 ICT 产业将开启新一轮增长周期，5G、人工智能、工业互联网、物联网等"新基建"建设将激发和释放潜在经济动力和活力，成为 ICT 行业乃至整个社会的新增长引擎。

（工业和信息化部网络安全产业发展中心 刘今超）

中国互联网发展情况综述

一、中国互联网的发展概况

（一）网民情况

1. 网民规模持续增长，网络普及程度进一步提高

如图 1 所示，截至 2020 年 3 月，我国网民规模达 9.04 亿，比 2018 年年底增长 7508 万，互联网普及率达 64.5%，比 2018 年年底提升 4.9 个百分点。其中，手机网民规模达 8.97 亿人次，如图 2 所示，比 2018 年年底增加 7992 万人次，我国网民使用手机上网的比例达 99.3%，比 2018 年年底提升 0.7 个百分点。

按城乡划分，截至 2020 年 3 月，我国农村网民规模为 2.55 亿人次，占网民整体的 28.2%，比 2018 年年底增长 3308 万人次；城镇网民规模为 6.49 亿人次，占网民整体的 71.8%，比 2018 年年底增长 4200 万人次。

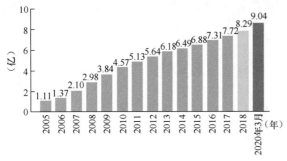

数据来源：CNNIC。

图 1　中国网民国模

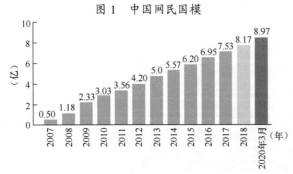

数据来源：CNNIC。

图 2　中国手机网民规模

自开展网络扶贫工作以来，我国农村网络覆盖范围不断扩大，网络扶贫与数字乡村建设持续推进，电信普遍服务成效显著，农村宽带用户快速增长。截至 2019 年 12 月底，全国农村宽带用户全年净增 1736 万户，总数达 1.35 亿户，比 2018 年年末增长 14.8%，增速较城市宽带用户高 6.3 个百分点；在固定宽带接入用户中占 30%（2018 年同期占比为 28.8%），比 2018 年年底提高 1.2 个百分点。城乡数字鸿沟不断缩小，我国整体数字化水平不断提高。

随着我国移动电话普及率的稳步提升（2019 年净增移动用户 3535 万户，总数达 16 亿户），移动电话用户普及率达 114.4 部 / 百人。从上网设备来看，截至 2020 年 3 月，我国网民使用手机上网的比例达 99.3%，使用电视上网的比例为 32.0%，使用台式电脑上网、笔记本电脑上网、平板电脑上网的比例分别为 42.7%、35.1% 和 29.0%。图 3 为 2009—2019 年固定电话及移动电话的普及率。

数据来源：工业和信息化部。

图 3　2009—2019 年固定电话及移动电话的普及率

移动上网用户的结构也在进一步优化，4G 用户占比超八成。截至 2019 年 12 月底，三家基础电信企业的固定互联网宽带接入用户达 4.49 亿户，全年净增 4190 万户。其中，1000Mbit/s 及以上接入速率的用户数为 87 万户，100Mbit/s 及以上接入速率的

固定互联网宽带接入用户达 3.84 亿户，占固定宽带用户总数的 85.4%，比 2018 年年末提高 15.1 个百分点。移动网络覆盖向纵深延伸，4G 用户达 12.8 亿户，2019 年净增 1.17 亿户，占移动电话用户总数的 80.1%。

2. 细分领域更加丰富，在线服务日益方便

互联网细分领域用户稳步增长。《第 45 次中国互联网络发展状况统计报告》中写到，截至 2020 年 3 月，我国即时通信用户的规模达 8.96 亿人次，比 2018 年年底增长 1.04 亿人次，占网民整体的 99.2%；手机即时通信用户的规模达 8.90 亿人次，比 2018 年年底年增长 1.10 亿人次，占手机网民的 99.2%。

据中国互联网络信息中心分类统计，截至 2020 年 3 月，我国网络新闻用户的规模达 7.31 亿人次，比 2018 年年底增长 5598 万人次，占网民整体规模的 80.9%；手机网络新闻用户的规模达 7.26 亿人次，比 2018 年年底增长 7356 万人次，占手机网民规模的 81.0%。

截至 2020 年 3 月，我国网络购物用户的规模达 7.10 亿人次，比 2018 年年底增长 1.00 亿人次，占网民整体规模的 78.6%；手机网络购物用户的规模达 7.07 亿人次，比 2018 年年底增长 1.16 亿人次，占手机网民规模的 78.9%。

截至 2020 年 3 月，我国网络支付用户的规模达 7.68 亿人次，比 2018 年年底增长 1.68 亿人次，占网民整体规模的 85.0%；手机网络支付用户的规模达 7.65 亿人次，比 2018 年年底增长 1.82 亿人次，占手机网民规模的 85.3%。

截至 2020 年 3 月，我国网络视频（含短视频）用户的规模达 8.50 亿人次，比 2018 年年底增长 1.26 亿人次，占网民整体规模的 94.1%；其中，短视频用户规模为 7.73 亿人次，占网民整体规模的 85.6%。

截至 2020 年 3 月，我国在线政务服务用户的规模达 6.94 亿，占网民整体规模的 76.8%。

（二）基础资源情况

1. 我国的网络基础资源持续增长，IPv6 地址总量稳居世界前列

截至 2019 年 12 月，我国 IPv6 地址的数量为 50877 块 /32，比 2018 年年底增长 15.7%，稳居世界第一。其中，截至 2019 年 6 月底，我国 IPv6 活跃用户数已达 1.3 亿人次，已分配 IPv6 地址的用户数快速增长，IPv6 活跃用户数显著增加。近一年来，我国 IPv6 流量不断增长，截至 2019 年 5 月底，中国电信、中国移动和中国联通城域网出口总流量达 398.43Gbit/s，LTE 核心网总流量达 508.87Gbit/s，骨干直联点总流量达 75.74Gbit/s，国际出入口的 IPv6 总流量达 80.45Gbit/s。IPv6 地址数量能够满足当前 IPv6 规模部署的要求，但是随着物联网、车联网、工业互联网的快速发展，我国未来对于 IPv6 地址的需求量依然较大。

截至 2019 年 12 月，我国域名总数为 5094 万个。其中，".CN" 域名数量为 2243 万个，比 2018 年年底增长 5.6%，占我国域名总数的 44.0%。网站数量为 497 万个，其中 ".CN" 下的网站数量为 341 万个，占网站总数的 68.6%，2019 年，我国先后引入 F、I、L、J、K 根镜像服务器，使域名系统抗攻击能力、域名根服务器访问效率获得极大提升，降低了国际链路故障对我国网络安全的影响。

2. 我国已拥有全球覆盖最完善的 4G 网络

截至 2019 年年底，4G 基站数达 544 万个，占基站总数的 64.7%。2019 年，我国新建 172 万座 4G 基站：一方面实现了网络大规模扩容，弥补了农村地区覆盖的盲点，提升了用户体验；另一方面提升了核心网的能力，为 5G 网络建设打下夯实基础。

截至 2019 年 12 月底，4G 用户达 12.8 亿户，全年净增 1.17 亿户，占移动电话用户总数的 80.1%，近三年占比分别提高 12 个百分点、4.3 个百分点和 5.6 个百分点。4G 用户占比远高于全球的平均水平（不足 60%），与领先的韩国（80.7%）相当。

移动互联网流量较快增长，月户均流量（DOU）稳步提升。我国线上、线下服务融合的创新保持活跃，各类互联网应用加快向四五线城市和农村用户渗透，使移动互联网接入流量消费保持较快增长。工业和信息化部 2019 年通信业公报显示，2019 年，移动互联网接入流量消费达 1220 亿吉比特，比 2018 年增长 71.6%，增速比 2018 年收窄 116.7 个百分点。2019 年移动互联网 DOU 达 7.82GB/（户·月），是 2018

年的 1.69 倍；2019 年 12 月，当月 DOU 高达 8.59GB/（户·月）。其中，手机上网流量达 1210 亿吉比特，比 2018 年增长 72.4%，占总流量的 99.2%。

2019 年 6 月 6 日，工业和信息化部向中国电信、中国移动、中国联通和中国广电正式颁发 5G 牌照，这标志着我国正式进入 5G 商用元年。5G 正式商用后，我国 5G 用户规模与网络覆盖范围同步快速扩大。截至 2019 年 12 月底，我国 5G 基站数超 13 万座，用户规模以每月新增百万用户的速度扩张。5G 终端的同步上市是 5G 良好发展的保障，截至 2019 年年底，国内 35 款 5G 手机获得入网许可，国内市场 5G 手机的出货量达 1377 万部，呈明显增长趋势。

3. 数字经济基础设施建设呈规模化实施

数据中心 IT 投资呈现快速增长趋势。2019 年，我国数据中心数量大约有 7.4 万个，约占全球数据中心总量的 23%，数据中心机架规模达 227 万架，在用 IDC 数据中心的数量为 2213 个。中国数据中心 IT 投资规模的增长率高于国内生产总值的增长率。

2019 年，超大型、大型数据中心的数量占比达 12.7%，规划在建的数据中心达 320 个，超大型、大型数据中心的数量占比达 36.1%。

4. 物联网覆盖范围全球最广，全年净增过亿

依托移动通信网络，我国已建成全球覆盖范围最广的物联网。截至 2019 年年底，蜂窝物联网连接数达 10.3 亿个，净增 3.57 亿个，电信企业提供的物联网行业应用超百种，泛智能终端产品超过 3000 款，在公共事业、智慧交通、智慧社区、智能制造等领域不断渗透。截至 2019 年 12 月底，三家基础电信企业发展蜂窝物联网的用户达 10.3 亿户，2019 年净

增 3.57 亿户。IPTV（网络电视）用户 2019 年净增 3870 万户，净增 IPTV（网络电视）用户占净增光纤接入用户的 78.9%。2019 年，全国净增移动电话基站 174 万座，总数达 841 万座。其中，4G 基站总数达 544 万座。5G 网络建设顺利推进，在多个城市已实现 5G 网络的重点市、区室外的连续覆盖，并协助各地方政府在展览会、重要场所、重点商圈、机场等区域实现室内覆盖。

5. 移动应用程序数量整体呈下降态势，音乐、视频等热点应用下载量超千亿次

截至 2019 年 12 月，我国市场上监测到的 App 数量为 367 万款，比 2018 年减少 85 万款，下降 18.8%。其中，游戏类应用规模保持领先。截至 2019 年 12 月底，移动应用规模排在前 4 位种类（游戏、日常工具、电子商务、生活服务类）的 App 数量占比达 57.9%，游戏类 App 数量继续保持领先，达 90.9 万款，占全部 App 比重的 24.7%，比 2018 年减少 47.4 万款；日常工具类、电子商务类和生活服务类 App 的数量分别达 51.4 万款、38.8 万款和 31.7 万款，分列移动应用规模的第二位、第三位、第四位。其他社交、教育等 10 类 App 占比为 42.1%。

截至 2019 年 12 月，我国第三方应用商店在架应用分发总量达 9502 亿次。其中，音乐、视频类增势最突出，下载量达 1294 亿次，下载量排第一位；社交通信类下载量排名从第三位上升至第二位，下载量达 1166 亿次；游戏类、日常工具类、系统工具类分别以 1139 亿次、1075 亿次、1063 亿次排名第三位、第四位、第五位。在其余各类应用中，下载总量

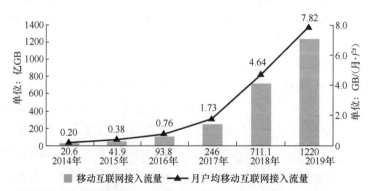

数据来源：工业和信息化部。

图 4 2014—2019 年移动互联网流量及月 DOU 的增长情况

超过 500 亿次的应用还有生活服务类（826 亿次）、新闻阅读类（761 亿次）、电子商务类（593 亿次）和金融类（520 亿次）。图 4 为 2014—2019 年移动互联网流量及月 DOU 的增长情况。

6. 互联网平台服务、数据服务的收入保持较高增速

在人工智能、云计算、大数据等信息技术和资本力量的助推下，在国家各项政策的扶持下，2019 年，我国互联网和相关服务业保持平稳的增长态势，业务收入和利润保持较快增长，研发投入快速提升，业务模式不断创新与拓展，对数字经济发展的支撑作用不断增强。

工业和信息化部统计的数据显示，2019 年我国规模以上的互联网和相关服务企业完成的业务收入达 12061 亿元，同比增长 21.4%。全行业利润保持较快增长，2019 年，全行业实现营业利润达 1024 亿元，同比增长 16.9%，增速比 2018 年提高 13.1 个百分点。研发投入增速高于收入。2019 年，全行业的研发费用达 535 亿元，同比增长 23.1%，增速比 2018 年提高 4.1 个百分点，高出同期业务收入增速。

信息服务收入整体快速增长，音视频服务增速保持领先。2019 年，互联网企业的信息服务类（包括网络音乐和视频、网络游戏、新闻信息、网络阅读等服务在内）收入达 7879 亿元，同比增长 22.7%，增速高于互联网业务收入的 1.3 个百分点，占比达 65.3%。

互联网平台的服务收入有较快增长，生活服务、网络销售服务规模不断扩大。2019 年，互联网平台的服务企业实现业务收入 3193 亿元，同比增长 24.9%，增速高于互联网业务收入的 3.5 个百分点，占比达 26.5%。

互联网数据服务收入保持较快增长。2019 年，随着 5G、云计算、大数据和人工智能等新技术的应用，新型基础设施建设进入快速增长期，拉动互联网数据服务（含数据中心业务、云计算业务等）实现收入 116.2 亿元，同比增长 25.6%，增速高于互联网业务收入的 4.2 个百分点；截至 2019 年 12 月底，部署的服务器数量达 193.6 万台，同比增长 17.3%。图 5 为 2013—2019 年互联网业务收入的增长情况。

二、中国互联网应用服务的发展情况

（一）社交通信领域

1. 用户规模和普及率进一步增长

2019 年以来，即时通信行业发展态势良好，用户规模和普及率进一步增长。截至 2020 年 3 月，我国即时通信用户规模达 8.96 亿，比 2018 年年底增长 1.04 亿，占网民整体规模的 99.2%；手机即时通信用户规模达 8.90 亿，比 2018 年年底增长 1.10 亿，占手机网民规模的 99.2%。

即时通信产品逐渐从沟通平台向服务平台拓展，个人用户数字化和企业用户信息化两个方面得到蓬勃发展。在个人用户方面，即时通信已经成为用户数字化生活的基础平台。数据统计显示，2019 年小程序日活跃用户数突破 3 亿，人均访问小程序次数提高 45%，人均使用小程序个数提高 98%。在企业用户方面，即时通信应用开始成为企业信息化转型

数据来源：工业和信息化部。

图 5　2013—2019 年互联网业务收入的增长情况

的得力助手。即时通信在企业日常运营管理、数据信息互通共享、团队远程协同办公等领域发挥的作用日渐凸显，从而帮助企业提升运营质量与效率，赋能传统行业转型升级。

2. 社交电子商务成为电子商务的衍生模式

借助社交网站、SNS、微信、微博、社交媒介、网络媒介的传播途径，通过社交互动、用户自生内容等手段来辅助商品的购买和销售活动。社交电商涵盖信息展示、支付结算以及快递物流等电子商务全过程，是电子商务和社交媒体的融合。

据前瞻产业研究院统计，2019 中国社交电商市场规模预计达 20605.8 亿元，比 2018 年增长 63.2%，2019 中国社交电商从业者的规模达 4801 万人次，增长率为 58.3%。社交电商消费人数达 5.12 亿人次，成为电子商务消费的主力军，社交电商蓬勃发展并连续多年保持着较高的增长速度。图 6 为中国社交电商市场的规模。

（二）网络金融领域

2019 年，金融科技行业发生着深刻的变革，《金融科技发展规划（2019—2021 年）》出台，金融企业纷纷自主加大科技投入。据易观数据统计，2019 年金融科技市场规模为 125 万亿元，预计到 2025 年有望突破 200 万亿元。

1. 网络支付向垂直化应用场景渗透

中国互联网络信息中心统计报告数据显示，2019 年非银行支付机构处理的网络支付业务为 7199.98 亿笔，处理业务金额 249.88 万亿元，同比分别增长 35.7% 和 20.1%，实现较快增长。人们在日常生活中使用移动支付的习惯已经养成，第三方移动

支付的渗透率达较高水平，市场成倍增长的时代结束。

2. 网络支付正成为国内外企业活跃的领域

2019 年 2 月，支付宝全资收购英国跨境支付公司万里汇，支付宝在全球的金融机构合作伙伴数目超过 250 家；2019 年 5 月，网易支付上线跨境收款平台"收结汇"业务，旨在支持自有电商业务"出海"；2019 年 9 月，中国人民银行批准贝宝收购国付宝 70% 的股权，标志着首家外资第三方支付机构进入境内市场；2019 年 11 月，Visa、Mastercard 等五大国际卡组织与腾讯开展合作，使境外开设的国际信用卡能够绑定微信支付，支持电商购物、旅行预订等国内消费场景。

3. 网络支付与科技融合加深，推动行业效能提升

支付方式与最新的无线技术、网络技术相结合：在交通出行领域，基于感应识别、数据联网交换等技术的速通卡发展迅速；以人脸识别、指纹识别等为代表的人机交互技术和以防攻击、防诈骗等为代表的风险控制技术在网络支付领域应用日趋广泛。

（三）物联网领域

1. 市场规模持续增长

《2017—2018 年中国物联网发展年度报告》统计数据显示，2017 年以来，我国物联网进入实质性发展阶段。预计 2021 年我国物联网平台支出将居全球第一，到 2024 年，物联网的市场规模将突破 22000 亿元。

2. AIoT 迎来重要发展年，NB-IoT 网络业务取得突破性发展

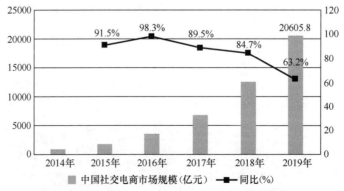

数据来源：前瞻产业研究院。

图 6　中国社交电商市场的规模

2019年是人工智能技术与物联网紧密结合的重要发展年，从年初开始，主要物联网厂商纷纷启动AIoT战略。1月11日，小米宣布启动"手机+AIoT"双引擎战略，未来五年耗资100亿元投资智能物联网；1月16日，旷视宣布从仓储物流切入AIoT市场，推出AIoT操作系统"河图"；国家电网年初提出建设世界一流能源互联网企业的重要物质基础是要建设运营好"坚强智能电网"和"泛在电力物联网"；5月27日，华为成立了智能汽车解决方案事业部，作为智能汽车领域的端到端业务责任主体，提供智能汽车的ICT部件和解决方案；5月26日，阿里云与千方科技签署合作框架协议，共同推动智能交通和边缘计算领域解决方案的落地实施。

2019年，中国电信已建成了全球最大的NB-IoT网络，超过40万座基站上线运行，承载的NB-IoT连接规模已过3500万。截至10月末，NB-IoT燃气表和NB-IoT水表用户数双双突破1000万大关，智慧燃气、智慧水务业务已服务31省210地市，2000多万家庭。

3. 工业互联网的网络建设和改造取得重大进展

2019年，我国加快建设广域、高可靠的工业互联网网络系统，网络支撑能力不断增强。三大基础电信企业充分利用5G、SDN等技术开发建设低时延、高可靠性、大带宽的高质量企业侧外网，据不完全统计，企业外部网络测试已覆盖40个骨干城市、133个边缘节点和4个云数据中心。工业互联网身份解析系统的建设已初具规模，接入企业900多家。许多企业积极开展质量追溯、供应链管理、全生命周期管理、备件管理、产品防伪、互动营销、个性化定制等典型应用，通过连接工业互联网对二级节点进行识别和分析，从而优化业务流程、创新业务模式和改进用户服务。

（四）网络娱乐领域

2020年年初，受新冠肺炎疫情的影响，网络娱乐类应用用户规模和使用率均有较大幅度提升，网络视频（含短视频）已成为仅次于即时通信的第二大互联网应用类型。短视频平台在努力扩展海外市场的同时，与其他行业的融合趋势愈发显著，尤其在带动贫困地区经济发展上作用明显。

1. 流媒体直播成为网络音乐平台的发展重点

截至2020年3月底，我国网络音乐用户的规模达6.35亿人次，比2018年年底增长5954万人次，占网民整体的70.3%；手机网络音乐用户的规模达6.33亿人次，比2018年年底增长7978万人次，占手机网民的70.5%。

流媒体直播成为2019年网络音乐平台国内发展的重点业务，据统计，2019年前三季度，以流媒体直播服务为核心的社交娱乐服务营收在腾讯音乐集团总营收中的占比达72.4%。未来，以付费会员为基础，协同直播打赏、数字专辑、作品授权、付费电台、音乐周边、线下演出的多元化业务将进一步推动网络音乐行业的发展。

2. 网络文学作品的质量稳步提升

截至2020年3月底，我国网络文学用户的规模达4.55亿人次，比2018年年底增长2337万人次，占网民整体规模的50.4%；手机网络文学用户的规模达4.53亿人次，比2018年年底增长4238万人次，占手机网民规模的50.5%。得益于国内数字内容版权制度的不断完善，网络文学行业内部竞争良性，文学作品的质量稳步提升。行业变现方式日渐丰富，逐渐涵盖影视制作、游戏改编、广告收入等多元化的业务组合。随着数字内容版权制度的不断完善，未来，网络文学用户的规模将进一步增长。

3. 国产游戏出海表现亮眼

截至2020年3月底，我国网络游戏用户的规模达5.32亿人次，比2018年年底增长4798万人次，占网民整体规模的58.9%；手机网络游戏用户的规模达5.29亿人次，比2018年年底增长7014万人次，占手机网民规模的59.0%。2019年网络游戏产业的发展较2018年有了较大回升，2019年共有1570款游戏通过审核上线运营；同时，国产游戏在海外的表现亮眼。多款国内开发的移动游戏全球月活跃用户数、下载量、用户支出等数据均居世界前列。

4. 网络直播行业商业模式发展日趋成熟

截至2020年3月底，我国网络视频（含短视频）用户的规模达8.50亿人次，比2018年年底增长1.26亿人次，占网民整体规模的94.1%。其中短视频用户的规模为7.73亿人次，比2018年年底增长1.25亿人次，占网民整体规模的 85.6%。直播用户数量的不断扩大，网络直播行业的商业模式也越来越成熟，目前，直播头部平台已经形成稳定的用户规模和运营模式。爱奇艺、腾讯视频、哔哩哔哩、优酷等多家平台均开始尝试互动视频，在互动电视剧、互动综艺、互动电影等领域实现了多点开花，同时设立创作基金，鼓励优秀内容创作，推动更多互动内容走向大众视野。

（五）商务交易领域

1. 网络零售持续稳步发展，成为消费增长的重要动力

截至 2020 年 3 月底，我国网络购物用户的规模达 7.10 亿人次，比 2018 年年底增长 16.4%，占网民整体规模的 78.6%。2019 年，全国网上零售额达 10.63 万亿元，其中实物商品网上零售额达 8.52 万亿元，占社会消费品零售总额的比重为 20.7%。2020 年 1—2 月，全国实物商品网上零售额同比增长 3.0%，实现逆势增长，占社会消费品零售总额的比重为 21.5%，比 2019 年同期提高 5 个百分点。网络消费作为数字经济的重要组成部分，在促进消费市场蓬勃发展方面正在发挥日趋重要的作用。

2. 多措并举培育电商进一步发展壮大

商务部统计，2019 年我国电商行业以倡导品牌消费、品质消费为目标，主要电商平台和邮政快递企业开展"双品网购节"，带动同期全国实物商品网络零售额达 2850 亿元，同比增长 28%，商品好评率达 97% 以上。2019 年 1—11 月，全国网上零售额达 94958 亿元，同比增长 16.6%。其中，实物商品网上零售额达 76032 亿元，增长 19.7%，占社会消费品零售总额的比重为 20.4%，对社会消费品零售总额增长的贡献率为 45.3%，拉动消费增长作用明显。

2019 年全年，相关部门通过开展《电子商务法》的宣贯，扎实推进电子商务与快递物流的协同发展，依托国家级电子商务示范基地，进一步促进消费和扶贫、就业创业。全国 112 家国家电子商务示范基地的评估结果显示，基地实现电子商务交易额近 4.42 万亿元，入驻电商企业超过 5.37 万家，吸纳从业人员超过 113 万人次，创建商标品牌超过 2.54 万个。

（六）公共服务领域

1. 用户需求充分择放，在线教育爆发式增长

截至 2020 年 3 月底，我国在线教育用户的规模达 4.23 亿人次，比 2018 年年底增长 110.2%，占网民整体的 46.8%。2020 年年初，全国大中小学校推迟开学，2.65 亿在校生普遍转向线上课程，用户需求得到充分释放。面对巨大的在线学习需求，在线教育企业通过发布免费课程、线上线下联动等方式积极应对，行业呈现爆发式增长态势。数据显示，疫情期间多个在线教育应用的日活跃用户数达千万以上。

2. 数字政府加快建设，全国一体化政务服务平台初步建成

截至 2020 年 3 月底，我国在线政务服务用户的规模达 6.94 亿人次，比 2018 年年底增长 76.3%，占整体网民规模的 76.8%。2019 年以来，全国各地纷纷加快了数字政府的建设工作，其中，浙江、广东、山东等多个省级地方政府陆续出台了与之相关的发展规划和管理办法，进一步明确了数字政府的发展目标和标准体系，为政务数据开放共享提供了依据。2019 年 11 月，全国一体化在线政务平台上线试运行，推动了各地区各部门政务服务平台的互联互通、数据共享和业务协同，为全面推进政务服务"一网通办"提供了有力的支撑。截至 2019 年 12 月底，平台个人注册用户达 2.39 亿人次，比 2018 年年底增加 7300 万人次。

3. 上市企业市值普遍增长，独角兽企业发展迅速

截至 2019 年 12 月，我国互联网上市企业在全球的总市值达 11.12 万亿元人民币，比 2018 年年底增长 40.8%，创历史新高。2019 年年底在全球市值排名前 30 的互联网公司中，美国占据 18 个，我国占据 9 个，其中，阿里巴巴和腾讯稳居全球互联网公司市值前十强。截至 2019 年 12 月，我国网信独角兽企业的总数为 187 家，比 2018 年年底增加 74 家，面向 B 端市场提供服务的网信独角兽企业数量增长明显。

4. 网络安全顶层设计不断完善

2019 年，我国面临的网络安全风险的挑战不断增大，网络空间威胁和风险日益增多。主要表现在几个方面：DDoS 攻击高发频发且攻击组织性与目的性更加明显；定向威胁攻击逐步向各重要行业领域渗透；事件型漏洞和高危零日漏洞数量上升；信息系统的漏洞威胁技术对抗日趋激烈；数据安全防护意识依然薄弱；网络黑产活动专业化、自动化程度不断提升；工业控制系统的产品安全问题突出；新技术应用衍生的安全隐患排查难度加大。

与此同时，我国网络安全顶层设计也在不断完善，多项与网络安全相关的法律法规、配套制度及标准陆续向社会发布。中共中央网络安全和信息化委员会办公室、工业和信息化部、公安部等多部门开展了网站安全、App 违法违规收集使用个人信息、电信和互联网行业提升网络数据安全保护能力、"净网 2019"等专项行动，切实维护了网络空间秩序，网络安全综合治理能力水平不断提升。

三、结语

2019 年是世界互联网诞生 50 周年，也是我国全功能接入国际互联网的第 25 年。当前，新一轮科技革命和产业变革正加速演进，人工智能、大数据、区块链、5G、物联网等新技术新应用新业态蓬勃发展，互联网迎来了更加广阔的发展空间。在新的历史时期，我国互联网产业发展需要牢牢把握发展机遇，在数字经济、技术创新、网络惠民、在线政务等方面取得更多重大突破，有力地推动了网络强国建设迈上新的台阶。

（国家互联网应急中心　陆希玉）

CDN 的发展及展望

内容分发网络（Content Delivery Network，CDN）利用分布在不同区域的节点服务器群组成流量分配管理网络平台，为用户提供内容的分散存储和高速缓存服务，根据网络动态流量和负载情况，将内容分发到快速、稳定的缓存服务器上，提高用户的访问速度。移动网络不断优化升级、智能手机基本普及，互联网应用、超高清视频、超高清游戏快速增长等，促使全球 IP 流量迎来爆发式增长。消费者对于网络内容分发的低时延、高速率、高可靠需求不断增长，为 CDN 服务提供商创造了良好的商业利好基础。

一、全球 CDN 市场的现状

全球 CDN 流量大爆发，CDN 行业发展机遇向好。大量智能手机的普及带动了全球视频和网络游戏流量的大幅增长，同时，也带动了全球 CDN 流量的几何式的增长。据统计，2017 年，全球 CDN 流量已经达 54EB/ 月，预计到 2022 年将达 252EB/ 月，年均复合增长率将高达 36%，CDN 网络将承载全球互联网 72% 的流量，而这一比例在 2017 年是 56%。2017—2022 年全球 CDN 流量变化趋势如图 1 所示。

全球 CDN 业务市场的发展规模稳步增长。自

1999 年以来，全球 CDN 市场的规模不断攀升，从 2000 年的 0.97 亿美元发展到 2008 年超过 10 亿美元。从 2008 年开始，互联网视频的爆发式增长极大地带动了 CDN 服务的成长，CDN 市场驶入高速发展阶段，此后一直保持较高、稳定的增长，预计到 2022 年，全球 CDN 市场的规模将达 308.9 亿美元。全球 CDN 市场规模如图 2 所示。

全球 CDN 业务市场呈现 4 个主要特点。一是专业 CDN 服务商通过综合性解决方案维系领先地位。以 Akamai 为代表的一批专业 CDN 服务商进入该领域的时间较早，积累了丰富的技术和经验，保持了市场竞争优势。二是大型互联网企业利用云计算发展 CDN。由于在云计算领域具有一定的技术优势，一些互联网企业纷纷进入 CDN 市场，也得到了良好的发展。三是电信运营商利用管道优势大举进入 CDN 领域。英国电信、AT&T 等公司相继推出"批发内容链接"服务和企业内容分发网络服务。中国电信、中国移动、中国联通为客户提供内容加速等服务。四是全球 CDN 地域发展不均衡。全球 CDN 业务发展呈现明显的地区不平衡状态，北美地区在全球 CDN 市场规模中所占的比重较大，与此同时，亚太地区汇聚了众多新兴经济体，其 CDN 市场的规模已经超过了西欧，并将逐渐追赶北美；拉美、东欧、

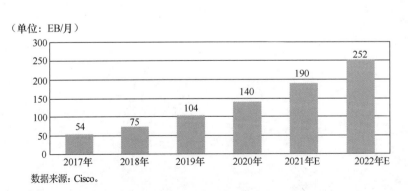

（单位：EB/月）

数据来源：Cisco。

图 1　2017—2022 年全球 CDN 流量变化趋势

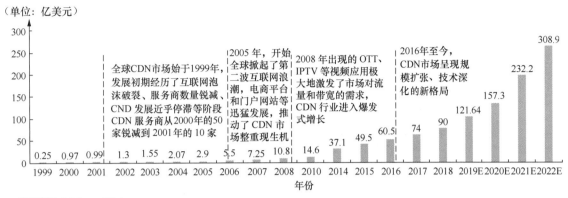

（单位：亿美元）

全球CDN市场始于1999年，发展初期经历了互联网泡沫破裂、服务商数量锐减、CND发展近乎停滞等阶段，CDN服务商从2000年的50家锐减到2001年的10家

2005年，开始全球掀起了第二波互联网浪潮，电商平台和门户网站等迅猛发展，推动了CDN市场整重现生机

2008年出现的OTT、IPTV等视频应用极大地激发了市场对流量和带宽的需求，CDN行业进入爆发式增长

2016年至今，CDN市场呈现规模扩张、技术深化的新格局

数据来源：MarketsandMarkets。

图 2　全球 CDN 市场规模

非洲和中东在整个 CDN 市场中所占的比重较低。

二、我国 CDN 市场的现状

我国 CDN 市场发展步伐与国际基本保持了一致。20 世纪 90 年代末，以新浪、搜狐、网易为代表，国内第一次互联网发展高潮启动。2000 年，工业和信息化部颁发了第一个 CDN 试运行许可证，揭开了中国 CDN 商用的序幕。2001 年，互联网泡沫破碎，对 CDN 市场产生巨大影响，CDN 的发展处于减缓状态。2004 年，互联网回暖，流媒体服务的发展和 Web2.0 的兴起对 CDN 提出新的技术要求，CDN 需求开始回升并持续增长。2010 年，云计算的兴起，全球开始对 CDN 技术、产品和服务制订新的要求。2016 年，工业和信息化部正式发放 CDN 业务经营许可证，云计算企业纷纷进入 CDN 市场。2017 年，CDN 价格触底，随着在线直播、短视频、AR 及 AI 等各类新型互联网服务的兴起，CDN 迎来更大的市场。2019 年，5G 商用，边缘计算兴起，云游戏、超高清视频直播、VR/AR、IoT 的规模商用，数据量迅猛增加，CDN 进入新的发展阶段。

我国 CDN 市场保持较快增长态势。2018 年，我国的 CDN 市场规模是 175 亿元，同比增长 28.6%。在线直播、短视频、AR 等新型互联网服务的兴起，促使了 CDN 市场规模持续增长。国内 CDN 市场行业应用以网络视频、电子商务、网络游戏为主，门户网站、政府网站、云计算随后，我国 CDN 市场行业的应用结构如图 3 所示。而随着新兴信息技术

的不断演进，CDN 将与云安全、人工智能、边缘计算、物联网、视频云、大数据等解决方案进一步融合，CDN 将成为支撑这些技术落地应用的重要网络平台，这使 CDN 市场的内涵和外延不断扩大，拉动市场规模迅速扩充。我国 CDN 市场规模如图 4 所示。

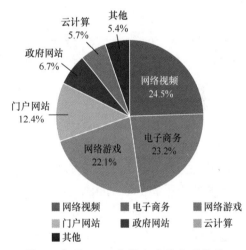

图 3　我国 CDN 市场行业的应用结构

我国 CDN 行业竞争激烈。随着云计算企业、电信运营商以及创新企业投入 CDN 市场，为 CDN 行业的发展注入新动能的同时，对市场格局产生了极大的影响。云服务企业与传统 CDN 企业通过"价格战"抢分市场"蛋糕"。2015—2017 年，CDN 价格战加剧，云厂商及创新型 CDN 厂商纷纷相继大幅降价。2018 年以来，中小企业公开的市场价格调整幅度逐渐收窄。直到 2019 年 9 月，阿里云宣布亚太区的 CDN 全面降价，各 CDN 企业市场价格不会大幅度变化。目前，BAT 等企业的价格几乎相差不大，且

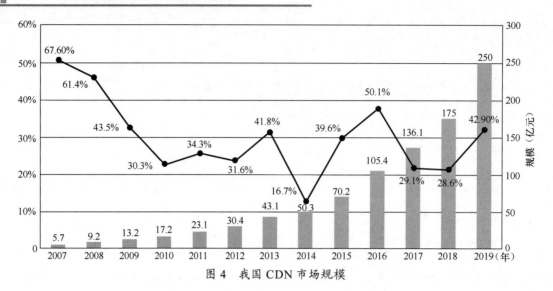

图 4　我国 CDN 市场规模

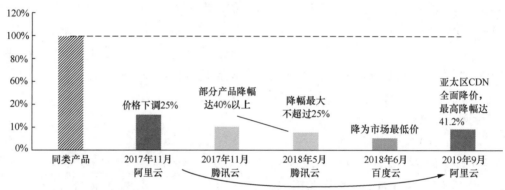

图 5　BAT CDN 价格战示意

已保持稳定。BAT CDN 价格战示意如图 5 所示。

CDN 企业的业务覆盖范围和服务能力是比拼的重点。截至 2020 年 2 月 24 日，我国获得 CDN 牌照的企业数量累计达 742 家，其中，拥有全国经营资质的企业已达 179 家。随着 5G 大范围落地、车联网、物联网逐步成熟，安全问题变得越来越急迫，我国领先的 CDN 企业包括阿里云、网宿科技、腾讯云等不断扩展覆盖范围，加大对安全方面的投入，为用户提供安全、稳定、极速、易扩展、高性价比的服务。

三、我国 CDN 市场监管策略

规范 CDN 市场准入，加强接入资源管理。根据《工业和信息化部关于进一步规范因特网数据中心业务和因特网接入服务业务市场准入工作的通告》，CDN 参考 IDC 监管。CDN 产业的合规发展需满足系列监管要求：《中华人民共和国网络安全法》《中华人民共和国电信条例》《电信业务经营许可管理办法》《电信和互联网服务用户个人信息保护规定》《国际出入口局管理办法》等。根据《工业和信息化部关于清理规范互联网网络接入服务市场的通知》，对 CDN 业务市场存在的无证经营、超范围经营、"层层转租"等违法行为，切实落实企业主体责任，加强经营许可和接入资源的管理，强化网络信息的安全管理，维护公平有序的市场秩序，促进行业健康发展。我国 CDN 行业监管要求如图 6 所示。

建设信用体系，强化事中、事后监管。为贯彻落实国务院对社会信用体系建设的相关文件要求，强化事中、事后监管，工业和信息化部决定施行电信业务经营不良名单和失信名单的管理。在电信业务经营者在执行国家和电信管理机构有关规定等事项存在违法违规行为等情形的企业，应被列入电信业务经营不良名单。受到吊销经营许可证处罚的，擅自经营电信业务或者超范围经营电信业务、情节

		全国人大制定的法律		国务院行政法规	
		《中华人民共和国网络安全法》		《中华人民共和国电信条例》	

网信办	用户	《个人信息和重要数据出境安全评估办法（征求意见稿）》		促进产业发展
	设施	《关键信息基础设施安全保护条例（征求意见稿）》		
	产品和服务	《网络产品和服务安全审查办法（试行）》		
工业和信息化部	资源	《关于进一步规范因特网数据中心业务和因特网服务业务市场准入工作的通知》《工业和信息化部关于清理规范互联网网络接入服务市场的通知》《互联网域名管理办法》《互联网IP地址备案管理办法》《关于进一步加强未备案网站管理工作的通知》		规范市场秩序
	网络	《国际通信出入口管理办法》		
	业务	《电信业务分类目录（2015版）》《电信业务经营许可管理办法》		
	用户	《电信和互联网用户个人信息保护规定》		维护用户权益
TC260	用户	《信息安全技术个人信息安全规范》GB/T 35273—2017		
	网络	信息安全技术数据出境安全评估指南（征求意见稿）		
		保障网络及数据安全		

图 6　我国 CDN 行业监管要求

严重、受到责令停业整顿处罚的企业在被列入不良名单后，三年内再次受到责令停业整顿处罚等情形的企业应被列入电信业务经营失信名单。电信管理机构对列入两单的电信业务经营者重点监管。基础电信业务经营者和相关网络接入服务经营者在提供通信资源、网络接入或其他业务合作时，把两单的名单作为重要考虑因素。信息通信行业相关企业在招投标活动中，将不良名单作为考量因素，将失信名单作为重要考量因素。

通过三项评测，CDN 业务才可上线。经营 CDN 的企业满足《电信业务经营许可管理办法》中有关经营增值电信业务的资金、人员、场地、设施等要求。CDN 上线之前必须通过中国域名备案管理系统、接入资源管理系统、信息安全管理系统三项评测。同时，业务节点所在机房应通过机房评测。

四、CDN 发展趋势展望

（一）新技术赋能创新，传统 CDN 优势不再

随着 CDN 市场的不断扩大，各类 CDN 企业广泛入场，近些年，传统 CDN 企业的优势不再。传统 CDN 的关键技术主要是内容存储和分发服务。功能的单一性决定了营收对流量服务的依赖性强。在轮番价格战中，未进行技术革新的传统 CDN 厂商跟着降价后，并无其他补充利润点。5G 推动下的物联网时代，终端和设备将会有爆炸式的数据接入网络，节点规模远超互联网时代。CDN 厂商要想前进甚至是保持原有地位，必定需要投入更多的市场，而这意味着要在规模和时间周期上投入大量的成本。在未曾有技术突破和价格战的轮番围攻下，传统的 CDN 利润逐年下滑，资金难以为继。传统 CDN 没落的根本原因在于技术的同质化、单一化。业内专家表示，坚守技术攻坚的 CDN 公司将会崭露头角。2019 年，云 CDN 服务商利用云计算服务，创新型 CDN 厂商利用 P2P、区块链等技术赋能 CDN 更多的附加值，在 CDN 市场上占有一席之地。

（二）国内 CDN 企业加速出海

过去是海外企业有国内加速的需求，例如从海外引入游戏。近年来，国内 CDN 企业快速发展。网宿科技收购了 CDNetworks 及 CDN-Video 两家全球化的 CDN 服务商，海外合作运营商达 100 多家，在马来西亚设立全资子公司，面向东南亚地区的客户正式提供 CDN 与 IDC 服务。阿里云在 70 多个国家和地区设置了 CDN 节点。腾讯云 CDN 节点覆盖全

球 50 多个国家和地区，以支持业务的"无缝"出海。随着国内视频、电视节目、游戏等慢慢向海外发展，越来越多的内容需要在海外进行加速，预计未来出海的 CDN 企业数量会进一步增多。

（三）云计算与 CDN 企业互相进入

中国云服务商利用"云计算＋云服务"的优势进入 CDN 市场，并迅速扩张。相比传统的厂商，云 CDN 因为要从基础电信运营商或专业 IDC 提供商采购带宽、机柜等资源，所以就必然要在 CDN 优化与加速上为用户提供更为贴身、周到、更为定制化的服务。云 CDN 厂商更贴近用户，更了解用户的痛点和需求点。传统厂商的盈利模式简单，依赖于流量费用，在服务上缺少投入。而云服务商正好填补了这部分空白，让 CDN 产品架构更完整。云 CDN 厂商的技术革新和创新型商业模式降低了其部署 CDN 的成本。每一次的技术革新都带来价格的颠覆。所以，云计算服务进入 CDN 市场是必然的趋势。同时传统 CDN 厂商也会顺应时代的发展，纷纷拥抱云计算。网宿科技早在 2017 年 8 月就获得了云服务牌照，目前开始转型推出面向政企市场的云服务，提供"云主机＋云计算＋云分发＋云安全"的整体解决方案。2018 年 4 月，帝联网络与云端网络、又拍云宣布战略合作，全方位打通 IDC/CDN 等资源。

（四）CDN 赋能边缘计算的发展

随着 5G 商用，物联网、CDN 等技术的日趋成熟，边缘计算将成为众多互联网企业的必争项目。据 Gartner 调研数据显示，计划在 2021 年内将边缘计算纳入自身规划的企业达 84%。而在市场规模方面，CB Insights 预测，2023 年全球边缘计算市场有望达 340 亿美元。传统云计算中心集中存储、计算的模式已经无法满足终端设备对于时延和处理效率的需求。将云计算的能力下沉到边缘侧、设备侧，并通过中心进行统一交付、运维、管控是云计算的重要发展趋势。IDC 预计，2020 年全球将有超过 500 亿个终端与设备联网，超过 40% 的数据要在网络边缘侧进行分析、处理与存储。边缘计算作为对云计算的一种补充和优化，聚焦实时、短周期数据的分析，能更好地支撑本地业务的实时智能化处理与执行。未来，"云边协同""边云融合"是 CDN 的发展方向。

（五）CDN 服务商更加注重安全加速

网络安全权威企业——Akamai 定期发布的《互联网发展状况安全报告》是业内知名的互联网"情资"。Akamai 自建的超大规模数据库能通过自动化机器学习辨识哪些是正常访问模式，哪些是恶意攻击，通过边缘处理的方式，把威胁拦截在用户的网络边界之外。目前，Akamai 在 CDN 产品中附加网络安全价值，帮助客户抵御 DDoS 攻击、爬虫攻击、账户攻击等一系列网络威胁。继《基于 CDN 的云端 DDoS 攻击防御系统》后，网宿科技再次推出的《基于 CDN 的互联网业务欺诈检测防御系统》入选了国家级示范项目。连续两年入选是网宿在安全领域战略布局成效的重要体现，标志着网宿的综合安全实力不断提升。"安全"是政企引领行业，必须要实现的重要要求，网安的收入未来会逐步超过 CDN 单一化的收入。安全已成为大型 CDN 服务商提供的共性增值服务。

（六）融合是 CDN 的未来之路

2019 年，我国正式进入 5G 时代。5G 相关技术带动了游戏、视频、电商、工业制造、交通物流等行业应用场景的建立。CDN 作为缓解互联网网络堵塞、提高互联网业务响应速度、改善用户业务体验的重要手段，随着 CDN 节点的不断下沉，靠近用户的计算以及存储资源将进一步成为 5G 建设的重要组成部分。CDN 产业已经衍生了不少的种类，即云 CDN、共享 CDN、安全 CDN 等，大多数 CDN 企业在 CDN 上附加了一种功能。但是从目前的趋势来看，只有在 CDN 产品上加上更多的增值服务，从安全、区块链、边缘云等方面同时出发，共同打造多功能 CDN 产品，面对激烈的市场竞争，融合 CDN 或有机会脱颖而出。

（七）疫情之下，CDN 助力线上办公、教学、娱乐，带宽需求供不应求

2020 年年初，在新冠肺炎疫情的影响下，社会的生活方式和工作方式都被极大地改变。为避免人员聚集，线下娱乐和线下教育向线上转移，线上办公的需求爆发。各种在线协同系统、钉钉、企业微信等都出现无法登录、宕机、消息丢失或语音沟通卡顿的问题，其中最主要的原因是业务带宽不足。在线教育、在线办公、在线娱乐对带宽的需求都有

大幅的增加，大致估算，因疫情带来的新增带宽需求在 80TB ～ 100TB。国内商用带宽供应主要依靠云计算公司和 CDN 为主，部分互联网企业有少量的自有带宽的建设和储备。因为疫情，生活、工作方式的变化而带来的新需求（约 100T）将会占到现有整体带宽（400TB）供给的 1/4，而相对于给第三方提供带宽（200TB）的供给来看，约为 50%。现在 CDN 市场的能力储备远远无法满足新需求。

（八）CDN 带宽成本有望下降，市场竞争依然激烈

近日，工业和信息化部发布《关于调整互联网骨干网网间结算政策的通知》，为深入贯彻落实网络强国战略，构建科学合理的网间结算关系，加快推进网络设施建设和提速降费，促进我国互联网产业和数字经济的发展，调整对我国互联网骨干网网间结算政策。本次调整实现了三大电信运营商间的对等互联、互不结算，同时降低了其他商业运营商的网间结算成本。在 CDN 服务成本中，带宽成本的占比大约为 30%，网间结算费的取消有望进一步降低 CDN 带宽成本，对于阿里、腾讯、华为等云服务厂商来说，他们主要通过价格战的方式迅速切入 CDN 市场，随着带宽成本的下降，我们认为云厂商更有动力去抢占市场份额。传统的 CDN 企业仍然面临严峻的竞争压力。

互联网应用创新发展，海量智能终端爆发，万物互联的超大流量时代的背景下，对 CDN 新的需求不断增加。同时，各种新技术快速发展，网络安全问题凸显，业务场景复杂多变，对 CDN 服务能力和附加功能要求更高。总体来说，CDN 市场规模不断扩大，行业发展趋势向好，市场竞争愈加激烈，未来，CDN 企业将面临更多的机遇和挑战。

（中国信息通信研究院　李治民　刘芊岑）

国内外物联网市场的发展分析

2005 年，ITU 在信息社会世界峰会上正式提出"物联网"的概念，2009 年，温家宝总理在视察无锡物联网产业基地时发表的重要讲话开启了中国物联网发展的新纪元。当前，5G、云计算、大数据、人工智能和区块链等新一代信息技术正向物联网各领域渗透，推进消费物联网向产业物联网的产业结构转型升级。

■ 一、国外物联网的发展分析

我们通过重点关注全球物联网无线接入市场发展情况，通过梳理 GSMA、LoRa、Wi-Fi 和蓝牙联盟等官方机构公开的数据，总结全球物联网无线接入市场具有如下特点。

（一）产业结构：全球物联网无线接入的产业重心逐步由消费转移到产业领域

2019 年，消费物联网与产业物联网无线接入市场呈现 6：4 的分布格局。未来 5 年，产业物联网连接数量增速预计是消费物联网连接数量增速的 2 倍，且智能制造领域为主要增长动力。

① 消费物联网领域：消费类电子终端（包括智能电视、家庭娱乐设施和可穿戴设备等产品）连接市场占据主导地位，占比超过 3 成；智慧家庭终端连接规模增速最快，其中，家庭安全及能源监控等物联网终端的需求旺盛。

② 产业物联网领域：智慧建筑应用领域连接规模占物联网无线总体连接市场规模的 3 成，位居首位。未来，公共基础设施数字化驱动产业物联网发展空间巨大，包括智慧城市、智慧建筑、智慧公共事业及智慧医疗在内的应用领域增长空间较大，其中智能制造增速最快。

（二）市场格局：近距离无线接入方式占据主导地位，LPWA 接入方式市场发展空间巨大

2019 年，物联网无线接入市场仍以近距离无线接入方式为主要连接方式，随着全球经济数字化进程的推进，长距离无线接入技术占比份额逐步加大，具体内容如下。

① 长距离无线接入市场：主要包括蜂窝技术（包括 M2M 和授权 LPWA 的 NB-IoT 和 LTE-M 技术）、LoRa、SigFox 等接入技术。2019 年，蜂窝物联网连接市场份额占 94%（授权 LPWA 占 6%，连接规模突破 1 亿元大关），LoRa 占 5%，SigFox 占 1%。

② 近距离无线接入市场：主要包括 Wi-Fi、蓝牙、ZigBee、Z-Wave 等接入技术。我们以累计芯片出货量估算市场份额，2019 年，Wi-Fi 占 85%，蓝牙占 13%，ZigBee 占 1%，其他技术占 1%。

1. 长距离无线接入技术：产业物联网快速增长的引擎

（1）蜂窝技术

全球传统基础电信运营商主要采用蜂窝技术部署物联网网络，已经在智慧医疗、智慧农业、公共事业等领域开展应用。

① M2M/ 授权 LPWA 市场的发展情况

根据 GSMA 统计，截至 2019 年年底，蜂窝式物联网连接总规模达 15.9 亿，其中包括 2G/3G/4G 在内的 M2M 物联网连接数达 14.9 亿，占比 94%，同比增长 29%；授权 LPWA 物联网的连接数突破 1 亿大关，占比 6%，同比增长 148%。其中，中国蜂窝式物联网的连接总规模达 10.7 亿，占全球比重的 67%（其中，M2M 方式接入占比 67%，授权 LPWA 接入占比 77%）。

② 授权 LPWA 网络部署情况

根据 GSMA 统计，截至 2019 年年底，全球利用 LPWA 蜂窝物联网的网络数量达 127 家。全球仅采用 LTE-M 技术部署蜂窝物联网网络的数量达 35 家，仅采用 NB-IoT 技术部署蜂窝物联网网络的数量达 92 家。

（2）LoRa

LoRa 的技术目标市场多定位于公共事业的表类、消防和安防领域。LoRa 官方宣布，截至 2019 年年底，全球超过 140 个国家的 130 家移动运营商采用了 LoRaWAN 技术标准，全球部署节点超过 9000 万个，网关超过 24 万个。在我国，主要通过与广电等企业开展合作业务。

（3）SigFox

SigFox 的目标市场多定位于资产跟踪及安全领域。官方材料显示，截至 2019 年年底，全球网络部署已完成了 70 多个国家的网络覆盖，覆盖 11 亿人口，节点数量超过 1500 万个。在我国，主要在成都新区与联通及法国设备公司 SeniorAdom 共同协作推进针对老年群体的远程协作安全类业务。

2. 近距离无线通信技术：消费物联网领域持续发力

（1）Wi-Fi

Wi-Fi 是当前应用范围比较广的近距离无线接入技术。截至 2019 年年底，Wi-Fi 技术已经发展了 20 年，Wi-Fi 终端累计出货量已达 300 亿台。2019 年 9 月发布的 Wi-Fi 6 标准进行商用，发展势头迅猛。

（2）ZigBee

ZigBee 主要定位于智能家居的应用场景，根据其联盟的数据，截至 2019 年年底，约有 5 亿智能家居用户，未来，ZigBee 在包括医疗、教育、新零售和制造业等垂直行业领域发挥作用，预计 2023 年累计达 38 亿元。

（3）蓝牙

蓝牙是近距离无线技术应用最早的技术。当前蓝牙的应用领域仍聚焦在音频和娱乐。根据蓝牙联盟的数据，2019 年，蓝牙产品累计出货量达 40 亿个。2019 年年底，发布蓝牙 5.2 版本，未来期望在智能楼宇、智能工业、智能家居和智慧城市等新兴市场发力，预计至 2023 年，蓝牙设备的总出货量将达 54 亿台。

（三）运营商发展战略：采取技术互补混合组网的方式推进物联网布局

物联网市场的发展初期，大多基础电信运营商采用利用原有 2G/3G/4G 网络建设模式。随着商业模式逐步清晰，2017 年，各家启动 3GPP 颁布授权 LPWA 方式进行网络部署，依据各自网络架构选取单一技术进行组网。多国的电信运营商相继推出 NB-IoT 作为补充，T-mobile 在多个国家推出 NB-IoT 后，随后部署 LTE-M 网络作为补充。

截至 2019 年年底，同时部署 NB-IoT 和 LTE 的电信运营商共有 17 家（包括美国的 Verizon、德国的 Telefonica、比利时的 Orange、新加坡的 SingTel、澳大利亚的 Telstra、韩国的 KT 和日本的 Softbank 等），这类运营商经营跨国运营物联网业务，依据所属国家的市场发展情况部署网络，例如，Softbank 不仅采取 LTE-M 和 NB-IoT，还采用 LoRa，甚至依靠卫星物联网接入技术部署自己公司的物联网。

二、国内物联网发展分析

（一）政策环境：积极利好，由广至深

作为推动新型数字化基础设施建设，我国对物联网在发展层面给予高度的重视，出台了一系列相关的政策，经历了从鼓励扶持走向规范引导，从顶层设计走向基层落地的一个循序渐进的过程。为积极响应中央关于物联网的发展规划和指导意见，地方各级政府也纷纷出台相应的政策，结合地理优势，推动物联网与地方产业加速创新融合。此外，物联网技术逐渐下沉至细分垂直领域，通过与大数据、人工智能等先进技术融合，工业互联网、车联网和智慧医疗成为重点推进领域。例如，2019 年 9 月，中共中央、国务院发布《交通强国建设纲要》，2020 年 2 月国家发展和改革委员会、科技部、中共中央网络安全和信息化委员办公室、公安部联合工业和信息化部等 11 部委联合发布《智能汽车创新发展战略》，等等。另外，规范频谱使用、保护数据安全等也成为近几年物联网领域监管的重点。例如，2017—2019 年国家分别发布了《微功率短距离无线电发射设备技术要求（征求意见稿）》《全国无线电管理工作要点》等文件，明确了物联网频率使用规划及相关管理规定。

（二）技术支持：驱动创新，拓宽应用

作为新一代信息通信技术，物联网与 5G、人工智能、大数据、云计算、边缘计算和区块链等技术共同推进。

2019 年是我国 5G 商用的元年，广义的 5G 是一个协议簇，既包含低功耗广域的 NB-IoT、LTE-M 等协议，还包括为人所熟知的高带宽、大连接、超高可靠低时延的通信方式，5G 作为物联网建设的重要新型基础设施，将有助于丰富物联网的连接方式，拓宽物联网的应用场景。

边缘计算并非全新的概念，与云计算对全局性、非实时、长周期数据处理及分析的优势，边缘计算更擅长于处理局部性、实时、短周期的数据，也更加适应物联网中具有低时延、高带宽、高可靠、异构汇聚和隐私保护等特殊业务要求的应用场景，例如车联网。

再如，物联网在演进过程面临诸多挑战，包括但不限于：设备安全（恶意节点伪装后接入网络）、隐私保护（数据泄露、篡改）、设备互信（缺乏复杂环境下的设备认证与数据可信机制）等；区块链凭借其不可篡改、共识机制等特性，能够有效地弥补物联网的结构性缺陷。在物联网架构中引入区块链技术，可为物联网带来积极的影响。

（三）产业生态：差别定位，聚焦优势

传统物联网产业生态分为感知层、网络层和应用层，分别由设备和系统提供商、基础电信企业和互联网企业等众多单位参与。

近年来，得益于芯片科技、人工智能等关键技术的不断突破，物联网感知层设备的价格持续下降，且由原有的单纯采集逐渐向智能化的方向发展。数据表明，2019 年，智能硬件终端企业注册数量累计超 2000 家（该数据源自天眼查），过去五年平均增长率超过 40%，不仅有诸如华为海思、紫光展锐等传统设备商的芯片分支抢先入局，还有寒武纪、地

平线等人工智能行业的独角兽新星相互角逐，可以预见，感知层未来将继续向智能化渗透，行业标准与市场发展趋势将成为大家关注的焦点。

网络层可以视作整个生态的"管道"，作为使用授权频谱的 NB-IoT，一直受到电信运营商的主要推广，结算模式一般为付费租用，与 2G/3G/4G 相似；腾讯与阿里巴巴等互联网企业主要推广非授权频谱中的 LoRa 技术，运营模式上多为自建网络，适合专网等对数据主权有掌握需求的场景。

物联网的核心价值主要体现在对采集数据的分析处理上，挖掘数据潜力是应用层的主要定位。得益于早期对云计算、人工智能等关键技术的部署，且该层价值最大，市场参与主体包括阿里巴巴、百度、腾讯等互联网企业，电信运营商和广电等基础电信运营商，华为和中兴等通信设备商，还包括智能家居、智能网联汽车等垂直应用行业系统提供商和终端提供商。如何有能力获取并分析巨大体量的数据，将成为各类行业未来巨头发力的重点。

（四）市场发展：稳步增长，超出预期

我国物联网市场规模长期保持着稳定增长，态势良好。工业和信息化部公开资料显示，依托移动通信网络建设，我国已建成全球覆盖范围最广的物联网，截至 2019 年年底，蜂窝物联网连接数达 10.3 亿，比 2018 年净增 2.8 亿，增长率高达 37%。2018—2025 年中国蜂窝物联网终端连接数量及预测如图 1 所示。与此同时，GSMA 在 2019 世界移动大会（MWC19）上提出，2019—2022 年中国物联网产业规模复合增长率将保持在 9% 左右，预计 2020 年的产业规模将超过 2 万亿元，超过我国物联网"十三五"规划中提出的 2020 年 1.5 万亿元的目标。

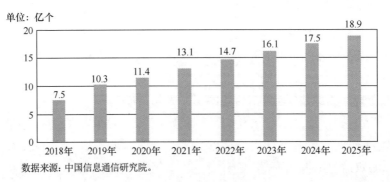

单位：亿个

数据来源：中国信息通信研究院。

图 1　2018—2025 年中国蜂窝物联网终端连接数量及预测

（五）行业应用：百花齐放，重点突破

我国物联网行业应用已进入深耕阶段，在社会各个领域相继开花。信息通信技术在数字经济体系各个领域全面渗透，市场上衍生大量面向个人用户、家庭用户、企业用户和政府用户的差异化创新型应用业务，包含了所有使用信息技术在传统行业的创新应用。国家层面也在积极深入推进工业互联网、车联网、智慧能源、智慧医疗和智慧农业领域的应用业务。

未来，从城市管理的角度来看：一方面，物联网技术赋能智能家居、智能社区建设，助力智慧医疗、智慧安防等民生领域商业化突破，融合大数据与人工智能等新一代信息技术，进一步探索智慧城市建设管理新模式；另一方面，物联网技术打造智慧农业，可以实现信息实时远程感知，进一步优化农业生产效率。

（六）疫情专题：智慧抗"疫"，助力民生

新型冠状病毒疫情让全球人民始料未及，在此次抗击疫情的工作中，我国日渐成熟的物联网技术及其解决方案发挥重要作用。抗疫期间，首当其冲的是热成像摄像机、红外体温监测仪，真正做到了实时监控、零接触的防控要求。智慧医疗、智慧物流、智慧城市在大疫面前，更是发挥出"无人"能及的作用，贯穿于疫情的排查、监测、预警、防控以及人员的救治、管理等环节，推动自动化、智慧化的"技防"以替代"人防"。例如，助力公共区域快速排查的"无感检测"服务，依靠的就是基于物联网技术开发的热成像人体测温系统，满足了在公共场所高密度人群的快速部署、远距离、精准测温需求；实施的网格化监管和社区排查管控，也是基于物联网技术，在疫情防治小区出入口部署人脸识别卡口、门禁、非接触式人体测温、智能门锁等设备，实现安全高效的社区封闭式管理；创新开发的智慧家居隔离管控系统，可以实时了解居家隔离人员开关门状态、开门需求、是否离开限定区域等信息，并在后台形成一键告警和实时提醒，实现轻症患者"居家隔离"的高效管控；非常时期的智慧零售和市场监管依托物联网技术开发出了无人超市、智能物流柜、智能外卖柜等非接触零售服务，可以有效消除收银人员可能变为超级传染源的巨大隐患。电子价签被用于远程监控口罩、消毒液、食物等急需防护用品和日常用品的价格，让恶意涨价无处遁形。

三、展望

一方面，全球跨国国际运营商利用各种技术部署物联网网络，从消费物联网领域拓展到产业物联网，加速 5G 在重点行业领域的应用，智能家居和智慧建筑等领域成为首发阵营。另一方面，我国从中央的整体规划，到地方的政策定制，均给予了物联网一片广袤生长的沃土。同时，先进信息技术的不断革新和迭代，赋予了物联网基础网络和应用领域扎根更深，花开更盛的充分可能。在 5G、人工智能、边缘计算和区块链等新一代信息技术的协同作用下，垂直行业进一步向数字化、网络化、智能化的方向发展，网络与信息安全、技术国际化标准化等重要性日益凸显，物联网应用多样性也将有助于带动物联网产业不断向好发展。

（中国信息通信研究院　崔文晶　方　楠　马思宇）

数据中心的发展与分析

一、全球数据中心的发展现状分析

全球数据中心的发展大致可以分为 3 个阶段，当前数据中心服务的市场正处于第三阶段向云计算数据中心发展的深化演进期，具体如图 1 所示。

全球数据中心的市场规模整体平稳增长，基本保持 10% 的速度增长。2011 年以前，全球数据中心增长迅速；2012—2013 年受经济影响，数据中心的增速有所放缓；从 2014 年开始，大数据、人工智能、云计算等开始快速发展，带动数据存储规模、计算能力以及网络流量的大幅度增加，全球尤其是亚太地区的数据中心建设进入加速增长期。以亚马逊、谷歌、微软等为代表的国际领先数据中心服务商持续加大全球扩张，通过投资并购等方式在全球各地建设数据中心提供全球化服务。但行业仍以互联网、云计算、金融等为主。

从全球来看，数据中心建设的数量逐步减少，但是单体建设规模不断加大。2010 年以来，全球数据中心平稳增长。从 2017 年开始，伴随着大型化、

集约化的发展，全球数据中心的数量呈逐年递减趋势。2019 年，全球数据中心的数量约为 42.9 万个，2020 年将下降为 42.2 万个。但从单体规模的部署机架来看，单机架功率快速提升，机架数小幅上涨，预计 2020 年将达到 498.5 万架，服务器超过 6200 万台，实现总体持续增长，如图 2 所示。

超大型数据中心的规模不断增长。从国家分布来看，美国超大型数据中心的数量位列全球第一，我国超大型数据中心的数量位列全球第二，发展空间巨大。从区域分布上看，北美市场的规模最大，亚太增长速度最快。与 2017 年相比，2018 年超大规模数据中心的数量增长了 11%，到 2018 年年底达 430 家，截至 2019 第三季度已达 504 家，自 2013 年年初以来增长了两倍。2018 年美国大型数据中心的占比达 40%，中国为 8%，截至 2019 第三季度，美国份额下降至 38%，而中国则上升至 10%，其次是日本、英国、德国等亚太地区和欧洲地区在新建数据中心方面领先。

在发展阶段上，全球最大的数据中心市场——

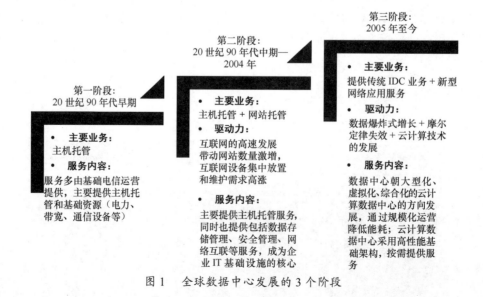

图 1　全球数据中心发展的 3 个阶段

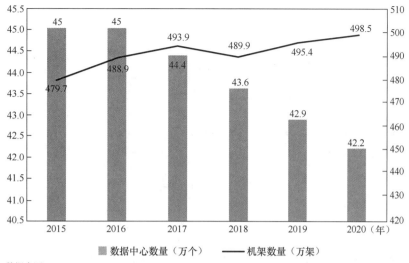

数据来源：Gartner。

图 2 2015—2020 年全球数据中心和机架数量统计

美国已经进入行业整合阶段，数据中心的建设以改建和扩建为主，我国仍处于以新建为主的粗犷式发展期。预期未来将出现行业并购整合使得行业集中度不断提升。

在竞争格局方面，全球市场中第三方数据中心厂商占据最大的市场份额，我国市场中电信运营商占据最大的市场份额。全球数据中心服务市场以第三方数据中心服务商为主。美国 Equinix 公司的市场份额位居第一，占据全球托管市场约为 13% 的份额，其次为 Digital Realty，占比约为 8%，中国电信的市场份额位居第五，占比约为 3%，整体市场格局较为分散，但随着部分海外运营商逐步退出数据中心市场，同时企业逐步将工作负载转移到云上或使用托管设施，数据中心行业并购数量逐年递增，有望进一步提升数据中心的市场集中度。

二、我国数据中心产业的发展状况分析

（一）总体情况

我国数据中心的市场规模高速增长。受"互联网＋"、大数据战略、数字经济等国家政策的指引，以及云计算、移动互联网、物联网、大数据、人工智能等快速发展的驱动，我国数据中心的业务收入呈现连续高速增长的趋势。2018 年国内数据中心业务全行业收入为 1228 亿元，2019 年国内数据中心市场规模为 1560 亿元，同比增长 27%，如图 3 所示。

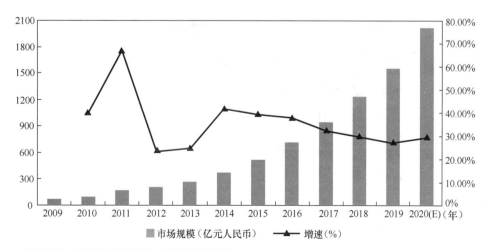

数据来源：IDC 圈上市公司财报，第三方机构数据。

图 3 2009—2020 年我国数据中心市场的发展情况分析

数据来源：ODCC。

图 4 2015—2019 年我国数据中心机柜数量

我国数据中心的数量和机架规模快速增长。据统计，2013 年以来，我国数据中心的总体规模快速增长，到 2017 年年底，我国在用数据中心的总体数量达 1844 个，机柜总体规模为 166 万个，其中大型以上数据中心为增长主力，大型以上数据中心的机架超过 82 万，约占整体机柜规模的一半。2018 年我国数据中心机柜数量规模已达 204 万个，2019 年数据中心机柜数量约为 244.4 万个，同比增长 19.69%，如图 4 所示。

（二）数据中心的分布情况

我国数据中心的市场布局整体呈现"东部沿海居多，核心城市集中，中、西、北部偏少"的格局，时效性高的"热数据"处理需求的增多使我国数据中心主要集中在北京、上海、广州及周边地区，呈现如此格局的主要原因如下。

① 大部分互联网企业分布在核心城市，有较多

时效性高的"热数据"需要处理，形成了一线城市数据中心供不应求的现状。

② 核心网主要分布在一线城市，这些地区的数据中心的建设可满足客户对于低时延及运行稳定的要求，以提高效率节省成本。

③ 中西部地区的数据中心的建设需求主要是处理一些实效性不高的"冷数据"，此外电力成本较低，远端部署可以降低成本，如图 5 所示。

我国数据中心的行业呈结构性过剩状态，一线城市数据中心的企业优势提升。云计算造成客户结构转变，使传统数据中心企业的机遇与挑战并存，随着大批企业上云，二三线城市的数据中心企业的客户流失率提升，而云计算企业走代建／自建模式，代建模式下数据中心企业的议价能力弱、盈利能力差，自建模式下，传统数据中心企业逐渐倒闭或转型。一线城市具备客户多、网络好、人才多等优势，从

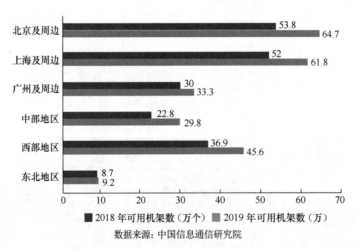

数据来源：中国信息通信研究院

图 5 我国数据中心的机架数及其地区分布情况

供给端来看，政策严、供给少，使得一线城市的数据中心稀缺性价值加剧，企业议价和盈利能力不断增强。对于传统数据中心的企业而言，布局一线城市及周边是生存要点。

（三）数据中心基础业务与增值业务的占比变化

数据中心增值服务收入的占比不断提升。互联网数据中心作为数据存储中心和数据交换中心，是大数据时代重要的基础设施，是承载云计算与未来业务发展的重要载体。数据中心的基础服务包括主机托管（机位、机架、机柜、机房出租）和管理服务（系统配置、数据备份、故障排除服务等），在此基础上提供安全防护（防火墙防护、入侵检测等）和增值服务（负载均衡、智能 DNS、流量监控等）。

增值服务在数据中心业务中的占比不断提高，高端增值服务逐渐成为数据中心服务商的核心竞争力。数据中心服务商最初主要提供网站和服务器托管、应用托管等基础业务，随着业务经营战略的不断转型，增值服务在数据中心业务中的占比从 2010 年的 29% 逐年增加到 2018 年的 53%，如图 6 所示。

（四）市场格局

根据资源不同和运营模式的不同，我国数据中心服务商可以分为基础电信运营商、第三方数据中心服务商和云服务商三种类型。国内市场竞争格局主要由基础电信运营商主导，市场集中度较低，竞争激烈，第三方数据中心服务商相较而言，具备更好的技术能力、专业水平、定制化能力。云服务商的数据中心一方面用来满足自身业务的需求，另一方面也面向客户提供服务。

基础电信运营商具备明显的资源优势，美国基础电信运营商逐渐出售数据中心的业务而专注其核心业务。从市场格局来看，我国数据中心的市场格局以基础电信运营商数据中心为主，凭借其网络带宽和机房资源优势，按照已运营机柜数测算，三大基础电信运营商占整体市场的份额约为 65%，排名依次是中国电信、中国联通、中国移动，但数据中心并非其核心业务。其次是第三方数据中心服务商，包括世纪互联、万国、鹏博士、光环新网等。

基础电信运营商：中国国内电信运营商早在 20 世纪 90 年代就开始以托管、外包或者集中等方式为企业客户提供大型主机管理服务。基于客户和资金等方面的优势，电信运营商目前已成为国内数据中心市场的主要参与者。中国联通和中国电信长期经营宽带网络服务，通过自建数据中心吸引客户，数据中心建设的规模在国内处于领先地位。中国移动自 2013 年获得宽带运营牌照以来，发力布局数据中心的业务。运营商核心优势在于对带宽资源的垄断，包括拥有大量机房、骨干网络宽带和国际互联网出口带宽资源。但目前的劣势在于数据中心并非主业，专业性不足，市场响应慢，局部供需不平衡，不符合市场微观需要，且只提供各自的网络接口，无法满足服务高时效和客户定制化的需求。

第三方数据中心：近年来逐渐兴起，主要为满足核心城市的数据中心需求，弥补供需缺口，具备一定的资源稀缺性壁垒；依据其自身在核心城市的

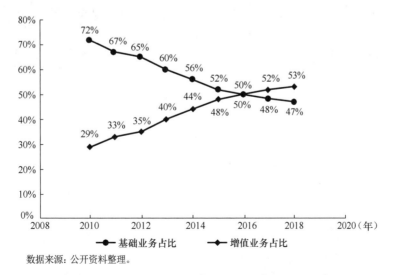

数据来源：公开资料整理。

图 6　我国数据中心行业基础业务与增值业务占比变化情况分析

表 1 我国数据中心提供商的三种类型

服务商	举例	特点	趋势
基础电信运营商	中国电信、中国联通、中国移动	拥有大量的基础设施资源，在骨干网络带宽资源和互联网国际出口带宽有明显的优势	美国：逐渐出售数据中心业务、专注其核心业务，例如 Verizon、CenturyLink、AT&T 国内：总体而言不是其核心业务
第三方 IDC 服务商	Equinix、光华新网、万国数据	自有机房：实力较强，主要面向大客户。 租用机房：主要面向中小型客户	向规模化、集中化发展
云服务商	亚马逊 AWS、阿里云、腾讯云	云服务、云主机、云储存和特定行业的解决方案等；主机托管等传统 IDC 业务	国外：大规模自建； 国外：与第三方合建，比如，阿里张北数据中心选择与数据港、万国数据合建

数据中心资源和较强的资金实力，建设数据中心机房，弥补该地区数据中心的供需缺口，且凭借自身稳定持续的运维能力和丰富的运营经验拓展云计算等客户，开展数据中心业务；利用一线城市及周边的土地 / 电力资源拓展能力和雄厚的资金实力构筑起第三方数据中心服务商的"护城河"。第三方数据中心服务商能满足客户的定制化需求，未来将朝着集中化、规模化发展，并朝着云化的趋势演进。

云服务商的数据中心主要用来承载云服务，国外云服务商正在大规模自建大型 / 超大型数据中心，预计未来 3 ～ 5 年，国内云服务商将在北京、上海、广州等核心城市周边大力建设云计算数据中心，从长远来看，云服务商也将在偏远地区建设大型 / 超大型云计算数据中心，出于资本支出的考虑，建设的方式将主要以与第三方数据中心服务商合建为主。

（五）客户情况分析

我们分析第三方数据中心的客户类型发现，批发型和零售型数据中心相比，批发型数据中心的收入主要来源于云计算厂商，同时覆盖金融 /IT 等企业，客户覆盖面广，因此上架率较高，但是单机柜的租金收入较低，导致毛利率整体较低（国内为 35% ～ 45%）。我国数据中心提供商的三种类型见表 1。

以万国数据和数据港为例，它们主要绑定 BAT 等核心互联网企业，提供定制化增值服务，客户流动性较低，客户黏性较高，合同年限较长。我们通过分析万国数据的客户类型，发现其主要客户类型中云计算客户的占比最大，比例高达 70%。伴随着云计算产业进入"黄金"发展时期，预计未来项目资源储备富足的数据中心企业的增长前景广阔。

零售型数据中心主要面向中小客户群，因上架节奏的不同导致上架率较低，单机柜租金收入高于

批发型，整体毛利率较高（国内最高可达 55%）。例如光环新网面向的客户为金融客户（中金云网提供）、云计算客户（以 AWS 为主）和互联网 / 移动互联网客户，客户结构中金融客户的占比较高。由于金融客户对于价格敏感度较低，对于地理位置、安全性、稳定性要求较高，属于价值较高的一类。

零售型客户的结构较为平衡，虽然云企业的占比少但金融行业、政企和制造业企业的上云趋势明显，在稳定客流、提升客户黏性和减少流失率等方面具备竞争优势的数据中心企业将迎来产业机遇。根据国务院发展研究中心的数据，2019—2023 年，中国政府和大型企业上云率将从 38% 提升至 61%，在客户资源、项目储备、客户口碑和运维经验方面具备竞争优势的零售型数据中心企业同样将迎来产业机遇。

■ 三、数据中心的相关政策

近年来，我国持续推动经济结构调整和战略转型，高度关注信息经济的发展，诸多与数据中心行业相关的重要鼓励扶持政策相继出台。国务院、国家各部委先后发布了网络强国与宽带中国发展战略、"互联网+"行动计划、促进大数据发展行动纲要等一系列影响重大的重要政策文件，从推进互联网与其他产业深度融合、打造新一代信息基础设施、鼓励创新创业、深化产业应用等角度联合推动，为信息经济蓬勃发展奠定了良好的政策环境，同时也为数据中心产业的发展注入了强大的推动力和旺盛需求，带动了我国数据中心产业近年来的快速发展。

工业和信息化部、国家发展和改革委员会等主管部门也高度重视数据中心对数字经济发展的重要

支撑作用，近年来在数据中心建设布局、绿色数据中心建设、数据中心市场引导等方面出台了一系列指导意见和办法，对促进我国数据中心健康发展起到了重要的推动作用。

数据中心的规模高速增长，带来大量能源、资源消耗，政策对规模和能耗（PUE）的限制要求更加严格。国内在运营的数据中心主要集中在京津冀城市群、长三角城市群、粤港澳大湾区等地区，共同占据 50% 以上的市场份额。因此，北京、上海、广州等地为控制能耗指标依次加大限建政策执行力度，促使需求外移明显，数据中心服务商选择向三地的周边区域布局。此外，2019 年，工业和信息化部等多部委联合出台相关政策，明确提出 2020 年数据中心平均能耗基本达到国际先进水平，新建大型、超大型数据中心的电能使用效率值达 1.4 以下。

四、数据中心发展趋势

（一）预计未来数据中心市场仍有较大增长空间

我国数据中心市场规模整体增速高于全球平均水平，增长潜力十足，随着 5G 商业化进程的加速，云计算和边缘计算的需求增加，将产生大量数据中心建设需求。

这几年大数据的发展和重视程度屡创预期，国家层面的政策连续出台。大数据和云计算密不可分，大数据的特色在于对海量数据进行分布式数据挖掘，所以必须依托云计算的分布式处理、分布式数据库和云存储、虚拟化技术等；云计算提供给用户的是服务能力或者 IT 效能，需要依托传统数据中心实现落地，网络中的数据存储和计算基本是在存储器和服务器上完成的，而服务器和储存器主要托管在数据中心中，因此，对于数据中心的需求将持续高速增长，2020 年，数据中心全行业的收入将增长至2000 亿元。

（二）产业集中度将进一步提升

一是供给端的产业集中。首先，大型数据中心厂商依靠并购、自建扩大规模，抢占市场份额。纵观美国成熟的数据中心企业的成长路径，都是通过不断新建机房＋并购成长的。而低等级、小型数据中心将逐渐消亡，一方面由于低等级、小型数据面

临大型数据中心的竞争压力，另一方面这些数据中心的客户多是中小客户，而这部分客户将逐渐被公有云抢夺。在专业 IDC 市场中，由于行业壁垒不高、参与者众多，未来龙头企业市场占率或不超过 30%（不考虑运营商的情况）。

二是需求端的产业集中。在互联网用户个性化需求的推动下，5G、视频企业和一些大型互联网企业，云服务商等持续加大对数据中心需求的采购力度，构成数据中心行业的头部客户群。

（三）核心城市大中型数据中心服务云计算处理"热数据"＋偏远超大型数据中心处理"冷数据"＋边缘计算分布式部署

预计我国数据中心发展将主要以三个大方向发展。

一是大中型数据中心服务云计算，处理"热数据"，处理时效性较高的业务。未来 3～5 年，北京、上海、广州等核心城市的数据中心依旧供不应求，数据中心的发展以北京、上海、广州等核心城市为中心向周围辐射。从长远来看，一方面，随着人工智能、云计算等技术的发展，促使数据中心将朝着规模化、集中化的方向发展；另一方面，大型数据中心可以大幅降低采购成本和运营成本，因此，新建大型、高等级数据中心将成为趋势，加上核心城市由于距离客户近、网络时延低、人才聚集等优势，预计数据中心服务商将在核心城市及其周边城市部署高等级的大型云计算数据中心来支持热数据，处理时效性较高的业务。

二是超大型数据中心的远端部署，能降低成本，处理"冷数据"。偏远地区部署大型 / 超大型云计算数据中心来存放"冷数据"，用以处理时效性不高的业务，以降低云计算的成本；根据波耐蒙研究所、艾默生网络能源等机构的相关研究，数据中心规模的扩大会带来单位运营成本的显著下降。

三是边缘计算数据中心的分布式部署，解决超低时延、高实时性、高安全性、本地化等需求。由于"云计算＋边缘计算"将成为物联网的新型数据处理模式，在靠近用户的网络边缘将分布式部署多个微型 / 小型数据中心。在高度靠近用户的网络边缘可以分布式部署小型 / 微型数据中心，主要用来处理低时延的业务。

（中国信息通信研究院　刘芊岑　李治民）

中国云计算 2020 年发展趋势

2020 年新型冠状病毒感染的肺炎（以下简称新冠肺炎）的出现，正在加速全球"数字化、在线化、智能化"的进程。疫情对经济的冲击是肯定的，但在这个过程中，数字经济却成为"逆袭者"。"新冠肺炎"发生以来，云计算支撑协同办公、视频会议、直播上课、直播带货以及健康码等应用快速普及，在疫情防控和复工复产复学方面发挥了不可或缺的作用。

 ## 一、"新基建"政策助推我国云计算发展

近年来，云计算应用正加速从互联网行业向政务、制造、金融、交通、物流、能源、医疗健康等行业领域的渗透，进而优化公共服务，改善民生福祉。

2020 年 3 月，中共中央政治局常务委员会召开会议，要求加快 5G 网络、数据中心等新型基础设施建设进度。新型基础设施建设（简称"新基建"），主要包括 5G 基站建设、特高压、城际高速铁路和城市轨道交通、新能源汽车充电桩、大数据中心、人工智能、工业互联网七大领域，涉及诸多产业链，是以新发展理念为引领，以技术创新为驱动，以信息网络为基础，面向高质量发展需求，提供数字转型、智能升级、融合创新等服务的基础设施体系。

其中，云计算纵贯从基础软硬件到应用服务的整个体系，能够担当"新基建"的"中台"，并通过提供资源衔接、优化和拓展能力，促进各环节技术协同和构建产业生态"主干"。作为算力基础设施，云计算能够通过虚拟化技术实现数据中心计算、存储、网络等资源的池化管理，为"新基建"相关数字化、智能化应用提供算力资源支撑。作为网络基础设施，云计算能够与 5G、工业互联网、物联网形成"云网融合"模式，打通云端与边缘侧，提供"云边协同"服务，满足"新基建"相关网络化应用的需求。作为技术创新基础设施，云平台能够承担信息系统、数据资源和软件开发部署工作，提高大数据、人工智能、区块链等新技术的创新效率，推动新技术在智能交通、智能充电桩等领域的创新应用。

随着 5G、工业互联网、人工智能、数据中心等"新基建"的推进，经济社会各行业的生产生活基础设施将加速向数字化、网络化、智能化转型，带动数据量和存储算力需求进一步快速增长，使云计算加速向各行业领域渗透。

二、资本注入成云企业竞争新赛道

在"新基建"背景下，云计算的基础性、战略性地位吸引着骨干企业持续加大投入力度，从而使其能够在云计算市场竞争"下半场"中把握主动权。

例如，阿里云计划未来 3 年在云计算等方面投资 2000 亿元，用于云操作系统、服务器、芯片、网络等重大核心技术的研发攻坚和面向未来的数据中心建设。

根据咨询机构 Gartner 的数据，阿里巴巴在亚太地区的 IaaS 市场份额从 2018 年的 26.1% 增长到 2019 年的 28.2%。

阿里巴巴为全球超过 300 万家的企业客户提供服务，其中包括 38% 的财富 500 强公司，80% 的中国内地高科技公司以及超过一半的中国 A 股上市公司。

而另一家巨头公司——腾讯对云计算的投入也加大了力度，2020 年 5 月，腾讯宣布将在 5 年内投资 5000 亿元参与布局"新基建"。腾讯将重点在云计算、人工智能、大型数据中心、超算中心等领域抢占机会。

据 Gartner 分析，腾讯在云计算领域拥有自己的竞争优势。作为中国排名第一的游戏公司，它在游

戏方面可能会拥有更多的专业知识和经验，可以满足游戏公司的云需求。腾讯还是中国第一大社交媒体公司，也是超级应用程序微信的运营商（微信用户数达 11 亿人）。据报道，目前有 16 万家商店、饭店和其他使用微信与客户进行沟通的运营商都使用了腾讯的云服务。

与此同时，更多的公司开始投入各类资源，寻求合作伙伴共同发展云计算。比如，浪潮与寒武纪合作，共同研发人工智能行业解决方案，推进智能计算中心的建设，利用云计算承载人工智能应用和算力需求。紫光集团加强行业云平台、边缘计算平台、云上集成开发及协同平台、混合云服务平台等云计算核心技术领域的研发和应用。可以预期，在"新基建"的背景下，云计算将持续展现出澎湃活力。

■ 三、云计算国家队登场

自"新基建"政策推出以来，我国许多地方和众多企业已积极行动起来，大力推进云计算和 5G、人工智能、数据中心、工业互联网等新型基础设施的建设应用。许多地方将云计算和工业互联网统筹推进，以云计算搭载各类工业 App，发展工业互联网平台，培育产业数字化解决方案，推动企业"上"云"上"平台。各大电信运营商探索利用 5G 实现生产设备"上"云，促进制造业领域的云边协同。各大型云服务商正面向人工智能应用构建基于云计算的开放平台，推出"AI 即服务""区块链即服务"等新业态，培育了诸多新模式和新业态。

IDC（Internet Data Center，互联网数据中心）发布的《2020 年中国云计算市场十大预测》显示，到 2021 年，中国 90% 以上的企业将依赖于本地 / 专属私有云、多个公有云和遗留平台的组合，满足其基础设施需求。到 2025 年，50% 的中国企业 IT 基础设施的支出将分配给公有云，1/4 的企业 IT 应用将运行在公有云服务上。

近两年，为了构建国产自主安全云生态，不少国家队开始行动。比如，2019 年 1 月，中国电子科技集团公司（CETE）正式注册成立电科云科技有限公司，打造面向党、政、军的自主安全云。电科云是完全自主可控、完全适配国产软硬件的自主云，全部源代码自主可控，完全适配龙芯、飞腾等国产服务器，以及麒麟、普华等国产操作系统。

作为中央直接管理的国有独资特大型集团公司——中国电子信息产业集团有限公司（CEC，简称中国电子），也通过旗下中国电子系统技术有限公司（中国系统）战略投资了私有云提供商易捷行云。

（王熙）

中国电信 2019 年发展与 2020 年展望分析

中国电信 2019 年在通信服务收入、4G 用户发展等方面的成绩显著，增势处于行业领先，规模值稳居次席。不过，其净利润有所减少，固网宽带用户和 DICT 业务发展开始放缓。与此同时，5G 正式商用，云网融合和智能生态化在业务发展中的重要性愈发凸显。在此大背景下，中国电信亟待加快 5G 和云网融合的基础设施建设，厚积转型发展能力；

生态化发展 5G 和云网融合等业务，以走出管道化困境；持续做优服务留客拓客，实现高质量发展。

一、公司发展态势

2019 年，中国电信的通信服务收入、移动业务用户和 4G 用户 3 项的增速均居行业首位，规模值稳

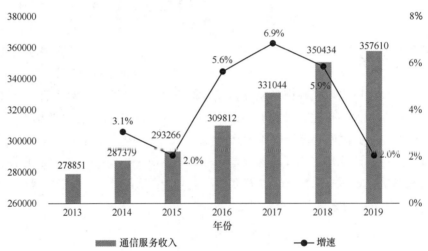

图 1　中国电信 2013—2019 年通信服务收入规模及增速情况

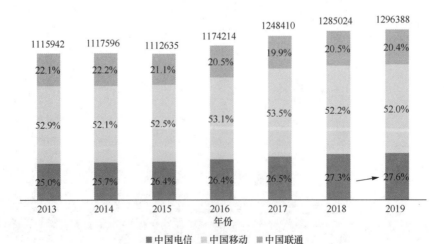

图 2　中国电信通信服务收入在行业可比口径收入中的份额情况[1]

注 1：中国电信及中国移动的可比口径收入均采用的是"通信服务收入"，中国联通的可比口径收入采用的是"主营业务收入"。

居行业第二，为未来的存量经营和5G流量经营创造了良好条件。但与此同时，中国电信的净利润为负增长，进一步凸显了增量不增收的困境；固网宽带用户规模增速放缓，未来存在被中国移动拉大差距的风险；DICT业务虽仍有较快增长，但增速开始有较大幅度回落。

（一）通信服务收入增幅行业领先，份额连续6年稳增

2019年，中国电信的通信服务收入为3576.1亿元，同比增长2%。该增幅虽然较2018年下降了3.9个百分点，但在3家电信运营商中仍居首位（中国移动同比增幅0.5%，中国联通为0.3%），较行业平均增幅（0.9%），高出1.1个百分点，如图1所示。在行业整体表现不佳的背景下，中国电信取得这一相对领先的成绩值得肯定。

按照可比口径计算，2019年中国电信的通信服务收入在行业中的份额达27.6%，较2013年增加了2.6个百分点，实现连续6年稳步上升。尤其在2019年，全行业仅中国电信的收入份额在提升，其他两家企业的份额均有所下降，如图2所示，显示出中国电信的发展势头和竞争能力明显优于其他两家企业。

将中国电信的通信服务收入分开来看，移动数据流量（主要是手机互联网接入）业务、其他移动业务以及固网的信息与应用服务业务[2]是促进收入增

长的三大核心动能，其相应的同比增幅依次为8.7%（10.8%）、285.7%和7.2%。但对比2018年的情况，其移动数据流量业务的收入增幅大幅下降了10.8个百分点，手机互联网接入业务下降了11.6个百分点，固网信息与应用服务业务下降了9.7个百分点；其他移动业务有290.6个百分点的巨大增幅，但由于该项业务的基数较小，是否具有可持续大幅增长的潜力仍待观望。总体而言，中国电信的传统核心增长动能在快速衰减，新出现的潜力动能是否具备引领性尚待明确，中国电信亟待保护好相关业务的价值，避免加剧价格战；同时应进一步培育新的优势资源能力，加快面向产业互联网的业务转型。

在几大核心增长动能中，中国电信在保护移动数据流量业务的价值方面面临的形势进一步恶化。2019年，中国电信的手机数据流量增长了73.2%，4G用户的DOU高达7.9GB/月，增长了43.6%。但整体移动用户及4G用户的ARPU值持续下降，两者的ARPU值继2018年分别下降了8.3%和14.8%后，2019年进一步下降了9.3%和11.3%。

（二）净利润小幅下跌

中国电信2019年的净利润为205.17亿元，较2018年下降了3.3%，如图3所示。结合上述业务量大幅增加、ARPU值持续走低等数据，中国电信的净利润情况显示其4G业务的增收空间或快将见顶，

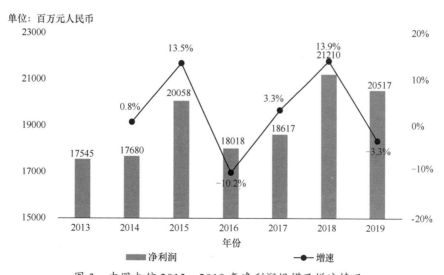

单位：百万元人民币

图3　中国电信2013—2019年净利润规模及增速情况

注2：包括智慧家庭、IDC、云以及其他ICT服务等。

亟待加快创新发展 5G 业务，以破除量收剪刀差扩大、增量不增收等困境。

2019 年，中国电信的净利润在行业中的占比为 14.8%，在 2018 年的基础上有 0.5 个百分点的提升，如图 4 所示，为 5G 网络等建设打下了较好的资金基础。

中国电信净利润下降 3.3% 的背后，是其总体经营收入下降了 0.4%，经营成本下降了 0.5%。其净利润下降的主因并非是经营成本的上升，而是源于经营收入的下降。其中，终端设备及其他产品销售的收入下降了 85.66 亿元，降幅达 32.1%。在经营成本构成项中，固定资产折旧、人工成本支出和研发费用的增幅较大，但相关项均为"有必要增加"的项目，完善网络及数据中心的布局、适度提升员工的收入水平、强化自身的技术能力等均将有利于加强市场竞争力，夯实转型发展基础。

（三）移动业务用户和 4G 用户增速均为行业之首，规模稳居第二

1. 移动业务用户增速行业领先，规模位居第二

中国电信 2019 年的移动业务用户规模达到 3.36 亿户，较 2018 年度增长 10.7%，领先于行业平均增幅（4%）6.7 个百分点，如图 5 所示。在经历了连续 4 年移动用户规模加速增长后，2019 年的增速有较大幅度回落，如图 5 所示，考虑到行业的整体用户规模、渗透率以及竞争的激烈程度，未来的用户数量大概率将维持在低增速水平甚至为负增长。

中国电信 2019 年的移动业务用户规模在全行业中占比达 20.9%，是自 2014 年以来的连续第 5 年上升，如图 6 所示。目前，其份额已超越中国联通，位居

行业第二。结合目前的发展势头，预计中国电信未来移动业务用户的行业份额将稳居第二，并有望逐步扩大对中国联通的领先幅度。

2. 4G 用户的增幅和渗透率均居行业首位，规模稳居第二

2019 年，中国电信 4G 用户规模超过 2.8 亿户，较 2018 年增长了 16%，增幅居行业之首，领先于行业平均水平（10%）6 个百分点。同时，这一增速远远高出自身移动业务用户规模的增速 5.3 个百分点。

中国电信的 4G 用户规模占全行业的 21.8%，在行业中位稳居第二；同时，与中国移动的差距缩小了 3.3 个百分点，如图 7 所示。中国电信 2019 年在 4G 用户规模方面表现出了强劲的竞争势头，给中国移动和中国联通均带来了较大挑战。

2019 年，中国电信的 4G 用户渗透率为 83.8%，继续位居行业第一，较中国移动和中国联通分别高出 4 个百分点和 4.1 个百分点，如图 8 所示。这意味着，中国电信的移动业务发展的质量继续领先于竞争对手，为做好存量经营和未来的 5G 流量经营创造了良好条件。

（四）固网宽带用户规模增速放缓，未来存在被中国移动拉大差距的风险

2019 年，中国电信的固网宽带用户规模超过 1.53 亿户，同比增速有较大回落，跌至 5%，较行业平均增速（10.5%）相差 5.5 个百分点，如图 9 所示。随着市场竞争的加剧，以及固网宽带目前的高覆盖率和高普及率，预计未来中国电信的用户规模增速将可能进一步走低。

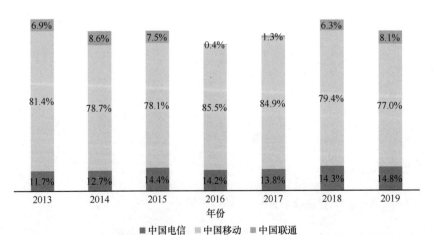

图 4　中国电信的净利润在全行业中的份额占比情况

单位：（万户）

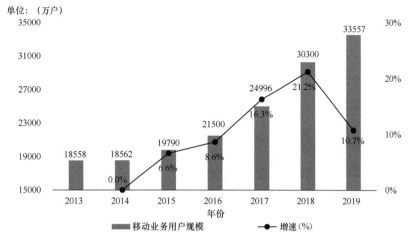

图 5　中国电信 2013—2019 年移动业务用户规模及增速情况

截至 2019 年年底，中国电信固网宽带用户的份额在行业中位居第二，为 36.1%，较中国移动相差 8 个百分点。这一差距在 2018 年的基础上扩大了 5.1 个百分点，如图 10 所示。结合中国电信和中国移动近年在这一领域的发展势头来看，差距有进一步扩大的趋势。

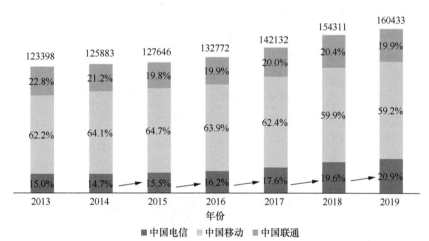

图 6　中国电信的移动业务用户规模在全行业中的份额占比情况

图 7　中国电信的 4G 用户规模在全行业中的份额占比情况

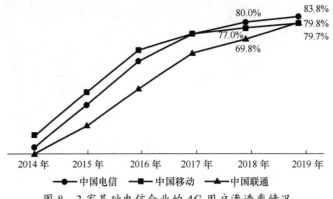

图 8　3 家基础电信企业的 4G 用户渗透率情况

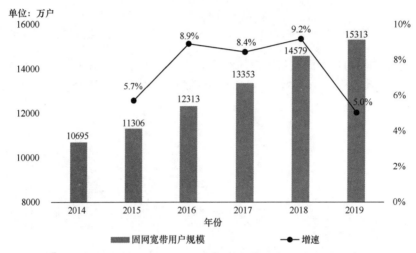

图 9　中国电信 2014—2019 年固网宽带用户规模及增速情况

图 10　中国电信的固网宽带用户规模在全行业中的份额占比情况

（五）政企新兴业务仍有较快增长，但需注意 DICT 业务增速有较大幅度回落

IoT 以及 DICT[3] 等政企新兴业务 2019 年实现 555.1 亿元收入，较 2018 年度增长了 9.5%。其中，云业务收入达 71 亿元，同比增长 57.9%，已跃升为 DICT 领域的第一增长动力；物联网连接数达 1.57 亿

注 3：包括 IDC、云服务和其他 ICT 等业务。

个，收入同比增长21.7%。截至2019年年底，中国电信"天翼云"在公有云IaaS市场份额排名全球第七，位居全球运营商之首，在中国混合云市场位居榜首；此外，IDC业务国内综合排名第一。DICT业务正稳步成为中国电信新的增长点。不过，值得注意的是，中国电信的DICT业务虽然仍有9.1%的较快增长，但其增速回落幅度偏大，达12.3个百分点。

正是受DICT收入增长趋缓影响，中国电信政企新兴业务的增速也大幅回落。2019年，中国电信IoT业务实现18.68亿元营收，仍保持有21.7%的较快增速；但DICT业务的收入增速由2018年度的21.4%回落至9.1%，原来高速的增长势头有较大幅度放缓。随着ICT全行业愈发重视发展产业互联网业务，中国电信在政企市场面临的竞争也越来越激烈，除中国移动和中国联通等友商外，还面临着来自于互联网企业、软件/硬件企业和垂直行业传统企业的全方位竞争。中国电信需要抓紧5G发展机遇，加快推进云网融合，提升端到端ICT服务能力，以推动政企新兴业务重回快速增长轨道。

二、特色经验举措

随着5G、云网融合和智能生态化发展的重要性愈发凸显，中国电信2019年在相关方面也进行了多项有益探索，为未来的快速发展和转型升级打下了坚实基础。

（一）做优做实5G布局和资源能力储备

2019年，中国电信进一步做优5G布局，做实5G资源能力储备，大力拓展综合信息服务新蓝海。

一是正式在全国50个城市推出5G商用服务，创新打造"5G+权益+应用"的会员制个人服务模式和"5G+千兆宽带+智家应用"的5G家庭服务。截至2019年年底，中国电信5G用户规模已超过800万户。

二是广泛探索5G对于数字政府、智慧城市、工业互联网等领域的赋能，打造出了工业互联网、智慧能源、智慧港口、远程医疗、远程教育等一批示范行业标杆，为SA商用积累了丰富的应用场景。目前，与中国电信联合开展试验的客户已超过200家，5G应用创新实践已涵盖政务、制造、交通、物流、教育、医疗、媒体、警务、旅游、环保等十余个垂直行业重点应用场景。

三是积极创新5G商业模式，推动价值计量方式从单一量纲到多量纲变化，探索按5G流量使用量、切片量、连接量、时延等级、速率等级计费的模式。

四是与中国联通发挥互补的网络和频率资源优势，开展5G网络共建共享，有效节约网络建设和运维成本，增强5G网络和业务的市场竞争力。截至2019年年底，中国电信投资93亿元，建成5G基站4万座，并共享中国联通5G基站超过2万座，在用5G基站总规模超过6万座，已覆盖超过50个商用城市的重点区域。同时加快5G承载网、核心网的资源和技术储备，网络竞争力显著增强。

五是持续深度参与5G全球标准演进，主导多项5G国际标准的制定，完成众多专利申请和国际标准文稿，获GSMA指定牵头全球5G SA产业制定并适时发布《5G SA部署指南》。中国电信对5G核心技术和能力的掌控持续增强，在全球5G产业链的地位显著提升。

（二）加大投入提升云网融合竞争力

2019年，中国电信继续打造并发挥云网融合独特优势，加快新兴技术与政企应用场景的广泛融合。

一是持续夯实网络根基，优化网络体验，在开展5G网络建设的同时，推进4G网络精准覆盖和动态扩容，加快重点城市的千兆网络规模建设，巩固宽带接入优势，打造简洁、敏捷、集约、开放、安全的新一代全云化、全光化的智能网络。

二是通过"业务上云""IT系统上云""网络上云"等措施全面推进"云改"，以建立新一代云网运营体系和推进企业数字化转型，实现云网资源端到端统一调度、性能最优、用户体验最佳为目标，打造统一架构、统一管理的天翼云，打破网络IT的传统职能壁垒，突破网络分段管理模式和IT系统"烟囱式"架构，按照云、网、系统深度融合方式建立领先的生产运营和管理体系，实现全集团"一张网、一朵云、一个系统、一套流程"，加速凸显"云为核心、网随云动"的一体化云网架构核心竞争力。

三是根据各行业数字化转型带来的不同的业务需求，发布了"5G行业云网解决方案"，依托5G和精品光网能力，深度融合云、网、数、物、智和边缘计算，率先为媒体、医疗、教育、金融、物联、视频六大行业提供可定制化、一站购齐、一点交付、端到端保障的全新 5G 云网解决方案。

四是撤销网络运行维护事业部、企业信息化事业部，设立云网运营部，将原来分散的部门力量进行整合，建立以客户为中心的云网运营管理体系，面向政企客户提供更加系统的解决方案，让 5G 更好地服务于 B 端业务，在整合资源的基础上激发出更多的 5G 新应用；并采取提升完善服务标准等措施，确保端到端提升业务体验，继续保持服务满意率行业领先。

（三）整合智慧家庭和 IoT 优质资源打造智能生态

中国电信再次明确生态合作是当前和今后一段时间内全集团的重点工作，并整合网络、云、渠道、物联网、内容等方面的优质资源，与产业链伙伴共同打造智能生态。一是成立了一级子公司——天翼智慧家庭科技有限公司，并将智慧家庭运营中心及上海研究院等单位现有与智慧家庭有关的业务、资产、人员注入新公司。同时，中国电信明确了新公司的业务及资源能力建设重点为：发力网络连接可视化、设备配网自动化、智能控制场景化、家庭应用多样化和安全保障立体化。

二是随着 5G 正式商用，中国电信同步全面开放物联网 5G 服务，中国电信物联网客户可通过中国电信物联网 IT 系统进行 5G 功能的业务受理，实现比 4G 更高速率的上网和专用网络数据通信业务。

■ 三、下一阶段发展策略建议

针对中国电信面临的移动数据流量价值下滑过快、固网宽带业务面临激烈竞争、DICT 快速增长势头趋缓、业务发展对利润增长的贡献有待尽快提升等困境，建议中国电信采取以下策略。

（一）加快 5G 和云网融合基础设施建设，厚积转型发展能力

网络质量是决定运营商竞争成败和转型成效的最重要基础，尤其当前正处于 4G 向 5G 转换、产业互联网兴起的关键时期，中国电信需要对加快 5G 和云网融合等的基础设施建设予以高度重视。一方面，中国电信需要厚增 IDC 基础优势，围绕京津冀、长三角、粤港澳大湾区、中部地区等业务大区，积极推进大数据基地、创新孵化基地、数据中心、研发中心等一大批重点数据中心项目建设，用于保障 5G、云计算、大数据、人工智能、区块链、工业互联网等新型应用和智慧城市、超算中心等需求；另一方面，中国电信需要增强云网能力，打造基于云网融合的数字化平台，最终实现一体化云网基础设施、一体化云网产品和一体化云网运营体系，广泛探索 5G、云计算、大数据、人工智能等新技术在数字政府、智慧城市、工业互联网等领域的融合应用，赋能全社会向数字经济转型。

（二）生态化发展 5G 和云网融合等业务，走出管道化困境

作为未来清晰可见的增长点，5G 和云网融合等业务要求实现生态化发展。中国电信一是要深化改革创新，加快"双改"步伐，对内促进云改，对外推进混改，通过技术提升和体制优化双管齐下，激活生态活力，强化内部能力，争取更多 5G 和云网融合生态化发展的红利；二是要深入执行好转型 3.0 战略，聚焦物联网、天翼云、智慧生活、垂直行业应用、5G 5 个重点领域，构建通信、云、物联网、数据、渠道、服务、能力开放体系平台组成的"4+2+1"能力开放基础，面向内部、客户、产业、应用 4 类合作主体，形成战略、产品、能力、项目 4 类合作伙伴。

（三）持续做优服务留客拓客，实现高质量发展

随着提速降费的推进以及携号转网的实施，中国电信只有用优质的服务才能留住高价值的客户，尤其是面临低价竞争时，更需要做好服务，突出自身的独特优势，开创差异化竞争的新局面。中国电信在个人和家庭市场，需要持续打造"值得信赖"的品牌形象，对于侵害用户权益的行为采取零容忍态度；在政企市场，需要从云、网、端综合入手做好"运行维护、服务支撑、安全保障、能力开放"服务，满足客户对云网业务"产品丰富、交付及时、质量领先、安全放心"的需求。

（中国信息通信研究院　梁张华）

中国移动 2019 年发展与 2020 年展望分析

中国移动 2019 年在固网宽带业务和物联网、ICT、云计算、大数据及 IDC 等重点政企业务上取得了显著的发展成绩。但其移动业务和新兴业务陷入困境，导致整体通服收入增长乏力，净利润大幅下滑。随着 5G 正式商用、企业进入新旧动能转换期并提出新的"创一流"发展战略，中国移动亟待加快发展5G 用户，提升户均价值水平；深入调研政企客户需求，稳步推进"5G+"计划；加快补强能力短板，扭转新兴市场不利局面；强化战略执行，建设符合新战略要求的人才队伍。

■ 一、公司发展态势

2019 年，中国移动的家庭和政企市场发展成绩突出，其固网宽带用户的规模稳居行业第一；物联网、ICT、云计算、大数据及 IDC 等重点政企业务的增势迅猛，处于行业领先地位。不过，其公众市场增长乏力，新兴市场营收下降，数字内容、金融科技等新兴业务的发展势头未见起色。受此影响，中国移动的通服收入连续 2 年增幅接近于 0，净利润大幅负增长，公司发展面临的压力陡增。

（一）通服收入连续 2 年增幅接近于 0，份额持续下降，无线上网业务的价值大幅下滑，新兴市场业务发展受阻，亟待扭转不利局面

2019 年，中国移动的通信服务收入为 6743.92 亿元（如图 1 所示），同比微增 0.5%。这一增幅落后于行业平均增幅（0.9%），在运营商中位居第二。中国移动连续 2 年通信服务收入的增幅接近于 0，增收乏力的困境凸显，企业亟待尽快找到 5G 时代下的新增长动能。

按照可比口径计算，2019 年中国移动的通信服务收入在行业中的份额为 52%，较 2018 年下降 0.2个百分点，自 2017 年以来已连续 2 年下降。

2019 年，中国移动的通信服务收入中，个人市场无线上网业务仍有所增长，但增幅已较为微小，仅 1.7%，这一主要的增长动能正快速衰竭。家庭市场和政企市场业务成为拉动增长的主要引擎。家庭市场业务 2019 年同比增长 27.5%，政企市场业务同比增长 10.4%；其中，政企市场 DICT 业务的收入规模虽然仍偏小，仅 261.24 亿元，但同比增幅较大，高达 48.3%。个人市场的语音及短彩信业务连续多年的衰退趋势未见减缓，2019 年该部分的收入同比下降 18.2%；同时，新兴市场业务 2019 年收入同比负

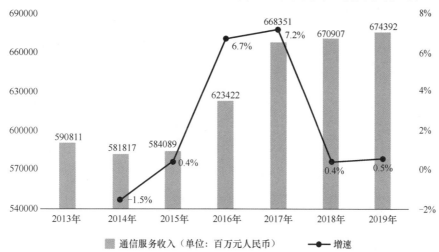

图 1　中国移动 2013—2019 年通信服务收入规模及增速情况

增长8.2%，成为另一降幅较大的业务。新兴市场业务代表未来新的增长方向，中国移动亟待尽快扭转新兴市场发展受阻的不利局面。中国移动2019年通信服务收入的构成及其同比变化情况见表1。

表1　中国移动2019年通信服务收入的构成及其同比变化情况

（单位：亿元）	2019年	同比变化	占收入比例
通信服务收入	6743.92	0.5%	100.0%
C：个人市场收入	4907.48	−3.5%	72.8%
其中：无线上网	3746.32	1.7%	55.6%
语音及短彩信	889.11	−18.2%	13.2%
H：家庭市场收入	693.23	27.5%	10.3%
B：政企市场收入	897.79	10.4%	13.3%
其中：DICT	261.24	48.3%	3.9%
物联网	88.45	17.5%	1.3%
N：新兴市场收入	245.42	−8.2%	3.6%
其中：国际业务	94.88	31.4%	1.4%

受个人市场无线上网业务增收乏力、语音及短彩信业务继续大幅衰退的影响，移动业务收入从2018年的5771.2亿元下滑至2019年的5517.02亿元，下滑幅度为4.4%。单个用户的价值贡献上，整体移动业务的ARPU值从2018年的53.1元下降至2019年的49.1元，降幅为7.5%；其中，高价值的4G用户的ARPU值从2018年的61.3元下降至2019年的56.4元，降幅为8%，高出整体移动业务用户ARPU值降幅为0.5个百分点。移动业务用户的DOU从3.6GB增至6.7GB，增长为86.1%；4G用户DOU增长了79.1%增至7.7GB。这表明传统流量业务的价值大幅下滑的趋势进一步形成，OTT对话音及短彩业务的替代效应仍将持续。5G时代，

移动业务如何走出管道化、低价值化困境，将继续成为电信运营商面临的主要发展难题之一，亟待其结合新的技术条件和新的外部环境，加快转型升级的探索步伐。中国移动2018—2019年移动业务各主要经营指标见表2。

表2　中国移动2018—2019年移动业务各主要经营指标

		单位	2018年	2019年
移动业务	客户数	万户	92507	95028
	移动业务收入	亿元人民币	5771.20	5517.02
	ARPU	元人民币	53.1	49.1
	手机上网流量	亿GB	346.2	658.9
	手机上网DOU	GB	3.6	6.7
	MOU	分钟	320	287
其中：4G	客户数	万户	71265	75801
	ARPU	元人民币	61.3	56.4
	手机上网DOU	GB	4.3	7.7

（二）净利润大幅下降，份额连续3年减少，主因为营运支出有较大幅度增加

中国移动2019年的净利润跌至1066.41亿元，为近年来的新低，较2018年大幅下降了9.5%。通服收入增长接近于0，利润大幅下滑，业务量保持快速增长势头，凸显业务增量不增收、量收剪刀差不断扩大的困境。5G时代，高额支出投资建网的压力将持续存在，而目前推出的众多大流量业务，其商业模式未见有大的实质上的突破，预计移动业务用户的DOU水平将进一步上升，利润下滑的压力将持续存在。中国移动2013—2019年净利润规模及增速情

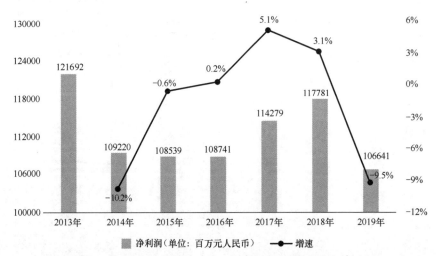

图2　中国移动2013—2019年净利润规模及增速情况

况如图 2 所示。

2019 年，中国移动的净利润在行业中的份额占比为 77%（如图 3 所示），较 2018 年下降了 2.4 个百分点，为 2016 年以来连续第 3 年下降，较 2016 年最高峰时的 85.5% 跌了 8.5 个百分点。中国移动发展势头相对落后于竞争对手的局面进一步凸显。

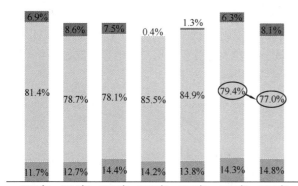

图 3　中国移动的净利润在全行业中的份额占比情况

中国移动净利润大幅下滑的主因是其折旧及摊销、雇员薪酬及相关成本、销售产品成本的大幅上升。相关支出均属于"有必要增加"的项目：完善网络及数据中心的布局、适度提升员工的收入水平、销售更多的通信终端等产品以促进主业发展，这些均将有利于加强市场竞争力、提升收入和夯实转型发展基础。中国移动 2015—2019 年的核心财务指标状况见表 3。

表 3　中国移动 2015—2019 年的核心财务指标状况

	2019 年 百万元	2018 年 百万元	2017 年 百万元	2016 年 百万元	2015 年 百万元
营运收入					
通信服务收入	674392	670907	668351	623422	584089
销售产品收入及其他	71525	65912	72163	84999	84246
营运支出	745917	736819	740514	708421	668335
网络运营及支撑成本	175810	200007	192340	176956	154851
折旧及摊销	182818	154154	150295	138589	137106
雇员薪酬及相关成本	102518	93939	85513	79463	74805
销售费用	52813	60326	61086	57493	59850
销售产品成本	72565	66231	73668	87352	89297
其他营运支出	46244	40775	57486	50480	49504

（续表）

	2019 年 百万元	2018 年 百万元	2017 年 百万元	2016 年 百万元	2015 年 百万元
	632768	615432	620388	590333	565413
营运利润	113149	121387	120126	118088	102922
股东应占利润：					
本公司股东	106641	117781	114279	108741	108539

（三）移动业务及 4G 用户规模仍遥遥领先，但增势开始远远落后于竞争对手，行业份额被逐步蚕食，竞争优势正不断缩小

1. 移动业务用户规模稳居第一，但增幅已较微小，用户份额连续 4 年下降，面临的用户反挖竞争压力持续增大

中国移动 2019 年移动业务用户规模为 9.5 亿户，较 2018 年微增 2.7%，落后于行业平均增幅（4%）1.3 个百分点。随着行业整体移动业务用户规模上涨至高位，超 16 亿户，渗透率达 115%，且用户竞争进一步激烈，预计中国移动未来移动业务用户增速将维持在低位，甚至可能负增长。中国移动 2013—2019 年移动业务用户规模及增速情况如图 4 所示。

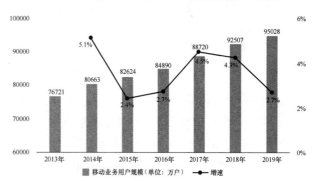

图 4　中国移动 2013—2019 年移动业务用户规模及增速情况

中国移动 2019 年的移动业务用户规模在全行业中占比为 59.2%，为自 2015 年以来连续第 4 年下降。随着全行业的移动业务走向同质化，且价格战加剧，预计中国移动将持续面临较大的用户反挖压力，份额较大可能将进一步走低。中国移动的移动业务用户规模在全行业中的份额占比情况如图 5 所示。

2. 4G 用户增速较友商差距大，用户份额持续走低，渗透率提升势头落后于竞争对手，中国移动的 4G 优势正被不断拉近

中国移动的 4G 用户规模 2019 年达 7.58 亿户，

较 2018 年增长了 6.4%。该增幅落后于行业平均水平的（10%）3.6 个百分点，为全行业最低，较中国电信 16% 的增幅和中国联通 15.4% 的增幅差距较大。中国移动 2014—2019 年 4G 用户规模及增速情况如图 6 所示。

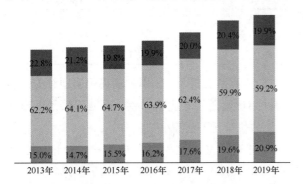

图 5   中国移动的移动业务用户规模在全行业中的份额占比情况

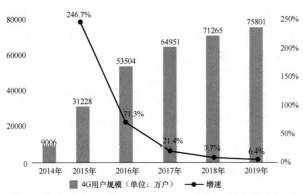

图 6   中国移动 2014—2019 年 4G 用户规模及增速情况

2019 年，中国移动在全行业中的 4G 用户份额仍稳居第一，但已持续走低至 58.6%。随着竞争对手的 4G 网络覆盖逐步扩大，网络质量不断提升，且 5G 时代将开展共建共享，中国移动的网络优势将不断缩小，4G 业务的核心竞争力将进一步减弱。中国移动的 4G 用户规模在全行业中的份额占比情况如图 7 所示。

图 7   中国移动的 4G 用户规模在全行业中的份额占比情况

截至 2019 年年底，中国移动的 4G 用户渗透率达 79.8%，较 2018 年继续有所提升，但被中国联通迅速拉近差距至仅领先 0.1 个百分点。同时，较中国电信的差距进一步扩大至 4 个百分点。随着中国移动 4G 用户渗透率的曲线逐渐走平，剩下部分的非 4G 用户的转化难度和成本均将较大，中国移动的 4G 用户渗透率在未来 1～2 年内大概率将被中国联通反超，较中国电信的差距预计也将进一步被拉大。三家基础电信企业的 4G 用户渗透率情况如图 8 所示。

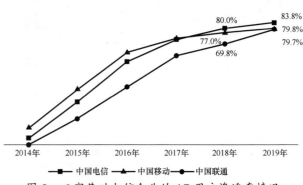

图 8   三家基础电信企业的 4G 用户渗透率情况

（四）固网宽带用户规模稳居第一

2019 年，中国移动的固网宽带用户规模达 1.87 亿户，同比增长 19.4%，继续保持较高增速，超出行业平均增幅（10.5%）8.9 个百分点。但随着全行业固网宽带用户规模不断创出新高，达 4.24 亿户，全国行政村的光纤普及率超过 98%，同时全行业的竞争不断加剧，预计中国移动固网宽带用户的增速将进一步走低，全行业固网宽带业务将进入存量竞争时代。中国移动 2014—2019 年固网宽带用户的规模及增速情况如图 9 所示。

图 9   中国移动 2014—2019 年固网宽带用户的规模及增速情况

中国移动 2019 年在全行业中的固网宽带用户份

额达 44.1%，较 2018 年增加了 3.2 个百分点（如图10 所示）。

图 10 中国移动的固网宽带用户规模在全行业中的份额占比情况

（五）重点政企业务增势迅猛、行业领先

2019 年，中国移动政企客户数达 1028 万家，同比增长 43.2%；重点政企业务（包括物联网、ICT、云计算、大数据及 IDC）实现收入 281 亿元，同比增长 48.1%，保持了较高增速。虽然中国移动在该项上的收入规模值为三家基础电信企业中最小的（中国电信 555.1 亿元，中国联通 328.6 亿元），但其增长势头最好，高出中国联通的增速（42.8%）5.3 个百分点，并远高出中国电信的增速（9.5%）38.6 个百分点。预计中国移动有望凭借资源和价格等优势，在未来 3 ～ 5 年内实现收入规模反超竞争对手。中国移动 2016—2019 年重点政企业务收入规模及增速情况如图 11 所示。

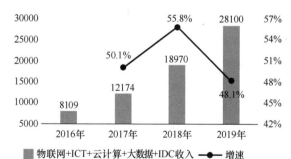

图 11 中国移动 2016—2019 年重点政企业务收入规模及增速情况

其下各项重点细分业务 2019 年的发展成绩均极为突出：IDC 作为其中最大收入来源的业务，收入规模值达 105 亿元，同时，仍然保持了 46.8% 的高增速。随着 5G 的到来，流量有望进一步爆发，IDC业务的发展前景值得乐观。ICT 作为增势最迅猛的

业务，其收入同比增幅高达 163.5%，推动当年收入规模达 67 亿元。物联网作为相对成熟的业务，收入达 88 亿元，仍保持了 17.5% 的较快增速。随着 5G物联网业务的进一步成熟和推广，预计该部分收入未来将迎来爆发式增长。移动云收入 20 亿元，同比增速为 59.3%，正在快速迎头赶上，成为新的亮点。中国移动 2019 年各细分重点政企业务收入规模及增速情况如图 12 所示。

移动云 收入20亿元 ▲ 59.3%

IDC 收入105亿元 ▲ 46.8%

物联网 收入88亿元 ▲ 17.5%

ICT 收入67亿元 ▲ 163.5%

图 12 中国移动 2019 年各细分重点政企业务收入规模及增速情况

二、特色经验举措

在新旧动能转换、5G 正式商用和企业转型发展的新形势下，中国移动 2019 年在战略升级、5G布局和业务协同方面进行了系列优化 / 创新，为"十四五"实现健康发展开启了有益探索。

（一）创新提出和部署落实创世界一流"力量大厦"战略

中国移动在持续深化"大连接"战略的基础上，2019 年进一步谋划推进转型发展，提出了新的创世界一流"力量大厦"战略，如图 13 所示。

图 13 中国移动创世界一流 "力量大厦" 战略

新的战略体现了从"规模"到"规模＋价值"的变化和突围，"三融三力"则是部署落实这一变化和突围的关键路径。

在融合方面：①丰富融合产品，加大与知名互联网企业合作，打造"流量＋内容＋应用"融合产品以及一站式智慧家庭和智慧政企服务；②强化融合营销，探索 2H2C、2B2C 的家庭、政企与公众的融合拓展模式，针对性地开展网龄、积分、会员等融合营销，积极推进品牌重塑；③推动融合运营，加快打造全网一朵"移动云"，建设云资源池间高速互联专网，实现云网智能连接，强化云、网、端、边协同，推出"云＋网+DICT"智能化服务。

在融通方面：①推进能力共享，围绕智能家庭、互联网和物联网，持续推进数字家庭开放平台、统一认证平台以及物联网能力开放平台迭代升级和融通发展；②促进渠道互通，构建全方位、全触达的渠道体系，强化线上线下协同发展；③加强数据汇通，汇聚和释放全量数据资源价值，提高运营能力、响应速度和服务水平。

在融智方面：不断完善智慧中台，建强人工智能、大数据等智慧应用，提升对网络、市场、服务、安全、管理等各领域的支撑能力。

在强能力、聚合力、激活力方面，目前已完成政企、云服务、家庭业务、国际业务领域的组织运营体系改革方案，以政企分公司为基础成立政企事业部，以苏研为基础成立云能力中心，以杭研为基础成立智慧家庭运营中心，设立总部国际业务部。下一步将加速打造云服务、家庭业务领域的核心能力，全面提升政企市场、国际市场领域的统筹和拓展能力，发挥总部管总、区域主战、专业主建的协同优势，实现"要素"与"能力"的动态组合，打造公司收入增长新动能。

（二）加快 5G 发展布局，全面实施"5G+"计划

在备受关注的 5G 建设方面，自 2019 年 6 月获发 5G 牌照以来，中国移动加快 5G 发展布局，全面实施"5G+"计划，取得良好开局。

一方面，积极参与 5G 国际标准制定，引领技术发展。中国移动牵头的 5G 国际标准关键项目 61 个，5G 专利超 2000 件，推动 SA 国际标准持续完善。其中，"6 项 5G 系统架构国际标准"及"5G NR 终端、基站射频等 38 项国际标准"包揽中国通信标准化协会 2019 年度科学技术奖一等奖，充分彰显了公司在 5G 通信标准化领域的引领作用。

另一方面，加速"5G+"落地。2019 年，中国移动推动 5G+4G 协同发展，建设开通 5G 基站超 5 万个，在 50 个城市提供 5G 商用服务；推动 5G+AICDE 融合创新，集成关键能力超 200 项，100 余个 5G 联创项目取得突破；推动 5G+Eco 生态共建，5G 联创中心、产业数字化联盟聚合超 1900 家合作伙伴，成立"中国移动 5G 终端先行者联盟"，引导厂商推出 32 款 5G 终端，推动 2.6GHz 产业链与 3.5GHz 产业链成熟度基本持平。经过不懈努力，中国移动在推动 5G+X 应用延展，融入百业、服务大众等方面的成果显著。公众市场方面，中国移动推出了 5G 客户专属套餐以及超高清视频、云游戏、全面屏视频彩铃等特色业务，截至 2020 年 2 月底，5G 套餐客户已达 1540 万户，保持行业领先。政企市场方面，公司深入挖掘 5G 与 AICDE 的能力结合，联合产业合作伙伴，深入典型生产场景，打造 5G 智能制造、5G 远程医疗、5G 无人矿山等多个业界第一，实现 50 个集团级应用示范项目落地。

（三）启动实施"四轮"市场全向发力和协同发展

2019 年，中国移动进一步推动自身从通信服务向空间更广阔的信息服务转型升级，启动实施个人、家庭、政企、新兴"四轮"市场全向发力、协同发展的战略转型，收入结构持续优化，新动能不断增强，有效抵消了传统动能衰减带来的不利影响。从细分市场来看，个人市场收入大幅下降 177 亿元，主因在于无线上网微增收入远不能抵消语音业务收入的大幅下降。相比之下，家庭和政企市场对收入大盘增长做了较大弥补。

在家庭市场，中国移动设立智慧家庭运营中心，坚持"拓规模、树品牌、建生态、提价值"，提升"营装维服"一体化服务水平，推进智慧家庭运营，增势强劲。家庭宽带客户达 1.72 亿户，同比增长 17.1%。其中，"魔百和"用户达 1.22 亿户，渗透率达 70.9%。家庭宽带综合 ARPU 达 35.3 元。

在政企市场，中国移动积极打造新增长引擎，充分发挥云网融合优势和 DICT 牵引作用，推进"网+云+DICT"智能化服务，客户、收入均实现快速增长。

聚焦工业、农业、教育、政务、医疗、交通、金融等重点行业，大力推广与场景深度融合的 DICT 行业解决方案，对整体收入的拉动贡献进一步加大。

同时，中国移动在个人和新兴市场也做出了若干创新探索，为后续 5G 时代打下转型发展基础：在个人市场，中国移动强化"连接＋应用＋权益"融合运营，深化推进"全球通"等品牌升级，加快完善服务管理机制，促进客户满意度不断提高。在新兴市场，中国移动继续加大国际业务、股权投资、数字内容、金融科技四大新领域的拓展力度。其中，国际业务实施"牵手计划"，与国际运营商、解决方案供应商等同行深化在终端、移动漫游业务、数据业务、网络能力和互联网业务等领域的合作，开放互通网络、客户、产品等各类资源，推动通信业务紧密协同和创新合作，实现覆盖全球用户规模超 29 亿；股权投资围绕"价值贡献、生态构建、产投协同"加大发展力度，实现股权投资收益对净利润贡献占比达 11.9%；数字内容业务由咪咕承担，通过建生态、引资源、筑能力，在视频、云游戏、视频彩铃等方面建立起比较优势；金融科技以和包为载体，聚焦拓展覆盖商户规模和月活用户规模。

■ 三、下一阶段的发展策略及建议

针对中国移动面临公众市场增长压力陡增、政企市场迎来 5G 新变量、新兴市场营收大幅下降等新形势、新局面，建议中国移动采取以下策略。

（一）加快发展 5G 用户，提升户均价值水平

2019 年，中国移动在移动业务市场的增势开始远远落后于竞争对手，行业份额被逐步蚕食，竞争优势正不断缩小。中国移动在新的一年需抓好 5G 商用的机遇，加快发展 5G 用户，尽早建立 5G 公众市场的规模优势；配合提供优质的视频、游戏、音乐、金融等 5G 用户专属内容 / 服务，大幅提升用户 ARPU 值，达到"创一流"战略关于从"规模"到"规模＋价值"的转型发展要求。

（二）深入调研政企客户需求，稳步推进"5G+"计划

深入调研各行各业的政企客户需求，有针对性地加快技术升级、网络升级、应用升级、运营升级和生态升级。坚持以 5G 融入百业、服务大众为着眼点，稳步实施"5G+"计划，打造 5G 精品网络，探索 5G 新型商业模式，推动 5G 服务全面落地，推进 5G 端到端的产业成熟，与产业链共同做大 5G "朋友圈"。

（三）加快补强能力短板，扭转新兴市场不利局面

在打造 5G 发展生态、做大 5G "朋友圈"的同时，注重与互联网龙头企业和优秀初创企业深化合作，通过资源置换、收入分成、投资并购等模式，引入优质的影视、音乐、游戏、教育等内容资源和金融、安全等服务，补强咪咕等子公司的能力短板，扭转新兴市场营收下降的不利局面。

（四）强化战略执行，建设符合新战略要求的人才队伍

做好战略宣贯，突出"创一流"新战略的引领作用。针对新战略的各项要求，全面系统拟定好可量化的落地指标，推进指标细化分解到岗到人。适应新形势、新要求，投入足够资源开展培训，丰富员工知识结构，提升其能力水平。创新人才引进和激励机制，综合利用薪酬提升、股权激励、荣誉嘉奖等举措，切实提升核心岗位的人才素质及其收入水平。

（中国信息通信研究院　梁张华）

中国联通 2019 年发展与 2020 年展望分析

中国联通 2019 年在产业互联网方面的发展成绩突出，同时由于成本支出管控有力，其净利润继续有较大幅度提升。不过，中国联通也面临着移动业务和固网宽带业务竞争弱势、增收乏力等困境。随着 5G 商用的正式到来，中国联通需加快构建 5G 应用发展生态圈，补齐资源能力短板；加大与中国电信的共建共享力度，进一步提升网络竞争力和公司价值；加快推动网络智能化的转型升级，有效促进生产运营能力的提升。

一、公司发展态势

2019 年，中国联通的净利润继续保持较快增速，主要是因为成本支出管控有力，财务状况不断改善，但主营业务的收入与 2018 年基本持平，无明显增幅。在业务发展方面，中国联通面临较大的压力，其移动业务用户增长或已接近天花板，固网宽带业务的弱势竞争地位则持续趋于固化，仅产业互联网继续保持高速发展，成为 2019 年最重要的亮点。

（一）主营业务收入与 2018 年基本持平，凸显传统动能快速衰减、新动能有待加速培育的信号

2019 年，中国联通的主营业务收入规模与 2018 年基本持平，实现收入 2643.86 亿元，同比增幅为 0.3%（如图 1 所示），低于行业平均值（0.9%）0.6 个百分点。收入规模值虽创下自身历史新高，但同时也凸显了传统动能快速衰减、新动能尚待加速培育的信号。

按照可比口径计算，中国联通的主营业务收入在行业中的份额稍有回落，由 2018 年的 20.5% 微降至 20.4%（如图 2 所示）。在 4G 与 5G 切换的关键时期，中国联通的发展势头似有所减缓，未能进一步延续前 3 年的良好态势。

2019 年，IDC、IT 服务及网元出租等产业互联网业务是维持中国联通仍有所增长的主要动能。而 2018 年的主要增长动能之一的数据流量业务（2018 年增幅为 13.2%）在 2019 年为负增长。随着 5G 商用，如何进一步提升 5G 在产业互联网的应用发展，同时促使网络价值在消费互联网领域的回升，成为中国

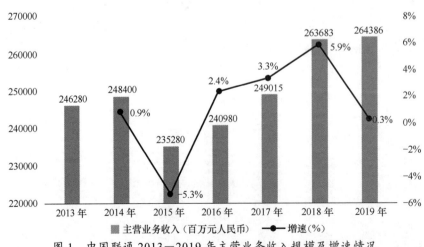

图 1　中国联通 2013—2019 年主营业务收入规模及增速情况

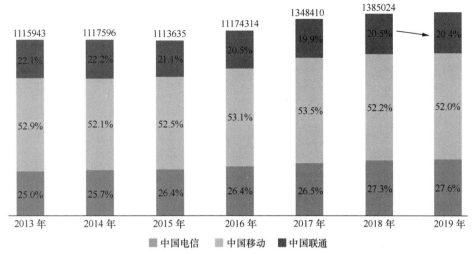

图2　中国联通主营业务收入在行业可比口径收入中的份额情况[1]

联通重点关注的两大问题。中国联通2018—2019年的主营业务收入的构成情况见表1。

表1　中国联通2018—2019年的主营业务收入的构成情况[2]

（亿元人民币）	2018年	2019年	同比变化
移动主营业务收入	1650.64	1563.81	−5.3%
语音	354.82	301.64	−15.0%
数据流量	1055.82	1034.32	−2.0%
其他	240.00	227.85	−5.1%
固网主营业务收入	962.95	1056.59	9.7%
语音	105.83	93.14	−12.0%
宽带接入	423.14	415.74	−1.7%
其他	433.98	547.71	26.2%
其他主营业务收入	23.24	23.46	0.9%
销售通信产品收入	271.94	261.28	−3.9%
合计	2098.77	2908.15	−0.1%

当前，中国联通在保护数据流量业务价值上的形势不容乐观。2019年，中国联通的移动手机用户DOU达8.0GB，比2018年增长了35.6%，其中，4G用户的DOU更是高达10.7GB，增长了24.4%，二者均在2018年的基础上又有较大幅度的增长。但相应的用户群的ARPU值却继续有较大幅度的下降，其中，移动出账用户的ARPU值下降了11.6%，4G用

户的ARPU值下降了16.5%。在用户规模方面，移动出账用户数仅微增了1.1%，4G用户虽增长了15.4%，但更多是内部原2G/3G用户转化而来的。因此，联通的移动主营业务收入下降了5.3%，比2018年同期的+5.5%的增幅下降了10.8个百分点。中国联通2018—2019年移动业务各主要经营指标见表2。

表2　中国联通2018—2019年移动业务各主要经营指标

		单位	2018年	2019年
移动业务	移动出账用户数	万	31503.6	31847.5
	移动出账用户ARPU值	元人民币	45.7	40.4
	移动手机数据流量	亿兆比	216865	316206
	移动手机用户DOU	GB	5.9	8.0
	移动手机用户MOU	分钟	222	193
其中：4G	用户数	万	21992.5	25376.6
	ARPU	元人民币	53.3	44.5
	DOU	GB	8.6	10.7

（二）净利润继续有较大幅度提升，主要因为"资产处置损失、其他收益及营业外收支净额"项有较大改善

中国联通2019年的净利润为112.64亿元，为近5年来的新高，与2014年的历史最高水平已较为接

注：1. 中国电信及中国移动的可比口径收入均采用的是"通信服务收入"。

　　2. 固网主营业务收入项下的"其他"业务主要包括IDC、IT服务及网元出租收入等。

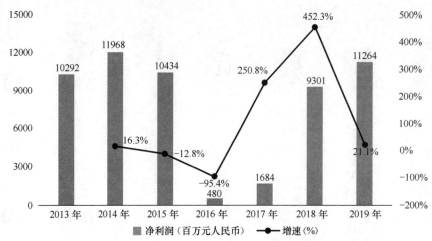

图 3　中国联通 2013—2019 年的净利润规模及增速情况

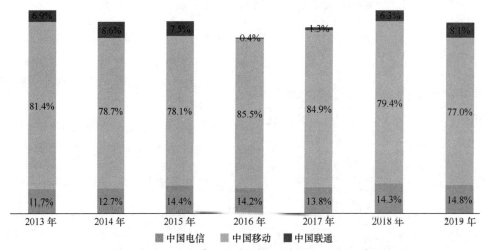

图 4　中国联通的净利润在全行业中的份额占比情况

近（如图 3 所示）。其净利润的增速为 21.1%，继续保持较快的增长速度。同时，继续保持了远超行业同期的净利润总额增速[3]的态势（如图 4 所示）。

　　与此同时，中国联通的净利润在行业中的占比进一步提升至 8.1%，比 2018 年同期增加了 1.8 个百分点。

　　不过，中国联通净利润大幅增长的主要因素是"资产处置损失、其他收益及营业外收支净额"项比 2018 年有了显著改善。2019 年，联通在该项下的收支净额为 -7.59 亿元，净支出额比 2018 年减少了79.1%。中国联通 2018—2019 年的重点财务信息见表 3。

表 3　中国联通 2018—2019 年的重点财务信息

（亿元人民币）	2018 年	2019 年	同比变化
营业收入	2908.77	2905.15	-0.1%
成本费用合计	2724.15	2730.81	0.2%
税金及附加	13.89	12.36	-11.0%
资产及信用减值损失	38.40	35.78	-6.8%
投资收益	24.76	21.75	-12.2%
资产处置损失、其他收益及营业外收支净额	36.33	-7.59	-79.1%
所得税	27.75	27.71	-0.1
净利润	93.01	112.64	21.1%

注：3. 全行业 2019 年的净利润增速为 5.8%，2018 年为 10.2%，2019 年为 -6.7%。

进一步将"资产处置损失、其他收益及营业外收支净额"项打开可以发现，中国联通 2019 年在该项下的净支出额减少的主要原因是：① 来源于政府的补贴增加；② 增值税加计抵减导致税务支出减少；③ 无法支付的应收账款增加导致营业外收入增加；④ 违约赔偿支出减少；⑤ 非流动资产毁损报废减少。资产处置损失、其他收益及营业外收支情况见表 4。

表 4　中国联通 2018—2019 年的资产处置损失、其他收益及营业外收支情况

资产处置损失

项目	2019 年	2018 年	2019 年计入非常性损益的金额
固定资产处置损失	2128843738	3944013514	2128843738
在建工程处置损失	2724862	12855215	2724862
无形资产处置损失	1290319	19787523	1290319
其他	5955466	4853103	5955466
合计	2126903453	3974803149	2126903453

其他收益

项目	2019 年	2018 年
与资产相关的政府补助	188612073	113062783
与收益相关的政府补助	165543393	72150975
增值税加计抵减	422204569	不适用
合计	776360035	185213758

营业外收支

营业外收入

项目	2019 年	2018 年	2019 年计入非常性损益的金额
违约赔款收入	226611265	271789492	226611265
政府补助	30995022	71936625	30998022
无法支付的应付账款	208004545	22169828	208004545
其他	352935807	380209172	352935807
合计	818549639	746105117	818549639

营业外支出

项目	2019 年	2018 年	2019 年计入非常性损益的金额
违约赔款支出	34809941	111217592	34809941

（续表）

营业外收支

捐赠支出	1756844	1621530	1756844
非流动资产毁损报废	61124202	224701511	61124202
其他	128828061	254701511	128828061
合计	226519048	592093089	226519048

（三）移动业务用户增长已接近天花板，未来应借助 5G 和生态圈建设等新机遇、新优势，着力存量挖潜和价值提升

1. 移动业务整体用户规模增长急速放缓，未来或将进入缓慢增长期甚至面临负增长等不利局面

截至 2019 年年底，中国联通的移动业务用户规模为 3.36 亿户，比 2018 年仅增加了 1.1%，增长接近停滞。这一增速落后于行业平均水平（4%）2.9 个百分点。中国联通 2013—2019 年移动业务用户的规模及增速情况如图 5 所示。结合近年行业平均增速水平（如图 6 所示）、我国人口规模（2019 年约为 140005 万人）、移动业务用户渗透率（2019 年为 1.15）等指标来看，移动业务整体用户规模的增长或已接近天花板，整个行业的移动业务用户规模未来或将进入缓慢增长期，个别年份甚至可能面临负增长等不利局面。

中国联通的移动业务用户规模 2019 年在全行业中首次跌至第三，被中国电信超越，占 19.9% 的份额，跌幅 0.5 个百分点。在竞争实力和发展后劲上，中国联通亟需加快业务创新和补足短板，以避免差距被拉大。

实际上，中国联通在 2019 年的年报中已指出其用户发展思路的转变："面对提速降费、市场饱和、激烈市场竞争以及 4G 流量红利逐步消退，中国联通坚持差异化和互联网化运营，严控用户发展成本，强化融合经营，努力避免简单价格战，维护公司价值，积极推进高质量可持续发展"。结合以下因素，预计中国联通在移动业务用户规模和行业份额方面将有可能较长时期内维持弱势地位。

一是在监管层的强力介入下，运营商正逐渐主动遏制各种低于成本的无序营销竞争。靠低价来相互挖墙脚的行为已大幅减少，未来用户规模的大增／

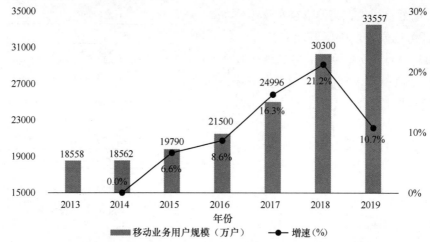

图 5 中国联通 2013—2019 年移动业务用户的规模及增速情况

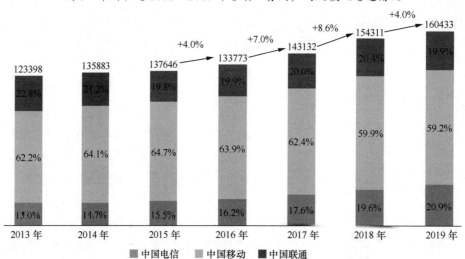

图 6 全行业移动业务用户规模及中国联通在其中的份额占比情况

大减或将更多依靠携号转网实现。

二是中国联通网络能力短板的弥补仍需时间。4G 初期，受限于 3G/4G 一体化战略失误，中国联通失去了大好的发展机遇。其后，囿于种种限制，中国联通 4G 基站的规模和份额一直位居行业最低。2019 年，其 4G 基站为 141 万座，在全行业中的占

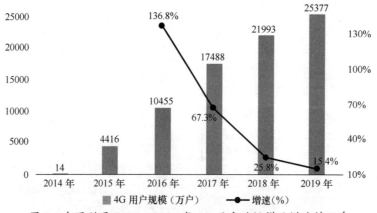

图 7 中国联通 2014—2019 年 4G 用户的规模及增速情况 [4]

注：4. 2014 年的数据为综合工业和信息化部公布的当年的全行业数据、中国移动公布的自身的当年数据以及中国电信公布的自身的当年数据推导而得。

比为 23.2%，远低于中国移动 50.7% 的占比，亦低于中国电信 26.1% 的份额。图 7 为中国联通 2014—2019 年 4G 用户的规模及增速情况。图 8 为中国联通的 4G 用户规模在全行业中的份额占比情况。

三是用户的网络体验和感知不佳又将进一步放大中国联通的网络劣势。2019 年，中国联通 4G 用户的 DOU 为 10.7GB/ 月，远高于中国移动的 7.7GB/ 月和中国电信的 7.9GB/ 月。此外，中国联通的网络投诉占比从 2018 年四季度至 2019 年二季度呈现了连续的增长走势，其网络质量的用户投诉量份额超过了其移动业务用户的份额，是三大运营商中唯一一个用户投诉份额高于用户规模行业份额的，这也进一步凸显了其网络能力短板的劣势。中国联通 2018Q4—2019Q2 的网络质量问题投诉情况见表 5。

表 5　中国联通 2018Q4—2019Q2 的网络质量问题
投诉情况[5]

中国联通网络投诉情况			
项目	网络投诉量	用户投诉总量	网络投诉占比
2019 年二季度	2214	7824	28.30%
2019 年一季度	916	4045	22.65%
2018 年四季度	924	4231	21.84%

2. 4G 用户规模继续保持较快增速，但行业份额仍为最低，且较第二名竞争对手的差距有扩大趋势

中国联通的 4G 用户规模截至 2019 年年底达 2.54 亿户，比 2018 年增长了 15.4%，增速远高于移动业务用户规模的增速近 14.3 个百分点。同时，这一增速也领先于行业平均水平（10%）5.4 个百分点。

中国联通的 4G 用户份额同样在行业中排名最后，2019 年的占比为 19.6%，比第二的中国电信相差近 2.2 个百分点，相比于 2017 年的 0.7 个百分点、2018 年的 1.9 个百分点的差距，显然其仍在被逐步拉大。

在三家基础电信企业中，中国联通 2019 年的 4G 用户渗透率为 79.7%，比 2018 年有约 10 个百分点的较大幅度提升。三家基础电信企业的 4G 用户渗透率情况如图 9 所示。其与中国移动在该指标上的差距已基本被抹平，比中国电信的差距也从 2018 年的 10.2 个百分点大幅缩小至 4.1 个百分点。不过，结合中国联通的移动业务用户规模的增长情况来看，其新增 4G 用户更多为内部原 2G/3G 用户转化而来。随着 4G 渗透率进一步接近行业最高水平，未来如何继续做好存量经营和内部挖潜应成为中国联通重点关注的问题之一。

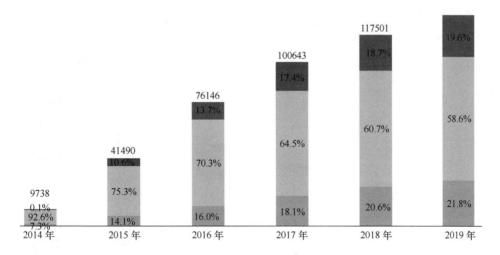

图 8　中国联通的 4G 用户规模在全行业中的份额占比情况

注：5. 数据来源于工业和信息化部官网。

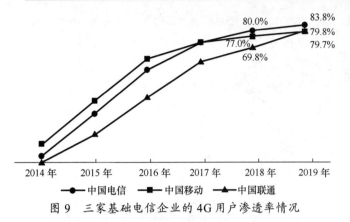

图 9　三家基础电信企业的 4G 用户渗透率情况

（四）固网宽带用户的规模仍有所增长，但在该项业务上的弱势竞争地位已持续趋于固化

2019 年，中国联通的固网宽带用户规模达 8348 万户，增速 3.2%，比 2018 年度下降了 2.5 个百分点，增速为全行业最低。图 10 为中国联通 2014—2019 年固网宽带用户的规模及增速情况。结合近年来的情况看，中国联通在该业务上的弱势地位已持续趋于固化，2019 年其增速大幅落后于行业平均水平（10.5%）7.3 个百分点，落后于中国移动（19.4%）16.2 个百分点和中国电信（5%）1.8 个百分点。

目前，中国联通的固网宽带用户份额在三家基础电信企业中排名最后，占比 19.7%，如图 11 所示。比 2018 年下滑 1.4 个百分点，已连续多年处于下滑状态。

2019 年，中国联通的业务发展已凸显出移动业务和固网业务"双弱"的特点。面对两大传统业务的不利竞争形势，中国联通应进一步思考如何更好地借助 5G，以及联合 BATJ 等构建的生态圈实施业务创新、补齐内容资源短板、提升网络敏捷性和 IT 能力，多管齐下以尽快扭转不利局面。

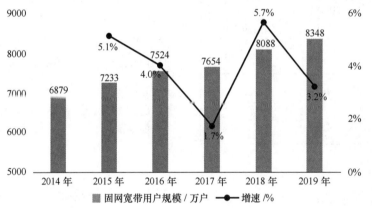

图 10　中国联通 2014—2019 年固网宽带用户的规模及增速情况

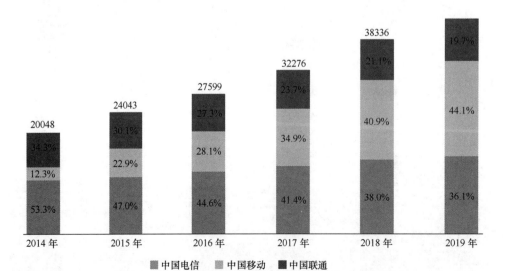

图 11　中国联通的固网宽带用户规模在全行业中的份额占比情况

（五）产业互联网业务继续保持高速发展，成为2019 年的亮点

2019 年，中国联通的产业互联网收入大幅增长至 328.6 亿元，比 2018 年上升 42.8%，继续保持高速发展态势，具体如图 12 所示。

中国联通定义的产业互联网业务包括 IDC、IT 服务、物联网、云计算及大数据 5 项代表未来转型方向的政企业务。2019 年，其下的各项细分业务均保持了高质量的发展态势，尤其是在后 4 者，其增速分别介于 45.7% ～ 147%，发展成绩突出。

在 IT 服务方面，中国联通 2019 年聚焦重点领域垂直赋能，全面提升自主核心能力，突破重点市场；在互联网＋制造领域，打造以云网融合、人工智能、行业 SaaS 为一体的智造云解决方案，帮助客户、企业和整个价值链实现生产流、数据流、业务流的信息共享驱动；在互联网＋金融领域，依托金融云数据中心和金融物联网，为客户提供个性化产品和服务；在互联网＋医疗领域，结合云计算、物联网、大数据等技术，推出医疗云、云灾备、影像云、影像云胶片、移动护理云、分级诊疗云、医疗大数据产品，为医疗机构、卫生部门等提供医疗信息化建设与服务；在互联网＋政务领域，升级政务服务流程和运营平台，助力政府精细化管理、精准服务和科学决策；在互联网＋执法领域，将云计算、IT 集成、大数据研判、智能识别、可视化等新技术融入执法行业服务中，构建新型的执法体系。

在物联网业务方面，中国联通与阿里、腾讯开展智慧门锁、智能腕表等单品合作；与阿里、腾讯、京东等战略投资者在移动支付、出行服务、智能穿戴等领域开展智能连接全面合作，2019 年全年新增连接数近 1000 万。

在云计算业务方面，中国联通自主开发了"胜智云平台"（私有云），服务于企业的数字化转型，可根据租户需求，快速提供企业信息化过程中所需的各种能力。同时，还开发了"多云管理平台"，可对多个公有云、私有云和混合云等各种异构资源进行统一管理，实现客户的多云资源一点开通、集中管理和业务快速交付。

在大数据业务方面，加强与阿里、腾讯、京东等企业的合作。中国联通与阿里云联合成立云粒智慧，聚焦拓展生态环保、智慧城市等行业，双方推动产品能力融合。目前，云粒智慧已成为生态环保领域的明星企业，在智慧城市领域也取得了突破。与腾讯云成立了云景文旅，聚焦发展"科技＋文化＋旅游"业务，双方力促数据能力互补，已实现规模化突破，2019 年有 6 款产品中标金额过亿元。同时，中国联通与腾讯还在金融反欺诈等方面进行了有益合作。另外，与京东数科和西班牙电信共同成立了"智慧足迹"，2019 年推出了 4 款产品，服务于国家部委、世界 500 强企业等。而且，与京东还在信用管理等方面开展了业务合作探索。中国联通 2018—2019 年产业互联网各细分业务的收入情况见表 6。

表 6　中国联通 2018—2019 年产业互联网各细分业务的收入情况

（亿元人民币）	2018	2019	同比变化
IDC	137.5	162.1	17.9%
IT 服务	56.1	100.2	78.4%
物联网	20.8	30.45	45.7%
云计算	9.6	23.6	147.0%
大数据	6.1	12.3	103.0%

图 12　中国联通 2016—2019 年产业互联网的收入规模及增速情况

（续表）

（亿元人民币）	2018	2019	同比变化
合计	230.1	328.6	42.8%

■ 二、特色经验举措

借助"混改"契机发力产业互联网，与中国电信强化共建共享以降本增效、管控成本支出改善财务状况等是中国联通 2019 年的主要特色经验举措。

（一）借助"混改"契机发力产业互联网

2018—2019 年，中国联通先后组建了 12 个产业互联网公司，详见表 7，与混改伙伴、行业龙头等公司开展业务层面合作，在智慧冬奥、智慧医疗、智慧安防、5G 车联网、智能制造、智慧教育、智慧文旅、互联网+政务等众多 5G 创新业务方向进行联合拓展。

与战略投资者的合作有助于激发联通的科技创造力。例如，联通和腾讯在 2019 年 3 月 1 日共同出资成立"云景文旅科技有限公司"，于大数据、云计算、物联网、移动互联网及 5G 技术在旅游行业进行深入研究，面向全国旅游行业提供系统集成建设、应用软件系统开发、旅游大数据产品开发、旅游电子商务等服务。2019 年 2 月 21 日，联通与网宿科技共同出资成立云际智慧科技有限公司专注于 CDN、边缘计算等领域的技术创新，为 4K、8K、VR 等超

高清视频产业和人工智能等领域提供 CDN 以及边缘计算能力。此外，联通旗下车联网子公司"智网科技"引入一汽、东风、广汽等 9 家企业签约成为其战略投资者，提升公司在车联网领域的竞争优势。2019 年 8 月 27 日，联通与金蝶集团合资组建工业互联网平台公司云镝智慧，借助金蝶集团 26 年来已服务 680 万家企业客户的资源优势，依托联通自身 5G 网络、云网协同、物联网、大数据等基础设施能力，赋能中小制造型企业进行工业互联网升级。

在借助"混改"发力产业互联网的过程中，中国联通尤其重视发力云网一体化以推动 ToB 业务创新发展，基于 SDN/NFV，面向政企用户提供云网融合、智能化网络服务，同时打造"云＋网＋X"政企新融合模式，拉动基础业务发展。通过与阿里、腾讯战略合作伙伴开展云业务合作，打造以"沃云"为品牌的公有云产品；与阿里成立合资公司，打造定制化的应用软件服务，带动云、网收入快速增长，首年推出已签约项目逾 300 个。

（二）与中国电信强化共建共享以降本增效

2019 年 9 月，中国联通和中国电信分别发布双方 5G 网络共建共享合作公告，采用接入网和 5G 频本资源共享、核心网各自建设的方式，开展 5G 共建共享。双方将在 15 个城市分区承建 5G 网络，其中北方 5 个城市按照联通电信比例为 6∶4 建设，南方

表 7　中国联通 2018—2019 年成立的 12 家 ICT 公司

时间	公司	合作细节	领域
2019.2.21	网宿科技	成立云际智慧，注册资本 5 亿元	边缘计算及 CDN
2018.8.3	阿里巴巴	成立云粒智慧，注册资本 3.51 亿元	政务、金融、生态环境、公安、制造等
2018.10.10	阿里巴巴	中国联通凭借芝麻信用引入信用机制	预存话费购机
2019.3.1	腾讯	成立云景文旅科技有限公司	智慧文库产业
2019.2.27	腾讯	与腾讯车联宣布达成战略合作，将推出腾讯车联网"王卡"，并将发布车联网产品解决方案	车联网
2018.6.27	京东	签署"京东便利店"项目战略合作	京东便利店
2018.8.31	苏宁	签署新零售战略合作协议	打造智慧零售门店
2018.8.29	宜通世纪	物联网创新生态共建战略合作	物联网，Jasper 平台
2019.1.9	京东方	签订战略合作框架协议	4K/8K 超高清视频、物联网等
2018.9.10	宝马	签署《宝马互联驾驶下一代移动通信业务合作协议》	双方在车联网业务上的合作将持续到 2025 年
2019.1.22	深信服	中国联通网络信息安全产业联盟合作伙伴	同架构混合云、云安全运营中心、流量卫士、桌面云等相关解决方案
2019.8.28	金蝶集团	合资组建的工业互联网平台公司——"云镝智慧"	工业互联网

10 个城市按照比例 4∶6 建设；另外，中国联通独立承建广东 9 个地市、浙江 5 个地市以及北方 8 省；中国电信独立承建广东 10 个地市、浙江 5 个地市、和南方 17 个省。中国联通与中国电信的 5G 网络共建共享方案见表 8。

表 8　中国联通与中国电信的 5G 网络共建共享方案

地区	电信建设占比	联通建设占比
北京、天津、郑州、青岛、石家庄	40%	60%
上海、重庆、广州、深圳、杭州、南京、苏州、长沙、武汉、成都	60%	40%
浙江省	50%（5 个地方）	50%（5 个地方）
广东省	53%（10 个地方）	47%（9 个地方）
前述地区之外的北方 8 省（市、区）	0	100%
上述地区之外的南方 17 省（市、区）	100%	0%

联通和电信进行 5G 网络共建共享，特别是双方连续的 5G 频率共享，共享后两家运营商将实现 3.5GHz 的 200MHz 带宽，有助于降低 5G 网络建设和运维成本，高效实现 5G 网络覆盖，快速形成 5G 服务能力，增强 5G 网络和服务的市场竞争力，提升网络效益和运营效率。中国联通和中国电信采用接入网共建共享的方式如图 13 所示。而且，对比 4G 时期，中国移动始终呈现大幅领先势头，两家运营商经过 4G 建设后周期的持续追赶，在 2019 年度实现两家运营商 4G 基站数与中国移动基本持平。5G 时代，联通和电信共建共享将有利于加速 5G 建设

进程，同时避免重复建设造成的资源浪费，形成与中国移动齐头并进的良好态势。同时，双方还明确将以共建共享效益最大化、有利于可持续合作、不以结算作为盈利手段的原则，公平进行市场化结算，这也意味着双方的合作前景值得长期看好。

（三）管控成本支出改善财务状况

中国联通近年来不断采取措施来改善财务状况，管控营业成本已经是有经验的举措。与 2018 年相比，公司主营收入同比增长 0.3%，但归母净利润同比增长 22.1%，ROE 提升 0.47 个百分点至 3.48%，净利率提升 0.68 个百分点至 3.88%，EBIT Margin 提升 0.8 个百分点至 5.0%。其在资本开支方面管控良好，折旧及摊销费用可比口径同比下降 4.3%。费用管控成绩突出，销售费用同比下滑 4.6%，财务费用同比下滑 52.4%，终端补贴费用下滑 17%；在 2019 年 12 月的 2020 年工作会议上进一步提出，要全面取消 5G 手机补贴并继续下降渠道佣金，以此带来销售费用的进一步下降。此外，还对业务发展思路进行了调整，严控成本，2019 年下半年，中国联通开始把发展重点从用户数增长改成了用户价值的发展。也因此，中国联通 2019 年的财务状况继续有较大改善，资产负债率 39.3%，同比下降 2.5 个百分点。

三、下一阶段的发展策略建议

随着 5G 商用的正式到来，中国联通仍需在推进"混改"的基础上，加快构建 5G 应用发展生态圈，补齐资源能力短板，加大对产业互联网的投入力度，

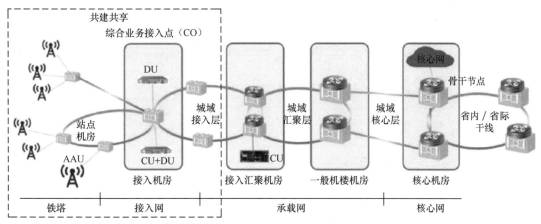

图 13　中国联通和中国电信采用接入网共建共享的方式

以优质应用带动 5G 发展；同时，加大与中国电信的共建共享力度，加快探索双方在 4G 室分、5G 小基站、机房、光纤、管线等领域的全方位共建共享，进一步提升网络竞争力和公司价值；加快应用 SDN/NFV 以及 AI 等技术，推动网络实现智能化转型升级，有效提升生产运营能力。

（一）加快构建 5G 应用发展生态圈

目前，中国联通已与阿里、腾讯开展"沃云"公有云产品及混合云产品合作；与阿里巴巴、腾讯、京东等分别成立云粒智慧、云景文旅、智慧足迹等合资公司，以轻资产模式加快拓展产业互联网领域的发展机会。随着 5G 商用的正式到来，中国联通应在此基础上与 BATJ 等战略合作伙伴深化合作，补齐资源能力短板，加快探索 5G 在重点垂直行业的应用，形成以优质应用带动 5G 发展，实现差异化领先的局面。以此筑就 5G 时代的核心竞争优势，避免再将增长寄托于过度的价格战之上。

（二）与中国电信加大共建共享力度

双方可联合在能源、环保、场地准入等方面争取更多的共建共享政策支持。扩大共建共享的合作范围，加快探索双方在 4G 室分、5G 小基站、机房、光纤、管线等领域的全方位共建共享。据统计，4G 业务当中有 70% 的应用发生在室内，5G 时代，预计将有超过 85% 的业务发生在室内场景；同时，随着新基建政策的出台，大数据中心及其配套的光纤光缆和管线建设需求也将日益增加，双方在上述领域加快加深共建共享的探索极有必要。

（三）推动网络实现智能化转型升级

加快应用 SDN/NFV 以及 AI 等技术，推进网络智能化转型升级，构筑业内领先的网络资源智能调度、应需切片、弹性伸缩、高效扩容的能力。结合大数据分析挖掘技术，精准对接市场需求，快速调整生产服务资源，实现高质量、高效益发展。加快构建集约运营的企业中台，打通各生产服务平台和内部运营系统间的接口，形成数据顺畅流通、问题精准定位、运营高效开展的良好局面，有效面对即将到来的 5G 时代愈发激烈的竞争。

（中国信息通信研究院　梁张华）

中国铁塔 2019 年的发展与 2020 年的展望分析

2019 年，中国铁塔的业务发展继续取得优异成绩，无论是营收抑或利润的规模、增速、结构等，均在 2018 年的基础上有较大幅度的提升/优化。其站址及租户数等核心资源继续稳步扩张，站址共享率水平进一步提升。随着 5G 正式商用的正式启动，新一轮大规模网络建设即将兴起，未来几年公司将较大概率保持快速增长势头。同时，随着"两翼"业务多元化动能结构的逐步形成，公司有望长期保持健康可持续发展的良好态势。

在取得良好发展成绩的背后，中国铁塔实施了一系列重要举措，为中国铁塔未来的长期健康发展打下了坚实的基础。在业务发展方面，中国铁塔坚定加码发力两翼业务，积极提升共享化发展水平，于 2019 年 6 月底成立了铁塔能源有限公司和铁塔智联技术有限公司，并进行了产品发布。在生态打造方面，中国铁塔在通信、跨行业站址应用与信息业务以及能源业务上加强对外开放合作，进一步强化与铁路、电力、邮政、互联网、房地产等多个行业的战略合作。在运营提升方面：一是启动并实施第一期限制性股票激励计划，首次向核心管理团队和技术骨干授予限制性股票合计约 12.1 亿股，建立了长效激励与约束机制；二是加快建设统一云资源管理平台，开展"对标一流管理提升行动"，优化生产管理流程等；三是构建一体化综合服务体系，不断强化维护服务保障能力，提高客户满意度。

■ 一、业务发展成绩

（一）营收保持平稳增长，净利润大幅提升，多元化增长动能结构正在加速形成

中国铁塔 2019 年对"一体两翼"发展战略的论述有一定变动，即"一体"部分由原来的"以面向行业内的塔类与室分业务"，变革为"以塔类业务为主体"；"两翼"部分由原来的"以基于站址资源的社会化共享业务与面向社会的专业化备电保障服务"，变革为"以室分业务和能源创新为左翼，跨行业站址应用与信息业务和国际市场拓展为右翼"。除把室分业务调整为新兴的两翼业务之一外，还对原来的"备电保障服务"作了进一步拓展，变为涵盖范围更广的"能源创新"；同时，对"基于站址资源的社会化共享业务"作了进一步聚焦，明确提出将更加重视发展与自身优势资源能力密切相关的"跨行业站址应用与信息业务"。在此指导下，中国铁塔 2019 年一方面维持好占大头的塔类业务平稳增长，另一方面进一步发力非塔类业务，推动室分业务和跨行业及能源经营业务快速发展。

2019 年，中国铁塔实现营业收入 764.28 亿元，同比增长 6.4%。其中，塔类业务仍为营收的主要来源，其收入规模高达 714.06 亿元，占比 93.4%。与 2018 年相比，塔类业务的收入增幅为 4.1%，如图 1 所示。

室分业务和跨行业及能源经营业务两项 2019 年的营收规模分别为 26.58 亿元和 20.80 亿元，同比增速分别高达 46.1% 和 70.2%，仍然维持较高增速，如图 2 所示。二者占总体营收的比例分别由 2018 年同期的 2.5% 和 1.7% 扩大至 3.5% 和 2.7%，营收结构多元化的趋势开始加速形成，如图 3 所示。

此外，2019 年其他业务的收入为 2.84 亿元，同比增长 32.1%，新的增长动能正在加速酝酿和培育。

中国铁塔的各类业务在 2019 年继续均取得上佳业绩，整体收入保持平稳增长势头，新兴业务增速迅猛。在此带动下，2019 年营业利润和净利润分别达 112.81 亿元和 52.22 亿元，比 2018 年同期分别提升 12.6% 和 97.1%。

（二）站址及租户数等核心资源继续稳步扩张，站址共享率水平进一步提升

截至 2019 年年底，中国铁塔共运营 199.4 万站

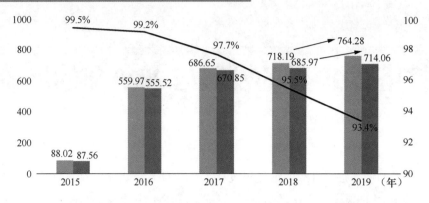

图 1　中国铁塔 2015—2019 年总收入及塔类业务收入情况

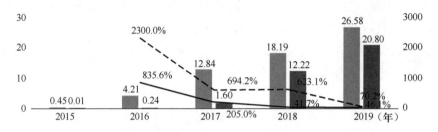

图 2　中国铁塔 2015—2019 年室分业务和跨行业及能源经营业务收入情况

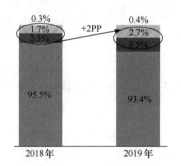

图 3　中国铁塔 2018—2019 年各业务收入占比情况

址，比 2018 年提升 3.6%。塔类租户数达 323.9 万，同比增长 8.8%。预计总体站址数达 202.4 万，租户总数达 327.9 万。中国铁塔 2015—2019 年的站址及租户数等情况见表 1。

表 1　中国铁塔 2015—2019 年的站址及租户数等情况

	2015 年	2016 年	2017 年	2018 年	2019 年
塔类业务站址数（万）	151.77	172.32	185.52	192.5	199.4
室分业务站址数（万）	0.25	1	1.7	2.3	3*
站址总数（万）	152.02	173.32	187.22	194.76	202.4*
塔类业务租户数（万）	193.91	240.28	266.38	297.8	323.9
室分业务租户数（万）	0.35	1.36	2.36	3.14	4*
租户总数（万）	194.26	241.65	268.74	300.94	327.9*

租户数的持续快速增长拉动了代表铁塔共享率水平的站均租户数的进一步提升。截至 2019 年年底，中国铁塔的塔类站均租户数增至 1.62 户 / 站址，比 2018 年同比上升 4.5%。共享率的持续提升将进一步有利于强化公司的盈利能：铁塔相关的基础建设成本、场地费和电力引入费是一次性支出，单站址租户增加的边际成本很低，共享率的提升将增加边际收益，支撑站均收入增加。图 4 为中国铁塔 2015—2019 年站均租户人口数情况。

图 4　中国铁塔 2015—2019 年站均租户数情况

二、特色经验举措

中国铁塔 2019 年实施了如下重大举措，为公司未来长期健康发展进一步夯实了基础。

（一）业务发展：进一步加码发力两翼业务，提升共享化发展水平

铁塔能源有限公司主要依托中国铁塔动力电池的备电使用经验、规模采购优势、专业化维护能力和可视、可管、可控的智能监控系统，以高能效动力电池为载体，主要面向金融、交通、医疗、低速电动车客户群体及一般工商业用户提供备电、发电、充电、换电、储能等电力保障和能源服务，打造全国性的电力保障与能源服务专业化公司。

铁塔智联技术有限公司主要依托中国铁塔遍布全国的通信基础设施资源及专业化能力优势，加快"通信塔"向"社会塔"转变，重点聚焦生态环保、国土农林、安全、应急、交通、卫星定位等领域，通过利用自身的和社会共享的杆塔资源，上挂政企客户各样物联网终端（摄像头、传感器等），开展跨行业站址应用与信息业务，服务国计民生。它的具体应用包括：视频监控、智慧照明、天气及环境监测（风向、风速、降雨量、PM2.5、噪声等）、无线城市、信息发布、户外广告、车联网、一键报警等。

设施共享作为中国铁塔最核心、最基础的商业模式，通过四年多的发展实践证明了其显著的经济与社会价值。随着两翼业务历经近四年多的发展，其共享模式在 2019 年进一步扩展和升级，范围越来越大，内涵越来越丰富。两个全资子公司的成立是中国铁塔共享理念的进一步延展和深化，未来可通过专业化的运作，激活共享智能出行的刚需，进一步提升母公司对主体资源的共享效益，从而为股东和自身创造更大价值。从简单基站站址的共享，到利用全社会杆塔等可利用的一切资源的大共享，从共享铁塔、机房，到共享可用于基站电力保障的动力电池，不但强化了自身的发展动能，打造了多元化的动能结构，还为通信行业降本增效、协同发展作出了有益贡献。中国铁塔跨行业的业务及能源业务概要见表 2。

（二）生态打造：在通信、跨行业站址应用与信息业务以及能源业务上加强对外开放合作

中国铁塔 2019 年继续深化开放合作，营造良好的发展环境。借力 5G 商用的机遇，公司进一步强化与铁路、电力、邮政、互联网、房地产等多个行业的战略合作，充分发掘资源共享，助力"一体两翼"业务拓展。在通信行业业务上，中国铁塔对京张高铁等一批重点项目实行同步规划、同步设计、同步实施、同步开通；对监控杆、路灯杆、电力塔等社会杆塔资源的利用率进一步提升，新建微站社会资源利用率约 84%，新建宏站社会资源利用率约 17%；此外，与通信行业的新进入者广电加强接触和沟通，截至 2019 年年底，接到广电 5G 站址的需求已超 1500 个。在跨行业站址应用与信息业务上，中国铁塔与气象、环保、地震等社会民生行业客户，互联网、石油石化等垂直行业企业建立战略合作关系，不断提升跨行业的综合信息化服务和平台运营能力。2019 年，中国铁塔牵头联合产业链在广州成立智慧杆产业联盟，全力推进通信杆塔向智慧杆塔转变，大力推动智慧杆塔的发展，整合通信塔、路灯杆、监控杆等杆形成多杆合一的共享智慧杆塔。能源经营业务上，中国铁塔与银行、邮政物流、新能源动力电池厂商等建立战略合作关系，助力能源

表 2　中国铁塔跨行业的业务及能源业务概要

跨行业业务	站址服务	政企通信网	主要满足客户的政企通信网需求，涉及政务通信网、广播和数字电视通信网、电力通信网、石油通信网与民航通信网等	广电通信网；政务通信网；电力通信网；民航通信网
		数据采集	主要满足客户的数据采集需求，涉及卫星信号底面增强系统、空气质量检测、气象监测、地震监测、民航无人机监测、土地监控、海事监控、海洋监控等	"2+6"城市大气污染海洋监控；森林防火监控；国土监控；地震监测
	基于站址服务		整合站址资源、传输专线、数据平台及多种第三方设备，向客户提供数据采集、回传、汇总、分析及应用的信息服务	"秸秆焚烧"监控；智慧景区；井盖检测
能源业务	能源经营业务		备电、发电、换电、售电等业务	备电：服务医院、交通等部门；发电：服务电动汽车；换电：服务电瓶车
	回收利用业务		建设退役动力电池回收利用体系	回收退役电池

经营业务的快速布局；联合产业链推出市电削峰创新方案，最大可实现消减 40% 的市电需求。

（三）运营提升：重点推进激励提升、管理提升和服务提升，促进公司健康高效运营

在激励提升方面，中国铁塔致力完善市场化激励机制，强化价值创造导向，促进薪酬差异化、激励方式多样化，全方位加大核心骨干人才激励力度，激发创新动力、增强发展活力。公司 2019 年启动并实施第一期限制性股票激励计划，首次向核心管理团队和技术骨干授予限制性股票合计约 12.1 亿股，建立了长效激励与约束机制，实现股东、公司与员工的利益共享和风险共担。2020 年第一次解锁比例将为 40%，需满足公司经营实现营业收入不低于 825.92 亿元，净利润满足不低于 50.88 亿元，净资产回报率不低于 2.7%。第二次解锁需满足 2021 年业绩实现营业收入 883.37 亿元，净利润为 58.83 亿元，净资产回报率不低于 3.1%。第三次解锁需满足 2022 年业绩目标：营业收入不低于 948.01 亿元，净利润不低于 69.165 亿元，净资产回报率不低于 3.6%。

在管理提升方面，中国铁塔持续提升创新效率和效益，攻关 5G 电源、室分共享等重点研发领域，加快建设统一云资源管理平台，服务业务发展，强化精益高效管理，开展"对标一流管理提升行动"，优化生产管理流程，完善单站核算和资产全生命周期的管理体系，持续推动管理标准化工作。

在服务提升方面，中国铁塔一方面全面强化主动营销，以综合解决方案为基础，通过宏微结合、室内外协同，为客户提供更加经济合理的解决方案，并在客户关心的提升共享、降低综合成本、解决疑难站址等方面开展持续攻关，经济高效满足客户需求。另一方面，中国铁塔切实关切客户感知和诉求，通过构建一体化的综合服务体系，不断强化维护服务保障能力，提高客户满意度：一是通过优化完善客户对接服务体系、服务品质保障体系，以及优化改进基于互联网的"可视可管可控"的生产服务全流程，持续推进精准维护，提高通信保障能力和服务品质；二是以客户问题和诉求为导向，争取政策支持，结合精益管理、一体化综合维护和联合行动等举措，切实解决其痛点难点。

■ 三、下一阶段的发展策略建议

在电信运营业收入增长承压、增速连年下滑、跌至不足 1% 的背景下，中国铁塔 2019 年的发展成绩难能可贵，为未来的健康发展进一步夯实了基础。结合公司目前面临的内外部环境，建议中国铁塔从以下几方面发力，进一步强化公司的竞争力，为未来发展创造更好的条件。

（一）坚定两翼多元化业务发展的大方向

在室分业务方面，5G 时代带来的流量爆发有望快速拉升室内上网需求，预计 5G 时代大约 70% 的流量将发生在室内环境。但 5G 频率高、穿墙能力弱，必须依赖室分强化覆盖来解决。而工业和信息化部在 2019 年再次明确，中国铁塔负责公共交通类（地铁、高速公路、机场、车站）、建筑楼宇类（大型场馆、大型商务楼宇、党政机关办公楼）重点场所的室分业务需求统筹和建设。在政策支持下，乐观预期公司室分业务将迎来大发展。2019 年公司室分业务收入 26.58 亿元，2020—2022 年有望维持 50% 以上的高速增长态势，在 2022 年收入达 93.74 亿元，2024 年进一步提升至 146.23 亿元。中国铁塔 2015—2024 年室分业务收入情况及预测如图 5 所示。

在微站业务方面，公司可提供铁塔站址空间安装通信运营商的微站设备，以实现补盲覆盖。公司可以与大型企业、社区以及其他主体合作，获取人流量较高地区的路灯杆、监控杆、电力杆、公交站牌、桥梁两侧、居民区楼顶及建筑物墙面作为站址，并在杆塔上、公交站牌中或建筑物墙面预留微站设

备的安装空间。5G 基站的部署将先用宏基站实现广覆盖，再通过小基站和室分系统实现局部地区、室内补盲，2020 年国内 5G 将初步实现全国覆盖，因此小基站产业有望在 2021 年开始真正规模化部署。目前，业内一般认为 5G 小基站有望达宏基站数量的 2 倍。若假设在 5G 主建设期（2020—2025 年），小基站的数量能达到宏基站的 1.7 ~ 1.8 倍，其规模可达约 800 万座；其中，50%（即 400 万座）由中国铁塔承接；单租户年租金价格降幅介于 5% ~ 30%。因此，预计到 2025 年中国铁塔微站业务收入将达 55.34 亿元，占当年收入的比例达 5%，2019—2025 年复合增速将达 45%。中国铁塔 2018—2025 年微站业务的收入情况及预测见表 3。

在跨行业站址应用与信息业务及能源服务方面，公司的商业模式仍为稳定的"收租"模式，业务的壁垒是覆盖全国的基础物联网入口网络、统一的数据回传网络。截至 2019 年年底，公司已为跨行业业

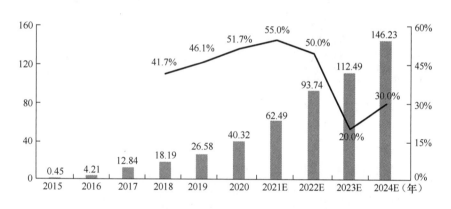

图 5　中国铁塔 2015—2024 年室分业务的收入情况及预测

表 3　中国铁塔 2018—2025 年微站业务的收入情况及预测

	2018	2019	2020	2021E	2022E	2023E	2024E	2025E
5G 小基站累计数量预测（万站）			10	110	310	500	700	800
中国铁塔承接比例			50%	50%	50%	50%	50%	50%
中国铁塔承接 5G 小基站数量（万站）			5	55	155	250	350	400
累计租户数（万个）	20	32	37	87	187	282	382	432
单租户租金（万元 / 年）	0.69	0.31	0.25	0.24	0.22	0.15	0.14	0.13
租金降幅（%）		55%	19%	5%	10%	30%	5%	5%
微站收入（百万元）	406	660	871	1485	2951	3534	4752	5534
同比增长		63%	32%	70%	99%	20%	34.5%	16.5%

务储备了千万级社会塔资源。同时，进行结构改造、电力能源改造、无线/有线/GPS网络引入、综合数据平台对接等，通过改造后的智慧站址纳入中国铁塔全国资源池，进行统一标准化运营。同时，中国铁塔依托这些站址，能便捷、广泛地为金融、交通、医疗、低速电动车客户群体及一般工商业用户提供能源服务，发展前景广阔。保守预计，2024年跨行业租户将达135.6万户，收入达114.7亿元，且将继续保持高速增长。

综上所述，公司应坚定两翼多元化业务发展的大方向。乐观预计到2026年业务结构将进一步得以优化，形成多元化结构动能，公司有望长期保持健康可持续的发展态势。中国铁塔的业务结构变动预测如图6所示。

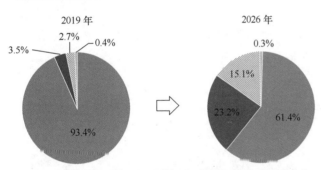

图6　中国铁塔业务结构变动预测

（二）进一步发力提升铁塔共享率水平

中国铁塔共享率逐年升高，但对比其他铁塔公司仍存在差距，仍有较高提升空间。国外公司的铁塔数量虽然远不及中国铁塔，但利润却高于中国铁塔，原因之一就是外国公司的共享率普遍更高。2019年，冠城国际Crown Castle站均租户数2.1、巴蒂电信Bharti Infratel站均租户数2.06、美国电塔AMT站均租户数1.9、SBA通信站均租户数1.8均高于中国铁塔。中国铁塔站均租户数对标共享率第一的Crown Castle有29.63%增长空间，对标有站址数量、营收第二、净利润第一的AMT，则仍有17.28%增长空间。

中国铁塔应进一步致力提升铁塔的共享比例，

以进一步推升公司的毛利率水平。因为每座通信铁塔通过额外的加固，可以增加铁塔搭载能力以搭载4～6套通信设备，则公司在现有站址上增加新租户需要的额外成本较低，但同时能大幅提升单塔收入。随着单站址租户数的提升，分摊到租户的固定资产折旧摊销的成本降低，维护成本、场地成本、人工成本不变，单塔租赁收入增加，利润水平大幅提升。测算的单租户毛利率为20.9%；2租户单塔毛利率为33.9%，较单租户毛利率提升62.2%；3租户单塔毛利率为36.9%，较单租户毛利率提升76.56%，较2租户毛利率提升8.85%，见表4。

表4　中国铁塔多租户共享毛利率测算

新建铁塔	单位	单租户	2租户	3租户	假设
租赁收入	万元	6.29	10.07	13.21	
折旧摊销成本	万元	3.8	5.5	7.2	配套设备跟租户数量同比变动
维护成本	万元	0.3	0.3	0.3	多租户的单铁塔维护边际成本为0
场地成本	万元	0.6	0.6	0.6	多租户的单铁塔的场地边际成本为0
人工成本	万元	2	2	2	多租户的单铁塔人工边际承办为0
毛利率	%	20.90%	33.90%	36.90%	

具体而言，中国铁塔一方面要做好与电信运营商的沟通对接，聚焦客户的关切与认可，做强做优综合服务；协同电信企业降本增效，共同管控好综合成本，继续做好降电费、控场租、优运维等工作。另一方面，仍要立足于深化发展模式转型，充分利用社会资源，少建塔、多共享、低成本地满足5G建设需求。

（中国信息通信研究院　梁张华）

电信运营企业 2019 年发展概况及特点

中国电信、中国移动、中国联通 2019 年分别实现通服收入 / 主营收入 3576 亿元、6744 亿元和 2644 亿元，较 2018 年度分别增长 2%、0.5% 和 0.3%。中国电信和中国联通的增速均有所下降，中国移动与 2018 年基本持平，但保持在大约 0.5% 的较低水平。三家电信运营企业的收入增长趋势与 2018 年相比已基本趋同，均显示出增收乏力的疲态，如图 1 所示。

在净利润方面，中国电信、中国移动和中国联通的净利润分别为 205 亿元、1066 亿元和 113 亿元，较 2018 年度分别减少了 3.3%、9.5% 和增长了 21.1%。中国联通成为全行业唯一实现净利润正增长的企业，且其增幅较大。不过，中国联通净利润的大幅增长难以改变整个行业传统业务增长乏力、亟待转型的不利局面。实际上，中国联通净利润的大幅增长主要源于"资产处置损失、其他收益及营业外收支净额"项较 2018 年有了显著改善，具体原因包括来源于政府的补贴增加、增值税加计抵减导致税务支出减少、无法支付的应收账款增加导致营业

外收入增加、违约赔偿支出减少以及非流动资产毁损报废减少。未来几年，中国联通净利润能否保持平稳甚至大幅提升有待观望，如图 2 所示。

三家电信运营企业的增收乏力，根本上还是由于传统业务发展已面临天花板，政企新兴业务尚待加速培育。本文将主要从移动业务、固网宽带业务和政企新兴业务三个方面分析各企业 2019 年的发展概况及其背后的特色运营策略，以为业界作进一步探讨和提出改进策略建议提供参考。

一、移动业务发展概况及运营策略特点

（一）发展概况：三家企业用户规模继续保持正增长，但增势出现分化；用户规模增长已难以拉动业务收入增长

2019 年，三家电信运营企业的移动业务用户规模再创新高，中国电信、中国移动、中国联通的移动业务用户规模分别达到 3.36 亿户、9.5 亿户和 3.18

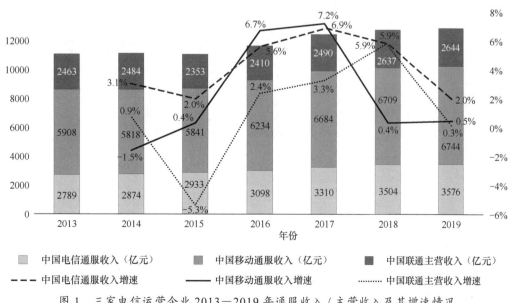

图 1　三家电信运营企业 2013－2019 年通服收入 / 主营收入及其增速情况

亿户,较 2018 年度各增加了 10.7%、2.7% 和 1.1%。不过,三家企业的用户增速均有所下降,其中,中国电信和中国联通的下降幅度较大,达到了 9% 以上。目前,三家企业的移动业务用户规模合计已达 16.04 亿户,在全国人口中的渗透率达 114.6%[1]。移动业务用户规模的增长或已接近天花板,预计三家企业的用户增速未来将维持在较低区间,个别年份甚至可能负增长,如图 3 所示。

同时,三家企业的 4G 用户规模也有进一步的增长。截至 2019 年年底,中国电信、中国移动、中国联通的 4G 用户规模分别达 2.812 亿户、7.58 亿户

和 2.538 亿户,增速分别达 16%、6.4% 和 15.4%,其增势相对要好于各自移动业务用户规模的增势。这表明,三家企业对原 2G/3G 用户保持了较大的 4G 迁移力度。截至 2019 年年底,上述三家企业的 4G 渗透率分别达 83.8%、79.8% 和 79.7%,均已达到较高水平,较 2018 年的渗透率分别提升了 3.8%、2.8% 和 9.9%。随着 4G 渗透率已达高位,预计剩余部分的 2G/3G 用户的 4G 迁移难度将较大;同时,5G 的正式商用也将吸引 4G 用户进一步迁移至 5G,因此,未来 1～2 年三家企业的 4G 用户规模和渗透率将大概率进入下行通道,拉动收入增长的核心移动业务

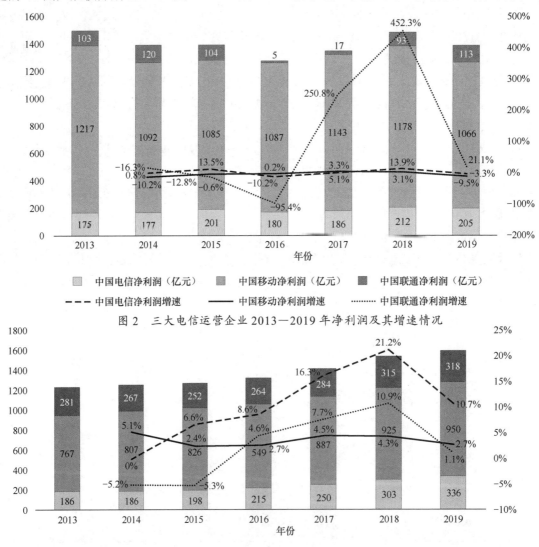

图 2 三大电信运营企业 2013—2019 年净利润及其增速情况

图 3 三家电信运营企业 2013—2019 年移动业务用户规模及其增速情况

[1] 注:截至 2019 年末,我国总人口(注:31 个省、自治区、直辖市和中国人民解放军现役军人人口,不包括香港、澳门特别行政区和台湾省。)为 140005 万人;较 2018 年人口净增 467 万人,自然增长率为 3.34‰。

将发生改变。

不过，值得注意的是未来移动业务拉动整体收入增长的前景并不乐观。综观三家电信运营企业2014—2019年移动业务的发展情况，随着2013年年底和2015年年初监管部门相继发放 TD-LTE 和 LTE FDD 的正式商用牌照，三家企业均迎来了2～3年的移动业务用户规模及收入双增长时期。但2017—2018年以来，三家企业的移动业务收入开始相继走低，其中，中国移动和中国联通更是分别于2018年和2019年开始跌至负增长。参考此趋势，并结合当前市场竞争激烈、提速降费持续等情况，预计随着5G 的商用，移动业务收入的增速会迎来2～3年的一定幅度的反弹，但难改长期持续走低，甚至负增长的大趋势。

（二）运营策略特点：提升服务，丰富终端及应用产品体系，探索产品融合、营销联合和网络共建，创新商业模式，重塑优质品牌

为应对移动业务用户规模及收入增速双下降甚至负增长的不利局面，三家电信运营企业继续对运营策略进行了优化探索。中国电信因应5G 正式商用，创新打造"5G+ 权益 + 应用"的会员制个人服务模式，面向个人用户推出云 VR/AR、云游戏、超高清视频、云电脑、天翼云盘等多款自主开发的应用产品，打造合乎用户需求的应用与权益内容；创新探索 5G 商业模式，推动价值计量方式从单一量纲到多量纲变化，探索按 5G 流量使用量 / 切片量 / 连接量 / 时延等级 / 速率等级计费的模式。

中国移动一是推出了5G 客户专属套餐以及超高清视频、云游戏、全面屏视频彩铃等特色业务，截至2020年2月底，5G 套餐客户已达1540万户，保持行业领先。二是强化"连接 + 应用 + 权益"融合运营，加大与知名互联网企业合作，打造"流量 + 内容 + 应用"融合产品，探索 2H2C、2B2C 的家庭、政企与公众的融合拓展模式。三是针对性开展网龄、积分、会员等融合营销，积极推进品牌重塑，深化推进"全球通"等品牌升级，加快完善服务管理机制，促进客户满意度不断提高。

中国联通把重点放在转变用户发展思路上，提出将践行"坚持差异化和互联网化运营，严控用户发展成本，强化融合经营，努力避免简单价格战，维护公司价值，积极推进高质量可持续发展"。同时，与中国电信共建共享 5G 网络，明确将以共建共享效益最大化、有利于可持续合作、不以结算寻求盈利等作为原则，公平进行市场化合作，以降本增效。

二、固网宽带业务发展概况及运营策略特点

（一）发展概况：中国移动的用户规模、增速及营收均居行业第一，三家企业发展态势较为分化；行业发展快将面临瓶颈，收入或再难有较大起色

截至2019年年底，三家企业的固网宽带用户规模合计达4.24亿户，其中，中国电信、中国移动、

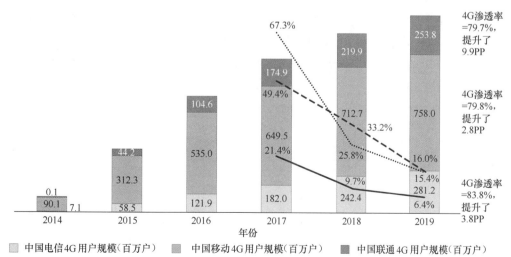

图 4　三家电信运营企业 2014—2019 年 4G 用户规模及其增速情况

中国联通 3 者分别为 1.53 亿户、1.87 亿户和 0.83 亿户。三家电信运营企业在固网宽带领域继续保持了分化的态势。中国移动的固网宽带用户规模及增速均稳居行业第一，其用户规模的领先优势有扩大的趋势，用户增速达 19.4%，保持了大幅领先竞争对手的有利形势。中国电信和中国联通的增速较低，分别为 5% 和 3.2%。尤其是中国联通，与其他两家企业相比，弱势地位固化，业务发展承压较大。

同时，值得注意的是，三家电信运营企业的用户增速均有所走低，尤其是中国移动，其 2019 年的增速较 2018 年下降了接近 20%；中国电信和中国联通也分别下降了 4.2% 和 2.5%，如图 5 所示。这意味着固网宽带用户的增长可能已接近拐点，行业发展快将面临瓶颈，未来，用户增速或将持续下降，个别运营商甚至可能面临负增长。

在用户增速放缓的同时，行业营收也面临着较大压力。截至 2019 年，中国电信和中国联通的固网宽带业务收入分别已连续 2 年和连续 3 年负增长。相较 2018 年，中国电信的固网宽带业务收入减少了 7.9%，中国联通的减少了 1.7%。

中国移动的营收情况稍好，其营收规模达到 688.35 亿元，营收增速 26.8%，均为行业第一。不过，其增速已进入持续下滑通道，降幅近 10%。随着竞争的加剧和低价策略的持续，中国移动以及其他 2 家运营商的固网宽带业务收入或将难有较大起色，如图 6 所示。

（二）运营策略特点：更新组织架构，设立专业化家庭市场运营机构；升级网络资源能力，提供智能化优质服务

为应对收入下降和激烈竞争，中国电信加快重

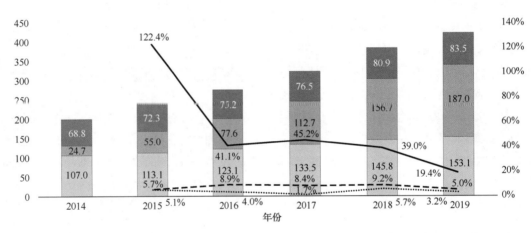

图 5　三大电信运营企业 2014—2019 年固网宽带业务用户规模及其增速情况

图 6　中国移动 2015—2019 年固网宽带业务收入及其增速情况

点城市的千兆网络规模建设，巩固宽带接入优势，打造简洁、敏捷、集约、开放、安全的新一代全云化全光化的智能网络。同时，拿出网络、云、渠道、物联网、内容等方面的优质资源，与产业链伙伴共同打造智能生态。并且成立了一级子公司"天翼智慧家庭"，明确其业务及资源能力建设重点为发力网络连接可视化、设备配网自动化、智能控制场景化、家庭应用多样化和安全保障立体化，以智能化优质服务增强对用户的粘性。

中国移动在家庭市场同样对组织机构进行了更新，设立了智慧家庭运营中心，坚持"拓规模、树品牌、建生态、提价值"，提升"营装维服"一体化服务水平。

三、政企新兴业务[2]发展概况及运营策略特点

（一）发展概况：政企新兴业务成为三家企业发展的亮点，但情况有所分化，中国移动和中国联通继续保持较好发展势头，中国电信增速有较大回落

中国电信的 IoT 以及 DICT[3] 等政企新兴业务 2019 年实现 555.1 亿元收入，较 2018 年度增长了 9.5%。其中，云业务收入达 71 亿元，同比增长 57.9%，已跃升为 DICT 领域的第一增长动力。截至 2019 年年底，中国电信"天翼云"在公有云 IaaS 市场份额排名全球第七、位居全球运营商之首，在中国混合云市场位居榜首；此外，IDC 业务国内综合排名第一。物联网连接数达 1.57 亿次，收入同比增长 21.7%。DICT 业务正稳步成长为中国电信新的增长极。不过，需要注意的是，中国电信的 DICT 业务增速有较大幅度回落，由 2018 年度的 21.4% 下降 12.3PP 至今年的 9.1%。其背后原因，与中国电信在政企领域正面临越来越激烈的市场争夺高度相关，除中国移动和中国联通等友商外，中国电信还面临着来自于互联网企业、软件/硬件企业和垂直行业传统企业的跨界竞争。

中国移动的重点政企业务实现收入 281 亿元，

同比增长 48.1%，其增长势头为 3 家电信运营企业中最好的，高出中国联通的增速（42.8%），5.3%，并远高出中国电信的增速（9.5%），38.6%。其下各项细分业务的发展成绩均极为突出：IDC 作为其中最大收入来源的业务，收入规模值达 105 亿元，同时，仍然保持了 46.8% 的高增速；ICT 作为增势最迅猛的业务，其收入同比增幅高达 163.5%，收入规模达 67 亿元；物联网业务收入达 88 亿元，保持了 17.5% 的较快增速；移动云收入 20 亿元，同比增长 59.3%，正快速迎头赶上，成为新的发展亮点。

中国联通的产业互联网收入 2019 年进一步大幅增长至 328.6 亿元，较 2018 年上升 42.8%，继续保持高速发展态势。其下的 IDC、IT 服务、物联网、云计算及大数据等 5 项业务均保持了高质量发展的良好态势，增速分别高达 17.9%～147%；各项业务收入规模均超 10 亿元，其中，IDC 和 IT 服务分别高达 162.1 亿元和 100.2 亿元。

（二）运营策略特点：推动 5G 与应用场景融合，打造优势云网能力和解决方案；新建/改革组织体系，提升市场统筹和内外部协同发展水平

中国电信 2019 年在政企新兴业务领域继续打造并发挥云网融合独特优势，加快新兴技术与政企应用场景的广泛融合。一是以建立新一代云网运营体系为目标，推进"网络上云""业务上云"和"IT 系统上云"，按照云、网、系统深度融合的方式建立领先的生产运营和管理体系，实现全集团"一张网、一朵云、一个系统、一套流程"，加速凸显"云为核心、网随云动"的一体化云网架构核心竞争力，以实现云网资源端到端统一调度、性能最优和用户体验最佳。二是广泛探索 5G 对于数字政府、智慧城市、工业互联网等领域的赋能，打造出了工业互联网、智慧能源、智慧港口、远程医疗、远程教育等一批示范行业标杆，为 SA 商用积累了丰富的应用场景。三是根据各行业数字化转型带来的不同的业务需求，发布了"5G 行业云网解决方案"，依托 5G 和精品光网能力，深度融合云、网、数、物、智和边缘计算，

---

[2] 注：三家电信运营企业对政企重点新兴业务的范围界定不尽相同。中国电信突出强调 DICT（包括 IDC、Cloud 和其他 ICT 服务等）和 IoT 业务，中国移动重视物联网、ICT、云计算、大数据和 IDC 等业务的发展，中国联通则把 IDC、IT 服务、物联网、云计算和大数据等归类为产业互联网业务。

[2] 注：包括 IDC、云服务和其他 ICT 等业务

率先为媒体、医疗、教育、金融、物联、视频六大行业提供可定制化、一站购齐、一点交付、端到端保障的全新 5G 云网解决方案。四是全面开放 5G 物联网服务，上线客户可自助开通物联网业务的 IT 系统，大幅提升物联网业务的开通效率。

中国移动在政企领域一是从组织体系改革入手，完成政企、云服务等领域的组织运营体系改革方案，以政企分公司为基础成立政企事业部，以苏研为基础成立云能力中心。加速打造云服务的核心能力，全面提升政企市场的统筹和拓展能力，发挥总部管总、区域主战、专业主建的协同优势。二是深入典型场景打造并落地应用示范项目，通过挖掘 5G 与 AICDE 的能力结合，联合产业合作伙伴共同推进 5G 智能制造、5G 远程医疗、5G 无人矿山等 50 个集团级应用示范项目落地。三是推动业务融合运营和能力融通共享，通过打造全网一朵"移动云"，建设云资源池间高速互联专网，实现云网智能连接；强化云、网、端、边协同，聚焦工业、农业、教育、政务、医疗、交通、金融等重点行业推出"云 + 网 +DICT"智能化服务，一体化满足客户的信息通信服务需求；同时，推进物联网能力开放平台迭代升级，以及与统一认证平台实现能力共享、融通发展。

中国联通则借助"混改"发力产业互联网，其与混改伙伴、行业龙头等公司联合成立产业互联网公司开展合作，在智慧冬奥、智慧医疗、智慧安防、5G 车联网、智能制造、智慧教育、智慧文旅、互联网 + 政务等众多 5G 创新业务方向进行联合拓展。同时，重视发力云网一体化发展，基于 SDN/NFV，面向政企用户提供云网融合、智能化网络服务，同时打造"云 + 网 +X"政企新融合模式，拉动基础业务发展。

（中国信息通信研究院　梁张华）

大宽带及网络
融合篇

全球宽带市场发展分析

一、全球宽带战略实施最新进展

2019 年，世界各国持续推进宽带战略，均将宽带发展视为国家可持续发展的基础之一。国际电信联盟（International Telecommunications Union, ITU）相关数据表明：2019 年，超过半数的国家 / 地区相继组织开展数字经济建设，共有 164 个国家实施了宽带计划和数字化战略，其中，实施宽带战略的国家的比例达 83.2%，比 2018 年提升了 3 个百分点。

全球宽带战略逐渐呈现由"广"向"精"的发展趋势，宽带普及率已非唯一追求。在各国的宽带计划中，除去对宽带的可用性、稳定性及价格可负担性等基本因素的考量，宽带的数据安全及其对各国经济支柱性产业数字化转型升级的支撑作用也成为政策重点追踪的方向。

二、全球宽带市场整体发展情况

ITU 发布的《2019 年衡量数字化发展》报告中的相关数据显示以下方面内容。

① 用户规模：全球互联网用户规模保持平稳增长，部分发达国家进入市场饱和。截至 2019 年年底，全球互联网用户数达 41 亿，同比增长 5.3%，互联网普及率从 2015 年的 16.8% 提升到 2019 年的 53.6%（其中，发达国家 / 地区普及率高达 86.6%，发展中国家 / 地区普及率为 47%，不发达国家 / 地区普及率仅为 19.1%）。

② 用户结构：移动宽带用户为互联网宽带用户增长主力，且保持高速增长。据统计，2005 年—2019 年期间移动宽带用户保持 18.4% 的增长率。截至 2019 年年底，全球移动宽带用户普及率达到 83%（其中，发达国家 / 地区普及率高达 121.7%，发展中国家 / 地区普及率为 75.2%，不发达国家 / 地区普及率仅为 33.1%）。

③ 使用网络制式：全球移动宽带用户逐步由 2G 和 3G 用户向 LET 及以上网络制式升级。统计显示，截至 2019 年年底，全球 81.8% 的移动宽带用户使用 LTE 及以上制式的移动网络（其中，发达国家 / 地区普及率高达 92.9%，发展中国家 / 地区普及率为 79.6%，不发达国家 / 地区普及率仅为 40%）。

④ 上网速率：全球上网速率持续提升，但区域间差距呈现继续拉大的局面。统计显示，截至 2019 年年底，全球互联网上网平均速率达到 118kbit/s（其中，发达国家 / 地区上网平均速率高达 189kbit/s，发展中国家 / 地区上网平均速率为 91kbit/s，不发达国家 / 地区上网平均速率仅为 21kbit/s）。

⑤ 资费水平：2018 年，宽带委员会提出 2025 年宽带可承受价格标准占比不高于人均国民总收入的 2%。2019 年，全球共有 61 个国家 /89 个地区固定和移动宽带资费水平均达到此标准，相比较而言，不发达国家 / 地区的宽带资费依然处于较高水平。

三、典型国家宽带发展战略及市场发展最新进展

本部分重点介绍德国、美国、英国和韩国宽带发展战略的最新进展，以及其在千兆网络以及 5G 方面的发展情况。

（一）德国

德国为确保未来在数字化经济时代中处于领先地位，近些年来，持续强调建设高性能宽带网络，明确建设一套容量大、可用性强、潜在风险较小的数字基础设施，以实现可持续发展。

1. 千兆光纤建设

近几年，德国政府相继推出多个光纤网络建设计划，例如：2016 年发布《数字化战略 2025》，将

"2025年前建成千兆级光纤网络"作为首要任务；2017年提出安装50Mbit/s的网络，2018年提出"建设千兆德国"计划，2019年实现光纤连接，2020年5G铺开，2025年千兆设施全覆盖等多个目标等。

2. 5G网络

5G网络作为实现数字化转型和建设千兆网络的核心技术，一直是德国发展宽带战略的重心。2016年，德国政府启动《德国5G网络倡议》，在此基础上，2017年推出《德国5G战略》，致力于成为5G生态的领导国家。2019年6月，包括德国电信、沃达丰等在内的四家运营商参与竞拍2GHz到3.6GHz共420MHz的频谱。2019年7月，德国电信宣布试点5G商用，使德国成为继瑞士、英国、西班牙之后第四个提供5G服务的欧洲国家。此外，2019年12月，德国还率先启动了名为"欧洲5G工业园"的欧洲最大的5G工业应用研究项目，旨在进一步探究5G技术对德国"工业4.0"愿景的驱动赋能。

（二）美国

发展宽带信息网络，加强产业数字化转型升级，确保网络空间领先地位等是美国宽带发展战略的总体原则。维护网络安全、抢占5G发展机遇也成为美国发展宽带的主要策略。

1. 千兆光纤建设

美国千兆光纤建设战略出台较早。2018年，美国联邦通信委员会承诺在未来十年内将投资超过200亿美元用以扩展高速宽带网络覆盖版图，并于2019年5月、6月和8月分别批准了三笔资金用于推广农村宽带互联网服务，惠及超16个州、约130000户家庭和企业。调研机构Parks Associates的最新数据显示：截至2019年6月，只有6%的美国入网家庭拥有1000Mbit/s的服务，性价比成为影响用户需求积极性的一大阻碍。与此同时，近年来，美国政府的宽带战略重心也逐渐从追求高速率转移至追求广覆盖。提升宽带网络在农村及偏远地区的覆盖率是美国近两年宽带战略的部署重点之一。

2. 5G网络

2019年4月，美国无线通信和互联网协会发布《引领5G的国家频谱战略》，计划通过制定拍卖计划，

更新频谱政策等措施引领5G产业发展；同年5月，美国发布《美国无线通信领导力研发优先事项》和《新兴技术及其对非联邦频谱需求的预期影响》，用于推进国家频谱战略的工作进程。

3. 网络安全

随着网络空间技术的不断迭代，美国政府在重视宽带网络战略的纵深和扩张的同时，对网络空间安全的重视程度也不断提升。从顶层设计来看，网络空间安全已上升至国家级战略。美国政府于2017年起相继公布《国家安全战略报告》《网络安全战略》和《提升关键基础设施网络安全的框架》（又称《网络安全框架1.1》）等相关指导文件，2019年，其又尤为强调以5G为首的通信安全建设。

（三）英国

英国致力于推进宽带领域的可持续发展，旨在通过一流的数字化基础设施、先进的技能培训和有效的监管成为一个现代化、智能化的全球性贸易大国。

1. 千兆光纤建设

英国政府认为，未来，高质量的宽带连接主要依赖于更广泛、更高速的光纤网络。2017年，英国政府发布《英国数字战略》，承诺通过4亿英镑基金推动光纤市场发展；2018年，推出《未来电信基础设施评估》，计划到2025年使1500万家庭接入光纤宽带网络，到2033年实现全覆盖。2019年7月，英国政府宣布将全覆盖目标的实现从2033年提速至2025年。2019年5月，英国政府启动"农村千兆连接计划"；7月，英国政府发布《电信、无线电和邮政战略重点声明》，明确将在全国范围内部署千兆宽带网，尤其强调偏远地区的宽带部署。

2. 5G网络

英国政府意识到5G网络在提高生产力和促进经济增长方面的巨大潜力，早在2017年就在《英国5G战略》中宣告将通过5G网络及全光纤计划确保英国成为下一代移动技术和数字通信的全球领导者。2019年6月18日，英国正式宣布5G商用，英国电信公司在伦敦、爱丁堡等六座城市率先提供5G服务，预计2020年将覆盖全国大部分城市。

（四）韩国

韩国成为网络强国离不开政府战略的重视和关键科技的发展，2019 年，韩国持续在千兆光纤和 5G 网络方面发力，推进宽带网络建设的进一步发展。

1. 千兆光纤建设

韩国于 2012 年 4 月开始实施 "Giga KOREA（千兆韩国）战略"，目标是至 2020 年实现 100% 的千兆宽带覆盖，目前，韩国全国实现了 90% 以上家庭的千兆覆盖，韩国 KT 公司正在部署万兆级别的宽带网络。

2. 5G 网络

2019 年，韩国宽带网络建设重点聚焦在 5G 网络领域。2019 年 4 月 3 日，韩国成为全球首个开启 5G 商用的国家，并提出《"5G+"战略》，计划到 2022 年创造一个 28 万亿韩元的 5G 市场，到 2026 年占据全球 5G 市场的 15% 份额，创造 60 万个优质就业岗位，实现 730 亿美元出口。得益于 5G 建设，在 2019 年 5 月美国 Ookla 公司的一次测速中，韩国网速达到世界第一，下载速率达到 76.74Mbit/s，远高于世界平均的下载速率 27.22 Mbit/s。尽管韩国率先开展 5G 服务，占据速度优势，但其服务质量优势仍有待考验。

■ 四、对中国宽带市场发展的启示

全球宽带业务市场呈现出 "国家战略部署前行、5G 网络和千兆网络覆盖拓展、农村区域市场纵深推进" 等特点。

2019 年，我国新型宽带基础网络设施建设取得阶段性进展，部分领域达到全球先进水平，为新一代通信技术在远程医疗等应用领域提供了有力支撑，并以此拉动了新一轮经济增长新动能。这主要表现在：光纤宽带用户渗透率稳居全球首位，截至 2019 年年底，100Mbit/s 及以上接入速率的固定互联网宽带占比超过 86%，多个城市实现 "千兆光网" 全城覆盖，国际通信网络出入口带宽扩容，我国国际出口带宽数量突破 10000Gbit/s；移动网络继续扩容升级，5G 商用步伐加快，三家电信运营商计划在 2020 年建设 60 万座 5G 基站。

未来，在 5G、物联网、大数据、人工智能和量子计算等新一代信息通信技术的驱动下，我国新型通信网络基础设施将继续向着大带宽、高速率、低资费、广覆盖和移动化的方向迈进，数字经济各个领域应用将遍地开花，与此同时，对网络与信息安全的关注也将日益提升。

（中国信息通信研究院　方　楠　马思宇）

云网融合技术的发展及趋势

随着万物互联时代的到来，数字化浪潮已成为趋势。大流量、广互联等业务的发展及技术的创新，对传统的网络架构带来全新的挑战：一方面云计算发展需要强大的网络能力作为支撑；另一方面，网络资源的优化需要借助云计算技术，这样可以保障网络的灵活性、智能性和可运维性。

电信运营商必须做好网络的云网融合，因此他们在2019年纷纷发力，推动云网融合进入规范化、标准化的发展阶段，以支撑自身创新业务的发展。

2019年9月，中国电信董事长柯瑞文在"天翼智能生态博览会"上表示，5G时代是云的时代，也是云和网相互融合的时代，5G加速云网融合，云网融合为5G赋予更多的内涵，两者共生共长、互补互促。

我们可以看出，5G时代，云网融合成为通信行业发展的重要趋势。2019年11月，在工业和信息化部主办的"2019年中国国际信息通信展览会"上，中国信息通信研究院标准所副所长张海懿表示，云网融合已经成为信息与通信技术（Information and Communications Technology，ICT）产业发展的创新机遇，5G全新的网络特性，正在改变4G时代网络与业务分离的状态，5G通过将网络能力向边缘下沉，赋予了基础设施更加灵活的管控能力。

■ 一、云网融合的概念

云网融合的概念可以分为两方面：一方面，云计算业务的发展需要强大的网络作为支撑；另一方面，网络结构的优化需要借鉴云计算的概念。云计算和传统网络互相支撑，随着业务的发展，云、网之间不断融合，为了保障企业上云的正常运行，企业对网络的需求不断增强，在此背景下，云网融合应运而生。

（一）云网融合成为趋势

通过多年探索，2019年业界对云网融合的发展，已经有很明确的定义，其中包括典型场景、市场需求、云网融合技术等方面。

1. 云网融合的典型场景

业内将云网融合场景划分为3种：混合云、公有云内部互通、跨服务商公有云互通。

2. 云网融合的市场需求

随着数字化进程的发展，企业上云已成为趋势，国家政策以及地方政策加速驱动，各行各业的业务入云带来大量新的网络需求。相关机构表示，到2019年年底，全球有超过85%的企业进行云上部署，40%的企业采用多云部署；到2020年年底，将有超过30%的企业使用专线连接到云。

另外，云市场的高速增长，与当前基础网络服务之间的矛盾日益加深。根据中国信通院发布的《云计算发展白皮书（2019）》，2018年我国云计算整体市场规模达962.8亿元，增速为39.2%。预计未来几年其复合增速在30%左右，到2022年，我国云计算整体市场规模将超过2900亿元。

另外，某分析公司指出，2019年云计算的市场渗透率首次突破10%，达11.3%，到2021年全球云计算的市场渗透率将达到15.3%。

此外，由于运营商网络流量的增长，网络架构变革成为行业的共识。据"十三五"规划，2020年，大中城市家庭用户宽带实现1Gbit/s以上的灵活选择，农村要求达到50Mbit/s以上。为此，网络架构要从以前的只以传输为主，朝着将所有资源放在一起进行统筹、融合的方向发展，云网融合成为网络技术创新的重要目标。

3. 云网融合技术

现有的云网融合技术一般采用两种解决方案：一种由第三方提供商通过部署硬件或者软件服务器

的方式对云网融合架构系统进行测试；另一种是通过采用云平台测试系统调用云管理平台的应用程序编程接口（Application Programming Interface，API）实现对云管理平台的原子性功能的操作。

（二）5G 加速云网融合

5G 网络的发展将加快云网融合的发展。目前，运营商对 5G 的期望是通过全面引入软件定义网络（Software Defined Network，SDN）和网络功能虚拟化（Network Function Virtualization，NFV）来重构数据传输网络架构，并借助边缘计算。

5G 促进云网融合主要表现在两个方面：一方面，5G 网络本身就是云源生的数据传输网络，网络虚拟化可以帮助运营商节约网络成本，并帮助运营商更便捷地部署网络，将边缘计算下沉到用户侧是降低网络延时的主要手段；另一方面，只有虚拟化和网络深度融合，才能让运营商有能力拓展出更多的业务。

（三）云网融合成为行业共识

中国信息通信研究院的专家提出，云网融合是网络技术创新的重要目标。目前，我们需要重新思考 IT 基础设施或计算基础设施和网络传输基础设施之间的融合、适配与协作。

二、三大运营商云网融合的发展

（一）中国移动

中国移动云能力中心在"2019 中国移动全球合作伙伴大会"上，推出了全新的云产品——移动云。作为中国移动对外云服务的唯一品牌，其面向公有云、私有云、混合云等各类云服务领域，致力打造"5G 时代，你身边的云"。

中国移动国际发布中国首张覆盖全球的云网络，为企业客户提供云网一站式解决方案和自助式部署能力，实现可视、可订、可控的云网服务。

2019 年中国移动财报显示，中国移动加大云改力度，优化云资源布局，丰富云网络、云专线、云数据库等产品，着力打造全网一朵移动云，2019 年全年移动云收入同比增长 59.3%。

对于中国移动的云网融合的未来规划，中国移动苏州研发中心副总经理吴世俊表示，移动云的目标是在 3 年内进入国内云服务商第一阵营，未来 3 年内云投资总规模在千亿元以上。

（二）中国电信

2019 年，中国电信提及最多的是云网融合。中国电信更是通过改变组织结构来迎合云网融合时代。

2019 年，中国电信进行了一系列组织架构的调整，撤销网络运行维护事业部、企业信息化事业部，设立云网运营部（数据中心），将网络发展部更名为云网发展部。

此外，中国电信一方面对现有的固网产品进行了优化和升级，推出了"云网通"系列产品和商企分享计划；另一方面，还在此基础上针对存量用户开展叠云提速融合营销。在《互联网周刊》官网发布的 2019 年混合云 TOP50 排行榜中，中国电信天翼云在混合云排行榜中位列第一。

2019 年 9 月，中国电信天翼云举办了"5G+ 天翼云 +AI"三生万物战略发布会，并推出了三大赋能平台：智能边缘云平台、AI（Artificial Intelligence，人工智能）开放平台以及企业应用开发平台，实现天翼云的边缘化、智能化和生态化，为 5G 时代的应用落地提供支持。多个企业与天翼云就新战略签署合作协议。

在 2020 年年初，中国电信天翼云更是推出六大云网融合举措。天翼云企业云盘：多端同步信息共享；天翼云电脑：随时随地都能办公；天翼云会议：随需沟通"云上见"；天翼云课堂：停课不停学，云上学习有保障；天翼云 CDN（Content Delivery Network，内容分发网络）加速：协作办公更容易；天翼云资源保障服务：20 万核云资源免费用。

2019 年中国电信财报显示，中国电信天翼云在公有云 IaaS（Infrastructure as a Service，基础设施即服务）市场份额中排名全球第七，在中国混合云市场位居榜首，IDC（Internet Data Center，互联网数据中心）业务国内综合排名第一。云业务收入达 71 亿元人民币，同比增长 57.9%，已跃升为 DICT 领域的第一增长动力。

在未来规划方面，2019 年 12 月 27 日，在中国电信 2020 年度工作会上，中国电信明确指出：推进云网融合，夯实发展基础；打造简洁、敏捷、集约、开放、安全的泛在智联网，搭建云网融合的数字化平台，为云网一体化 DICT 解决方案奠定基础；通过打造一体化云网产品和应用，实现云网对接向云调网、网融云演进，推出针对不同客户的云应用模式。

（三）中国联通

在 2019 年世界移动通信大会召开期间，中国联通正式揭牌"5G+ 边缘云业务运营中心"，以期通过边缘云"1 个业务运营中心、10 个孵化基地、100 个行业应用、1000 个边缘节点"赋能 5G 千行百业。

在云网融合解决方案落地方面，中国联通已形成"云 + 网络 +X"产品布局，"100+"产品形成闭环生态。

2019 年中国联通财报显示，中国联通以"云 + 智能网络 + 智能应用"融合经营拉动创新业务和基础业务的相互促进发展，强化运营集约及"云网边端业"高度协同。其通过与阿里巴巴、腾讯、百度等企业持续开展公有云、云联网等合作，云网协同拉动业务发展能力不断增强，云计算收入达 23.6 亿元，同比增长 147%。

在未来规划方面，中国联通计划使用"云联网产品"，全面赋能中国联通云市场。中国联通云联网已广泛接入阿里巴巴、腾讯、百度、华为、亚马逊等企业的云资源池，以及遍布全国的 200 个中国联通内外部数据中心。

三、云网融合行业的发展

（一）混合云市场的发展

多家市场研究机构的调查都表明，混合云是企业最希望采用的上云方式。某分析公司表示，2020 年，90% 的企业与组织会利用混合云管理基础设施。

RightScale 2019 年云状态报告显示，使用混合云的企业比例继续提高，由 2018 年的 51% 增长到 2019 年的 58%。另外，中国信息通信研究院的调查统计，2018 年我国企业应用云计算的比例接近 6 成，其中采用混合云的比例为 14%，相比 2017 年小幅度上升。

具体来看，2019 年青云 QingCloud 发布超级混合云战略，公有云、私有云和托管云采用一致的底层架构优势；UCloud 更是在伦敦、洛杉矶、东京等地推出了混合云解决方案，满足出海企业越来越突显的海外混合云需求，实现全球化发展。

在《互联网周刊》与 eNet 研究院评选的国内混合云厂商排名中，天翼云、华为云、移动云、阿里云、腾讯云排名前五。

（二）云企业云网融合的发展

阿里云、百度云、腾讯云、华为云等云企业都在积极进行云网融合探索。比如，华为云发布了 All-Connect 云网络解决方案，涵盖了混合云网络、云上组网、接入网络等三大场景，提供了二层连接网关、内网 NAT 网关、企业网络枢纽、企业级 QoS、IPv6 等云服务。

中兴通讯推出云网深度融合的目标架构，实现全场景业务覆盖，以用户体验为中心，使万物和云有机连接，助力运营商把握数字化转型机遇。

四、5G 促进云网融合的发展

2019 年是 5G 元年，随着 5G 网络快速的发展，电信运营商在基于 SDN/NFV 的网络重构过程中，进一步实现从连接到超越连接的转型，以网带云，以云促网，将成为 5G 时代运营商提升网络价值的重要手段。

展望 2020 年，中国 5G 走向规模建设，5G 网络低时延、高带宽、高并发促使边缘计算发展，边缘计算反过来对云网融合的需求不断增大，未来云市场将与网络市场不断整合，相关体验效果指标体系将逐渐建立。

此外，运营商云网一体化生态将逐步清晰，基于 5G 边缘的 AR/VR 全景直播、云游戏、无人机、人工智能、车联网、工业互联网等领域将有更多的应用诞生。这些丰富的应用，也将成为电信运营商业务转型的关键。

（黄海峰）

我国电信业务的开放现状及发展情况分析

一、我国电信业务开放的历史进程

我国于 1993 年 9 月 11 日发布《从事放开经营电信业务审批管理暂行办法》；1995 年 11 月 10 日发布《放开经营的电信业务市场管理暂行规定》。2001 年 12 月 11 日我国正式成为 WTO 成员；2002 年 12 月 20 日，国务院颁布《外商投资电信企业管理规定》。2003 年，中国内地与香港、澳门分别签署《内地与香港关于建立更紧密经贸关系的安排》《内地与澳门关于建立更紧密经贸关系的安排》，以上两份文件为 CEPA（Closer Economic Partnership Arrangement，《关于建立更紧密经贸关系的安排》），先后开放增值电信业务，截至 2016 年 6 月，CEPA 面向港、澳服务提供者已全面开放 10 项增值电信业务。我国电信业务开放的历史进程具体如图 1 所示。

自 2013 年起，我国已先后分 5 批开放了上海市、福建省、天津市、广东省、海南省等 18 个自由贸易区，其中，上海最早出台了电信业务开放政策，2018 年随着海南自贸区的开放，海南省也出台了与电信业务开放相关的政策。我国自贸区开放的历史进程如图 2 所示。

二、外商投资电信业务的现状分析

截至 2019 年年底，我国获得批准的外商投资的电信企业共 191 家。其中，工业和信息化部颁发许可证的企业有 145 家，上海市通信管理局批复的企业有 46 家（上海自贸区内的企业）。随着 2014 年上海自贸区电信业务开放政策的出台，上海自贸区的外商投资企业的数量也在逐年增长。

191 家外商投资的电信企业中，工业和信息化部许可的 145 家企业合计拥有 222 个业务许可；上海市通信管理局批复的 46 家自贸区内的企业合计拥有

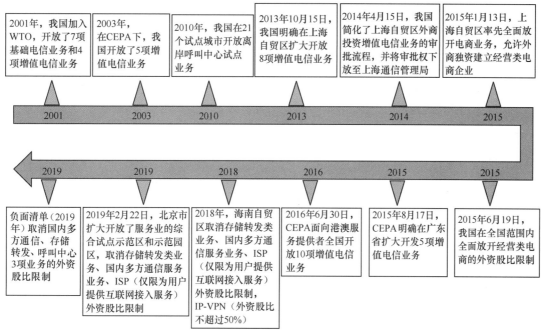

图 1　我国电信业务开放的历史进程

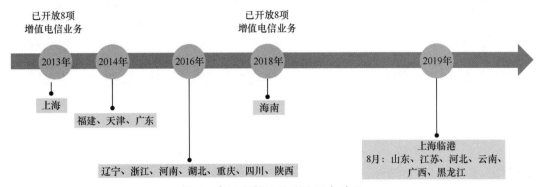

图 2　我国自贸区开放的历史进程

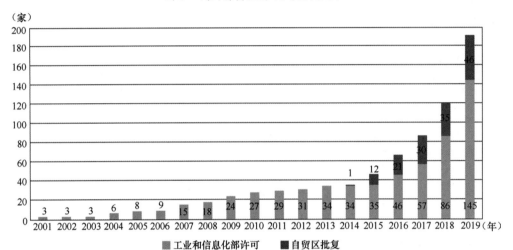

数据来源：中国信息通信研究院。

图 3　外商投资电信企业总体情况

表 1　外商投资电信业务按照业务分类情况分析　（截至 2019 年 12 月）

业务种类	工业和信息化部许可	自贸区批复	合计
在线数据处理与交易处理业务	78	33	111
信息服务业务（仅限互联网信息服务）	74	10	84
信息服务业务（不含互联网信息服务）	11	1	12
国内呼叫中心业务	21	7	28
互联网接入服务业务	13	1	14
互联网数据中心业务	12	0	12
国内互联网虚拟专用网业务	9	1	10
国内多方通信服务业务	3	1	4
通过转售方式提供的蜂窝移动通信业务	1	0	1
业务许可合计	222	54	276
经营者合计	115	16	191

数据来源：中国信息通信研究院。

54 个业务许可，如图 3 所示。从许可数量上看，在线数据处理与交易处理业务、信息服务业务、国内呼叫中心业务位居前三，这三项业务许可的数量占全部业务许可颁发数量的 85%，具体见表 1。

外商投资的电信企业各项业务历年发展趋势如

图 4 所示。我们可以看出，在线数据处理与交易处理业务、信息服务业务（仅限互联网信息服务）、国内呼叫中心这三项业务近三年增长最为迅猛。

从地域分类来看，外商投资的电信企业注册地分布如图 5 所示，共涉及 16 个省（自治区、直辖

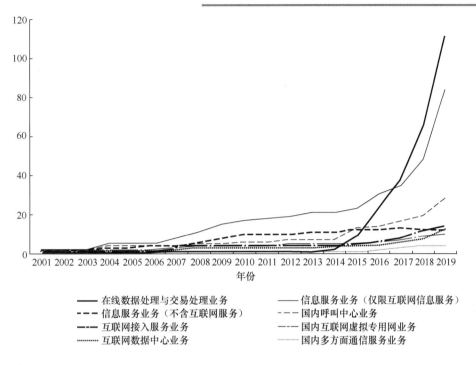

图例：
- —— 在线数据处理与交易处理业务
- —— 信息服务业务（仅限互联网信息服务）
- - - 信息服务业务（不含互联网服务）
- - - 国内呼叫中心业务
- -·- 互联网接入服务业务
- -·- 国内互联网虚拟专用网业务
- ······ 互联网数据中心业务
- ······ 国内多方面通信服务业务

数据来源：中国信息通信研究院。

图 4　2001—2019 年各项增值电信业务的发展趋势

市），其中，上海自贸区的注册企业数量最多，北京市、上海市、广州市三地注册的企业数量遥遥领先，占比达 72%，区域发展不平衡现象仍然突出。

按照外资占比的分类情况来看，191 家外商投资的电信企业中，外商独资企业有 54 家，占比为 28%；外资比例在 50%～100% 的企业有 12 家，约占 6%；外资比例为 50% 的企业有 26 家，约占 14%；较多企业外资持股比例在 10%～50%，有 83 家，约占 43%；外资比例在 0～10%（含 10%）的有 16 家，占比为 8%，具体如图 6 所示。

▌ 三、我国电信业务的开放政策

当前，我国经济已由高速增长阶段转向高质量发展阶段，国际环境正在发生深刻变化。面对新形势、新任务、新要求，党中央、国务院高度重视扩大对外开放工作，以开放促改革、促发展、促创新，推进经济全球化发展。习近平总书记在博鳌亚洲论坛、"一带一路"国际高峰论坛、世界互联网大会等重要国际场合多次强调各国要协同推动互联网领域的开放合作，中国对外开放的大门不会关闭，只会越开越大。中国未来经济要实现高质量发展必须在

更加开放的条件下进行，中国将加大对外开放，大幅放宽市场准入规则。

从电信领域对外开放的政策来看，我国于 2001 年加入 WTO，随着《外商投资电信企业管理规定》《内地与香港 / 澳门关于建立更紧密经贸关系的安排》（CEPA）《中国（上海）自由贸易试验区外商投资增值电信业务试点管理办法》《中国（海南）自由贸易试验区总体方案》等政策的相继出台，外商投资的电信业务逐步放开。

从开放的业务类型及开放力度来看，我国外商投资经营的电信业务主要集中在增值电信业务领域。自对外开放以来，增值电信业务的开放种类呈扩大之势，外资股权比例呈放宽态势。2015 版《电信业务分类目录》共设置了 10 项增值电信业务，外商投资的企业可分类适用 WTO 政策、CEPA、自贸区等政策申请经营电信业务。此外，对于目前尚未开放的 IDC、云服务及 CDN 业务，除了 CEPA 途径外，外资企业可通过技术合作的方式与国内企业合作，从而使业务落地。以下将分别针对上述政策进行阐述。

（一）WTO 开放政策

近年来，我国不断加快开放步伐，负面清单逐年缩短。2019 年全国外商投资的负面清单已从 48 条

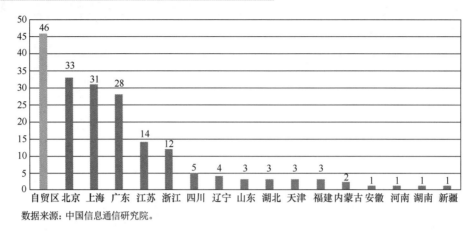

数据来源：中国信息通信研究院。

图 5　按照注册地分类情况分析（截至 2019 年 12 月）

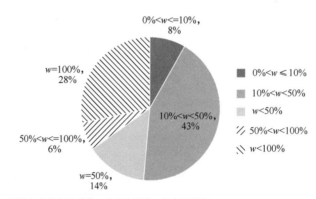

注：因此部分数据取整数，故存在误差，相加不等于 100%。

数据来源：中国信息通信研究院。

图 6　按外资占比分类情况分析（w 是指外资占比）（截至 2019 年 12 月）

缩短至 40 条，与 2018 年相比，2019 年的开放力度进一步加大，如图 7 所示。在电子商务已经开放的基础上，我国进一步在全国范围内放开国内多方通信、存储转发类及呼叫中心业务这三类业务的外资股比限制。

	2018 年全国版	2019 年全国版
电信	电信公司：限于中国入世承诺开放的电信业务，增值电信业务的外资股比不超过 50%（电子商务除外），基础电信业务须由中方控股	电信公司：限于中国入世承诺开放的电信业务，增值电信业务的外资股比不超过 50%（电子商务、国内多方通信、存储转发类、呼叫中心除外），基础电信业务须由中方控股

图 7　外商投资电信业务负面清单全国版

截至 2019 年年底，10 项增值电信业务中，B1 类即基于基础资源类的业务均未开放，B2 类业务均已开放，如图 8 所示。

（二）自贸区开放政策

2013 年，我国在上海市率先设立了第一个自贸区，随后近几年自贸区的数量由 1 个扩展为 2019 年的 18 个。与此同时，为扩大对外开放，自贸区负面清单的数目亦逐年下降，已从 2013 年的 190 项缩短至 2019 年的 37 项，降幅超过 80%。从电信业务来看，我国在电子商务已经开放的基础上，进一步在全国范围内放开国内多方通信、存储转发类及呼叫中心业务这三类业务的外资股比限制，如图 9 所示。

截至 2019 年年底，我国已先后分 5 批共开放 18 个自贸区，覆盖沿海所有省份及其他部分地区。18 个自贸区中，上海和海南自贸区出台了与电信业务开放相关的政策，两个自贸区均已开放了 8 项增值电信业务，部分业务的开放比例已达 100%（图斜体的为该区域股比突破 WTO 开放的业务）。

全国首个自贸区在上海成立，同时上海也是第一个实行扩大增值电信业务开放的自贸区，开辟了自贸区电信业务开放的先河，已开放了包括 IP-VPN、应用商店等在内的 7 项增值电信业务。此外，

业务种类		B11.互联网数据中心业务IDC	B12.内容分发网络业务CDN	B13.国内互联网虚拟专用网业务	B14.互联网接入服务业务ISP	B21.在线数据处理与交易处理业务	B22.国内多方通信服务业务	B23.存储转发类业务	B24.呼叫中心业务	B25.信息服务业务	B26-1.编码和规程转换
WTO（境外投资者）	是否开放	×	×	×	×	√	√	√	√	√	√
	股权比例	——	——	——	——	经营类电子商务≤100%	其余≤50%	≤100%	≤100%	≤50%	≤50%

图 8　WTO 增值电信业务外资开放情况（截至 2019 年 12 月）

	2018 年自贸区版	2019 年自贸区版
电信	电信公司：限于中国入世承诺开放的电信业务，增值电信业务的外资股比不超过50%（电子商务除外），基础电信业务须由中方控股（且经营者须为依法设立的专门从事基础电信业务的公司）。上海自贸试验区原有区域〔28.8 平方千米〕试点政策被推广至所有自贸试验区执行	电信公司：限于中国入世承诺开放的电信业务，增值电信业务的外资股比不超过50%（电子商务、国内多方通信、存储转发类、呼叫中心除外），基础电信业务须由中方控股（且经营者须为依法设立的专门从事基础电信业务的公司）。上海自贸试验区原有区域〔28.8 平方千米〕试点政策被推广至所有自贸试验区执行

图 9　外商投资电信业务负面清单自贸区版

在简政放权方面，工业和信息化部简化了自贸区内业务的审批程序，大大缩短了审批时限，并将审批权下放到上海市通信管理局。

同时，上海市对自贸区开放业务的服务范围、企业注册地、服务设施地域限制等提出了具体要求：在服务范围方面，除ISP（为上网用户提供互联网接入服务）的服务范围限定在试验区内之外，其他业务的服务范围可以面向全国；在企业注册地方面，要求企业注册地设在自贸区内；在企业服务设施地域限制方面，要求企业服务设施须设在自贸区内，但IP-VPN、呼叫中心等以下情况有所放宽；一是允许国内IP-VPN业务边缘的路由器设置的地域范围由试验区放宽至上海市；二是允许将呼叫中心业务坐席设置的地域范围由试验区放宽至上海市；此外，允许网站加速服务器节点在全国范围内设置，但仅限于为自身网站提供加速，不得违规开展内容分发业务。

上海自贸区成立以来，短短几年时间，已有46家企业入驻，是全国外商投资电信企业入驻量最高的地区，占比高达全国的1/4。自贸区增值电信业务外资开放情况如图10所示。

2018年海南自贸区成立，海南省也出台了非常类似的开放政策，除了应用商店暂未开放以外，其余的开放业务及股比要求与上海市一致。

（三）CEPA 开放政策

与自贸区政策相比，目前CEPA政策的开放力度最大，所有增值电信业务均已对外资开放。CEPA不仅开放了自贸区内的所有业务，且在此基础上，开放了IDC（含云服务）、CDN这两类业务，具体如图11所示。

合资公司方面，以中国香港为例，中国澳门亦

业务种类		B11.互联网数据中心业务IDC	B12.内容分发网络业务CDN	B13.国内互联网虚拟专用网业务	B14.互联网接入服务业务ISP	B21.在线数据处理与交易处理业务	B22.国内多方通信服务业务	B23.存储转发类业务	B24.呼叫中心业务	B25.信息服务业务	B26-1.编码和规程转换
上海自贸区	是否开放	×	×	√	√	√	√	√	√	√	√
	股权比例	——	——	*≤50%*	*为上网用户提供ISP≤100%；其余≤50%*	*经营类电子商务≤100%；其余≤50%*	*≤100%*	*≤100%*	*≤100%*	*应用商店≤100%；其余≤50%*	*≤50%*
海南自贸区	是否开放	×	×	√	√	√	√	√	√	√	√
	股权比例	——	——	*≤50%*	*为上网用户提供ISP≤100%；其余≤50%*	*经营类电子商务≤100%；其余≤50%*	*≤100%*	*≤100%*	*≤100%*	*应用商店≤100%；其余≤50%*	*≤50%*

注：上图斜体的为在 WTO 基础上开放的业务

图 10　自贸区增值电信业务外资开放情况（截至 2019 年 12 月）

业务种类		B11.互联网数据中心业务（IDC）	B12.内容分发网络业务（CDN）	B13.国内互联网虚拟专用网业务	B14.互联网接入服务业务（ISP）		B21.在线数据处理与交易处理业务		B22.国内多方通信服务业务	B23.存储转发类业务	B24.呼叫中心业务	B25.信息服务业务		B26-1.编码和规程转换
CEPA（香港、澳门）	是否开放	√	√	√	√		√		√	√	√	√		√
	股权比例	≤50%	≤50%	≤50%	为上网用户提供 ISP≤100%	其余 ≤50%	经营类电子商务 ≤100%	其余 ≤50%	≤100%	≤100%	≤100%	应用商店 ≤100%	其余 ≤50%	≤50%

注：图中斜体的为在 WTO 基础上开放的业务。

图 11　CEPA 增值电信业务外资开放情况 （截至 2019 年 12 月）

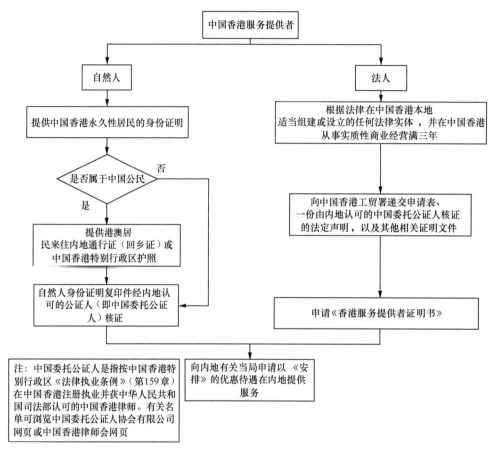

图 12　CEPA 服务提供者申请流程

同，需满足以下几个方面的要求。一是中国香港服务提供者的注册地必须在中国香港，二是至少具有3 年电信行业的运营经验，三是中国香港服务提供者应提供中国香港工贸署颁发的《内地与香港关于建立更紧密经贸关系的安排》（香港服务提供者证明书），如图 12 所示，四是香港服务提供者取得 CEPA中的待遇后，可与内地企业设立合资企业，五是中国香港服务提供者在合资经营增值电信服务业务的企业中拥有的股权不得超过 50%。根据法律法规的

审核权限，内地审核机关在审核中国香港提供的服务申请时，还要对中国香港服务提供者的资格进行核证。合资公司通过审核并取得相关经营许可证后，可在境内开展相关增值电信业务。

四、外商投资电信业务需满足的其他监管要求

除上述监管要求外，外商投资的电信业务还需

满足多方面的监管要求。由于篇幅限制，以下以技术合作、资源资质、域名/注册商标、场地和服务器等设施、数据存储本地化及跨境流动、个人信息保护要求、管理责任要求7个方面重点阐述。

（1）技术合作

在技术合作方面，有以下几点需特别注意。一是在经营主体方面，由内资持证企业作为经营主体，可与用户签订合同对客户提供服务，外资企业作为技术提供方，不能与用户直接签订合同。二是在商标和品牌使用方面，需使用内资企业的商标和品牌，或者使用内外资双品牌，而不能只使用外资企业的商标和品牌。三是外资企业与国内持证企业开展技术合作，应向电信管理机构书面报告相关合作事项。

（2）资质和资源的要求

持证企业不得以技术合作等名义向非法经营电信业务的无证企业提供资质或资源等的违规行为。IDC、ISP、CDN企业不得私自建设通信传输设施，不得使用无相应电信业务经营许可资质的单位或个人提供的网络基础设施和IP地址、带宽等网络接入资源。IDC、ISP企业不得将其获取的IP地址、带宽等网络接入资源转租给其他企业，使其用于经营IDC、ISP等业务。

（3）域名、注册商标的要求

增值电信业务经营者应当具有为用户提供长期服务的能力或信誉，鉴于互联网域名是开展相关增值电信业务经营活动的重要资源，注册商标是开展增值电信业务经营活动的重要无形资产，二者均是增值电信业务经营者为用户提供长期服务的能力或信誉的重要表现，因此增值电信业务经营者所使用的互联网域名、注册商标均应为其（含公司股东）依法持有。

（4）场地和服务器等设施的要求

申请经营增值电信业务的企业应当有必要的场地和设施。该规定所指的场地和设施应当在经营许可证业务覆盖范围内设置，并与经营者所获准经营的增值电信业务相适应。

（5）数据存储本地化及跨境流动要求

依据《中华人民共和国网络安全法》的相关规定，关键信息基础设施的运营者在中华人民共和国境内运营收集和产生的公民个人信息和重要业务数据应当在境内存储；因业务需要，确需向境外提供的，应当按照国家相关规定审核通过后方可提供。

（6）个人信息保护要求

未经用户同意，企业不得收集、使用用户的个人信息；若收集、使用用户个人信息的，应当明确告知用户收集、使用信息的目的、方式和范围，查询、更正信息的渠道以及拒绝提供信息的后果等事项。对在提供服务过程中收集、使用的用户个人信息应当严格保密，不得泄露、篡改或者毁损，不得出售或者非法向他人提供。

（7）管理责任要求

企业对所接入的网站依法履行备案手续，对所接入的第三方应用开发者进行实名登记和核验；应监督所接入用户按照双方协议约定的用途使用网络设施和资源开展业务，并按照相关规定及时更新资源的使用变化情况；应加强对接入用户发布信息的管理；不得为不符合相关管理规定的接入用户提供服务，做好安全审查配合工作。

（中国信息通信研究院　刘芊岑　魏　卉）

联通云数据中心赋能 "新基建" 发展分析

在"新基建"中，大型数据中心作为数据计算、传输、交换、存储、挖掘和智能应用的数字化物理基座，是支撑大数据、云计算、互联网、人工智能等新一代信息技术产业发展的核心基础设施。新冠肺炎疫情期间，大数据应用、人工智能、物联网、在线教育以及线上服务需求呈井喷式增长，可以预见，企业在线服务市场将迅速扩张，用户量和行业需求势必骤然增加。在此背景下，新一代数据中心必然推动互联网+、工业互联网、万物上云、智能应用等新业态的发展，从而加快经济社会数字化、智能化转型速度。

联通云数据有限公司（以下简称云公司）肩负着中国联通打造云时代转型基座的重大使命。目前，云公司在全国范围内已经布局建设了若干高性能的大型云数据中心。在云网融合的技术优势下，数据中心之间采用 DCI 光纤直连和云联网、多线 BGP（Border Gateway Protocol，边界网关协议）连接。数据中心的电力保障、空调、监控、消防、网络安全等系统均按照 T3+ 和 T4 标准设计，由专业技术团队 7×24 小时全天候运维。

一、立足创新，持续提升竞争力

从业务创新的角度来看，云公司一方面加快科技创新领域的成果转化和输出；另一方面，围绕用户需求变化拓展服务内容，针对不同行业的客户进行个性化的定制，凭借服务能力提升企业品牌效益。此外，云公司还利用智能化创新手段，依托云警平台实现了直属数据中心和云资源池的集中监控和网络资源管理，一点发现问题，全网联动，从而确保运维工作高效有序进行，同时还可为客户提供定制化的运维服务管理。

在创新增值产品服务方面，云公司提供"安全、ITO（IT 基础设施和管理的外包服务）、灾备、多线、云网组合"全国级五大类增值产品差异化服务：安全类产品有 DDoS 流量清洗、防火墙服务、漏洞扫描服务等；ITO 服务产品包含设备操作、现场支持、设备代维、系统运维及其他定制化服务等；依托贵安、呼和浩特南北备份数据中心云网资源和技术优势，打造 DC 容灾备份产品，可提供容灾服务咨询、容灾解决方案、容灾软硬件一体化服务、容灾应急演练和响应四大容灾服务；以 BGP 方式与多家运营商实现"一跳"连接，一点接入，多网服务，面向金融、互联网等有多线接入需求的客户，提供多线互联网接入产品；同时为提升云网协同能力，推出智能网络新产品（云联网、云专线），进一步全面提升产品创新竞争力。

二、新形势下的战略规划与思考

在新形势下，5G、数据中心及云计算基础设施、工业互联网、人工智能等新型基础设施的建设规模和力度不断加大，政府、企业以及公众社会生活的互联网化需求迅速增长，为云公司的业务发展及数据中心的基础设施建设带来极大机遇，与此同时，随之而来的挑战也异常艰巨。首先，北上广等热点地区的能耗指标限制了这些地区大型数据中心的建设；其次，各数据中心普遍出现供电、供水不足以及建设用地迁改不到位的情况；最后，由于数据中心是重资产投资项目，因此投资仍存在较大缺口。

在"新基建"的号召下，云公司依托中国联通的资源禀赋和技术优势，紧抓"新基建"机遇，扩大集团级数据中心的资源布局和建设，支撑全网云业务和 IDC（Internet Data Center，互联网数据中心）业务大发展，具体规划包括五大方面：在业务布局规划方面，在 5G 时代和云网一体深入融合的产业背景下，云公司坚持以市场需求为导向，按照聚焦京津冀、长三角、珠三角、川陕渝、鲁豫五大重点区域打造"5+2+31+X"体系，布局全国数据中心建设；在品牌规划方面，塑造建立中国联通"智·云"数据中心品牌，以全新的品牌形象和差异化的产品服务，不断增加品牌认知度和美誉度；在客户规划方面，聚焦金融、政府、互联网、云服务商、企业客户五大客户群体，通过细分客户、精准布局、精准营销，实现价值经营；在产品规划方面，依托技术资源禀赋，不断进行产品创新，实现差异化、专业化、集约化运营；在运营规划方面，以提升运营、运维、服务三大能力为核心，实现精细化运营管理。

三、三大探索推动实现可持续发展

在新形势下，云公司根据行业特性，全方位、多举措助力企业实现可持续发展，具体来看，包括以下举措。

第一，分级建设，降本增效。由于数据中心的重资产、长周期特性，如果按照统一的标准规划、建设，可能难以满足未来的客户需求，且各行业客户对 IDC 的建设标准存在差异，可能致使后期产生大量的改造成本，因此未来的 IDC 规划建设需要面向不同类型的客户，制订差异化的建设标准，降低机架造价成本以及后期运营 PUE，提高单机柜价值。

第二，缩短建设周期，快速扩容，轻资产运营。新一代数据中心建设节奏需要随着建设流程及建设工艺的创新发生较大的改变，从而缩短建设周期、资产空置期，到达满负荷运营周期，提高资本使用效率。现有的投资建设模式匹配客户的资源需求存在不足，未来会引入多样化的融资模式，由重资产运营模式向轻资产运营模式转型。

第三，引入 BIM（Building Information Modeling，建筑信息模型）技术，全生命周期可视化。BIM 技

术在数据中心机电暖通专业得到普遍应用。工厂预制、现场拼接的工程实施模式及模块化建设理念成为行业技术热点，土建与机房装修和设备安装的解耦，使得数据中心空间规划更趋美观、合理、紧凑，也更加便利于推行标准化操作和 AI 运维，数据中心运行维护的安全性、可靠性得到了更高的技术保障。

四、期待政策扶持，助力产业驶入发展"快车道"

如何持续推进我国的信息化、数字化产业发展进程？从数据中心的层面来看，云公司期待国家能适时出台数据中心产业相关扶持政策，通过加强用地、用能、资金等配套政策的实施，促进数据中心产业快速发展。

目前，数据中心仍存在耗电量大，北上广等热点区域电力引接难、电价高的情况。针对这一问题，云公司建议，政府应加强统筹协调，促进电力直供、三联供等企业和数据中心运营企业结对子，实现产业协同、互惠互利。这样既能解决引电及电价问题，又能有效地降低能耗环评指标。此外，如果能协调电网运营企业为数据中心类优质客户直接引接电网到园区红线或配套建设 110kV 变电站，并通过供电平台交易，那么将进一步降低企业能耗成本。

众所周知，数据中心建设属于高耗能项目，能源技术评价、环境影响评价等工作进展阻力较大。随着国家政策对数据中心规模和能耗的限制要求更加严格，IDC 企业及产业链相关企业在降低能耗方面的研发投资成本将进一步增加。针对这一现状，云公司呼吁国家在环保减排方面出台更多的支持政策，建议适当增加能源消费量大于 5000 吨标准煤的数据中心年度批复数量，由此推进新时代"新基建"政策下的数据中心的快速规划建设。

（联通云数据中心）

从国外云计算发展看中国云计算的未来

本文的研究思路是从国外公有云的发展历程预判中国公有云的发展。我们认为国外云计算技术领先中国 3～5 年，海外云计算市场目前已经进入成熟时期，对中国云计算的发展非常有借鉴意义，国外云计算公司所走过的路程也将给中国云计算的发展路径提供良好的参考。本文复盘了海外公有云十年的发展历程，认为云计算企业的核心要素是：生态、资本、技术；在中国，未来公有云市场的集中化趋势将更加显著，强者恒强；同时，云边协同将成为趋势，而混合云将成为云计算的主流模式。

■ 一、云计算是大势所趋

云计算在全社会的普及将从根本上颠覆传统 IT 的产业链，从硬件到软件，云计算的兴起导致一个产业链的式微和另一个产业链的兴起。云计算的核

心思想是统一管理和调度大量用网络连接的计算资源，使之构成一个计算资源池并对用户提供按需服务。云计算是时代发展的必然趋势，而并非一场过眼烟"云"。云计算已经成为 IT 业的主旋律：全球来看无论是亚马逊、Google，还是 IBM、微软几乎都一致将"云"认定为未来的发展重心。在中国，云计算的热度也很高，虽然中国的起步比国外晚，但是国内云计算已经形成一定规模。

（一）国内公有云市场占全球规模的 4.6%

中国信息通信研究院发布的《云计算发展白皮书（2019 年）》指出，2018 年，以 IaaS、PaaS 和 SaaS 为代表的全球公有云市场规模达到 1363 亿美元，增速为 23.01%。未来几年市场平均增长率在 20% 左右，预计到 2022 年市场规模将超过 2700 亿美元。2018 年我国云计算整体市场规模达到 962.8 亿元，增速为 39.2%。其中，公有云市场规模达到 437

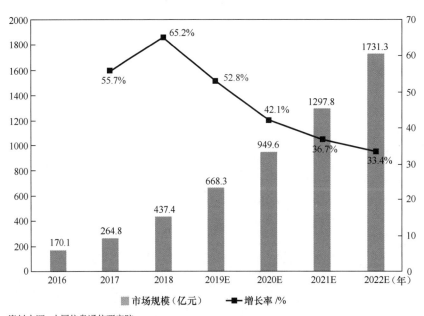

资料来源：中国信息通信研究院。

图 1　我国公有云市场规模及增速

亿元（约62.6亿美元），相比2017年增长了65.2%，2019—2022年仍将处于快速增长阶段，到2022年市场规模将达到1731亿元。未来在5G商用以及AI等技术发展的推动下，我国公有云市场规模将继续保持高速增长趋势，如图1所示。

IaaS依然占据公有云市场的主要份额。2018年，IaaS市场规模达到270亿元，比2017年增长了81.8%；PaaS市场规模为22亿元，与2018年相比上升了87.9%。未来几年企业对大数据、游戏和微服务等PaaS产品的需求量将持续增长，PaaS市场规模仍将保持较高的增速；SaaS市场规模达到145亿元，比2017年增长了38.9%，增速较稳定。

中国信息通信研究院的调查统计，阿里云、天翼云、腾讯云占据公有云IaaS市场份额前三，光环新网、UCloud、金山云（排名不分先后）处于第二集团；阿里云、腾讯云、百度云位于公有云PaaS市场前三；用友、金蝶、畅捷通位居公有云综合SaaS能力的第一梯队；中国电信、浪潮、华为、曙光则处于政务云市场占有率的前列。

（二）海外云计算发展情况

从公有云的发展过程来看，龙头企业的先发优势非常显著。从产业发展历史规律来看龙头企业非常具有产业的代表性，我们希望对比中美两国公有云的龙头企业的差距来判断中、美之间的差距。

从目前市场规模来看，中国领先的公有云企业是阿里云，美国领先的公有云企业是亚马逊；对比两家公司的数据和历史来看，我们认为美国公有云大约领先中国公有云发展的3～5年的水平。

国内云计算企业—阿里云具备典型的先发优势，在国内市场占据约一半的份额。从云计算的创立时间来看，阿里云成立于2009年，成立时间比AWS晚三年时间；从收入来看，阿里云2018年的收入为31.71亿美元，AWS从2013年开始披露AWS的云计算收入，2013年AWS的云计算收入为31.08亿美元，阿里云2018年的收入约等于亚马逊AWS 2013年的收入，故阿里云落后AWS约5年，所以从成立时间和收入规模两个维度我们认为美国公有云大约领先中国3～5年。阿里云和亚马逊AWS的对比见表1。

中国公有云细分市场规模如图2所示。

表1 阿里云和亚马逊AWS对比

云计算对比	阿里云	亚马逊AWS
创立时间	2009	2006
2018年收入规模（亿美元）	31	256
		（2013年：31）
市占率	国内43%	全球48%

资料来源：IDC圈，各公司年报。

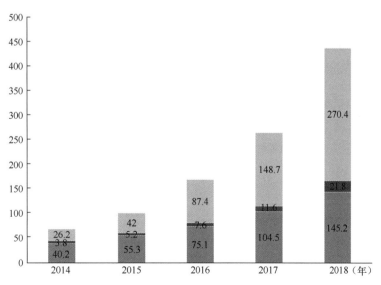

资料来源：中国信息通信研究院。

图2 中国公有云细分市场规模

二、海外云计算的发展历程

从美国 2005 年云计算概念的兴起，亚马逊在 2006 年正式推出 AWS 云计算服务，运营商、部分硬件供应商和软件供应商、第三方 IDC 公司等基本退出云计算市场，云计算市场步入快速成长期，由亚马逊、微软、谷歌占据行业领先地位的格局基本确立。

（一）海外公有云行业竞争格局的变化

第一个时代，发展初期，各种公司开展公有云业务，运营商在行业发展处于领先地位。2011 年以前的 Gartner 魔力象限中，存在较多云计算公司，市场竞争激烈，市场竞争者主要由运营商、亚马逊、硬件供应商、IT 服务商和第三方 IDC 公司构成，软件供应商尚未出现在魔力象限中，而领导者象限主要由运营商占据。

第二个时代，2011 年之后，亚马逊成为领军企业。2011 年为云计算技术的转折之年，亚马逊首次进入领导者象限。2015 年，亚马逊、微软、谷歌占据前三甲的趋势逐渐显现。

第三个时代，2016 年，寡头垄断已经形成，亚马逊的地位已经难以撼动。2016 年至 2018 年，魔力象限的公司仅剩 6 家，公有云步入寡头垄断时代，AWS 连续八年位于最高领导者象限，微软连续五年位于领导者象限，谷歌首次进入领导者象限，Oracle 和 IBM 均位于特定领域者象限。根据 Gartner 的数据，亚马逊 AWS 占据全球 IaaS 云服务市场近半的份额，而排在后面四位的微软 Azure、阿里云、谷歌云、IBM 四者之和远小于亚马逊 AWS 的份额。

（二）典型公司在公有云市场中的竞争能力变化

根据图 3 筛选出典型公司，这些公司在 2009 年到 2010 年的魔力象限图中的得分，得出魔力象限分数曲线，可以看出不同类型公司在公有云竞争中竞争能力的变化。

（1）海外运营商：逐步退出云计算市场

海外运营商在云计算市场虽然起步早，资金投入大，且天生具有云计算赖以生存的基础设施、数据中心、服务器、网络带宽等元素，在渠道上海外运营商也具有天生的优势。从这些看来，海外运营商提供云服务似乎水到渠成，但现实却是近几年海外电信运营商纷纷退出云计算市场。

究其原因，海外运营商主要擅长提供标准的通信服务、建设网络、维护网络、兜售管道资源，客户主要以 To C 客户为主，而云计算主要面向的是 To B 企业客户，海外运营商虽然也有政企客户部，但是其 To B 的业务还是提供管道、专线为主，定制化的服务基本都外包给第三方，故海外运营商天生确实缺乏 To B 的基因。此外，海外运营商过于强调 IaaS 层的重要性，缺乏 PaaS 搭建能力，忽视了 SaaS 的产业链合作。海外运营商在推介云计算时，仍是重点强调自己的网络基础设施能力，谈云必谈数据中心；PASS 层的搭建运营商大多还是依靠设备商提供技术支持；SaaS 层产业链的合作，运营商目前的组织架构和人员薪酬似乎难以满足这个需求。以美国运营商为例，AT&T 在 2009 年到 2010 年处于领导者象限，随后在 2011 年下降至特定领域者象限，

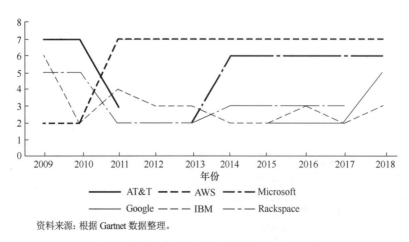

资料来源：根据 Gartnet 数据整理。

图 3 典型企业 Gartner 魔力象限分数曲线

2012 年以后不再出现在魔力象限图中。AT&T 早在 2015 年就将大约价值 20 亿美元的数据中心托管业务卖给了 IBM。Verizon 2016 年则宣布退出公有云领域，并于 2017 年 5 月其将企业云计算、托管服务以及云网协同方面的业务出售给 IBM。

（2）硬件设备商：左右互搏，产业地位十分纠结

硬件设备商 IBM 的分数曲线呈波浪形，反映其在公有云市场的发展不够稳定。从海外硬件厂商进入公有云市场的发展历程来看，硬件厂商进入公有云市场的现状如图 4 所示。从图中可以看出硬件厂商纷纷退出公有云市场，硬件厂商的公有云集体沦陷。因为云计算的本质其实不是"计算"，而是服务。而硬件厂商更擅长设计硬件，销售设备，它们在服务领域上相对较弱。

（3）第三方 IDC 公司：实力缺乏

Rackspace 是典型的规模较小的第三方 IDC 云计算提供商，其分数曲线从 2009 年的领导者象限，逐渐下降至特定领域者和有远见者象限，2018 年不再出现在魔力象限中。主要原因是第三方 IDC 公司的资金实力不够支撑云计算的发展，此外第三方 IDC 公司在资本、品牌、技术、服务、基础设施建设等方面竞争实力均较弱。

（4）互联网企业：云计算公司最强的梯队

互联网企业亚马逊、微软、谷歌的分数曲线均不断上升，在公有云市场中竞争能力较强。

电商：亚马逊的分数曲线位置最高，说明其在公有云市场亚马逊的竞争力最强。原因是亚马逊在公有云市场具备先发优势，同时具有较强的资本、品牌、技术、服务、基础设施建设等能力，再加上

公有云市场的"马太效应"，抢先占据了最大的市场份额。

软件提供商：在公有云市场中，软件提供商微软占据第二的市场份额。微软从 2014 年起，明确提出"云第一，移动第一"的发展战略，大力发展 Azure、Office365、Dynamics365 等 PaaS 和 SaaS 云服务，2017 年，微软再次调整重点，将"云第一"作为下一步的重点战略。微软云在与 AWS 的竞争中，成功赢得美国国防部的订单，进一步凸显其竞争实力。

搜索引擎：谷歌占据公有云市场第三的市场份额。谷歌是全球最大的搜索引擎，2006 年首次提出"云计算"概念，并开始布局云业务，直到 2016 年才开始着重发力云计算。谷歌最初开发云计算平台的目的只是为了能把大量廉价的服务器集成起来，完成超级计算机的计算和存储功能。

（三）公有云市场竞争核心要素分析

从国外云计算的发展历程可总结得出，若要占据公有云市场的领导者地位，首先要具备先发优势，起步早，抢先占领市场；其次要具备大量的资金和技术创新能力；另外，还需要建立完整的生态链，如图 5 所示。

如 AWS 为全球最大的云计算平台，占据全球 IaaS 云服务市场近半份额。AWS 能连续八年以上占据 Gartner 魔力象限领导者地位，主要原因一是亚马逊最早布局 IaaS 云服务，拥有先发优势，二是采取低价、以客户为中心等竞争策略不断积累客户，打造了强大的云生态系统。三是 AWS 还通过不断进行技术研发与创新，构筑起 IaaS 层和 PaaS 层高竞争壁

资料来源：各公司官网。

图 4   国外硬件厂商发展现状

垒，不断增强客户黏性。四是亚马逊投入大量资本发展 AWS 云计算业务，从 2010 年开始，亚马逊资本支出呈现跨越式增长，主要用于 AWS 云计算业务的投入，2010—2012 年资本支出复合增速超 100%，并且资本支出占收入的比重由 2010 年的 2.86% 提升到 2018 年的 4.86%。

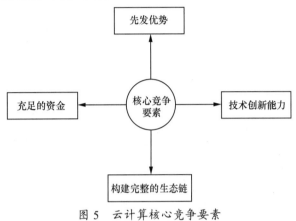

图 5　云计算核心竞争要素

■ 三、中国公有云发展现状及未来发展趋势

（一）中国公有云发展现状

IDC 持续以半年为周期对中国公有云市场发展进行跟进，从 IDC 发布的《中国公有云服务市场（2019 上半年）跟踪》报告来看，2019 上半年，中国公有云服务整体市场规模（IaaS/PaaS/SaaS）达到 54.2 亿

美元，其中 IaaS 市场增速稳健，同比增长 72.2%，PaaS 市场增速有所回落，同比增长 92.6%。而从市场竞争格局来看，尽管有华为云、浪潮云、紫光云等一大批公有云企业相继发力，但中国 IaaS 市场排名没有太大变化，阿里云、腾讯云巍然不动，牢牢占据着前二名，且前两名占据了超过一半的市场份额，公有云市场壁垒优势显著。

我国公有云市场与全球 2013 年之前的市场格局类似，市场参与者众多，包括运营商、互联网公司、设备商、IT 企业等，目前，阿里云虽然占据最大的市场份额，但腾讯云、华为云、金山云等公司也在快速发展中，华为云 2019 年第 1 季度首次披露云业务业绩，拥有超过 100 万用户，金山云 2019 年第 2 季度同比增长 98%，同时背靠 WPS 和小米生态，拥有大量潜在的政企客户和新机遇。设备厂商、运营商、IDC 公司、互联网企业都开始发力云计算的发展，处于一个阿里云一家独大，众多公司积极参与的阶段，如图 6 所示。

（二）国内云计算公司与国外云计算公司对标分析

国内云计算厂商所对应的国外云计算厂商如图 7 所示，阿里云对应国外的 AWS，同为电商企业，金山云对应国外的微软，同为软件厂商，华为云对应国外的 IBM，同为硬件设备厂商。

阿里云对应国外的 AWS，是国内最大的云计算

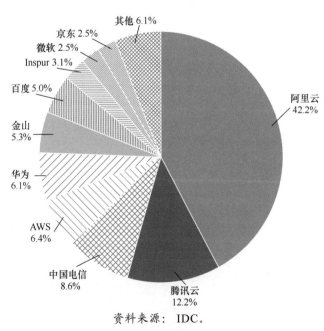

资料来源：IDC。

图 6　中国公有云 IaaS 厂商市场份额占比

平台，也是全球第三大公有云计算品牌。阿里云和AWS同为电商，而云计算巨头多诞生在电商领域并非偶然，因为电商自身庞大的电商业务需要云计算。亚马逊2006年率先接触到云计算，并在内部富余产能的情况下前瞻性地对外推出产品。阿里也迅速跟进，效仿亚马逊，推出云计算产品抢先占领国内市场。相比传统的互联网企业，电商巨头拥有近水楼台先得月的先发优势。

金山云是中国领先的软件和互联网服务公司，近五年来，公司营业收入实现年均复合增长34%。受益于中国政府重视软件国产化，在多方面得到政策支持。云业务方面，金山云与腾讯云同时获得建设银行采购订单，说明金山云拥有比肩云巨头厂商的技术实力。金山云依靠WPS和小米生态，不排除未来或将有可能像微软一样，在公有云市场占据前三的位置。

对标海外硬件厂商，中国的硬件厂商华为当前发展迅速，目前，华为云已经在20多个行业的500多个生产系统相关的项目中取得突破，为超过30个国家级部委、10大车企、200多位金融客户服务，华为云基本上已经成为了大型政企智能升级的首选。

百度云与国外的谷歌相对应，但是百度云相比阿里云起步晚，未具备先发优势，也没有抢先建立云生态系统，前期对云计算在战略上重视程度不够。

腾讯云是中国的一个特例，对应国外的Facebook，但是Facebook目前尚未提供云服务。究其原因主要有：一是公有云是面向企业级（To B）的市场，而Facebook主要是以面向To C用户互动的业务为主，如果Facebook要提供云服务，需要其从零开始构建客户关系，必须付出年复一年的巨额前期投入；二是如前文提到，其他服务商亚马逊、微软、谷歌等的竞争优势已经形成，因此新玩家再参与竞争则困难重重。而国内腾讯云的成功，原因一是在国内腾讯云起步早，具备先发优势；二是腾讯云具备充足的资金；三是腾讯云凭借微信、QQ构建起了自己的生态系统。

从运营商来看，中国电信目前占据第三的位置，但是从海外运营商如AT&T的发展历程来看，国外运营商从原先的领导者位置，到后来逐步退出公有云市场，因而国内运营商的发展前景尚待观望。

（三）公有云未来发展趋势分析

1. 公有云市场格局向龙头集中

通过分析国外公有云市场近十年的发展历程可知，公有云的市场竞争格局从原来的百家争鸣，到后来的三足鼎立，公有云市场呈现强者恒强的马太效应。再看目前的国内公有云市场，也是群雄逐鹿，市场竞争激烈，对标国外公有云的发展，可以预测，

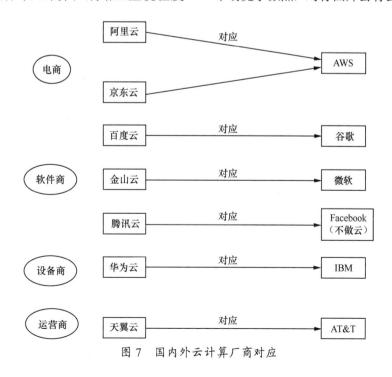

图7 国内外云计算厂商对应

国内公有云市场格局的市场集中度也会逐渐加大，形成强者恒强的格局。

2. 公有云将走向与边缘计算协同发展的趋势

随着 5G 标准的落地，边缘计算也被纳入其中，边缘计算是云计算的延伸，为高带宽低时延业务提供支持。边缘计算与云计算并非互斥关系，边云协同是未来大趋势。云计算更适合大规模、非实时、备份等的数据处理，边缘计算更适合低时延、小量、实时等的数据处理，两种方案对应的解决问题场景不同，这也决定了两者不是竞争关系而更多时候是一种互补的关系。很多公有云巨头加入边缘计算的赛场，例如，亚马逊、微软、谷歌、阿里巴巴、腾讯、百度都相继发布了各自的边缘计算服务，边云协同是未来发展的大趋势。

3. 混合云将是大势所趋

云计算有三种部署方式，即公有云、私有云和混合云。中国云计算行业已经经历一轮快速成长期，但主要是以公有云为主。中国公有云 2018 年的市场规模已达到 437 亿元，并且一直保持较高的增速。然而随着技术的发展，越来越多的企业发现，市场上并没有全面的通用解决方案，可以解决企业所有问题，他们必须选择使用不同的技术才能满足需求。而混合云的优势在于能够适应不同的平台需求，既能提供私有云的安全性，也能够提供公有云的开放性。未来，混合云将成为云计算的主流模式。

（中国信息通信研究院　魏　卉　刘芊岑）

容器的发展与展望

近年来，容器技术及相关应用得到了国内外越来越多专家和企业关注，研发和应用推广势头迅猛。在国外，容器技术已经形成了较成熟的生态圈；在国内，金融企业、互联网企业、IT 企业积极投入容器技术的研发和应用推广，发展势头迅猛。

继虚拟化技术出现后，容器技术逐渐成为对云计算领域具有深远影响的变革技术。容器技术的发展和应用，将为各行业应用云计算提供新思路，同时容器技术也将对云计算的交付方式、效率、PaaS（Platform as a Service，平台即服务）平台的构建等方面产生深远的影响。

容器技术从 2014 年风靡全球信息技术的各个领域开始，从最初的熟悉了解容器技术的应用范围到落地容器实践过程中，业界厂商和用户都不得不思考企业级云计算架构之下，容器技术能解决什么样的问题。从 2016 年的业界发展趋势来判断，企业用户对应用交付提出了服务化、分布式、容器化的需求，通过容器技术提高 IT 应用的快速交付能力是落实企业战略目标的手段之一。

从现阶段的发展趋势看，云容器技术的发展正在改变传统的虚拟机应用和软件开发与部署方法。面对蓬勃发展的互联网应用需求，容器和微服务的完美组合，满足了碎片化场景的运用需求，PaaS 平台开发能力也得以重构。

润泽科技的容器云产品基于 Docker 技术实现，拥有数十万应用镜像，其功能强大、灵活易用。用户仅需运行购买的容器，无须关注复杂的底层服务器系统层的工作。

一、容器的优点

从应用层面看，容器技术有两个主要优点：一是"一次构建、到处运行"；二是"增量更新、快速回退"。这两个优势极大地降低了软件开发和运维的难度，也推动了持续集成和部署（DevOps）模式的发展。对开发和运维人员来说，最希望的就是一次创建或配置，且可以在任意地方正常运行。开发者可以使用一个标准的镜像来构建一套开发容器，开发完成之后，运维人员可以直接使用这个容器来部署代码。

容器服务是极具颠覆性的计算机资源隔离技术，不仅对 CPU、存储空间的额外开销非常小，还可以实现秒级的开启和关闭。

二、容器技术未来的生态及展望

当前容器技术发展速度之快，已经超越当年 Docker 社区对容器技术的定义范畴，它承载着对下一代云计算技术变革的诉求。在此之前，应用软件的开发和部署模块多、功能复杂、开发周期长、实施过程复杂，而且选用集中式应用部署的方法。在平台的挑选上，以传统服务器租用为主，应用软件和平台系统之间为紧耦合关系，并不存在应用迭代和平台迁移需求。容器技术主要依赖的 cgroup 和 namespace 内核技术从生产实践中可满足企业用户的需求，并且创造性地定义了以应用为中心的开发模型，伴随着应用集装箱的镜像模式，可以部署到不同的系统平台并提供应用服务。当前的容器技术在不断地扩张自己的应用场景，DevOps、云平台、CI/CD、物联网服务、安全领域、金融领域和电商领域等开始慢慢探索应用实践。随着智能制造的推进，展现出零散和碎片化的个性化应用需求，且部署环境也存在多样性，如虚拟化服务器、公有云、私有云等。

容器能通过打包应用及依赖包，实现"一次开发，到处运行"的技术，受到了用户的欢迎。当前云计算厂商在众多企业容器需求中创新并实践多种多样的解决方案，容器技术也是当前云计算时代必然经历的一次历程。

（润泽科技）

5G 时代中低速率物联网业务的发展探索

2020 年 5 月 7 日，工业和信息化部发布工信厅通信〔2020〕25 号文《工业和信息化部办公厅关于深入推进移动物联网全面发展的通知》，提出了"以 NB-IoT 满足大部分低速率场景需求，以 LTE-Cat.1（以下简称 Cat.1）满足中等速率物联需求和话音需求，以 5G 技术满足更高速率、低时延联网需求"的移动物联网综合体系。2020 年 7 月 9 日，国际电信联盟宣布 NB-IoT 正式纳入 5G 标准，有助于加速 5G 在物联网领域的更广泛落地，并延长 NB-IoT 技术的生命周期。5G 时代，NB-IoT 和 Cat.1 协同发展，共同构筑运营商中低速率移动物联网的海量连接格局已经成为行业的共识。

一、Cat.1 完美兼容 2G/3G 退网时留下的中等速率空白

2009 年 3 月，3GPP（3rd Generation Partnership Project，第三代合作伙伴计划）在 Release8（以下简称 R8）中正式提出 LTE（Long Term Evolution，长期演进），并同步推出 LTE Cat.1（以下简称 Cat.1）、Cat.2、Cat.3、Cat.4、Cat.5 这 5 个终端类别，其中，Cat.1 上 / 下行峰值速率为 5/10Mbit/s，R8 版本的 Cat.1 设备设计简单、功耗低、中等速率，最初应用于智能穿戴类产品，但由于 R8 版本的 Cat.1 终端采用双天线设计，因此市场接受度并不高。直到 R13 版本推出单天线终端，并提出 Cat.1 bis 标准，实现元件成本降低以及很好的基站兼容性后，市场的接受度才被提高。

Cat.1 通信能力满足一定高速移动、时延敏感、支持语音、低成本和低功耗的场景需求，业务上与 2G/3G、eMTC、NB-IoT、Cat.4 有一定的重合，但对比来看其他网络能力都有明显短板。2G/3G 技术的频谱利用效率较低，随着移动通信技术的快速革新，2G/3G 退网已经成为趋势；eMTC（LTE enhanced MTO，增强机器类通信）需要在现有的 LTE 基站上支付额外的费用来升级网络；NB-IoT（Narrow Band Internet of Things，窄带物联网）的数据传输速率低、移动性差，通常适用于小码流、静止状态的场景；Cat.4 作为目前 LTE 最为成熟商用的技术，对于速率要求不高但成本敏感的场景并不适配。因此工业和信息化部将 Cat.1 定位为中等速率的主要载体，既是技术演进使然，也是产业界的广泛共识。

二、Cat.1 将在产业链的共同推动下快速成熟

3GPP R8 发布 Cat.1 后，高通、Sequans、Altair 等国外芯片厂商先后推出 Cat.1 芯片，但由于与 Cat.4 方案采用同一个芯片平台，导致生产的模组与国产 Cat.4 模组价格相差无几，成本和技术的双重困境导致 Cat.1 芯片初期在国内并未得到很好的发展。2019 年下半年紫光展锐、翱捷科技两家国产芯片厂商发布 Cat.1 芯片后，模组厂商才纷纷入局，移远、有方、广和通等主流模组厂商也发布了相关产品，带动新零售、公网对讲、POS 终端、工业 DTU、资产追踪、共享类硬件等的发展。工业和信息化部 25 号文件中明确提出：鼓励各地设立专项扶持和创新资金，加大 Cat.1 芯片和模组的研发工作，降低模组成本，促进规模应用，未来将有大量的 Cat.1 终端上市和规模应用，带动产业链加速发展，模组价格也有望在未来两年内降至 20 元以内。

目前，Cat.1 技术和产业仍有一些问题亟待产业界共同解决。如，Cat.1 芯片设计比 2G 模组复杂度高，尺寸普遍比 2G 模组大；单天线版本在干扰受限场景将在下行方向用户体验层面承压。目前，市场缺乏行业应用标杆来提升客户对 Cat.1 的感知度，且需要

解决如何提高终端积极性，快速将 2G/3G 中速率存量业务向 Cat.1 终端迁移的问题。但随着技术不断演进，产业不断成熟，应用逐步落地，Cat.1 将迎来规模性发展的黄金期。

三、中国联通全面布局物联网中低速率场景

面向 5G 时代，中国联通围绕通信技术演进和网络资源布局，积极推动面向高、中、低速率全连接场景建立 5G、4G（含 Cat.1）、NB-IoT 协同发展的移动物联网综合业务体系，实现规模化、高质量发展。其中将以 Cat.1 和 NB-IoT 为核心，协同布局中低速率市场，差异化构筑中国联通物联网海量连接业务新格局。Cat.1 领域重点关注产业新机遇，充分挖掘 4G 现网价值，全面发力中低速率场景，有效承接 2G/3G 退网场景、推动客户业务升级；NB-IoT 重点聚焦 "两表一感"（智慧气表、智慧水表、消防烟感）等静止性场景，聚焦重点区域、重点客户，以硬件服务为载体带动业务规模化、价值化发展。

联通物联网公司于 2020 年 6 月底发布了自主品牌雁飞 Cat.1 模组，适配联通 FDD-LTE 网络，最大上行速率值为 5Mbit/s、下行速率值为 10Mbit/s，支持 1080P 高清视频传送、高清语音 VoLTE、全网互动短信等五大业务功能，价格约为 4G 标准模组成本的 50%，已成为目前市场上极具竞争力的 Cat.1 模组产品。聚焦公网对讲、车载定位、车辆诊断装置、智能电子胸卡、摄像头等细分场景的雁飞 Cat.1 部件产品也将于 2020 年陆续发布，为中速率业务场景的行业客户提供相比传统 4G 更低成本的优质解决方案。

同时，中国联通将在 2020 年完成 4G 全网对 Cat.1 节电功能的低功耗支持，功率优化后 Cat.1 终端的电池寿命将大幅延长，基于理想功耗估算待机可达 3 ～ 5 年，与 NB-IoT 接近或相当，且能覆盖电动车定位、智能门锁、环境检测、可穿戴设备、智慧城市（停车、路灯）、工业控制等除室内深度覆盖外的大部分 NB-IoT 交叉场景，相比 NB-IoT，它能够为行业客户提供更高速率、更好移动性、功耗相近、成本接近的优质解决方案。

未来，随着 5G 技术不断演进成熟，新基建的全面铺开，物联网将迎来更加广阔的发展空间，中国联通将充分发挥 5G、4G Cat.4/Cat.1 和 NB-IoT 的协同优势，为客户的数字化转型提供更加丰富的产品方案。

（联通物联网有限责任公司　　陈海锋　何　非　　刘海川　黄　文）

数字经济与信息安全篇

基于流处理的大数据多层切片分析

随着大数据业务的高速发展，流处理技术在大数据分析，特别是网络安全的大数据应用上逐步发挥出重要的作用。传统的网络安全设备和平台基于网络包处理、流量特征分析，结合特征库和专家系统，能否发现并抵御一定的异常行为，但对网络传输的数据内容的识别能力不足（基于包过滤），对新型攻击行为的甄别响应较迟缓（基于特征库）。

在此背景下，基于大数据的安全监测系统得以发挥其分析能力强、响应迅速的特点，使得网络安全应用正在向大数据时代迈进，并在态势感知、行为监测等方面取得了一定的建设成果。

一、现状分析

一般的大数据分析处理流程包括以下步骤。

（一）数据抽取与集成

大数据的来源类型丰富，大数据处理的第一步是对数据进行抽取和集成，从中提取出关系和实体，经过关联和聚合等操作，按照统一定义的格式对数据进行存储。现有的数据抽取和集成方法有3种，分别是基于物化或ETL方法的引擎、基于联邦数据库或中间件方法的引擎、基于数据流方法的引擎。这些引擎都是很重要的。

（二）数据分析

数据分析是大数据处理流程的核心步骤。通过数据抽取和集成环节，我们已经从异构的数据源中获得了用于大数据处理的原始数据，用户可以根据自己的需求对这些数据进行分析处理，比如数据挖掘、机器学习、数据统计等。数据分析可以用于决策支持、商业智能、推荐系统、预测系统等。通过数据分析，我们能够掌握数据中的信息。

（三）数据解释

在大数据处理流程中，用户最关心的是数据处理的结果，正确的数据处理结果只有通过合适的展示方式才能被终端用户正确理解，因此数据处理结果的展示非常重要，可视化和人机交互是数据解释的主要技术。这个步骤能够让我们知道数据分析的结果。

二、基于流处理的大数据切片及其分析研究

现有的大数据处理系统可以分为两类：批处理大数据系统与流处理大数据系统。以 Hadoop 为代表的批处理大数据系统需要先将数据汇聚成批，经批量预处理后加载至分析型数据仓库中，以进行高性能实时查询。这类系统虽然可对完整大数据集实现高效的即席查询，但无法查询到最新的实时数据，存在数据迟滞等问题，无法满足网络安全快速响应的目标。相较于批处理大数据系统，以 Spark Streaming、Storm、Flink 为代表的流处理大数据系统将实时数据通过流处理，逐条加载至高性能内存数据库中进行查询。此类系统可以对最新的实时数据实现高效预设分析处理模型的查询，数据迟滞低。

其中，在实现大数据流处理时，我们一般采用成熟的流处理组件，如 Spark Streaming、Storm、Kafka 等技术，并基于该组件的原生数据切片能力，对数据单元进行简单的分类，甚至不做分类，继而转入数据分析过程，虽然这在一定程度上降低了流处理的时延，但给后续的数据分析带来了建模复杂、计算开销大等问题，并牺牲了分析精准性。

本文提出一种基于大数据流处理的数据多层切片和分析技术，对目前流处理过程中的原始数据进行细化的切片分类后，再将其递交给分析引擎进行处理。

三、技术特性

（一）多层数据切片实现更精准分析

根据数据分析需求，我们需按网络数据包中的应用层协议、目的 IP、源 IP 3 个维度对数据流进行分组切片，本技术方案突破了 Storm 组件单次数据分组切片的限制，以及 Spark 只能按"时间顺序"进行分组的限制。

（二）分组流量具备高度灵活性

本技术方案可根据不同协议、IP 所产生的流量变化情况，灵活调整分组计算单元中的任务数量，以提高数据切片的并发处理能力。

（三）动态单元数据传递拓扑

我们引入 Zookeeper Cluster 用于动态创建二级切片节点，再根据源 IP 分组的数量和 IP 值生成动态的拓扑配置（其输入流和输出流完全一致），将该拓扑配置保存至 Zookeeper Server，从而同步给下一级的动态切片 Storm 集群的各个节点。

四、技术优点

本技术方案的优势在于精细化数据切片、快速横向扩展、大流量处理能力。

（一）精细化数据切片

本技术利用三层切片技术，完成了对网络流量包的初步筛选分析，方便后续的数据分析过程针对不同类型的网络协议进行更精准的数据分析建模，以便为后续数据分析做好铺垫。

（二）快速横向扩展

本技术支持快速的横向扩展，利用动态的拓扑配置，创建若干分组节点，在保证硬件性能足够的前提下，快速应对流量增加的变化。

（三）大流量处理能力

在实际运行中，该技术在不增加现有计算硬件的基础上，将流量接入能力从 1Gbit/s 提升到了 10Gbit/s 以上，设备投入数量是原来的 1/10，解决了以前覆盖范围小、投入设备多、横向扩展难等问题。

（成都思维世纪科技有限责任公司　章明珠）

2019 年网络信息安全态势分析报告

2019 年，恒安嘉新共收集整理安全漏洞 16193 个，较 2018 年漏洞收录总数 14193 个，增长 14.1%。其中，高危漏洞收录数量 4877 个（占 30.1%），"零日"漏洞 5706 个（占 35.2%）。

一、网络信息安全漏洞分析

按照漏洞危害级别划分，2019 年收录高危漏洞 4877 个（占 30.1%）、中危漏洞 9695 个（占 59.9%）、低危漏洞 1621 个（占 10.0%）。

按照漏洞影响对象类型划分，2019 年收录应用程序 9093 个，Web 应用 3779 个，操作系统 1665 个，网络设备（交换机、路由器等网络端设备）1005 个，数据库 251 个，安全产品 201 个和智能设备（物联网终端设备）漏洞 199 个，如图 1 所示。

按照漏洞所属厂商划分，2019 年收录漏洞厂商 TOP10 涉及 Google、WordPress、Oracle 等厂商。其中，收录 Google 漏洞位列第一，共 946 条，如图 2 所示。

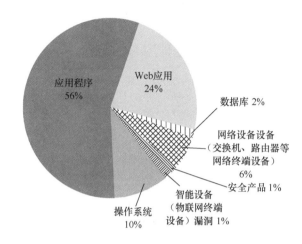

图 1　漏洞按影响对象类型分布

二、网络攻击事件分析

2019 年，恒安嘉新共监测到 Web 攻击事件 21670 万余次，其中"针对 MySQL 的 sql 注入攻击"最多，近 3275 万，占比 15.11%。发起攻击次数最多的前三个地区分别为浙江省、福建省和山东省，受 Web 攻击危害最严重的前三个地区为山东省、江苏省和中国香港。

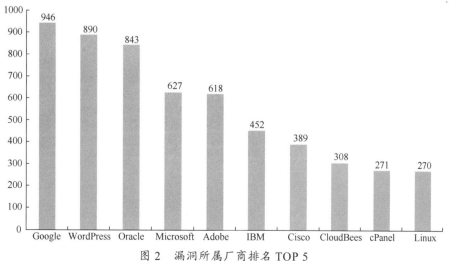

图 2　漏洞所属厂商排名 TOP 5

如图 3 所示，山东省受到 Web 攻击的侵害最为严重，受攻击次为 4498 万余次，占总 Web 攻击事件数的 11.37%，其次为江苏省和中国香港，分别占总 Web 攻击事件数的 4.63% 和 3.61%。

如图 4 所示，Web 攻击类型排行 TOP5 情况，"针对 MySQL 的 sql 注入攻击"占据榜首位置，占 TOP5 的 30.00%，是 2019 年最多的 Web 攻击类型。

三、互联网恶意程序事件分析

2019 年，恒安嘉新共监测到移动恶意事件 3761 万余次，其中最多的移动恶意事件为隐私窃取，事件量 2214 万余次，占比 59%。移动恶意程序通常为擦边球的社交应用或者直播应用，通过其他带有诱惑性的视频或图片推广下载，一旦用户安装，会存在窃听用户通话、窃取用户信息、破坏用户数据、擅自使用付费业务等恶意行为。

2019 年，恒安嘉新共监测到僵尸网络、木马、蠕虫事件 10819 万余次，其中，僵尸网络事件量为 2782 万余次，木马事件量为 7590 万余次，蠕虫事件量为 447 万余次。北京市受到僵尸网络的侵害最为严重，占总僵尸网络事件数的 27.13%；福建省受到木马的侵害最为严重，占总木马网络事件数的 15.44%；山东省受到蠕虫的侵害最为严重，占总蠕虫事件数的 6.90%。

（1）僵尸网络分析

如图 5 所示，北京市受到僵尸网络的侵害最为严重，受攻击次为 727 万余次，占总僵尸网络事件数的 27.13%，其次为江苏省和新疆维吾尔自治区，分别占总僵尸网络事件数的 6.83% 和 4.56%。

如图 6 所示，僵尸网络类型排名中"DDoS.IoT. Mirai 通信"占据榜首位置，TOP5 中占比 32.00%。

（2）木马事件分析

如图 7 所示，福建省受到木马的侵害最为严重，受攻击次为 11720785 次，占总木马网络事件数的 15.44%，其次为山东省和浙江省，分别占总木马攻击事件数的 14.57% 和 7.38%。

如图 8 所示，木马类型排名中"PTsecurity 通信"占据榜首位置，占 TOP5 中的 80%，是 2019 年发起攻击最多的木马类型。

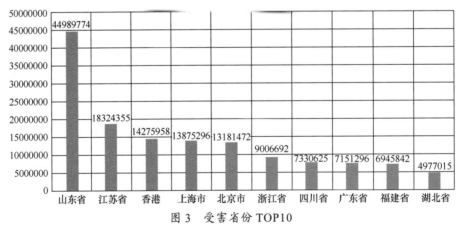

图 3　受害省份 TOP10

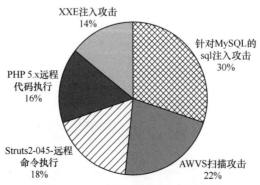

图 4　Web 攻击类型排行 TOP5

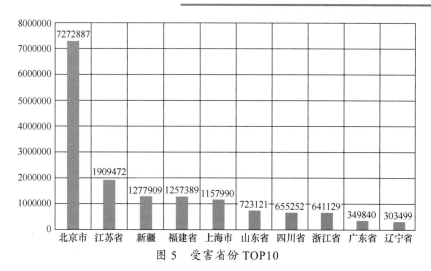

图 5 受害省份 TOP10

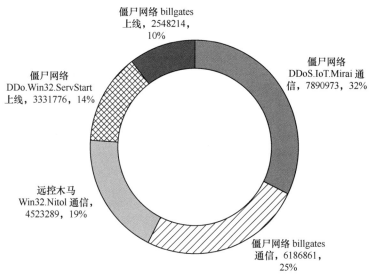

图 6 僵尸网络类型排行 TOP5

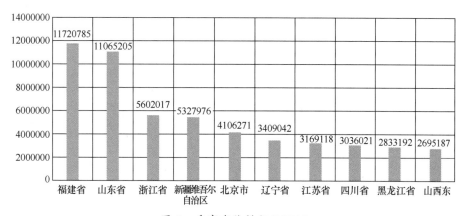

图 7 受害省份排行 TOP10

（3）蠕虫事件分析

如图 9 所示，2019 年度山东省受到蠕虫的侵害最为严重，受攻击次数为 308256 次，占总蠕虫事件数的 6.90%，其次为黑龙江省和上海市，分别占总蠕虫事件数的 6.71% 和 2.53%。

如图 10 所示，在蠕虫类型排名中"网络蠕虫 WannaCryptor.a"占据榜首位置，占 TOP5 的 51%，是 2019 年发起攻击最多的蠕虫类型。

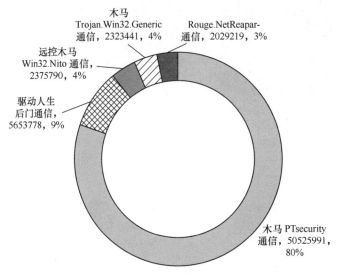

图 8　木马类型排行 TOP5

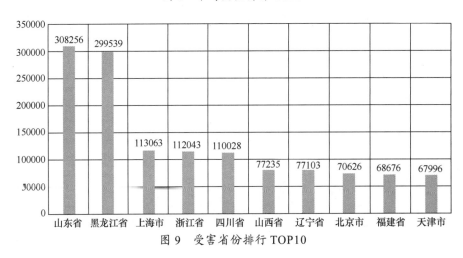

图 9　受害省份排行 TOP10

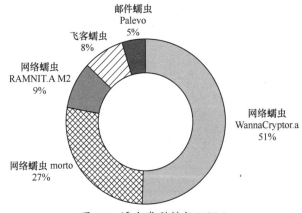

图 10　蠕虫类型排行 TOP5

▮ 四、移动互联网恶意程序事件分析

如图 11 所示，广东省受到隐私窃取的侵害最为

严重，事件数为 2588225 次，占总隐私窃取事件数的 13.5%，其次为江西省和四川省，分别占总隐私窃取类事件数的 11.3% 和 9.9%。

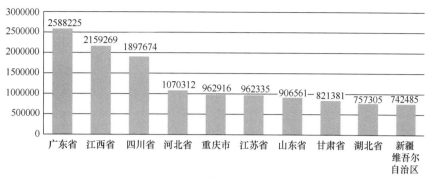

图 11　受害省份 TOP10

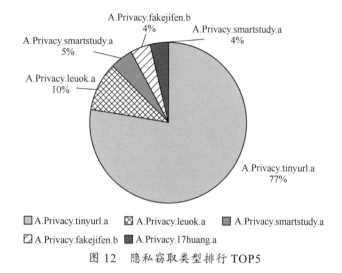

图 12　隐私窃取类型排行 TOP5

如图 12 所示，A.Privacy.tinyurl.a 占据榜首位置，占比为 77%。

2019 年受隐私窃取危害最严重的前三个省份为广东省、江西省和四川省，经平台分析发现，2018 年这三个省份隐私窃取行为危害的事件数分别为 2463568 次、630899 次和 1489522 次，三省分别环比增长了 5%、71% 和 22%，如图 13 所示。

五、网络诈骗事件分析

2019 年，恒安嘉新共监测到网络诈骗事件 2247 万余次。主要事件为色情类和赌博类。容易造成经济损失的事件为钓鱼诈骗类的网站和网页。受骗用户共计 71126 人。网络诈骗的行为集中于网络赌博、网络色情、仿冒钓鱼这 3 类。

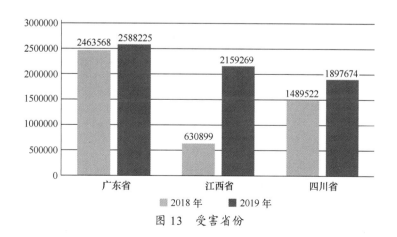

图 13　受害省份

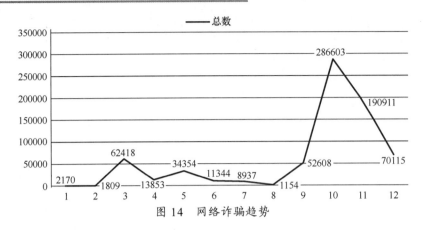

图 14 网络诈骗趋势

2019 年全年恒安嘉新监测到的互联网诈骗事件情况如图 14 所示，整体态势大致呈现增长状态。互联网诈骗事件在 3 月份大量增长，在 4 月份回落，在 5 月份重新反弹增长。诈骗事件在 8 至 10 月份大量增长，10 月份之后开始回落。总体来看，互联网反诈工作形势依然严峻。

网络诈骗类型分布中仿冒贷款平台的事件数量最多，占到 72.80%；网络色情诈骗和网络赌博诈骗占比同样较多，分别为 13.23.15% 和 2.82%，如图 15 所示。

六、工业互联网态势分析

2019 年，恒安嘉新共监测到暴露在互联网的工业企业资产共 618997 个，涉及工业企业共 34254 家；工业企业资产漏洞最多的是"OpenSSL ECDSA Nonces 信息泄露漏洞"；工业企业资产安全事件最多的是"门罗币挖矿矿机"。

（一）工业资产分析

恒安嘉新监测数据中，江苏省的"江苏冬云云计算股份有限公司"的工业资产数量最多，高达 6866 个，占总工业资产数的 14%，同时在工业资产 TOP10，江苏省的工业企业占了 3 个，见表 1。

表 1　工业资产最多的企业 TOP10

省份	企业名称	资产数量
江苏	江苏冬云云计算股份有限公司	6866
江苏	江阴欧维网络科技有限公司	1349
山东	国网山东省电力公司	975
山东	海尔集团公司	788
浙江	阿里巴巴集团控股有限公司	779
山东	浪潮软件集团有限公司	690
浙江	杭州娃哈哈集团有限公司	416
江苏	扬子江药业集团有限公司	344
北京	北京京东尚科信息技术有限公司（京东云）	335

如图 16 所示，工业行业最多的为软件和信息技术服务业，占总工业行业的 76.4%，其次是其他行业

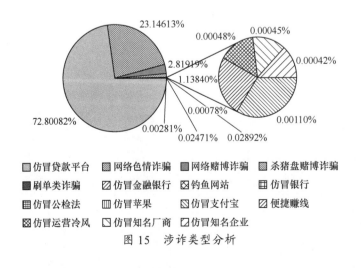

图 15　涉诈类型分析

和专用设备制造业，分别占总工业行业的 11.2% 和 5.3%。

（二）工业漏洞态势分析

2019 年，恒安嘉新通过监测发现，工业资产漏洞排行前三的是"OpenSSL ECDSA Nonces 信息泄露漏洞""Oracle MySQL Server 存在未明漏洞（CNVD-2015-02478）"和"pyOpenSSL SSL 客户端证书验证安全绕过漏洞"，如图 17 所示。

（三）工业安全事件分析

2019 年，恒安嘉新通过监测发现，对工业资产发起攻击的事件排行前三的是"门罗币挖矿""木马

Botnet Nitol.B"和"Struts2-045- 远程命令执行"，如图 18 所示。

七、P2P 网贷数据态势分析

2019 年，恒安嘉新共监测到 6612 个 P2P 网贷平台。广东省、北京市、浙江省、上海市是 P2P 网贷平台诞生最多的前 4 省份；年化收益率区间上，10.01% ～ 20% 的年化收益率区间占比最高；平台上线时间分布上，2015 年以前 P2P 网贷平台上线逐年递增，后续有所放缓；6612 个 P2P 网贷平台共有

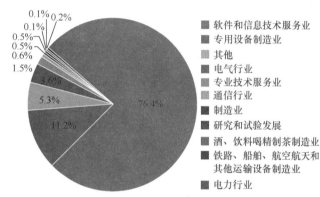

图 16　全国工业资产最多的行业

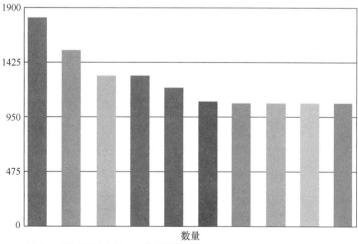

数量
- OpenSSL ECDSA Nonces信息泄露漏洞
- Oracle MySQL Server存在未明漏洞（CNVD-2015-02478）
- pyOpenSSL SSL客户端证书验证安全绕过漏洞
- SSL V3 Protocol信息泄露漏洞
- OpenSSH'x11_open_helper()'函数安全绕过漏洞
- OpenSSH glob表达式拒绝服务漏洞
- Oracle MySQL Server InnoDB子件存在未明远程拒绝服务漏洞（CNVD-2014-02419）
- Oracle MySQL Server DML子件存在未明远程拒绝服务漏洞
- Oracle MySQL Server DML子件存在未明远程漏洞
- Oracle MySQL Server Optimizer子件存在未明远程拒绝服务漏洞（CNVD-2014-02413）

图 17　工业企业漏洞排行

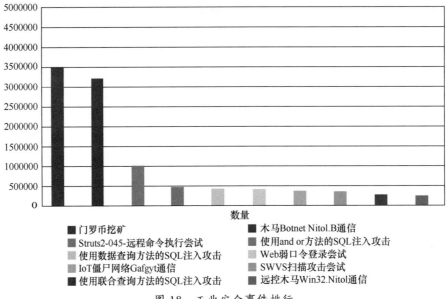

图 18 工业安全事件排行

5560 个（占比 84%）的平台未进行用户资金银行存管；平台运营情况中，有 3346 个（占比 51%）的网贷平台处于停业状态，有 2924 个（占比 44%）的平台有过兑付逾期行为，仅有 342 个（占比 5%）的网贷平台处于正常运营状态。

2019 年，监测平台上共掌握的 6612 个 P2P 网贷平台相关信息，对其平台所属地进行统计，相关省份分布情况见表 2。

表 2 P2P 网贷平台归属地省份分布

省份	企业数量	省份	企业数量
广东省	1120	江西省	84
北京市	817	云南省	71
浙江省	804	贵州省	70
上海市	799	天津市	69
山东省	700	辽宁省	66

（续表）

省份	企业数量	省份	企业数量
江苏省	319	山西省	46
安徽省	225	新疆维吾尔自治区	30
湖北省	197	黑龙江省	30
河北省	163	吉林省	27
四川省	159	内蒙古	25
福建省	157	海南省	23
湖南省	139	宁夏	22
河南省	133	甘肃省	20
重庆市	120	青海省	5
广西省	86	中国香港	1
陕西省	85		

P2P 网贷平台年化收益率分布情况如图 19 所示。P2P 网贷平台上线时间分布情况如图 20 所示。

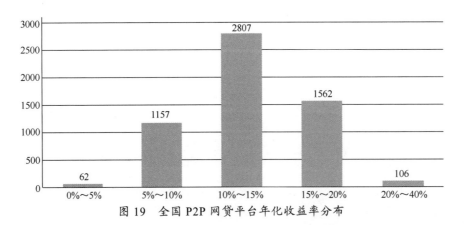

图 19 全国 P2P 网贷平台年化收益率分布

P2P 网贷平台用户资金银行存管情况如图 21 所示。P2P 网贷平台兑付逾期情况如图 22 所示。

八、区块链态势分析

2019 年，恒安嘉新共监测到区块链节点 130626 个、区块链 App 为 391 个、区块链 DApp 为 3934 个。在区块链 App 中，金融理财最多，总占比为 56%，热度最高的区块链 App 为币看。在区块链网站中，热度最高的是币世界和比特币区块链浏览器。在区块链应用项目中，最多的为 Achain，与区块链相关项目共 708 个。

2019 年，恒安嘉新通过监测发现主要区块链节点共 130626 个，主要为比特币、莱特币、以太坊和恒星链。其中，比特币区块链节点最多，占比高达 48%，如图 23 所示。

区块链 App 按照行业划分，金融理财类最高，占比高达 56%，其次为新闻阅读类，占比为 24%，如图 24 所示。

区块链 App 按照热度排名 "币看 BITKAN" 访问量最高，其次为百度钱包，如图 25 所示。

图 20　全国 P2P 网贷平台上线时间分布

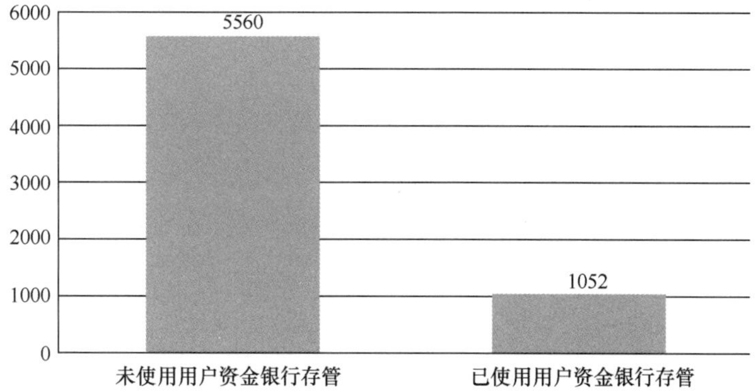

图 21　全国 P2P 网贷平台 - 用户资金银行存管

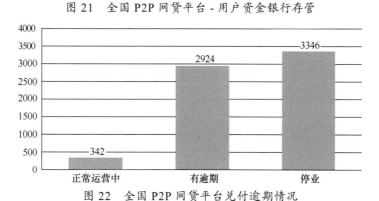

图 22　全国 P2P 网贷平台兑付逾期情况

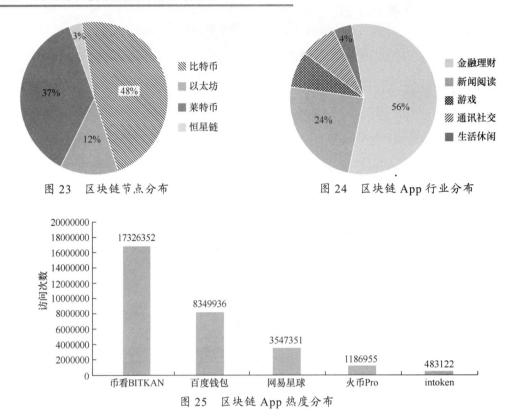

图 23　区块链节点分布　　　　　　图 24　区块链 App 行业分布

图 25　区块链 App 热度分布

2019 年网络安全总体形势分析

一、2019 年全球网络安全形势

（一）网络安全风险严峻，关键基础设施依然是攻击重点

2019 年，全球网络安全风险十分严峻，关键基础设施依然是攻击重点。截至 2019 年 12 月 24 日，美国国家漏洞数据库共收录各类漏洞 17026 个。近三年来新发漏洞持续高位徘徊，近十年全球工业领域安全攻击事件总体呈现增长态势。2019 年，全球市政、电力、金融等关键基础设施成为重点目标，安全事件造成的影响和损失都达到前所未有的程度。2 月，马耳他瓦莱塔银行遭遇网络攻击，暂时关闭所有业务，经济损失巨大。3 月，委内瑞拉全国范围突发大规模停电，影响近 3000 万人。4 月，美国奥尔巴尼市政府遭遇勒索软件攻击，影响市政服务及警方网络系统。5 月，美国多州城乡遭受严重网络攻击，导致政府办公及市政服务中断。11 月，研究人员发现神秘黑客组织正利用新型恶意软件窃取阿根廷、巴西、厄瓜多尔、秘鲁与马来西亚等多国政府机构的外交机密。

（二）网络空间竞争加剧，各国战略聚焦前沿技术安全

当前，全球网络空间竞争博弈激烈，网络安全国际形式日趋复杂，新技术、新应用逐渐成为各国网络安全战略的聚焦重点。一是西方大国强调网络空间威慑力，欧美国家通过制定网络空间威慑策略保持网络空间优势。例如，2019 年 1 月，法国颁布进攻型条例作战条令，强调数字主权，维护法国在网络空间的权益。2019 年 3 月，美国发布《网络威慑与响应法案 2019》，要求识别国家支持的网络活动中网络威胁主体及相应制裁措施。二是各国纷纷实施大数据战略，把大数据研究和生产计划提高到国家战略层面。2019 年 7 月，美国国防部发布《国防部

数字现代化战略》，将大数据平台建设作为提高网络安全的方法之一。2019 年 9 月，《2019 中国大数据产业发展白皮书》提出将大数据作为数字化转型中的核心支撑能力。三是强化对 AI、5G 等新领域新技术的安全风险控制。2019 年 3 月，欧盟委员会公布 5G 安全计划，为成员国提供通用风险评估方法，10 月发布《5G 网络安全风险评估报告》。2019 年 9 月，美国更新《国家人工智能战略》，旨在建立健康可信的人工智能系统及系列标准，检测评估系统安全性。

（三）安全产业规模稳步增长，产业环境持续优化

全球网络安全产业规模平稳增长。2018 年全球网络安全产业规模达到 1119.88 亿美元，2019 年增长至 1216.68 亿美元。从增速上看，2018 年全球网络安全产业增速为 11.3%，创下自 2016 年以来的新高。

我国产业规模呈现持续高速增长态势。根据中国信息通信研究院统计测算，2018 年我国网络安全产业规模达到 510.92 亿元，比 2017 年增长 19.2%，2019 年达到 631.29 亿元。

我国网络安全产业发展环境持续优化：一是产业发展政策环境不断优化，网络安全相关立法计划稳步推进，重要制度建设加快；二是产业生态环境不断优化完善，北京市、四川省、重庆市、天津市、山东省、湖北省等地网络安全产业园区加快建设；三是网络安全国际合作持续深化，部分企业海外扩展取得成效。

二、2019 年网络安全重大热点问题剖析

（一）工业互联网安全进入深耕阶段，全面协同的安全保障体系正在加速构建

1. 全球工业互联网安全事件层出，安全对抗不断升级

全球工业互联网驶入发展快车道，呈现繁荣局

面，网络体系加快建设，平台行业应用纵深发展，工业互联网安全也进入了深耕实践的关键阶段。工业互联网作为第四次工业革命的关键支撑，在创新发展、推动制造业转型升级的同时，也面临着前所未有的安全挑战，一旦遭受网络攻击，则可能危害国家安全、国计民生和公共利益。一是攻击手段专业化。近年来，工业互联网安全事件层出，攻击手段日趋复杂多变，从漏洞后门向木马、僵尸网络、拒绝服务、APT 等转变，安全事件类型也呈现远程控制、数据窃取、恶意程序、勒索病毒等多样化形式。二是攻击行为国家化。工业互联网安全事件大多发生在能源、交通、医疗等国家基础设施关键领域，例如，台积电病毒事件、委内瑞拉电网事件、海德鲁铝厂网络攻击等表明工业互联网已经成为国家间对抗的重要目标。三是攻击后果波及关联严重。工业互联网安全事件的潜在破坏性、毁灭性、威胁性对国家经济和社会发展的深度影响不可预期。

2. 发达国家多层面布局工业互联网安全

以美国、德国、日本为代表的主要发达国家从政府、产业及企业等多个层面，加紧推进工业互联网安全能力建设，夯实工业互联网安全保障基石。一是政府部门明确将工业互联网安全纳入国家战略，强化产业引领。例如，美国发布《先进制造业美国领导力战略》，将制造业网络安全作为发展重点方向。德国制定"工业 4.0"战略，明确安全和保障是工业 4.0 成功的关键要素。日本提出"东京倡议"，推进互联工业，明确五大重点发展领域，包括工厂及基础设施安全。二是产业联盟成为促进安全产业生态集聚的重要途径。美国工业互联网产业联盟建立多个测试床，验证工业互联网安全参考框架及其关键技术性能；德国工业 4.0 平台围绕工业 4.0 的安全等关键领域，发布安全测试床和应用案例，加速产业生态繁荣。三是传统安全企业和工业企业加大工业互联网安全重视程度。传统网络安全企业向工业互联网安全拓展延伸，2019 年以趋势科技、卡巴斯基为代表的传统网络安全企业，相继发布工业互联网安全研究报告和产品服务。工业企业通过投资并购，加快工业互联网安全产业布局，德国大陆集团并购以色列汽车网络安全初创公司 Argus，提升安全产品服务供给能力。

3. 我国工业互联网安全顶层设计逐步完善

党中央高度重视工业互联网发展，工业和信息化部制定了一系列工业互联网安全政策文件，各地也加快工业互联网安全建设，在各方的共同努力下，我国工业互联网安全取得积极成效。一是《加强工业互联网安全工作的指导意见》正式出台。文件中明确了各方安全工作的职责界面，明确了 4 项基本原则、七大重点任务，积极推动工业互联网安全保障体系建设。二是工业互联网安全标准体系不断完善。2019 年，工业和信息化部发布了《工业互联网安全标准体系框架》文件，内容涵盖总体类、基础共性类、防护类、安全管理与服务、垂直领域应用等五大方面，同时，要求在汽车、电子、航空、航天等重点行业试验验证及应用推广加快推进。三是工业互联网安全体系架构由 1.0 向 2.0 演进。从功能架构、实施框架等多维度构建安全保障体系框架，进一步加强行业指导与落地实施。

4. 工业互联网安全技术保障和服务能力不断突破

近年来，我国政、产、学、研、用各方加强协作，推动工业互联网安全保障体系建设，工业互联网安全产业呈现蓬勃发展的良好局面。一方面，国家层面积极布局工业互联网安全技术保障体系。国家工业互联网安全态势感知与风险预警平台正式启动运行，并与广东、山东、江苏、湖南等 21 个省完成对接，国家工业互联网风险实时监测、动态感知、快速预警保障体系基本建成。另一方面，工业互联网安全产品和服务体系加速构建。边界和终端安全防护成为工业互联网安全产品的主要分布形态，安全监测与态势感知能力建设成为未来安全厂商的重要布局方向。网络安全企业也在加强与工业企业的需求对接，未来技术产品方案将更好地满足工业生产的连续性、可靠性要求，并平衡安全风险和业务影响。

（二）5G 技术与非技术安全风险交杂，安全保障成为各方角逐关键

2019 年，全球 5G 商用进程全面开启。5G 作为关键信息基础设施和数字化转型的重要基石，在开启万物互联新局面的同时，也带来了新的安全挑战和风险。各国相继开展 5G 安全风险评估，加快构建 5G 安全保障体系。以美国为首的部分西方国家，将技术与非技术安全风险交杂，甚至政治化，使得 5G 安全保障能力作为产业角逐关键。

1. 5G 网络技术变革带来新的风险担忧

为满足 5G 移动互联和移动物联的多样化业务需求，5G 网络采用了新的关键技术，实现了技术创新和网络变革，同时也带来了新的安全风险，主要体现在：一是网络功能虚拟化。传统实体网元变为虚拟化软件，由于下层基础物理资源共享，因此设备安全边界模糊。二是业务边缘化。网络基础设施下沉分散，边缘不可靠的环境导致外部攻击和入侵更为容易。三是网络开放化。突破了传统电信网络能力封闭的特点，开放端口成为数据泄露的脆弱点。四是终端多样化。异构接入和多终端形态，终端的安全能力差异大，容易成为新的攻击目标。五是网络切片化。如果没有采取适当的安全隔离机制和措施，则易被攻击，安全责任归属不好界定。六是应用多样化。5G 承载能源、电力、交通、金融等多领域的关键数据通信，面临数据安全保护的挑战。

5G 网络自身安全风险将影响到所承载的应用系统，由此引发了国家在交通、制造、金融、电力等各垂直行业领域关键基础设施安全的担忧。

2. 各方观点不一，如何评判 5G 安全成为争论焦点

各方在评判 5G 安全时对 5G 安全风险是否可控方面持有不同观点。

5G 安全风险可控方认为：一方面，5G 网络设计了比 4G 更强的安全机制，第三代移动通信伙伴计划的《5G 系统安全架构和流程》（TS 33.501）标准中，为 5G 网络设计了比 4G 更强的安全能力，包括服务域安全、增强的用户隐私保护、增强的完整性保护、增强的网间漫游安全、统一认证框架；另一方面，5G 设备安全可通过安全认证制度保障。2019 年 3 月，欧洲议会议员表示，当前是推动建立全球适用的 5G 网络安全认证标准的绝佳机会。2019 年 10 月，德国发布下一代无线网络安全指导方针，将建立安全目录，以实现关键设备的认证。

5G 安全风险不可控方认为：一方面，5G 技术的关键创新，尤其是 5G 垂直行业应用变革，将面临诸多未知挑战，安全手段需要升级演进，无法确定现有防护手段能否应对；另一方面，供应链全球化、跨境复杂性使 5G 安全不可控。2019 年 5 月，32 个国家以及欧盟和北约组织研讨形成的《布拉格提案》提出"5G 安全应考虑第三国政府影响因素，涵盖所在国治理模式"。2019 年 9 月，美国和波兰签署 5G 安全声明，称要对 5G 供应商开展"是否受控于他国政府的审查"。这些国家将 5G 网络安全风险的评判加入诸多非技术因素，强调 5G 安全还包括网络攻击协作与制裁、投资与出口管制、第三方政府影响等因素。

3. 回归技术路径，强化 5G 安全保障体系建设

5G 安全是全球面临的共同问题，需要回归技术路径，从 3 个方面强化 5G 安全保障体系建设。

一是要加快标准制定，强化内生安全。针对 5G 新技术特性带来的风险点，加快推进 5G 安全国际标准研制，在架构设计中提供内生、自适应、差异化的安全保障能力，为 5G 新技术、新应用提供标准化的解决方案。目前，ITU、3GPP、GSMA 正在推进 5G 安全技术、5G 安全基础架构、5G 设备安全认证标准的研制工作。

二是推动国际互信互认安全评估认证体系。打破产业链信任僵局，建立客观中立、互信互认的评测认证体系，构建 5G 产品研发设计、生产制造和运行维护全流程的安全审计和技术安全检测机制，促进测评结果国际互认，共同提升 5G 产品安全信任基线和安全测评等级，共同保障 5G 全球产业链的健康发展。

三是强化产业链合作共同维护 5G 安全。5G 构建了新生态体系，行业应用服务提供商与网络运营商、设备供应商一起，成为 5G 产业生态安全的重要组成部分。加大全球协作、产业上下游合作，构建确保全链条、各环节的安全。充分发挥政府部门、标准化组织、企业、研究机构和用户等各方的能动性，明晰各方安全责任，打造多方参与的 5G 安全治理体系，提升全球 5G 安全发展信心。

（三）人工智能安全风险泛在交织，加强人工智能应用规制成为治理重点

1. 随着人工智能应用的不断拓展，安全风险泛在叠加

随着人工智能应用的不断拓展，人工智能安全

风险呈现泛在叠加态势。当前，人工智能技术与垂直行业领域日益深度融合，在提升经济社会运行效率的同时，其被滥用或恶意利用的风险与原有数据泄露、虚假信息传播等风险交织叠加，给个人权益保护、社会稳定和国家政治安全带来新挑战。一是威胁公民个人权益。人工智能技术的不当应用会威胁公民隐私权、肖像权以及财产安全。例如，新一代人工智能的快速发展，驱动人脸识别技术广泛应用于金融交易、公共安全、民生服务等相关行业，创造更加智能便捷的工作和生活方式。但是，人脸识别应用的大量部署，导致公民生物特征信息过度采集和产生滥用风险，隐私保护面临挑战。2019 年11 月，北京地铁计划用人脸识别实现乘客分类安检，引发社会公知和普通民众的广泛争议。二是造成社会公共风险。基于人工智能的深度伪造可用于网络诈骗等不法活动，危害社会诚信。2019 年 9 月，《华尔街日报》曝光欧洲首例深度伪造的变声电信诈骗案件，不法分子伪装老板声音诈骗 22 万欧元。应用于政府、司法部门的智能决策算法，可能因算法歧视、判决误差等原因，损害社会公平。三是威胁国家政治安全。"剑桥分析助力美国大选"等相关多起事件表明，基于人工智能算法的信息推荐可影响政治舆情和政治进程，危害国家政治安全。并且，基于换脸换声技术伪造政治领袖的新闻视频，可混淆公众视听，直接影响政治安全。互联网中已出现大量虚假特朗普视频，可能影响美国 2020 年大选。

2. 攻防技术不对称，深度伪造应用技术反制成难题

由于攻防技术不对称，人工智能不良应用的技术反制成为难题。目前，人工智能应用安全不得不面对攻防技术严重失衡的局面。以深度伪造应用为例，一方面，深度伪造技术不断成熟，算法模型复杂度、训练数据依赖度和对算力需求持续降低，而虚假信息内容逼真度持续提升。近年来，深度伪造应用门槛越来越低，2017 年，Reddit 网站发布换脸虚假视频，相关算法在 Github 开源。2018 年，FakeApp 上线，可实现一键换脸；加拿大 Lyrebird 公司已实现针对任何人物的语音合成。2019 年，微表情伪造开始出现，伪造视频更加逼真，并且，基于

少量图片即可生成视频。另一方面，针对深度伪造的识别技术有效期却越来越短，自动识别难度越来越大。原因包括：一是深度伪造可针对特定人物目标进行优化，而自动识别需要在海量数据中进行鉴伪，难度很大；二是深度伪造技术快速发展，原有伪造信息内容的缺陷特征或识别算法的训练数据集很快会不适用，例如，新型换脸技术已可模仿真人眨眼频率，通过眨眼频率鉴别换脸视频正在失效。

3. 国际加强人工智能应用规制，应对安全风险

美国和欧洲等国家通过加强人工智能应用规制，应对人工智能安全风险。针对人工智能应用安全风险突出领域，美欧国家通过推进国家和地方立法、加强人工智能应用规制管理、鼓励研发对抗技术等措施积极予以应对。一是明确人工智能应用的禁用范围。通过国家和地方立法，明确界定人工智能应用违法行为以及惩罚措施。例如，2019 年以来，美国的旧金山、奥克兰等多市通过立法，禁止当地警方使用人脸识别，维护隐私及社会公平。针对深度伪造不良应用，美国在联邦层面形成《2018 年恶意伪造禁令法案》《深度伪造责任法案》《2019 年深度伪造报告法案》等提案。二是规范人工智能应用的事前规则和运营要求。对允许人工智能应用的具体场景，加强应用行为规范。美国《2019 年商业人脸识别隐私法案》要求使用人脸识别技术需经过用户明确同意，投入市场应用需进行第三方测试。欧洲航空安全局发布无人机通用准则，涵盖无人机技术和操作要求，保护欧盟国家居民安全和隐私，确保无人机安全运行。三是强化人工智能应用安全风险的技术反制。通过加强安全技术研究，提升人工智能应用安全风险的技术对抗能力。例如，针对人脸识别应用，学术界已开展联邦机器学习、多方安全计算等技术研究，加强隐私数据保护；针对深度伪造应用，美国国防部高级研究计划局研发出全球首款"反换脸"刑侦检测工具，加州大学、斯坦福大学、荷兰 Deeptrace 公司、美国 Truepic 公司等积极研发深度伪造检测技术。

4. 推进人工智能应用风险综合治理，保障产业安全发展

基于人工智能安全风险态势，借鉴国外主要国

家的有益做法，我国需推进人工智能应用风险综合治理，保障人工智能产业安全发展。一是健全人工智能应用安全相关法规。通过出台法规和管理文件，加强个人信息保护，防止人脸、声音等个人信息滥用，加强深度伪造等恶意应用约束和惩戒，设立自动驾驶等新应用的安全问责和救济制度。二是建立跨部门的联合监管执法工作机制。针对人工智能应用安全风险交织现状，优化现有监管机制，加强工信、公安、宣传、安全等部门的资源整合和能力互补，强化联动执法。三是强化人工智能应用安全监测和检测能力。建立人工智能应用安全监测机制，跟踪

分析安全风险。针对人工智能重点领域应用，加强准入安全检测评估。四是从数据安全和过程管控落实平台企业责任。在数据安全方面，明确企业在人工智能相关数据采集、存储、处理各环节的安全责任。在过程管控方面，明确人工智能应用在研发、测试、运行等过程中的相关企业责任。通过法律法规约束、建立跨部门联合机制、强化应用监测、平台责任落实等，加强人工智能应用规制，保障技术产业持续健康发展。

（中国信息通信研究院）

建立全方位网络安全防护体系

网络空间已经逐步发展成为继陆、海、空、天之后的第五大战略空间。网络安全形势日益严峻，网络攻击技术演进变化非常快，从 DDoS 攻击、恶意软件发展到数据泄露，随着人工智能、云计算、物联网、大数据、移动互联网和区块链等技术越来越广泛的应用和融合发展，新技术应用在带来新一轮的产业变革的同时，全球性的网络安全威胁和新型网络犯罪也变得日益猖獗。为实现国家稳定、互联网环境净化以及个人信息安全的目标，我们都需要树立新时代的网络安全观，共同参与网络空间安全的发展，关注网络安全态势，共建网络安全生态。

一、安全攻击思路解析

所谓知己知彼，百战不殆。常见的黑客攻击思路和步骤如下。

步骤一：攻击前准备阶段

① 目标定位：寻找非法获益高且安全防护短板的系统。

② 信息搜集和敏感信息提取。

③ 攻击工具准备。

步骤二：入侵控制阶段

① 启用攻击工具和搜集到的资源信息。

② 漏洞攻击。

③ 木马植入。

④ 搭建隐秘通道。

⑤ 入侵内网。

步骤三：夺取目标

① 多点潜伏。

② 内网横向、纵向渗透攻击。

③ 找到重要目标系统攻击，提权并进行破坏或获取敏感信息。

步骤四：清理战场痕迹

① 清理木马和后门。

② 清理残留数据。

③ 应用系统还原。

④ 清理日志，避免被溯源追踪。

通过对以上攻击思路和步骤进行总结和分析，并结合近年来收集到的攻击案例，我们认为造成攻击成功的根本也是最关键原因，在于以下两点。

（一）系统关键信息甚至入口信息被泄露

当前常见的也是最好用的攻击方法是"社会工程学"攻击。社会工程学是一种通过对受害者心理弱点、本能反应、好奇心、信任、贪婪等心理陷阱进行诸如欺骗、伤害等；利用社会交往（通常是在伪装之下）从目标对象那里获取信息。毫无安全意识的人员是安全攻击防御体系中最薄弱的环节，公司可能拥有最好的防护技术、防火墙、入侵检测系统、生物鉴别设备，但是黑客仍可通过给毫无戒心的员工打电话、发邮件，就能轻而易举地获得入侵系统的大门钥匙。

（二）缺少全方位的网络安全防护体系

全方位的网络安全防护体系即有效的安全防护能力，可分为安全运营管理和防护技术设施两方面，缺一不可。例如，尽管搭建了全套的防护设施和安全管理平台，但是在日常运行中无人运营、无人管理、无人监测，防护设施上的安全策略配置如同空设，那么防护能力等同于零。同样，如果人员安全意识够高，却无行之有效的防护手段和技术设施，那么就好比巧妇难为无米之炊。

因此，我们要重点探讨一下如何建立全方位的网络安全防护体系。

二、建立全方位的网络安全防护体系

（一）建立自查自检和整改的常态化机制

1. 敏感信息清理

（1）对互联网中暴露的敏感信息进行清理

相关单位应重点清理百度文库、中国知网数据库、招投标网站、GitHub 类的代码托管网站等互联网上暴露的如技术方案、网络拓扑、系统源代码、VPN/ 邮箱账号口令等敏感信息，切断攻击方获取情报的途径。

（2）严禁本地或系统上明文存储敏感信息

相关单位应全面清理在服务器、终端、网盘或邮箱中明文存储的敏感信息。

2. 梳理网络边界

相关单位应对互联网、骨干网、数据中心、第三方专线内、外网网络边界进行梳理，形成网络边界台账。

3. 互联网资产摸底

相关单位应梳理和发现互联网资产，对暴露在互联网上的设备、应用、数据库等网络资产进行梳理，建立台账，并进行排查评估。

4. 内网资产摸底

相关单位应全面开展内网信息系统、工控系统、工业视频系统的资产排查工作，明确资产归属，摸清资产情况，形成资产台账。对废弃、无主系统进行下线处理。

5. 全风险自查和整改

相关单位应根据资产摸底情况，通过漏洞扫描、弱口令检测、渗透测试、安全配置检查等方式完成安全风险自查工作，针对发现的问题隐患进行全面整改。相关单位应建立并维护风险台账，对于存在高危风险的资产进行下线处理；对已发现的漏洞进行整改和加固，要能做到一点发现，全面整改，并且能够举一反三，对类似隐患和风险问题进行排查和解决。

6. 收敛网络暴露面

① 加强互联网出口管理：以最小化原则做好互联网收敛工作，关闭不必要的互联网接口、主机和应用。

② 有效管控内、外网入口：具备使用互联网的场所应对接入内网的连接进行严格管理。

③ 加强终端统一管理：办公计算机必须预安装安全管理和防病毒软件，执行统一的补丁自动分发、弱口令检查等基线安全策略；办公网内终端（含移动终端、网络打印机、网络摄像头等）必须无死角开启网络准入控制，启用有效的安全防护策略。

④ 梳理和清理 VPN：清理弱密码和长期不用的 VPN 账号。

⑤ 加强第三方网络接入管理：对第三方机构的网络接入应部署防火墙、网闸、光闸等安全隔离措施，同时做好白名单控制策略。

⑥ 加强供应链网络安全管理：筛查为供应商、维护厂商开启的 VPN、远程桌面、SSH、系统特权账号密码，应尽可能长期关闭远程接入的服务和账号。

7. 对重点系统加强防护措施

① 加强重点应用主机防护：在重点应用主机上部署主机安全防护系统，配置安全防护策略，保护主机免受漏洞攻击、暴力破解和远程操控。

② 加强对堡垒机和域控服务器的防护：使用多重身份认证技术加强身份验证，通过电话、短信或移动应用进行认证。堡垒机必须经过双因素认证，域控服务器必须及时加固及防护。

③ 加强对集权类管理平台的防护：云管平台、网管、流量优化等系统应及时完成安全加固，杜绝弱口令。

④ 加强对移动端 App 的安全管理：全面梳理移动 App（含微信公众号），落实责任主体，对移动 App 进行安全检测，发现问题及时整改，责任主体不清和无法完成整改的应做下线处理。

⑤ 强化重要应用特权用户安全管理：实现权限最小化、双因素认证、协议加密、访问地址限制、操作行为审计等要求。

⑥ 加强数据库权限管理：杜绝数据库弱口令，对数据访问实现字段级的授权、鉴权控制和全程审计。

⑦ 加强身份认证和应用权限管控：已完成与统一身份系统集成的系统应彻底关闭原有认证通道，关键业务操作采用双因素认证。用户权限按最小化原则配置，关闭非必要系统功能。未完成与统一身份系统集成的，应采取有效措施，达到同等安全标准。

⑧ 加强工控系统安全防护：应按《关于加强工业控制系统安全防护的指导意见》要求加强工控系统防护。强化对运行保障人员、外来人员和设备的安全管理，杜绝敏感信息泄露或病毒、木马、后门植入等安全事件的发生。

8．安全意识教育

① 不随意打开陌生可疑邮件链接及附件；

② 不在邮箱或网盘中明文存储敏感信息；

③ 不向不明身份人员提供系统账号及密码；

④ 不允许无关人员进入办公场所；

⑤ 不允许非工作人员使用开放场所的终端设备；

⑥ 工作账号和生活账号不使用相同口令。

（二）部署安全技术方案，加强纵深防御能力

1．部署主动发现检测系统

在网络出口及重要系统域边界部署检测系统，包括不限于 IPS（IDS）、WAF、APT 检测、审计系统、态势感知平台等技术设施。

2．加强态势感知能力

利用所有可以对接的主动发现监测系统和技术设施，对主动发现的攻击行为进行记录，并对攻击入侵证据进行留存和分析，有效实现定位攻击源或提前预警。

3．实现全局联动机制

攻击事件统一上报和分析，处置策略统一下发和部署，做到共享恶意 IP 信息并全局处置，实现攻击 IP 的一点监测、全局阻断。

4．加强多重防护策略

如果防护设施、防护手段是同一类型的，那么出现 0Day 漏洞或被攻击方研究出一种破解方式就会一通百通。因此要通过部署设备异构能力，尽量采用多种品牌设备，或在不同区域设置不同的品牌设备，实施多重防护策略。

5．适当部署欺骗防御系统

蜜罐、沙箱等欺骗防御系统能够起到吸引攻击、收集证据的效果，但是要慎用这些系统，一台设置不周全或者隐蔽性不够的蜜罐会被入侵者轻易识破或者破坏，由此导致的后果十分严重。

（三）提升技术水平，加强预警与处置能力

1．熟练掌握安全防护策略

① 熟悉主机安全加固方法，结合实时监测的数据，根据主机情况及时更改防护策略和配置。

② 熟练掌握防火墙配置，动态调整访问控制策略。

③ 灵活使用 IPS（IDS）、WAF 系统，动态调整监测和防护策略。

2．熟悉监测预警方法

① 熟练利用 APT 检测工具，能够识别出 Webshell 攻击、漏洞攻击、暴力破解、异常登录等攻击事件。

② 熟练使用防火墙等拦截手段，能查看拦截恶意 IP 的攻击行为。

③ 熟练使用 IPS（IDS）、WAF 系统，能够理解告警类型，准确判断攻击途径。

④ 能够从审计系统等其他安全设备中分析出攻击事件。

3．掌握应急处置方法

① 能够准确找到受控设备，在不对业务造成较大影响的情况下断开网络连接。

② 能够在防火墙、IPS（IDS）、WAF、APT 设备上快速加载恶意 IP 过滤策略，及时阻断攻击连接。

③ 能够快速导出系统日志，保存攻击证据。

④ 熟悉应急预案，能够快速有效地处置安全事件。

（中国联合网络通信集团有限公司　王　娜）

奇安信 2019 年发展分析及展望

■ 一、基本状况

奇安信科技集团股份有限公司（以下简称"奇安信"）成立于 2014 年，经过 6 年的发展，已经成为跻身于服务政企网络安全领域的极具前瞻性、创新性的知名网络安全公司。

2019 年 5 月，中国电子信息产业集团有限公司（以下简称"中国电子"）战略入股奇安信。中国电子具备拥有国产自主的操作系统、通用计算芯片等技术的优势，奇安信则在企业级网络信息安全方面积累了大量的实战经验，双方优势互补，共同致力于建设集本质安全、过程安全和产业安全于一体的数字产业新生态。

从 2017 年的应对"永恒之蓝"勒索病毒，到 2019 年的攻防实战演习，奇安信以国家队的使命担当，以实际行动落实网络强国战略。2019 年 12 月，奇安信凭借卓越的网络安全技术和服务能力，成为 2022 年北京冬季奥运会的合作伙伴。

（一）业界首次提出内生安全理念及其落地方案

2019 年，奇安信联合相关机构组织召开了首届北京网络安全大会，率先在网络安全业界中提出了"内生安全"的理念。2020 年年初，奇安信前瞻性地提出面向国家新基建建设和政企数字化转型的新一代网络安全框架，其核心内容是"十大工程、五大任务"，适用于绝大多数应用场景下的安全需求，进而保证内生安全的思想在各个重点行业顺利落地，切实保障政企机构的网络安全和业务安全。

（二）关注网络安全人才培养与选拔

2019 年 7 月，奇安信行业安全研究中心与智联招聘联合发布《2019 网络安全人才市场状况研究报告》（以下简称《报告》）。《报告》站在行业健康发展的角度，深入研究网络安全人才市场的现状，了解用人单位的特点及人才特征，分析市场人才需求变化与供需结构等，借此希望社会、产业、学校等各方面，共同促进网络安全人才的培养与选拔。《报告》研究发现，中国网络安全人才需求规模依然呈现大幅增长态势，与此同时，网络安全人才"大城市集中化"现象有所缓解。未来，实战型应用人才仍然是市场需求的重点类型。

（三）持续技术创新，提升威胁应对能力

奇安信从成立之初就以数据驱动安全为核心理念，以安全管理与持续运营为保障。经过不断探索、实践与创新，奇安信在大数据与安全智能技术、终端安全防护技术、安全攻防与对抗技术、安全运营与应急响应技术等领域，取得了众多战略性的技术成果，以有效应对日益复杂严峻的网络安全威胁形势。目前，奇安信拥有国内首个威胁情报中心，并组建了国内规模最大的应急响应中心，是首个发现并披露境外黑客组织对我国进行 APT（Advanced Persistent Threat，高级持续性威胁）攻击的企业。在漏洞防御方面，其旗下的"补天"漏洞平台，是全球领先的中文漏洞响应平台之一，拥有 60000 多名"白帽子"实时提交漏洞，目前提交漏洞数已超过 450000 个，曾多次为国家重要机构和企事业单位提供保障。

（四）以专业网络安全服务践行社会责任

奇安信拥有国内规模最大的网络安全服务团队，曾参与了 APEC、G20、全国两会、"一带一路"、纪念抗战胜利 70 周年阅兵、十九大、上合峰会等国家重大活动的网络安保工作，是同行业里参与重保次数最多、配备人力最多的企业，屡获国家相关部门和客户的认可及感谢。

■ 二、趋势展望

当中国乃至全球都遭遇由新冠病毒引发肺炎的

疫情时，数字经济发展、网络空间安全也遭到挑战，各类网络信息安全威胁"趁火打劫"，网络空间几乎成为抗疫的第二战场。作为有责任、有担当、有能力的网络安全厂商，奇安信一方面积极投身于为举国抗疫保驾护航的安全技术支持工作，另一方面发挥企业的创新优势，推出一系列支持中小企业复工复产的远程移动办公平台、工具等，积极协助国家、社会做好网络空间安全治理工作，恢复生产生活秩序。

未来，奇安信将在以下几个方面重点发力，在实现自身企业创新发展的基础上，努力践行"让网络更安全、让世界更美好"的使命。

（一）"新一代网络安全框架"促进网络安全体系化、工程化和提升成熟度

奇安信在 2020 年 3 月正式发布了"新一代网络安全框架"，这个网络安全框架囊括了基础架构安全、纵深防御、积极防御、情报和反制 5 个不同阶段的安全能力，及其对应的产品、人、能力和服务，并将所有能力内生到信息化系统中，保证安全系统与业务系统深度融合，安全能力伴随业务变化日渐强壮，即使网络被攻破也能保证业务安全。

该安全框架采用系统工程的思路进行网络安全的规划与设计，实现安全融入 IT 战略和企业战略。其一方面借鉴了信息化建设领域的 EA（Enterprise Architecture，企业架构）方法论，以及 TOGAF（The Open Group Architecture Framework，开放组织体系结构框架），让网络安全行业拥有与信息化系统工程方法相对应的框架，从而更加科学和体系化，更加工程化地指导政企网络安全体系的规划与建设；力图改变网络安全行业一直采用的以"局部整改"为主的安全建设模式，破解网络安全体系化缺失、碎片化严重、网络安全防御能力与数字化业务运营的保障要求严重不匹配的难题。

另一方面，新一代网络安全框架把网络安全定位成新基建的基础工程，新基建建设、数字化业务，以系统工程的方法论结合"内生安全"的理念，从顶层视角出发，帮助各行业在数字化环境内部建立无处不在的"免疫"系统，从而构建出动态综合的网络安全防御体系，全方位地保障业务的安全。

（二）用"十大工程、五大任务"助力关键行业 / 领域实现数字化转型

数字化转型带来了巨大的收益，但信息技术与业务的深度融合也使网络安全风险更具有实质性的后果，网络安全问题对业务更具有破坏性乃至灾难性，网络安全风险等同于业务运营风险；同时，新技术的应用也给业务运营引入了更多新的风险。政企机构信息系统一旦被入侵或破坏，将会直接危害到业务运营，进而危害到生产安全、社会安全，甚至国家安全，以往所有的收益也将"一失万无"。

从发展趋势上看，数字化转型对政企机构运营模式的转变是颠覆性的、不可逆转的，传统的信息化模式无法支撑目前经济环境下的业务运行要求，因此政企机构必须基于数字化运营的高要求模式来建设网络安全体系，将网络安全建设放在所有数字化转型举措的最前列，从而安全地实现数字化转型。

基于上述背景，奇安信在新一代网络安全框架下，提出了十大工程和五大任务，如图 1 所示。

政企机构可借鉴"十大工程、五大任务"推进内部的网络安全体系规划和建设，以重点项目和能力建设为抓手，合理调配资源，完善管理机制，使网络安全体系建设工作能够得到充足保障和有力推动，从而在"十四五"期间通过升级、替换或重构的方式提升网络安全的演进能力，保障数字化业务平稳、可靠、有序和高效地运营。

（三）用实战化演习的安全服务方式提升政企防御水平

随着政企网络安全建设的推进，政企单位逐步部署了大量的网络安全设备，编制了相应的安全管理制度，建立起了种种安全防护体系，但是已有的安全措施和管理制度到底起到了多大的作用却难以评价，因此亟需通过一种可靠的方式进行检验，而演习则是目前为止被公认的最为有效的一种手段。

实战化演习的主要特点就是在真实的生产环境中进行，从攻击者的角度全面检验现有安全防护体系的有效性，真实反映安全防护能力的现状。

奇安信在网络攻防实战演习方面具有非常丰富的组织和实践经验，拥有相对成熟的演习方案和配套的平台工具，已为国家多个部委、大型央企成功

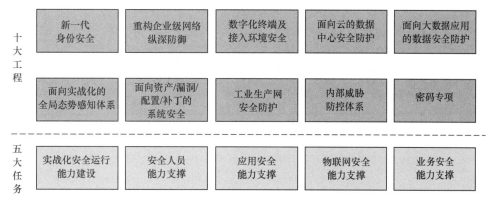

图1 十大工程、五大任务构成

组织过多次网络攻防实战演习。在网络攻防实战演习的方案设计、流程控制、模拟攻击以及结果研判方面都有着丰富的实战经验。未来，奇安信会发挥自身的优势，持续赋能更多机构、企业，持续完善攻防演习流程机制，在实战化场景下，不断提升整体安全防御水平。

（四）加强协同，支撑信息技术应用创新发展，推动产业做大、做强

2019年，信息技术应用创新及相关产业（简称信创产业）快速发展，成为网络安全产业发展新的强劲动力。随着后疫情时代的复工复产、"新基建"的全面启动，全国各地信创项目开始大面积铺开，信创产业几乎成为现象级市场的风口。

相关机构研究指出，2020年是信创产业全面推广的起点，在"十四五"期间，我国信创产业将迎来黄金发展阶段。

奇安信也已在信创领域布局。2019年5月，中国电子联合奇安信在技术创新、资源整合等方面进行了深入合作，将网络安全防御能力与操作系统等底层应用紧密结合。2020年4月，奇安信可信浏览器正式发布，该浏览器面向信创全生态，全面兼容国产CPU（Central Processing Unit，中央处理器）硬件平台和操作系统，为政企管理者、使用者、开发者、运维人员提供了一个安全、可信、全平台、一体化的政企业务承载平台。

三、小结

未来，奇安信将基于自身优势，联合各方，强化生态协同，通过奇安信可信浏览器、PKS安全体系，建立起连接信创生态的安全纽带，致力于信创的高质量发展，推动信创产业做大、做强。

（奇安信科技集团股份有限公司）

我国电信运营商 2019 年网络转型情况分析

2019 年 5G 正式商用，我国三大电信运营商因为 5G 的到来，纷纷加快引入 AICDE 等技术，促进 5G 网络智慧化；进一步推进 SDN/NFV 建设和网络解耦，为搭建更具弹性和更灵活的 5G 网络夯实基础；建立新一代云网运营体系，推进云网融合发展；从商业模式、频谱共享、接口开放、白盒设计和利旧探索等方面推动 5G 室内解决方案创新；通过建平台、建生态、建标准强化边缘计算技术能力。此外，部分运营商还配套开展了部门架构调整，为推进网络转型提供组织保障和资源统筹赋能。

一、中国移动网络转型情况分析

（一）随着 5G 时代到来，提出构建"四新"5G 智慧网络

随着 2019 年 5G 正式商用，为满足未来 5G 高效、灵活、智能的发展需求，中国移动对 5G 进行颠覆性的设计，让 5G 与 AI 更好地结合，为此，提出构建"四新"5G 智慧网络，即新架构、新感知能力、新网络能力和新生态：

在新架构方面，中国移动将实现从终端到网元到网管到平台的全部 AI 赋能。例如，使终端具备边缘 AI 能力；网元具备分布式智能，能够自环感知分析决策；网管具备集中式智能，可统一数据、集中管控；平台具备智力众筹能力，实现数据与能力开放。

在新感知能力方面，中国移动构建全方位网络感知能力。例如，使智能终端可实时进行环境感知，采集生物特征，收集语音和图像信息；接入网可进行智能业务识别，用户体验感知，用户进行位置感知等；核心网可通过虚拟化采集方式对全网流量进行感知。

在新网络能力方面，中国移动在上述新架构和

新感知的基础上，不仅能提升网络运营效率，而且还能对外提供更多的服务，例如定位服务、用户感知的评估、流量的预测等。

在新生态方面，中国移动基于高度灵活开放的网络引入外部智慧进行创新，即智慧众筹，实现生态创新力量汇聚和为我所用。比如，可以引入某些高校和创新公司的创新技术，优化和改进移动性的算法和天馈算法，在通过检验的基础上在全网推广。

（二）基于"四新"的 5G 智慧网络实施"5G+"计划

中国移动在构建"四新"5G 智慧网络的基础上，全面实施"5G+"计划。通过网络转型升级更好地为跨领域、全方位、多层次的产业深度融合提供基础设施。

一是推进 5G+4G 网络协同发展。中国移动大力推动 5G 和 4G 技术共享、资源共享、覆盖协同、业务协同，加快建设覆盖全国、技术先进、品质优良的 5G 精品网络。2019 年，中国移动在全国建设超过 5 万座基站，在超过 50 个城市实现 5G 商用服务；2020 年，将进一步扩大网络覆盖范围，在全国所有地级以上城市提供 5G 商用服务。同时，中国移动将全面提升 5G 端到端网络品质和服务能力，持续推动 5G 技术标准发展。

二是推进 5G 网络 +AICDE 技术融合创新。中国移动持续推动 5G 网络与人工智能、物联网、云计算、大数据、边缘计算等新兴信息技术深度融合、系统创新，打造以 5G 网络为中心的泛在智能基础设施，构建连接与智能融合服务能力、产业物联专网切片服务能力、一站式云网融合服务能力、安全可信的大数据服务能力、电信级边缘云服务能力，加速 5G 网络与 AICDE 技术在各领域的相互融通、深度融合，充分发挥乘数效应，更好地服务各行各业。

在网络转型升级、提供优质基础设施的同时，

中国移动打造 5G 发展生态和推出 5G 产品体系。

一是推进 5G+Ecology 共建。中国移动深入推进 5G 产业合作，联合产业链合作伙伴共建 5G 终端先行者产业联盟、5G 产业数字化联盟、5G 多媒体创新联盟。中国移动推出 5G "BEST" 等新商业计划，并设立产业基金，为产业创新提供基本支持。

二是推进 5G+X 应用延展。在政企市场，中国移动面向各行各业推出"网络 + 中台 + 应用"的 5G 产品体系，打造 100 个 5G 示范应用，赋能产业提质增效。在大众市场，中国移动推出 5G 超高清视频、超高清 5G 快游戏、超高清视频彩铃等业务，满足个人用户的数字生活需求。

（三）开展大规模 NFV 设备集采和一级 IT 云资源池 SDN 系统改造，推动网络转型目标和计划落地

中国移动 NFV 网络工程于 2019 年正式进入大规模建设阶段。中国移动启动了 NFV 网络一期工程设备集中采购，采购内容涉及全国 8 大区 31 省公司的分组域网元（vMME、vSAE GW、vPCRF、vDNS）、IMS 域网元（vCSCF、vVoLTE AS、vSBC、vENUM/DNS）、虚拟层软件、分布式存储、管理与编排器 NFVO+ 以及系统集成，项目总预算高达 37.88 亿元。中国移动通过 NFV 网络工程大规模建设，基于 x86 标准的 IT 设备成本将进一步大幅降低，能够为中国移动未来节省大量的投资成本。另外，通过软硬件解耦及功能抽象，中国移动将获得更多、

更灵活的网络能力，实现新业务的快速开发和部署，并基于实际业务需求进行自动部署、弹性伸缩、故障隔离和自愈等。

与此同时，中国移动 2019 年联合产业链合作伙伴完成了电信级 CloudOS 与商用 SDN 系统的解耦及对接测试，此外，还启动了对呼和浩特、哈尔滨两地的一级 IT 云资源池的 SDN 系统升级改造工程。在 NFV 部署中成功引入 SDN 组网，加速推进中国移动核心网三层解耦及 NFV 化进程，推动 NFV 与 SDN 接口标准化发展，为中国移动搭建面向未来的更具弹性和更灵活的 5G 网络夯实了基础。

二、中国电信网络转型情况分析

（一）以"三朵云"5G 网络架构为目标指导网络演进

早在 2018 年年中，中国电信即提出了"三朵云"的 5G 网络架构目标，包括"接入云""控制云"和"转发云"3 个逻辑域，这一架构下的网络将是一个可依业务场景灵活部署的融合网络，如图 1 所示。

"控制云"完成全局的策略控制、会话管理、移动性管理、策略管理、信息管理等，并支持面向业务的网络能力开放功能，实现定制网络与服务，满足不同新业务的差异化需求，并扩展新的网络服务能力。

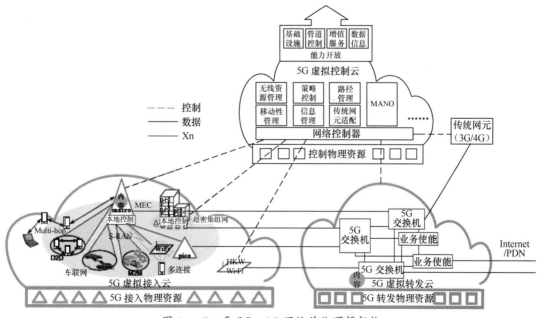

图 1 "三朵云" 5G 网络总体逻辑架构

"接入云"支持用户在多种应用场景和业务需求下的智能无线接入，并实现多种无线接入技术的高效融合，基于不同部署条件要求，可进行灵活组网，并提供边缘计算能力。

"转发云"配合接入云和控制云，实现业务汇聚转发功能，基于不同新业务的带宽和时延等需求，转发云在控制云的路径管理与资源调度下，实现增强移动宽带、海量连接、高可靠和低时延等不同业务数据流的高效转发与传输，保证业务端到端的质量要求。

随着5G正式商用，中国电信以"三朵云"5G网络架构为目标制定网络演进策略，具体如下。

一是控制性部署NSA（Non-Standalone，非独立组网），坚持以向SA（standalone，独立组网）演进升级为方向。2019年，中国电信在北京、广州、深圳、成都、雄安等17个城市开展5G创新示范，并首批开通了北京、上海、广州、深圳、杭州、南京等50个城市的5G网络服务。在这些城市中，中国电信建设了以SA为主、SA/NSA混合组网的跨省跨域规模试验网；2019年以控制性部署NSA为策略，并于2020年第一季度启动了网络向SA演进升级的工作。

二是在多网并存的情况下，推动网络协同发展，循序渐进演进升级。在5G网络建设初期，中国电信将拥有一张2G、3G、4G、5G并存的网络，即便在5G网络的成熟期，4G和5G网络仍将长期并存。基于5G网络"接入网"，实现多种无线接入技术高效融合的特性，中国电信确立多网长期并存、协同发展的策略，把5G网络演进将分为近期（面向2020年商用）和中远期（面向CTNet2025网络重构）两个阶段。近期，中国电信将面对多种业务的不同需求，实现应用感知的多网络协同和基于统一承载、边缘计算等的固移融合。中远期，中国电信将推动人工智能技术在5G网络管理、资源调度、绿色节能和边缘计算等方面的应用，改变网络运营模式，实现智能5G。

（二）成立云网运营部，加快建立新一代云网运营体系，坚决推进云网融合发展

"三朵云"5G网络架构提出的背后，是中国电信对云网融合的高度重视。业界已普遍认识到，5G时代是云和网相互融合的时代，5G加速云网融合，

云网融合赋予5G更多内涵，两者共生共长、互补互促。为此，中国电信提出以建立新一代云网运营体系和推进企业数字化转型为目标，并对组织架构进行了调整，撤销网络运行维护事业部和企业信息化事业部，设立云网运营部，以保障网络云化和云网融合加快推进，发力打破网络与IT的传统职能壁垒，突破网络分段管理模式和IT系统"烟囱式"架构，按照云、网、系统深度融合方式建立领先的生产运营和管理体系，实现全集团"一张网、一朵云、一个系统、一套流程"，增强中国电信云网融合核心竞争力。目前，在中国电信的不懈努力下，中国电信的天翼云无论是用户规模还是市场表现，都已位居前十，是三大运营商中唯一跻身前十的品牌。

（三）积极推动5G室内解决方案创新

由于5G采用的频段更高，因此其波长较4G更短，基站覆盖的范围更小，信号的穿透力相对较弱，超密集网络部署也因此成为定义5G的关键支撑技术之一。在同等覆盖条件下，5G将需要部署更多的宏基站，并配以大量的微小基站补盲补热。但目前，现网室分无法利旧，且由于已有室分系统中存在许多比较陈旧的楼宇，系统改造非常困难，或者物业不允许再对楼宇进行改造。如果新建，也存在进场成本高、与物业和业主/租客的协调难、工期长、加快推进进度的手段少等困难。而且由于5G基站的天线较此前代际发生了较大变化，传统基站的天线与RRU一体化集成为了AAU有源天线单元；由于大规模天线阵列和超密集网络部署两大关键支撑技术的应用，5G基站的天线需求也将大幅提升，因此相应的投资预计将大幅增加。另外，室分系统的功耗大，能效约为2.5%，仅为宏站的1/8，导致日常的运维成本支出过高。

因此，中国电信积极推动5G室内覆盖创新：一是推进共建共享，通过设计合理的商业模式，与室分建设涉及的相关方合作共赢，实现降本增效；二是推动室内外协同，通过中低频动态频谱共享及超级上行实现5G室内浅层覆盖；三是有源室分开放无源接口，降低成本；四是发布业界首个3.5GHz 5G室内白盒小站射频参考设计，推动白盒小站开源、开放、成熟；五是开展利旧/改造创新方案的探索，以进一步降低室内覆盖成本。

三、中国联通网络转型情况分析

（一）从 5 个方面深耕建设 CUBE-Net 2.0+ 网络，并对组织架构做出相应调整

中国联通自 2018 年年中提出引入 AI 等新技术，打造智能、敏捷、集约、开放的 CUBE-Net 2.0+ 网络以来，2019 年进一步明确将从 5 个方面发力持续深耕：一是面向云网一体化，构建基于 SDN 的智能网络基础；二是面向 5G，实现移动核心网的全面虚拟化与云化；三是面向垂直行业，打造边缘云技术和应用生态；四是面向智能化运营，引入人工智能技术，探索网络 AI 应用；五是面向未来，培育基于开源与白盒的云原生网络产业生态。

尤其在探索网络 AI 应用方面，出现了较多成功的落地案例。例如，在探索网络 AI 应用方面，其基于智能规划分析和挖掘，实现网络告警根因溯源，具有较高的根因定位准确率，对网络维护和规划起到了很好的支撑作用，目前已在中国联通部分省份公司落地应用。此外，还推出了智能网络客服机器人，整合用户的认证以及网络使用数据，引入智能分析引擎，通过扫描用户的业务开通情况、终端能力以及网络行为，实现用户投诉问题智能诊断，助力线下工程师的投诉问题处理。

为了整体推进网络转型，中国联通同样也对组织架构进行了调整，把网络建设和维护与新的 SDN/NFV 技术相关部门合并，成立智能网络中心。其主要职责是承担集团新型网络（基于 SDN/NFV 技术新建或改造的软件化、虚拟化、云化网络）全国统一的规建维研、集约化运营、专业化服务等工作，推进网络运营自动化、智能化，提升网络运营效率；并结合体制机制创新，加快研发网络业务创新产品，推动能力开放，增强网络服务的竞争力和价值。

（二）全力构建 CUBE-Edge 边缘业务平台，推进 MEC 生态合作，强化标准体系建设和技术能力积累

在提出 CUBE-Net 2.0+ 的基础上，中国联通在边缘计算领域积极探索，以加快 5G 商用步伐。其基于英特尔"至强"可扩展处理器的通用服务器全力构建 CUBE-Edge 2.0 边缘业务平台，使平台：一是具备异构的加速资源池、双核轻量化的 ME-IaaS、开放敏捷的 ME-PaaS、灵活智能的 MEAO 等增强功能；二是具备高性能的计算、存储、网络、加速及虚拟化能力，可实时提供编解码、VR/AR 渲染、VCDN（Virtual Content Delivery Network，虚拟内容分发网络）、IoT 设备接入管理等服务，为云媒体、AI 等 SaaS 应用提供助力；三是拥有智能化 MEAO 和 MEPM 业务编排管理模块，可使能 App 的快速部署和迭代。

同时，中国联通加强与 MEC 产业链上下游协同，由集团智能网络中心与政企客户事业部、市场部、产业互联网产品中心以及各省分公司成立"MEC 边缘云专项拓展组"，全方位提供网络、平台、机房、渠道四大资源，正式启动 MEC 边缘云创新产品合作供应商招募，目前中国联通的合作伙伴已超过 100 家。中国联通通过携手生态伙伴在全国 31 个省（自治区、直辖市）市加快 MEC 边缘业务规模部署，拓宽行业合作，加速产业落地；拟投入资金将达数十亿元，建设数千个边缘节点，在数十个行业领域探索应用落地。

此外，中国联通还大力加强自身在边缘计算领域的技术积累，推动 MEC 边缘云标准体系完善，在 ETSI、ITU-T、3GPP、CCSA 主导十余项标准立项，获得"全球运营商边缘计算最佳创新奖"等一系列奖项。

（中国信息通信研究院　梁张华）

工业互联网与人工智能篇

2019—2020 年工业互联网的发展与展望

2019 年，党中央、国务院高度重视工业互联网的发展，多项政策相继出台，为工业互联网的发展指路护航。2019 年 1 月，工业和信息化部发布《工业互联网网络建设及推广指南》，细化了工业企业网络建设的总体目标、实施路径和工作重点，并提出要在 2020 年初步建成工业互联网基础设施和技术产业体系。2019 年 3 月，政府工作报告提出打造工业互联网平台，拓展"智能＋"，为制造业转型升级赋能。2019 年 6 月，工业和信息化部印发《工业互联网专项工作组 2019 年工作计划》，提出加强统筹推进、提升基础设施能力、构建标识解析体系、建设工业互联网平台、突破核心技术标准、培育新模式新业态、发展产业生态、增强安全保障水平、推动开放合作、推动政策落地 10 类工作任务的 61 项具体举措。2019 年 7 月，国务院常务会议强调要发展平台经济新业态。为适应产业升级，需要加快工业互联网平台的建设及应用，推进制造资源、数据等集成共享，发展智能制造和服务型制造。2019 年 8 月，国务院印发《关于促进平台经济规范健康发展的指导意见》，提出发展"互联网＋生产"，推进工业互联网的创新发展。2019 年 10 月，中国正式开启 5G 商用之路，5G 成为助推工业互联网快速发展的关键支撑。2019 年 11 月，工业和信息化部印发《"5G＋工业互联网"512 工程推进方案》，明确了工业互联网要在搭建系统化能力的同时打造 5 个内网建设公共服务平台，以及 10 个重点行业、20 个典型工业的应用场景，进一步推进"5G＋工业互联网"融合的创新发展。2019 年 12 月，中央经济工作会议提出把推动制造业高质量发展列为今年 7 项重大工作任务之首，明确提出要加大制造业的技术改造和设备更新，加快人工智能、工业互联网、物联网等新型基础设施的建设。

一、工业互联网的发展概况

我国工业互联网已经从概念普及进入实践生根阶段，呈现出体系建设全方位、生态构建多层次、应用多领域拓展、产业规模快速增长等突出特征。政、产、学、研各方协同努力，工业互联网已经广泛应用于石油石化、钢铁冶金、家电服装、机械、能源等行业。网络化协同、服务型制造、个性化定制等新模式、新业态蓬勃兴起，助力企业提高质量和效益，并不断催生出新的增长点。已形成的数百项工业互联网典型应用案例覆盖制造业的各个主要门类和场景。2019 年，我国工业互联网产业规模约达 8000 亿元，并继续保持快速增长。工业互联网产业联盟成员数量突破 1000 家。工业互联网发展迈上新台阶，在网络、平台、安全三大体系建设方面均取得了积极进展。

（一）网络是基础

2019 年工业互联网的网络建设与改造进展显著。5G 高速率、低延时、大连接的特性与工业互联网连接多样性、性能差异化以及通信多样化的需求高度契合，成为工业互联网网络演进升级的关键使能技术。5G 的正式商用及《"5G＋工业互联网"512 工程推进方案》的出台，加速了工业互联网的发展进程，以粤港澳大湾区、长三角为引领，鲁豫一带、川渝一带、湘鄂一带积极推进的"两区三带多点"布局，中央与地方协同联动，"全国一盘棋"的工业互联网发展格局基本形成。电信运营商以 5G 抓住工业互联网机遇，纷纷提出发展工业互联网的战略计划。工业互联网逐渐覆盖航空、汽车、机械、电子、港口等重点行业，应用深度从巡检、监控等外围环节向生产控制、质量检测等生产内部环节延伸，涌现出一批典型的工业互联网网络应用案例。窄带物联网实现了县级以上地区的全覆盖，IPv6 改造基本完成，标识解析被创新应用于智能化产品追溯、产品全生命周期管理、供应链优化管理、设备故障预测及健康管理等多个细分领域。五大国家顶级节点、10 个行业和区域的二级节点初步建立，标识解析体系初具规模。

（二）平台是核心

围绕打造工业互联网平台体系，营造良好发展环境，政府引导企业开展平台模式的创新，开展多场景、大范围、规模化的测试验证，加快重点工业企业和重点设备上云步伐。各地陆续出台配套政策，企业上云、用云的成本大幅降低，北京、广东、山东、江苏等省、直辖市成为平台发展的先行者。大部分企业加快工业互联网的布局，形成"大企业建平台、中小企业用平台"的局面，国内具有一定行业和区域影响力的工业互联网平台总数超过了 50 家，重点平台平均连接的设备数量达到了 59 万台。平台应用从简单到复杂、从单环节到全流程、从企业内到多主体协作发展，融合应用创新活跃。2019 年 8 月，海尔的 COSMOPlat、东方国信的 Cloudiip、用友的精智、树根互联的根云、航天云网的 INDICS、浪潮云的 In-Cloud、华为的 FusionPlant、富士康的 BEACON、阿里巴巴的 supET、徐工信息的汉云等多家平台列席《跨行业跨领域工业互联网平台清单》，"双跨"标杆平台在设备连接数量、数字模型数、工业 App 数、活跃用户数、活跃开发者数等关键指标上均比 2018 年有大幅增长。2019 年 12 月，工业互联网平台创新应用案例名单出炉，航空制造领域人机协同工艺设计应用案例等 35 个案例上榜，跨行业模式输出，跨领域经验复制，大企业积极引领产业上下游网络化协同，小企业成为平台应用的生力军，工业互联网平台呈现出蓬勃发展的良好势头。

（三）安全是保障

工业互联网面临网络边界模糊、安全监控管理缺乏、端点增多攻击面增大、安全态势可视化不足等诸多安全挑战。目前，国家、省、企业三级协同的工业互联网安全检测体系正在加快构建。国家层面已基本建成国家级工业互联网安全监测与态势感知平台；省级层面已实现广东、山东、江苏等 12 个省级平台与国家平台系统对接，联网设备数 800 达多万台，支持协议 261 种，收录漏洞信息 3686 条，形成工业互联网相关 IP、域名、企业等基础信息库，具备上下贯通、政企协同、多方联动的安全监测能力；在企业层面，重点行业的企业级安全监测平台正在快速构建。《加强工业互联网安全工作的指导意见》明确提出，在制度机制方面，建立监督检查、信息共享和通报、应急处置等工业互联网安全管理制度，构建企业安全主体责任制，制定设备、平台、数据等至少 20 项工业互联网安全标准，探索构建工业互联网安全评估体系。在技术手段方面，初步建成国家工业互联网安全技术保障平台、基础资源库和安全测试验证环境。在产业发展方面，布局汽车、电子信息、航空航天、能源等重点领域，形成至少 20 个创新实用的安全产品、解决方案的试点示范，培育若干具有核心竞争力的工业互联网安全企业，清晰界定了工业互联网安全保障体系初步建立的近期目标和远期目标。

二、趋势分析与展望

工业互联网从起步发展期正迈向高速发展期，工业数字化转型迈向全局变革阶段。技术创新和产业融合互相促进，平台治理和合作成为政府施策、生态体系打造、企业发展关注的焦点。

（一）"5G+工业互联网"推动技术创新

5G 支撑应用场景向万物互联、移动物联网拓展，它可满足海量信息采集、大数据处理和远程控制等需求。目前，5G 在工业领域的跨界融合尚不充分，应用场景需要挖掘，商业模式有待探索，技术产业生态也未完全成形。例如，5G 芯片和模组尚未成熟，且没有实现面向工业领域的标准化，这都直接影响 5G 工业产品或装备的研发。根据"5G＋工业互联网"512 工程要求，产业界将突破一批面向工业互联特定需求的 5G 关键技术，打造更多典型的工业应用场景，开展更多商用业务试验和应用示范，工业互联网产业联盟、5G 应用产业方阵等产业组织也将发挥其重要作用，凝聚和培养一批"5G＋工业互联网"复合型人才，孵化一批"5G＋工业互联网"优秀项目。

5G 和工业互联网融合发展并相互促进，将推动重大技术攻关、迭代升级、应用测试和落地，在工业领域将形成以智能化为中心的新组织、新产品、新模式，实现社会生产全要素、全产业链、全价值链的重构升级，从而支撑实体经济的高质量发展。

（二）标准先行，促进互联互通

标准是平台治理和合作的重要一环。制造业门类繁多、技术装备标准不同，造成数据采集和整合困难，而工业互联网平台的服务标准不一，给应用衔接带来阻碍。《工业互联网综合标准化体系建设指南》明确指出，2020 年初步建立工业互联网标准体系，研制"工业互联网体系架构"等基础共性标准10 项以上，"工业互联网时间敏感网络技术要求"等总体标准 30 项以上，"工业互联网个性化定制分类指南"等应用标准 20 项以上。随着"5G＋工业互联网"融合标准体系建设的统筹推进，当前和未来一段时间内，产业界通过积极开展标准研制和试验验证工程，重点解决标准缺失、滞后、交叉重复等问题，标准将发挥在产业生态体系构建中应有的顶层设计和引领规范的作用。

（三）平台共享合作，驱动生态活力

工业互联网平台在平台供给、对企服务、开发者调动和品牌宣传等方面均取得了初步进展，但价值共享机制和生态合作路径尚在探索阶段。由于平台个体均缺乏提供"云基础设施＋终端连接＋数据分析＋应用服务"端到端的综合解决方案的能力，因此，要以开源社区为基础、用户参与为方向，寻求互补的战略合作。在技术竞争中，平台企业探索增加边缘及设备端的投入，在钢铁、磨具、家电、水泥等垂直领域广泛布局，关注数据的深度挖掘，拓展细分领域和跨领域的应用。产业集群方式的发展与地方政府的经济推进工作产生积极合力，促进行业优势资源整合，应用和商业模式创新，区域性产业示范基地建设，激发产业生态活力。

（四）强化安全保障，建设攻防体系

工业互联网安全保障体系已发展成为一支独立的中坚力量。《加强工业互联网安全工作的指导意见》明确提出，到 2020 年年底，将初步建立工业互联网安全保障体系，不断加大技术研发和成果转化支持力度，构建工业互联网安全评估认证体系，提升安全防护能力，建立包括全产业链数据安全管理体系和数据流动管理机制在内的数据安全保护体系，推动同步设计、同步规划、同步实施的安全技术手段建设，引导企业提升自身安全防护能力，建立政府监管、企业负总责、社会监督的安全管理体系。基于安全防护、态势感知、攻击溯源、检测评估、仿真验证及新技术创新应用等，实现对工业互联网设备和控制、网络、平台、数据等多层次的安全防护，建立健全攻防兼备的互联网安全技术保障体系，成为产业共识和发展方向。目前，网络安全技术已经成为工业互联网的底层基础性核心技术。

（五）资本助力，催生市场蓝海

从数字化向网络化过渡，从制造基础设施、制造企业的数字化改造，到大范围按需动态配置制造资源，资本市场对工业互联网的发展青睐有加。国家以投资项目、科研补贴、税收政策等方式引领产业发展，有关部门积极组织投融资对接会搭建沟通机制，引导社会资本为融合发展提供多渠道资金保障。资本市场对以工业互联网平台为代表的先进制造业企业的投资活动增多，投资力度逐渐加大，投资方式更加多样，标杆平台获得更多融资机会，产融结合、良性互促的行业发展格局正在形成。

（中国互联网协会　连　迎）

网络人工智能的发展与展望

一、AI 时代下运营商面临的机遇与挑战

随着网络规模的扩大和业务种类的增多，电信网络不断面临新的挑战和问题，从而驱动网络自身不断进行技术演进和革新——从 IP 化到云化、软件化等，以期获得更加灵活和高效提供服务的能力。物联网、SDN/NFV 和 5G 是当前电信网络发展的重要指引，每一项技术的实现都将对目前网络架构带来重大改变，同时对网络的设计、运行和维护提出巨大的挑战，主要表现在以下几个方面。

（1）运维效率低

Gartner 调查显示，37% 的网络故障是由网络变更造成的，当前网络结构越来越复杂，网络的运维管理已远远超过人的能力；75% 的网络问题都是通过用户向运营商反馈问题而被感知和发现的，用户体验和满意度很难得到保证；运维人员 90% 的时间都用来查找故障原因，归因溯源困难，处理效率低。

（2）运营复杂性高

目前，电信网络规模庞大，多制式并存，网络功能复杂，管理上往往需要多团队共同参与。

（3）SLA（Service Level Agreement，服务等级协议）保障困难

目前，电信网络的网络性能无法适应上层应用多元个性化、流量快速增长的需求，缺乏快速按需分流和快速反应能力。无线、IP、光传送等资源未得到最大化利用。

（4）安全和隐私风险

随着网络软件定义化和虚拟化的发展，海量电信数据的产生，使得网络安全风险和个人隐私泄露风险日益加大。

构建适应万物互联的新一代信息基础设施，保障信息基础设施的安全，对于促进信息技术与实体经济融合、拓展数字经济空间具有重要意义。目前，全球已经掀起了人工智能应用的浪潮。将人工智能引入新一代通信基础设施，可以为网络、计算、应用等信息基础设施提供基于数据的感知、预测和管控能力，促进网络、计算、应用等基础设施的融合与协同。人工智能在越来越多的复杂场景下可以作出比人类更优的决策，从而给网络的发展带来前所未有的新机遇，也为电信网络重构转型过程中遇到的众多困难和挑战，提供加速路径。

人工智能技术可以应用于电信网络实现：智能部署，如智能网络参数配置和智能资源配置；智能运维，如故障归因分析和网络异常检测；智能优化，包括 SLA 稳定保障和智能设备节能等；智能管理，如智能网络切片和智能负载均衡等。据 Tractica 预测，电信业整体 AI 用例软件市场将以 48.8% 的年复合增长率实现增长。SDN/NFV 和 5G 的大规模部署将使 2021 年成为网络自动化的转折点。同时，Tractica 预测，AI 技术在电信领域的 5 个主要用例场景分别是网络运营监控和管理、客户服务和市场营销、智能客户关系管理、提升客户体验管理和网络安全。其中，网络运营监控和管理将成为电信业最大的 AI 用例。

二、运营商推动网络人工智能落地

网络人工智能是人工智能技术与通信网络中的 IT 和 CT 技术的长期融合，覆盖通信网络从设备到网络再到业务的各个层面。2019 年，网络人工智能系统和产品开始由概念到落地。

（一）中国移动

在 2019 世界人工智能大会上，中国移动发布了

"九天人工智能平台"。该平台一方面深入电信行业，聚焦于运营商的市场运营、网络以及服务等应用领域，同时，面向垂直行业，以应用场景驱动的方式提供端到端的 AI 应用解决方案。AI 技术已经在中国移动多个领域展开规模化应用，使中国移动从管理、服务等多个方面都得到了提升。智能客服月交互量从 5000 万次提升至 2.1 亿次，准确率达 92%；反诈骗系统月度拦截电话量高达 1400 万个，准确率高达 98%；声纹识别防欺诈、防骚扰电话准确率高达 98%。

（二）中国电信

中国电信基于自身在数据、算法、通用算力和渠道方面的优势，将从面向客户与网络运营两大领域发展人工智能。2019 年，中国电信发布了《中国电信人工智能发展白皮书》。白皮书从中国电信自身业务发展、网络演进和用户感知的需求出发，全面、系统地阐述了中国电信应用、发展人工智能技术的未来愿景与顶层设计，介绍了中国电信人工智能发展的驱动力、发展目标、演进路线、切入领域和关键举措，向用户展示了中国电信基于人工智能技术提供的智慧服务与智慧运营，为生态合作伙伴介绍了与中国电信在人工智能技术领域的合作方式，以及服务国家"智能+"的发展战略。

（三）中国联通

中国联通在 2019 年世界移动通信大会上发布了中国联通网络 AI 发展策略、CubeAI 智立方平台和网络创新技术白皮书等一系列成果，同时发布了《中国联通网络人工智能应用白皮书》《中国联通智能 MEC 技术白皮书》《中国联通网络智能化分级及实践白皮书》等，展示了中国联通在 AI 领域的研究进展和最新成果。

2019 年，中国联通启用智能化网络基础设施及开放平台，该平台是中国联通提升 4G/5G 网络基础设施智能化水平的核心支撑平台。该平台以应用为导向，以技术中台为支撑，依托网络 AI 能力开放平台和数据标注平台，构建中国联通 AI 应用体系，支撑网络智能应用和智慧业务的实现，其中包括使用人工智能技术提升网络基础设施智能化水平，赋能 4G/5G 网络规划、建设、维护、优化；使用人工智能

技术提升业务的智能化能力，实现业务创新，提升用户体验，推动业务转型。

三、通信设备商寻求网络人工智能服务新形态

国内通信设备商在电信网络的智能化发展上大力投入，并积极开展与运营商的合作，推动人工智能在电信网络中的应用以及垂直业务的开展，积极推出网络人工智能平台产品和服务。

2019 年 9 月，华为网络人工智能引擎（NAIE）正式发布商用。NAIE 平台主要基于公有云模式，提供包括数据资产管理服务、模型训练服务、模型生成服务和通信模型服务 4 类网络 AI 应用开发所需的云服务。

中兴通讯推出 uSmartInsight 网络智能化平台，该平台通过云化网络引入数据感知、智能分析、意图洞察三大 AI 能力，构建端到端的智能化网络。

大唐移动积极推动智能化网络运维和多网融合，深入推进垂直服务和通用服务，如智能网联汽车、智能无人书店、智能安防、智能制造、智慧电力等。

四、网络人工智能展望

2020 年，随着 5G 网络的大规模建设和网络人工智能平台的成熟，越来越多的智能化业务和智能运维场景将发挥更大的作用，助力智能化网络和人工智能设施等"新基建"的建设。

（一）"人工智能+5G"成为网络人工智能重点落地场景

人工智能和 5G 相互促进，协同发展。人工智能结合丰富多样的应用场景，如自动驾驶、智慧新媒体、工业互联网、智慧医疗、智慧环保、智慧港口、物联网、智慧物流以及智慧能源等，从接入到边缘，从边缘到核心，从网络切片到 SDN/NFV，从网络运维到网络安全，完成对 5G 网络中端到端的赋能。

（二）智能运维成效初步显现

随着 5G、网络软件化和网络虚拟化的发展，电信网络和业务变得越来越复杂，通信运营企业的运营成本、网络运维方面的压力也会越来越大。企业要想充分发挥 5G 网络的潜能，快速适应网络需求变化，智能化是近期网络运维发展的重要趋势。智能故障定位、智能故障预测、智能网络调优等智能化任务的成熟将促使网络运营和运维模式发生根本性变革。

（三）网络人工智能基础能力进一步增强

网络人工智能的成功应用需要数据、算力、网络和人才的全面升级。运营商和制造业率先在智能云平台发力，通过云服务能力将网络人工智能所需的数据、算法、流程、工具、人才等进一步聚集，将网络开放数据集、智能算法库等逐步开放，从而筑牢网络人工智能的技术、人才底座，为网络人工智能后续的大发展奠定坚实基础。

（中国信息通信研究院　程　强　刘姿杉）

国内外工业互联网的安全标准解读与思考

随着工业互联网迅速向网络化、智能化和开放化方向的发展，工业互联网标准化工作的重要性越来越凸显，工业互联网安全标准的研制对于保障和指引工业互联网安全积极健康的发展具有极其重要的意义。国内外各大标准组织有针对性地制定了一系列工业互联网安全标准，这些标准对于指导工业互联网安全产业和企业部署安全措施具有很好的借鉴意义。本文重点分析了国内外关于工业互联网典型的安全标准，并总结了其特点和不足，为我国今后更好地开展工业互联网安全标准的制定提供参考，最后提出了一些有针对性的建议。

一、工业互联网安全标准的研制工作具有重要意义

2017 年 11 月，国务院发布《深化"互联网＋先进制造业"发展工业互联网的指导意见》，指出要构建工业互联网标准体系，成立国家工业互联网标准协调推进组、总体组和专家咨询组，统筹推进工业互联网标准体系的建设，优化推进机制，加快建立统一、综合、开放的工业互联网标准体系；制定一批总体性标准、基础共性标准、应用标准、安全标准；组织开展标准研制及试验验证工程，同步推进标准内容试验验证、试验验证环境建设、仿真与测试工具开发和推广。2018 年 5 月，工业和信息化部发布《工业互联网发展行动计划（2018—2020 年）》，要求初步建立工业互联网安全保障体系，建立健全安全管理制度，全面落实企业内网络安全主体责任，制定设备、平台、数据等至少 10 项相关安全标准。2019 年 7 月，工业和信息化部、教育部、国家能源局等十部门联合发布《加强工业互联网安全工作的指导意见》，提出建立工业互联网安全标准体系，推

动工业互联网设备、控制、网络（含标识解析系统）、平台、数据等重点领域安全标准的研究制定，建设安全技术与标准试验验证环境，支持专业机构、企业积极参与相关国际标准的制定，加快标准落地实施。

国内外都十分重视工业互联网安全的标准化工作，形成了从国家法规标准到行业规范指南等一系列的规范性文件。工业互联网安全标准的研制极大地促进了工业互联网安全产业的进步与成熟；有助于工业互联网安全产品供应商及时发现问题，用更高、更严的标准规范产品的开发流程，提高工业互联网安全产品的市场竞争力；有利于国家对工业互联网安全产品的市场准入进行管理，保证工业互联网运营单位采购产品的安全性；帮助工业互联网运营单位强化员工的安全意识，规范网络安全行为，减少可能潜在的风险等。

国内外研制工业控制系统安全标准的组织主要有 IEC（国际电工委员会）、ISO（国际标准化组织）、美国国家标准与技术研究院（NIST）、德国标准化学会（DIN）、中国通信标准化协会（CCSA）、全国信息安全标准化委员会（TC260）、全国工业过程测量控制和自动化标准化技术委员会（TC124）、全国电力监管标准化技术委员会（TC296）等。本文在研读以上各大标准组织发布的工业控制系统安全相关标准的基础上，重点聚焦国内外几个典型的标准，并对其进行了详细解读。

二、国外典型工业互联网安全标准解读

（一）IEC 62443 系列标准

目前，IEC 62443 标准结构是 2011 年 5 月由 IEC/TC65 进行调整优化确定的，系列标准名称调整

为《工业过程测量、控制和自动化网络与系统信息安全》。IEC 62443 系列标准目前分为通用、信息安全程序、系统技术和部件技术 4 个部分，共包括 12 个文档。每个文档描述了关于工业控制系统信息安全的不同方面。IEC 62443 系列标准对所有利益相关方提出了要求，包括资产所有者、系统集成商、组件供应商，以尽可能地实现全方位的安全防护。IEC 62443 的第 1 部分描述了信息安全的通用方面，作为 IEC 62443 其他部分的基础。IEC 62443 第 2 部分主要讲述了用户的信息安全程序，包括整个信息安全系统的管理、人员和程序设计方面。IEC 62443 第 3 部分针对系统集成商保护系统所需的技术性信息安全要求而设计，是系统集成商把系统组装到一起时需要处理的内容，包括将整体工业自动化控制系统设计分配到各个区域和通道的方法，以及信息安全保障等级的定义和要求。IEC 62443 第 4 部分主要是制造商提供的单个部件的技术性信息安全要求，包括系统的硬件、软件和信息部分，以及当开发或获取这些类型的部件时需要考虑的特定技术性信息安全要求。

（二）美国 NIST SP800

NIST SP800 已经成为指导美国信息安全管理建设的主要标准和参考指南。NIST SP800 是美国 NIST 发布的一系列关于信息安全的指南。在 NIST 标准系列文件中，NIST SP 不作为正式法定标准，但在实际工作中，已经成为美国和国际安全界广泛认可的事实标准和权威指南。NIST SP800 系列已经形成了从计划、风险管理、安全意识和教育以及安全控制措施的一整套信息安全管理体系。

《NIST SP800-82 工业控制系统安全指南》有逻辑地给出了 ICS 安全保护的建议和指导：若能有效地满足相关需求，ICS 就可以达到更安全的级别，即系统处于一种特定状态，可有效地抵御所面临的不可接受的风险。该指南为保障工业控制系统 ICS 提供指南，它概述了 ICS 和典型的系统拓扑结构，指出了这些系统的典型威胁和脆弱点，为消减相关风险提供了建议性的安全对策。同时，根据 ICS 的潜在风险和影响水平的不同，指出了保障 ICS 安全的不同方法和技术手段。该指南适用于电力、水利、石

化、交通、化工、制药等行业的 ICS。

（三）ISO/IEC TR 27019

《ISO/IEC TR 27019 基于 ISO/IEC 27002 的用于能源行业过程控制系统的信息安全管理指南》遵循了国际标准 ISO/IEC 27002《信息安全控制实用规则》的框架。它概括了信息安全方针、信息安全组织架构、资产管理、人力资源安全、物理和环境安全、通信和操作管理、访问控制、信息系统获取开发与维护、信息安全事件管理、业务连续性管理以及符合性 11 个方面的安全需求和控制实施建议。对于传统的信息安全问题，标准直接引用 ISO/IEC 27002 的内容。对于过程控制系统特有的信息安全问题，标准则给出了专用的安全控制实施指南。整体上来看，ISO/IEC TR 27019 采用了 27002 的框架，内容全面，无分级思想，且仅针对过程控制系统。

三、国内典型工业互联网安全相关标准解读

（一）GB/T 30976《工业控制系统信息安全》

GB/T 30976《工业控制系统信息安全》主要包括 2 部分：① 评估规范，主要包括安全分级、安全管理基本要求、技术要求、安全检查测试方法等基本要求，并分别从组织机构管理和工业控制系统能力（技术）两个方面对评估工作进行了规范。评估规范的推出不仅有利于评估认证机构对系统设计商、设备生产商、集成商等对工业控制系统的信息安全开展评估活动，也可以帮助用户和企业改善工业控制系统信息安全的管理。② 验收规范，规定了验收过程中的流程、内容、方法及要求，通过验收准备、风险分析与处置、能力确认 3 个阶段完成验收测试工作。验收规范可作为各利益相关方实际工作中的指导，并且适用于石油、化工、电力、核设施、交通、冶金、水处理、生产制造等行业使用的控制系统和设备。

（二）集散控制系统（Distributed Control System，DCS）系列标准

System，CSMS）DCS 安全管理标准采用过程方法规定了 CSMS（Cyber Security Management System，

DCS 信息安全管理体系）的建立、实施、运行、监视、评审、保持和改进过程中的安全要求。

DCS 系列标准主要包括 4 部分：① DCS 安全防护标准，定义了集散控制系统在运行和维护过程中应具备的安全能力和防护技术要求，是其他 3 个标准的基础和实施依据；② DCS 安全管理标准，定义了 DCS 在运行和维护过程中应具备的安全管理要点和防护管理要求；③ DCS 安全评估标准，定义了 DCS 在运行和维护过程中对系统技术防护能力和安全管理有效性的评估过程和方法；④ DCS 风险与脆弱性检测标准，定义了 DCS 在运行和维护过程中潜在的系统脆弱性和安全风险的检测内容和测试方法。

（三）PLC 系统信息安全

PLC 系统信息安全标准包括 3 部分：① PLC 信息安全概述，包括信息安全相关内容概述、PLC 系统典型结构、信息安全技术要求说明；② PLC 系统信息安全技术要求，包括信息安全管理方针、信息安全组织机构、外部方管理、资产管理、人力资源安全、物理和环境安全；③检测与验收，包括系统检测和信息安全功能测试。

（四）工业控制系统安全防护指南

工业控制系统安全防护指南的出发点是当前我国工业控制系统面临的安全问题，注重防护要求的可执行性，从管理、技术两方面明确工业企业在工业控制安全防护方面的要求。一是突出工业企业主体责任，面向工业企业提出工业控制安全防护要求，确立企业作为工业控制安全责任主体，要求企业明确工业控制安全管理责任人，落实工业控制安全责任制；二是强调工业控制系统全生命周期的安全防护，涵盖工业控制系统在设计、选型、建设、测试、运行、检修、废弃各阶段防护工作的要求，从安全软件选型、访问控制策略构建、数据安全保护、资产配置管理等方面提出了具体实施细则。

（五）工业互联网安全标准体系

工业互联网安全标准体系框架包括"A 总体类标准""B 基础共性类标准""C 安全防护类标准""D 安全管理与服务类标准""E 垂直领域应用类标准"5 个部分。总体类标准主要规范了工业互联网安全的总体性、通用性、指导性，具体包括术语定义、安全体系架构、风险评估等标准。基础共性类标准主要规范了工业互联网安全的关键共性支撑技术，包括密码技术标准、鉴别机制标准、授权机制标准、电子签名标准、公钥基础设施标准、通信安全技术标准等。安全防护类标准主要规范了工业互联网中各安全防护对象的防护与检测，包括设备安全标准、控制系统安全标准、网络安全标准、平台安全标准、应用程序安全标准、数据安全标准等。安全管理与服务类标准主要规范了工业互联网相关的安全管理及服务要求，包括运营管理、能力评估、产品检测等。垂直领域应用类标准是在前述类别标准要求的基础上，制定符合各行业自身特点的工业互联网安全标准。

当前，我国相关标准化机构正在加快推进工业互联网安全标准的研究制定工作，目前，从立项和研制进展来看，TC260 和 CCSA 已开展相关标准的立项和研制工作。TC260 下的大数据特设组的《信息安全技术 工业互联网平台安全要求及评估规范》标准和《工业互联网安全标准体系研究》研究课题在 2018 年 7 月均已立项。CCSA 共立项和研制了《工业互联网安全防护总体要求》《工业互联网平台安全防护要求》《工业互联网安全接入技术要求》《工业互联网数据安全保护要求》《工业互联网安全能力成熟度评估规范》等 19 项工业互联网安全相关标准。

▌四、思考与建议

近年来，我国工业互联网安全标准化工作在不断完善的同时，也暴露了一系列问题，主要体现在缺乏标准宣贯手段或没有持续性的进行宣贯；缺乏有效的方法论指导用户单位确定信息安全等级，政府缺失信息安全等级评定的依据等。在制定或者完善工业互联网安全标准之前我们需要处理好以下 3 个关系。

（一）标准化需求间的关系

处理好"自上而下"与"自下而上"的标准需求间的关系；建立政府主导，企业为主，产、学、研、用结合的工作机制，鼓励和吸收更多的企业、高校、科研院所、检测认证机构等各方实质性参与标准化工作。

（二）各级标准间的关系

明确国家标准与行业标准的界限与分工，基础通用类上升为国家标准,制定反映行业特点的行业标准;做好强制标准与推荐性标准的统筹协调,对于涉及国家关键信息基础设施安全、涉密网络与系统安全等领域的,则制定强制性标准。

（三）新旧技术领域的关系

对于新兴领域标准的制定,做到"先梳理,再立项";做好新兴领域技术标准与已有标准的承接;找准空白领域,集中发力。

我国应充分借鉴国内外各大标准组织已发布的工业互联网典型安全标准,不断完善我国工业互联网安全的相关标准。

1. 加快建立工业互联网安全标准体系,积极抢占国际标准制定话语权

我国应组织、协调行业监管部门、研究机构、制造企业、安全厂商等共同合作,研究制定与工业互联网安全相关的管理、技术、测评等标准规范;积极主导或参与工业互联网安全国际标准化活动及工作规则制定,推动具有自主知识产权标准成为国际标准,逐步提升我国在工业互联网安全国际标准化组织中的影响力。

2. 构建工业互联网安全评估体系,推动安全评估有序开展

制定工业互联网安全评估标准,规范评估程序和测评方法;搭建国家级工业互联网安全测评服务平台,严格落实工业互联网产品、系统等安全认证程序,有序开展工业互联网安全测评服务。

▌ 五、结束语

随着工业互联网安全标准的重要性的凸显,国内外各大标准组织积极布局工业互联网安全标准,我国应牢牢把握工业互联网发展机遇,加速开展工业互联网安全国家标准、行业标准以及联盟标准的研究与制定,为工业互联网相关企业做好工业互联网安全指引工作,从而推动工业互联网安全产业的健康有序发展。

（中国信息通信研究院　刘晓曼）

工业大数据的安全风险分析及应对建议

工业互联网连通了工业系统与互联网，打破了以往两者之间清晰的安全边界，工业领域日益成为数据泄露的高发领域，安全问题不容小觑。工业大数据跨界融合扩大了安全风险，工业大数据平台成为工业大数据保护的薄弱环节，工业控制系统易遭到网络攻击进而导致工业大数据泄露，工业大数据跨境流动导致安全风险剧增。我国高度重视工业大数据的安全保护，发布了一系列的相关战略文件，但安全形势依旧严峻复杂，我国应加速构建工业大数据分级、分类管理体系，建立工业大数据的出境安全评估管理体系，完善工业大数据安全技术保障体系，提前防范工业大数据的安全风险，为工业互联网健康有序发展保驾护航。

一、保护工业大数据的重要性

信息科技浪潮推动工业系统从机械化、流水线发展到信息化、智能化阶段，工业大数据和与之相伴的分析挖掘技术成为工业互联网发展的关键点。工业大数据将在推动工业发展的竞争和创新能力等方面发挥重要作用。工业大数据促进生产经营的提质增效，企业利用数据的分析挖掘技术提高了资产利用率，降低能耗，更准确地预测和满足用户的需求，从波音公司的数字化转型，到富士康的"无人工厂"战略，从城市节能、设备故障诊断，到3D打印制版，工业大数据应用于先进制造过程的实例不胜枚举。工业大数据的几何级数量增长和价值挖掘需求，将带动智能传感器、工业大数据平台等相关产业进入快速发展时期，进而推动深度学习等基于"数据驱动"的技术与应用蓬勃发展。

近年来，工业大数据日益成为黑客攻击的重点

目标，相关网络安全事件呈井喷式增长。相关数据显示，进入2015年以来，全球每年发生的工业信息安全事件都接近300起，工业领域成为网络攻击的"重灾区"；2017年新增的信息安全漏洞为4798个，其中工业控制系统新增漏洞为351个，漏洞数量之大，使整个工业系统的生产网络面临巨大的安全威胁。2017年，全球针对制造业的数据泄露事件多达620余起，泄露的数据包括行业秘密、商业计划、知识产权等，其中九成以上被泄露的数据都达到了机密级别，与企业利益紧密相关。2018年7月20日，《纽约时报》报道，大众、克莱斯勒、福特、丰田、通用汽车、特斯拉、蒂森克虏伯等超过100家汽车产业链的上下游公司的敏感数据遭到泄露。泄露的数据有公司蓝图规划、工厂图表、制造细节、工作计划、客户资料、保密协议以及包括驾照、护照等信息在内的员工隐私信息，共计157GB、47000份文件。

国家高度重视工业大数据的保护，国务院印发的《深化"互联网＋先进制造业"发展工业互联网的指导意见》提出，建立数据安全保护体系，建立工业互联网全产业链数据安全管理体系，明确相关主体的数据安全保护责任和具体要求，加强数据收集、存储、处理、转移、删除等环节的安全防护能力，建立工业数据分级分类的管理制度，形成工业互联网数据流动管理的机制，明确数据的留存、数据泄露通报等要求，加强工业互联网数据安全的监督检查。《工业互联网发展行动计划（2018—2020年）》要求，初步建立工业互联网全产业链数据安全管理体系，强化平台及数据安全监督检查和风险评估，支持开展安全认证。《加强工业互联网安全工作的指导意见》提出，强化工业互联网数据安全保护能力，明确数据收集、存储、处理、转移、删除等环节的

安全保护要求，指导企业完善数据防窃密、防篡改和数据备份等安全防护措施，鼓励商用密码在工业互联网数据保护中的应用；建立工业互联网数据分级分类管理制度，开展重要数据出境安全评估和监测，完善重大工业互联网数据泄露事件触发响应机制。工业和信息化部发布的《工业大数据发展指导意见（征求意见稿）》提出，加强工业大数据安全风险防范，构建工业大数据安全保障体系，明确安全主体责任和防护要求，构建覆盖工业大数据全产业链的安全管理体系；加强工业大数据态势感知、测试评估、预警处置等保障能力建设，指导企业加大安全投入，建立企业自身大数据安全风险防控体系，确保涉及企业商业秘密、公共利益、国家安全等重要敏感数据的安全；加强工业大数据安全技术产品的研发和产业化，围绕工业大数据全生命周期的安全保护要求，加快数据安全监测、加密传输、访问控制、数据脱敏等安全技术的攻关，提升防篡改、防窃取、防泄漏能力；鼓励工业企业、平台厂商等参与工业大数据安全产品的工程化应用，促进数据安全产品迭代优化；加快培育工业大数据安全骨干企业，支持企业开展数据安全服务，营造良好的工业大数据安全产业生态。

二、工业大数据的安全风险分析

（一）工业大数据跨界融合增大了安全风险

随着新技术的融合、新场景的不断涌现，工业互联网数据保护面临更多的安全风险，传统的数据安全保护技术和保护策略面临"失效"风险。在云计算、大数据、物联网等新技术的应用环境下，工业领域的传统数据资产范围逐步扩大。工业互联网运用了大量传感器收集数据，实现了产品、设备、原材料、产业链数据的上传和汇聚，以支撑大数据分析和智能决策。传感器的广泛部署将引发新一次的"数据爆炸"。大量传感器布放在工业制造、交通运输、城市管理系统中，采集交通、地理、气象、敏感设施、主要经济行业运行情况等多种数据，其中可能包含重要的敏感数据。工业大数据包括工业

控制系统运行以外的数据。大数据技术促使人们分析气候变化、生态约束、市场变化等因素对企业经营产生的影响，外部跨界数据已成为工业大数据不可忽视的来源之一。我国江苏某工程机械企业将液压系统维修历史数据（生产经营数据）与相关状态工况数据（装备物联网数据）对比，进一步引入互联网上的行政区划数据和历年工程建设数据（外部互联网数据）后，推断出盐雾环境是导致密封套腐蚀故障的主要诱因。

（二）工业大数据平台成为数据保护的薄弱环节

工业大数据平台是集海量工业数据采集、汇聚、分析于一体的集中服务体系，支撑制造资源泛在连接、弹性供给、高效配置，同时，平台也成为数据保护的关键环节。一方面，大量工业大数据向平台集中，平台易被选为集中攻击的重点对象；同时，平台汇聚了海量的工业大数据，成为工业资源配置的核心和全要素连接的枢纽，因此也易成为被攻击的对象。如2018年7月，通用汽车、克莱斯勒、福特、丰田、大众、特斯拉等超过100家汽车公司，因其合作供应商的数据存储平台防护不利，大量敏感数据外泄。另一方面，工业大数据平台与客户数据权限不清，工业企业的数据权益容易受到侵害。工业互联网尚在初步发展阶段，工业数据的流通和交易规则、权属规则尚不明确，工业大数据平台与工业企业之间的数据存储、利用等行为尚未发展成熟，也未被纳入结构化规范中。工业大数据平台极有可能利用优势地位侵害工业企业的数据权益。如一些云平台企业在合作协议中设置或隐含"禁止数据迁移"等条款，使客户无法在数据被挪用或丢失时进行追索或获得合理赔偿。

（三）工业控制系统易遭网络攻击导致工业大数据泄露

近年来，工业控制系统逐渐成为网络攻击的主要对象，联网设备和控制系统相比传统互联网，涉及工业协议和传统互联网协议，种类更多，风险也更大。工业控制系统与设备越来越多使用公开协议以及标准化的技术架构，使攻击者的攻击门槛大为降低。不久前委内瑞拉发生了大规模停电事件，该

事件具有持续时间长、影响范围广、事件后果严重等特征，引起了较大的社会动荡。2017 年 5 月"永恒之蓝"勒索病毒肆虐全球，2018 年 8 月台湾省的台积电三大厂区停产等，工业大数据面临严峻的安全威胁。工业控制系统易被攻击，数据易被窃取，原因主要有三点。一是工业控制系统"带病""带毒"运行问题普遍。我国目前的工业控制系统的建成年代久远，设计之初未考虑联网后的安全需求，联网系统存在不同程度的漏洞，易遭病毒入侵和远程控制。同时，很多系统在运行过程中由于高实时性、高可靠性等要求，难以中断和重启进行及时的维护，数据安全问题日益严重。二是进口的工业设备暗藏"后门"回传数据。我国工业组态软件、传感器等核心软硬件被国外企业垄断，存在预置"后门"的风险，可用于回传位置、运行等信息。2018 年年初，英特尔、AMD、ARM 等主流中央处理器芯片被曝出"熔断"和"幽灵"漏洞后，英特尔处理器新漏洞的"预兆"也被发现了，攻击者能获取处理器"安全封锁区域"上的敏感数据，此类芯片漏洞可被用于设置工业设备的"后门"，安全隐患突出。三是工业互联网单个节点的安全风险可能引发全局风险。工业控制系统涉及能源、水利、化工、核设施等关键领域，系统复杂，结点繁多，环环相扣，黑客可能会运用马奇诺防线思维，避强就弱，绕过防守最严密的部分攻击防范薄弱环节，一旦单点环节出现问题，易引发链式反应，造成整条环节的数据泄露。据以色列最新研究表明，只需针对供水或智能灌溉工业控制系统的薄弱环节下手，如联网的洒水器等，就能使整个城市供水系统陷入瘫痪。

（四）工业大数据跨境流动导致安全风险剧增

工业互联网是传统工业与新一代信息技术的深度融合，新技术的融入使得数据跨境流动更为频繁，导致国家对自身信息或数据的控制能力下降，极易引发国家数据资源的丢失，如企业数据挂靠国外云服务器导致数据跨境泄露的情况时有发生。与此同时，我国工业大数据安全技术手段欠缺，我国对数据的延伸控制缺乏有效的技术保护手段，数据开放顾虑重重。

三、工业大数据安全风险应对建议

（一）构建工业大数据分级分类管理体系

工业大数据的覆盖广泛，类型复杂，各行业之间的情况千差万别，我们建议开展工业大数据情况的摸底调查，选取行业代表性的企业、工业互联网平台、工业 App 运营企业、工业大数据平台、工业互联网安全企业等主体开展调研。掌握我国工业大数据的主要类别、内容、数量、数据主体；工业数据与外部跨界数据的融合状况；摸清工业大数据的分布、流动、利用情况，以及风险隐患，为政策制定奠定坚实基础。在此基础上，建立工业互联网数据的分级分类管理体系，开展工业大数据分级分类规范、标准的研究制定工作，明确保护对象、分级分类标准，细化数据主体对每一级 / 类数据的保护义务。

（二）建立工业大数据出境安全评估管理体系

建立工业大数据跨境数据的分级分类的管理体系，推动制定相应的跨境数据监管标准，构建工业大数据跨境数据问责机制，规定数据在收集时必须取得数据提交人的明示同意，以作为后续数据流动的必要条件，强调数据提交人的知情权；明确工业大数据跨境安全评估办法，评估数据使用的合法性和正当性，在此基础上评估数据是否风险可控，有效避免数据出境及再转移后被泄露、损毁、篡改、滥用等风险，明确工业大数据出境安全管理策略、出境操作流程等。

（三）完善工业大数据安全技术保障体系

推进工业大数据安全技术攻关与技术创新，强化工业大数据的安全防护能力，积极开展数据加密技术、数据防泄露技术等专用保护技术的研发攻关，创新数据安全技术手段，加强研发数据安全风险动态感知技术及风险预警技术；深入分析工业大数据跨境场景和安全风险，研发工业大数据的安全工具，实现工业大数据分级分类管理、统一身份认证、数据防泄露、隐私保护等功能；研究工业大数据跨境的安全评估技术，研发工业大数据跨境安全评估系统，评估工业大数据跨境的安全风险，研究工业大数据跨境的安全监测技术与跨境流量监测系统。

四、结束语

工业大数据是制造业数字化、网络化、智能化发展的基础性战略资源，正在对制造业生产方式、运行模式、生态体系产生重大而深远的影响。工业互联网连通了工业系统与互联网，打破了以往两者之间清晰的安全边界，工业领域日益成为数据泄露的高发领域，安全问题不容小觑。工业大数据安全形势严峻复杂，我国亟须加速构建工业大数据分级分类管理体系，建立工业大数据出境安全评估管理体系，完善工业大数据安全技术保障体系，提前防范工业大数据的安全风险，为工业互联网健康有序发展保驾护航。

（中国信息通信研究院　刘晓曼）

工业互联网安全发展与展望

工业互联网连接了工业系统与互联网，构成了从广度到深度的国家关键信息基础设施，网络安全与工业安全风险交织，挑战空前复杂。2019 年 7 月 26 日，工业和信息化部、国务院国有资产监督管理委员会、国家能源局等十部门联合印发了《加强工业互联网安全工作的指导意见》，标志着我国工业互联网的安全顶层设计正式出台，这对于推动我国工业互联网的安全发展具有重要意义。安全是工业互联网发展的重要前提和保障，只有构建覆盖工业互联网各防护对象、全产业链的安全保障体系，完善满足工业需求的安全技术能力和相应管理机制，才能有效地识别和抵御安全威胁，进而确保工业互联网的健康有序发展。

一、国外工业互联网安全发展现状

（一）美国工业互联网安全发展现状

美国政府层面不断强化工业互联网的安全相关立法，进一步加强对产业支撑能力建设的引领。2019 年 3 月，美国通过了《物联网设备安全法案》，为物联网设备的安全设定最低安全标准。2019 年 6 月，美国参议院通过了《保障能源基础设施法》，其中专门提到通过财政拨款开展能源基础设施安全研究与评估，强化能源基础设施的保护。2019 年 8 月下旬，美国正式公布了战略意图文档，着重强调要关注关键基础设施中的工业控制系统的安全。2019 年 9 月底，美国参议院议员提出了《利用网络安全技术保护电网资源法案》，提议美国联邦能源管理委员会激励电力公司进行网络安全投资。2019 年 10 月，美国医疗保健和公共卫生部门协调委员会发布了《供应链网络安全风险管理指南》，旨在帮助中小型医疗保健机构通过企业供应链网络安全风险管理计划来提高所采购的产品和服务的安全性。2019 年 10 月底，

美国众议院国土安全委员会通过《扩大网络安全监控项目法案》，允许该项目成为国土安全部网络工具包的永久组成部分，该法案还要求提供更多的数据分析和可视化工具，以帮助机构更好地了解其网络活动，并制订策略来报告发现的网络风险和事件。2019 年 10 月底，美国众议院通过《先进的网络安全诊断与缓解法案》，该法案要求国土安全部部长根据美国网络安全诊断与缓解计划收集数据，制定报告网络风险和事件的策略；指示国土安全部部署新技术不断扩展该计划，制定战略以确保该计划持续应对网络威胁。

美国联盟层面借助工业互联网联盟（Industrial Internet Con Sortium，IIC）深入开展工业互联网安全研究和安全实践工作。2019 年 2 月 25 日，美国 IIC 发布了《工业互联网安全成熟度模型：从业者指南》，该文件概括介绍了安全成熟度模型，并详细阐述了如何依据成熟度模型在实践中开展安全工作。2019 年 7 月 22 日，美国 IIC 发布《数据保护最佳实践白皮书》，专门就工业互联网数据安全提出了产业最佳实践，反映了产业界对数据安全的高度关注，逐步推动数据安全的实施，并以数据安全策略推动产业界建立完备的安全体系。2019 年 7 月 29 日，美国 IIC 发布《在实践中管理和评估 IIoT 可信度》白皮书，该白皮书作为工业物联网可信度的入门指南，由 IT 与 OT 融合驱动，详细介绍了可信度的定义、示例和管理 IIoT 系统可信度的最佳实践方法。

美国产业层面已将工业互联网安全作为传统安全企业和工业企业发展的重要方向。2019 年以来，以美国趋势科技为代表的传统网络安全企业相继发布工业互联网安全专项研究报告和产品服务，积极向工业互联网安全领域拓展延伸。工业企业通过投资并购，加快工业互联网安全领域的产业布局。美国通用电气公司收购工业控制安全厂商 Wurldtech，

德国大陆集团将以色列汽车网络安全初创公司 Argus 并购到旗下公司，以提升安全产品的服务供给能力。美国博通公司以 107 亿美元收购赛门铁克企业安全软件业务。

（二）德国工业 4.0 安全发展现状

德国高度重视工业 4.0 的安全保障工作，不断细化安全防护策略。在"工业 4.0 战略"中，德国明确把"安全和保障"作为工业 4.0 中长期发展的八大优先行动领域之一。2019 年 2 月 27 日，德国联邦信息技术安全办公室发布《2019 年工业控制系统安全面临的十大威胁和反制措施》，从数据移动存储设备及外部硬件造成的有害软件入侵、通过网络感染病毒、人为错误操作、网络传输和云传输干扰、社会工程和仿冒网站攻击、拒绝服务攻击、联网的中控部件、通过远程维护通道入侵、技术性错误操作和不可抗力、智能手机在生产领域中的干扰十大方面详细阐述了工业控制系统可能存在的安全威胁以及防护对策。

德国产业界聚焦数据安全保护，通过建立合作关系来保护数据安全。德国工业 4.0 平台十分重视数据安全的保护，积极推动与我国在工业互联网数据方面的交流合作，并在数据保护方面达成共识，以保障全球工业网络安全为目标，重点关注中德企业合作中进行信息交互时需满足的安全要求，并将围绕工业领域常见安全监测场景，深入研究与工业互联网数据相关的安全需求和保障机制，并与我国合作推出工业互联网白皮书。

（三）日本工业互联网安全的发展现状

2019 年 4 月，日本经济产业省商务信息政策局正式公开了《网络 / 物理安全对策框架》及其配套的一系列行动计划，鼓励日本积极与其他国家和国际组织开展合作，共同制定关键信息基础设施保护的国际规范。

（四）韩国工业互联网安全的发展现状

2019 年 9 月，韩国政府制定《国家网络安全基本规划》，将通过改善国家信息通信网和主要信息通信设施的安全环境增强网络修复和存活能力，开发和推广安全便利的新一代安全基础设施，提高核心基建设施的安全性。

（五）新加坡工业互联网安全的发展现状

2019 年 1 月，新加坡信息通信媒体发展局发布《物联网网络安全指南》，提出了物联网网络安全的基础概念、检查表和基线建议，重点关注物联网系统的采集、开发、运营和维护各个环节的安全，基于对案例的研究提供了有关物联网安全实施的更多细节。

（六）俄罗斯工业互联网安全的发展现状

2019 年 9 月，俄罗斯国家技术倡议新闻局公布俄公司研发出"波塞冬"系统，该系统采用具有自主版权的海域网络漏洞签名数据库以及基于神经元网络库和人工智能的自动化威胁检测算法，用于保护船舶和海洋基础设施免受网络攻击。

二、中国工业互联网安全的发展现状

（一）工业互联网安全的相关政策

2019 年 1 月 18 日，工业和信息化部发布《工业互联网网络建设及推广指南》，明确提出将以加快企业外网络和企业内网络的建设与改造为主线，以构筑支撑工业全要素、全产业链、全价值链互联互通的网络基础设施为目标，以企业网络应用创新和传统产业升级为牵引，加快培育网络新技术、新产品、新模式、新业态，有力支撑制造强国和网络强国的建设。

2019 年 1 月 25 日，工业和信息化部、国家标准化管理委员会两部委联合印发了《工业互联网综合标准化体系建设指南》，明确了网络、平台、安全、应用的相关建设内容。其中，安全标准包括设备安全、控制系统安全、网络安全、数据安全、平台安全、应用程序安全、安全管理。

2019 年 7 月 26 日，工业和信息化部、教育部、人力资源和社会保障部、生态环境部、国家卫生健康委员会、应急管理部、国务院国有资产监督管理委员会、国家市场监督管理总局、国家能源局、国家国防科技工业局十部委联合发布了《加强工业互联网安全工作的指导意见》，分别面向 2020 年和 2025 年提出了两大发展目标，并提出了七大任务和 17 项重点工作，同时提出 4 项重点保障举措，为开展工业互联网安全工作提供切实可行的指引。

2019 年 9 月 6 日，工业和信息化部发布《省级工业互联网安全监测与态势感知平台建设指南》，指导各地工业和信息化主管部门、地方通信管理局建设专业化安全监测和预警通报技术手段。

2019 年 10 月 22 日，工业和信息化部印发《关于加快培育共享制造新模式新业态 促进制造业高质量发展的指导意见》，提出强化安全保障体系，围绕应用程序、平台、数据、网络、控制和设备安全，统筹推进安全技术研发和手段建设，建立健全数据分级分类保护制度，强化共享制造企业的公共网络安全意识，打造共享制造安全保障体系。

2019 年 10 月 29 日，工业和信息化部、国家发展和改革委员会等十三部门印发了《制造业设计能力提升专项行动计划（2019—2022 年）》，强化产品安全性、功能性、可靠性、环保性等标准要求，规范信息交互、用户体验、运行维护等设计标准，形成高水平的设计标准体系。

2019 年 11 月 1 日，工业和信息化部办公厅发布《关于开展 2019 年工业互联网试点示范项目推荐工作的通知》，围绕网络化改造集成创新应用、标识解析集成创新应用、"5G ＋ 工业互联网"集成创新应用、平台集成创新应用、安全集成创新应用 5 个方向，遴选一批工业互联网试点示范项目，通过试点先行、示范引领，总结推广可复制的经验做法，推进工业互联网创新发展。

（二）工业互联网安全的相关标准

我国加速开展工业互联网安全标准研制，目前已研究形成工业互联网安全标准体系框架，发布《工业互联网安全防护总体要求》《工业互联网平台安全防护要求》等重点标准规范 2 项，同步立项《工业互联网安全接入技术要求》《工业互联网数据安全保护要求》《工业互联网安全能力成熟度评估规范》《工业互联网平台安全防护检测要求》《工业互联网平台安全风险评估规范》《工业互联网安全服务能力认定准则》《工业互联网安全监测与管理系统建设要求》《工业 App 安全防护要求》《工业 App 安全检测要求》《工业互联网企业侧安全监测与协同管理系统技术要求》《工业互联网企业侧安全监测与协同管理系统接口规范》《工业互联网安全防护检测要求》《工业互

联网安全风险评估规范》《工业互联网设备安全防护要求》《工业互联网标识解析系统安全保护要求》等相关国家标准、行业标准共 17 项。

（三）工业互联网安全技术能力建设情况

我国正加强工业互联网安全管控、安全态势感知、安全防护能力的建设，具备了一定的综合防御能力，推动建设国家、省、企业三级协同联动的工业互联网安全技术保障体系。

国家层面，加速构建国家级工业互联网安全技术保障平台。目前，国家级平台已覆盖 261 种通信协议、474 种工业控制设备指纹，收录专用漏洞信息 3686 条，实现了与山东、江苏、吉林、宁夏、福建等省级安全平台的数据链路对接，形成国家整体态势感知和应急处置能力。

此外，同步建设工业互联网攻防靶场、基础资源库，提升国家级安全综合管理和保障能力，搭建面向装备制造业、电子行业等的工业互联网网络攻防测试验证环境，实现对典型业务全流程安全的仿真、测试、验证。

省级层面，山东、江苏、吉林等省积极建设省级工业互联网安全技术保障平台，并与国家平台进行对接，鼓励重点企业积极接入省级平台，部署防护措施、建设安全技术手段，提升自身安全防护能力。

▎三、工业互联网安全产业的发展情况

近年来，我国工业互联网安全产业规模迅速扩容，2018 年中国工业互联网安全市场规模达到 95 亿元，与 2017 年相比增长近 30%，2019 年接近 125 亿元，我国工业互联网安全产业正在蓬勃发展。

（一）持续开展试点示范工作，推动产业园区和专项建设

工业和信息化部组织开展工业互联网试点示范和网络安全试点示范工作，遴选工业互联网安全方向的优秀项目。在工业互联网试点示范方面，据不完全统计，参与 2019 年"揭榜挂帅"的工业互联网安全企业超过了 300 家，带动社会资金超过 100 亿元；还启动了国家网络安全产业园区建设，基本确定了园区产业发展规划和选址方案，明确了部、市支持政策，鼓励工业互联网安全企业进驻园区。

此外，稳步有序开展 2018 年工业互联网创新发展工程相关项目的建设，并持续开展 2019 年工业互联网创新发展工程相关项目的建设，重点针对工业互联网安全平台和产品，推动工业互联网安全技术保障能力的建设。

（二）国内厂商工业互联网安全相关产品线日益完备

中国网安的工业防火墙支持 Modbus/TCP、PROFINET、Siemens S7、FINS 等多种工业控制协议，可有效抑制病毒、木马威胁在工业控制网安全区域间的传播和扩散。威努特基于对工业控制协议的深度解析，结合"白名单＋智能学习"机制，对各类工业控制协议进行快速捕获和指令级解析；启明星辰通过对工业控制系统重要区域内节点间的通信流量检测，发现了工业控制系统中存在的异常行为和潜在威胁。上海观安通过部署探针、网关等关键设备，对工业互联网平台、工业互联网应用设备和系统、企业内外网等的安全运行情况进行检测与感知，同步汇集来自各方的工业互联网安全态势信息，综合形成全天候、全方位态势感知能力；360 工业互联网安全"大脑"系统通过感知、决策、响应 3 种手段形成整套智能安全系统，基于 ICS 全网资产扫描、从 IT 系统到 OT 系统的总线感知、内网数据与外网情报交叉分析等手段，实现实时数据上报和动态策略部署，阻断攻击行为。

（三）加强工业互联网安全人才的培育

我国高度重视工业互联网安全人才的培育，通过宣传教育提升业界的安全意识，通过培训选拔加强基础人才、应用人才的储备，构建全方位、多层次的工业互联网安全人才资源库；开展工业互联网安全大赛，2018 年、2019 年连续两年开展"护网杯"网络安全防护赛和工业互联网安全防护演练活动，挖掘培养工业互联网安全的优秀人才；开展工业互联网安全人才能力认定工作，为规范工业互联网安全评估评测工作，构建工业互联网安全评估评测体系，培育工业互联网评估评测人才队伍，工业互联网产业联盟开展了工业互联网安全评估师能力认定工作，超过 1000 人获得评估师证书，覆盖 19 个省，涉及电力、航空、航天、核工业、石油石化、化工、船舶、轨道交通等重点行业；为培育工业互联网安全技术相关人才队伍，组织开展了"工业互联网安全工程师"能力认定工作，目前已有近百人获得能力认定证书。

▌ 四、工业互联网安全发展趋势

工业领域日趋频繁的网络攻击事件和持续加码的政策要求为提升工业互联网相关企业的安全意识，推动工业互联网安全能力的建设提供了良好契机。

（一）我国工业互联网安全产业政策向好，不断细化深入

2019 年 7 月 26 日，工业和信息化部、应急管理部、教育部、国务院国有资产监督管理委员会等十部门联合印发《加强工业互联网安全工作的指导意见》，体系化布局了工业互联网安全工作，为工业互联网安全产业的发展指明了方向。2019 年 9 月 6 日，工业和信息化部发布《省级工业互联网安全监测与态势感知平台建设指南》，指导各地工业和信息化主管部门、地方通信管理局建设专业化安全监测和预警通报技术手段。

（二）以 IT 视角为主的安全产品和服务满足工业互联网的实际需求，应充分结合 OT 特性纵深发展

根据 Gartner 统计，2018 年，10% 以资产为中心的企业采用将传统安全与专业 OT 安全技术混合部署的模式来保护 OT 环境，这一比例将在 2022 年达到 30%。在特殊性能需求方面，工业互联网需要保障生产的连续性和可靠性，IT 网络中常见的影响网络时延或开销的操作在 OT 网络中可能无法适用，提供平衡安全风险和业务影响的方案将成为工业互联网安全厂商追求的目标。在网络复杂度方面，IT 网络中的资产管理模式难以适应 OT 网络中混合的生产协议、未知资产、遗留系统和设备，IT 网络中的安全方法也不适配工业互联网行业垂直性强的特性，支持更多的工业控制协议的细粒度解析、正确标识与管理 OT 资产、充分挖掘和使用垂直威胁情报都将成为工业互联网安全发展的重要方向。

（三）融合新技术的安全解决方案将不断涌现

面向工业互联网重点行业的安全解决方案将不断涌现，新的安全解决方案将充分融合 5G、人工智能、区块链、大数据、数字孪生等新兴技术。美国

工业互联网产业联盟高度关注新兴技术在工业互联网领域的应用，围绕数字孪生、区块链等新技术在工业互联网领域的应用，召开专题研讨会进行深入追踪，针对数字孪生进行了深入研究，探讨得出区块链即服务的模式逐渐成为保障安全的重要方式，在能源、交通、制造业、航海等领域得到广泛应用，可最大限度地确保其安全性。我国工业互联网产业联盟持续编制《工业互联网安全典型解决方案》，重点关注智能制造、能源石化、水务电力、智慧交通等行业，围绕设备、控制、网络、应用、数据五大安全，不断探索与新兴技术的融合，为工业互联网安全企业部署安全防护措施提供可参考的模式。

（四）工业领域网络安全宣传教育继续加强，以安全需求为导向的人才成为大趋势

人是安全的尺度，通过培训提升 OT 人员的安全意识和技能，将是最快、最有效的安全风险规避方式。既熟悉网络安全又熟悉工业领域的复合型人才将逐渐涌现；实操型安全人才将大量出现。2019年7月，我国工业互联网产业联盟和中国信息通信研究院联合组织了工业互联网安全人才实操能力提升活动，为参训人员提供了实训课程、工业互联网安全实操环境等基础资源。2019 年 11 月 29 日，"2019湖南（长沙）网络安全·智能制造大会"的工业互联网安全分论坛正式公布了全国 55 家工业互联网安全评估评测名录，全面推动了工业互联网安全评测人才培育的工作。

五、结束语

我国工业互联网安全工作取得了一定成效，但我们也要深刻认识到，随着工业互联网的快速发展，各类可以预见和难以预见的安全风险、挑战将明显增多，工业互联网安全工作具有长期性、艰巨性和复杂性。与美国、德国等发达国家相比，我国工业互联网安全保障工作还存在显著的差距，还应进一步建立健全工业互联网安全管理机制，提升工业互联网安全技术的保障水平，完善工业互联网安全产业生态，培育工业互联网安全人才队伍，构建完备可靠的工业互联网安全保障体系。

（中国信息通信研究院　刘晓曼）

中国联通国际

打造

 | | | | |

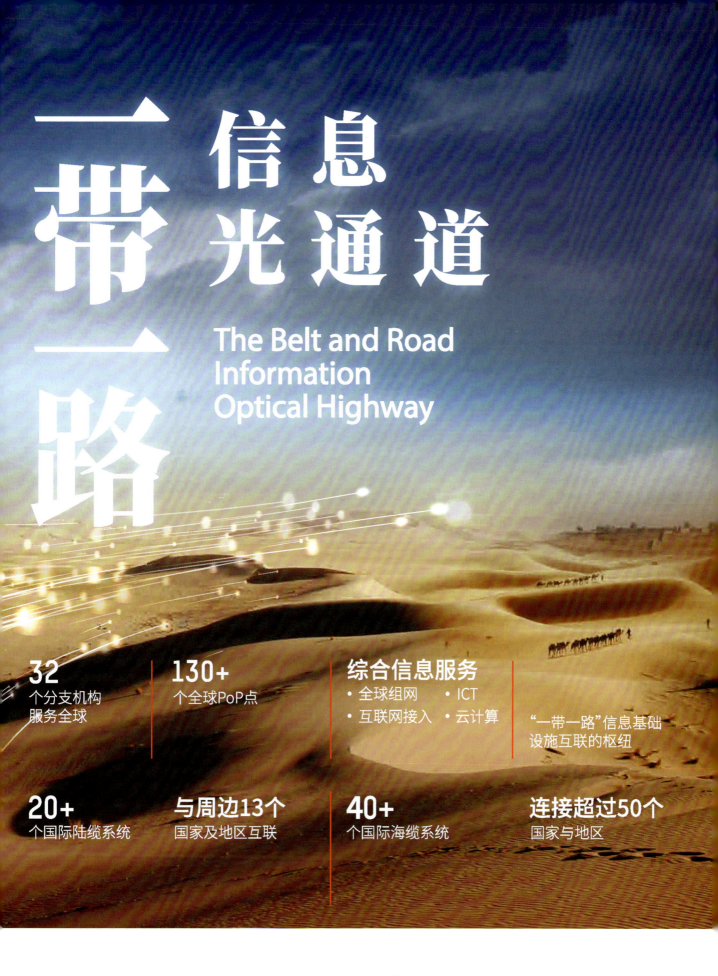

一带一路
信息光通道

The Belt and Road Information Optical Highway

32
个分支机构
服务全球

130+
个全球PoP点

综合信息服务
- 全球组网
- 互联网接入
- ICT
- 云计算

"一带一路"信息基础
设施互联的枢纽

20+
个国际陆缆系统

与周边13个
国家及地区互联

40+
个国际海缆系统

连接超过50个
国家与地区

https://www.chinaunicomglobal.com

Achieve a Better Future.
Together

担当央企责任
助力脱贫攻坚

中国电信四川公司精准扶贫纪实

中国电信四川公司作为领先的综合信息智能服务运营商，认真践行"网络强国""数字中国"，积极响应省委"一干多支、五区协同""四向拓展、全域开放"战略部署，加快"数字四川"建设，助力四川经济高质量发展，打赢脱贫攻坚战。

2019年5月17日，四川5G创新合作发展行动联合发布仪式

数字四川，助力高质量发展

近年来，中国电信四川公司率先建成全国"全光网省"，建成全球IPTV视讯网，率先发布"网络强省行动计划""数字四川创新发展行动计划"和"5G创新发展行动计划"，为治蜀兴川迈上新台阶提供强有力的保障。

截至目前，中国电信四川公司已建成完善的通信设施，全省电信手机用户突破3200万户，光纤宽带、IPTV用户规模双双突破1500万，全省县及以上区域已全面具备千兆接入能力，成为优质的IPTV单体运营商。

中国电信四川公司发挥自身优势，与成都、绵阳、自贡、德阳、雅安、达州等十余个市州政府合力推进大数据中心和本地政务云建设，打造省市一体的大数据和政务服务平台。

中国电信四川公司是中西部优秀的IDC运营服务提供商，有30多个IDC群，"云锦天府"为四川电信和合作伙伴打造的成都区域高端IDC品牌。

目前，中国电信四川公司线下营业网点全省超过70000多家，遍布城市商圈、社区，农村乡镇、村社。行业覆盖政府、军警、大企业、校园等全部领域。IDC已为超过5000家政企客户进行合作并提供高效服务涵盖互联网、金融、证券、党政、房地产、教育、中小企业、医疗、制造等行业客户。

中国电信四川公司充分发挥西部信息中心和天府云计算中心"双核优势"，加快云计算、大数据、工业互联网在企业领域的创新应用，积极推进企业上云、发展智能制造、促进两化深度融合，实现科技制造业高质量发展。加快智慧家庭等领域的智能应用，满足人民群众对美好生活的向往。

中国电信四川公司依托天虎云商，积极打造的广元市朝天区蒲家乡罗圈岩村益农信息社

各级领导先后到四川电信调研，对四川公司落实省委"5+1"战略，促进数字经济高质量发展表示充分肯定。

诸多领导在川西大数据产业园调研大数据产业发展情况，充分肯定中国电信四川公司坚实落实省委"5+1"战略，在牵引传统产业和数字经济融合发展中取得了成效，四川电信将抓住区块链技术新风口，进一步拓宽大数据应用领域，为全省大数据产业加快发展作出更大贡献。

2019年5月17日，四川IPTV中国电信精准扶贫馆正式上线启动

网络扶贫，助力脱贫攻坚

中国电信四川公司积极承担四川省电信普遍服务试点项目、信息通信脱贫攻坚任务和民生工程农村通信项目，全面升级农村信息化基础设施，规模推广惠农信息化应用，消除城乡数字鸿沟。

截至目前，全省通光宽和4G的行政村数量均超过4.3万个，行政村宽带通达率（含无线4G）超过95%，农村宽带的覆盖范围、接入能力和宽带水平均位居全国前列。独家承建和运营农业部全国信息进村入户总平台和四川整省推进信息进村入户工程，建成益农信息社近4万个，全省覆盖率达80%，将农业信息资源服务延伸到乡村和农户，为精准扶贫注入新力量。中国电信四川公司IPTV扶贫专区网络扶贫创新与实践入选2019年网络扶贫案例征集活动之典型案例。

中国电信四川公司积极推进"1+X"大扶贫，重点从网络扶贫、信息扶贫、资金扶贫、智力扶贫、产业扶贫、教育扶贫、就业扶贫等方面发力，多措并举，助力脱贫攻坚。

中国电信率先打通悬崖村信息天路成为网络扶贫的经典案例，成功入选国家"砥砺奋进的五年大型展览"和"伟大的变革——庆祝改革开放40周年大型展览"，获得各级领导的充分肯定和社会各界的一致赞誉。中国电信四川公司先后荣获"全国精准扶贫最具影响力企业""社会责任担当品牌""行业突出贡献奖"等多项荣誉。中国电信打通凉山州悬崖村信息天路，受到中央媒体和省市主流媒体的高度关注，央视、人民日报、新华社、中央人民广播电台、四川电视台、四川日报等主流媒体先后进行了深入报道。

2019年6月5日，雷波县马湖乡大杉坪村幼教点辅导员吉莫拉几为孩子们播放"学前学普"App上的当日课程，孩子们全神贯注地学习

5G+医疗，让百姓共享优质医疗资源

中国电信四川公司加快5G网络建设，积极推进5G商用，取得5G领域应用创新的多个头筹，圆满完成"5G+8K"直播"夜游锦江"和"元宵烟花秀"，率先发布8K极高清在线业务，率先建成全国5G公交精品环线。

2019年7月，中国电信四川公司联合四川大学华西医院，圆满完成国内一例5G+AI远程消化内镜诊断；8月，中国电信四川公司在凉山州悬崖村开展全国灾难医疗急救智慧送药演练。

2019年11月，成都、绵阳正式5G商用，四川由此进入"光网+5G"双千兆时代。随着中国电信5G网络的覆盖不断优化完善，后续还将与更多的医疗机构、设备厂商深入开展5G+AI应用合作探索，通过新技术将更多优质医疗资源下沉到偏远贫困地区，帮助基层医生提高医技，帮助群众解决看病难的问题，助力解决因病致贫、因病返贫的痼疾，打赢脱贫攻坚战。

2019年5月17日，数字四川5G智能+拓展大会期间，观展群众在体验5G应用

2019年8月，中国电信四川公司在凉山州悬崖村开展全国灾难医疗急救智慧送药演练

担当央企责任，服务社会民生

中国电信四川公司坚持"以客户为中心"的经营理念，积极推进"提速降费"和携号转网，促进经济发展转型升级，支持创新创业，助力脱贫攻坚，让企业受益，让用户受惠，增强民众获得感。

近年来，中国电信四川公司圆满完成了"5·12"汶川特大地震、"4·20"芦山地震、"8·8"九寨沟地震、凉山森林火灾、"6·17"宜宾长宁地震等重大自然灾害及应急通信抢险任务，圆满完成第十八届世界警察和消防员运动会等重要应急通信保障任务。

作为四川信息化建设的主力军，中国电信四川公司将紧紧围绕"建设网络强国 打造一流企业 共筑美好生活"目标，秉承"自信 平等 包容 开放"的企业精神，坚持"以员工的成长推动企业发展"理念，努力成为受人尊敬的企业，为决胜全面小康、建设经济强省，奋力推动治蜀兴川再上新台阶做出新的更大贡献。

2019年11月7日，"畅通新使命·点兵科技城"2019中国电信西南区应急通信演练在北川举行，中国电信应急通信队伍整装待发

践行党的宗旨 履行央企责任
融入四川战略 服务治蜀兴川

中国移动四川公司助力经济社会发展纪实

中国移动四川公司是中国移动通信集团的全资子公司之一，负责中国移动在四川省的普遍通信服务、党政机要通信、应急通信等任务。2019年，公司上下全面贯彻落实党的十九大精神，坚持以人民为中心的发展思想，砥砺奋进、攻坚克难，在实现企业可持续发展的同时，助力四川由经济大省向经济强省跨越、由总体小康向全面小康跨越。截至2019年底，公司个人客户连接数超5100万、宽带连接数超1200万、物联网连接数超3200万，带动就业岗位超20万个，累计纳税超320亿，得到了省委省政府、集团公司及社会各界肯定。四川省委书记彭清华同志指出："中国移动四川公司已经在四川通信行业中客户规模大、网络能力优、发展实力强、影响力大，在四川数字经济发展中有着举足轻重的影响力，是信息通信领域中起到主导作用的引领性企业。"

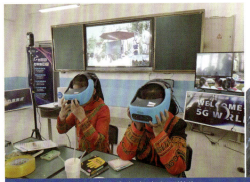

联合天府七中助山区学生"走进"名校课堂

网络施工团队翻山越岭建设网络

全速开展5G建设

坚持党建引领，以高质量党建引领和保障高质量发展

中国移动四川公司始终坚持把深入学习贯彻习近平新时代中国特色社会主义思想和党的十九大精神作为首要政治任务，牢固树立"四个意识"，坚定"四个自信"，坚决做到"两个维护"。突出抓好思想建设，以学习型党组织建设为目标，以"关键少数"为重点，以"两学一做"学习教育常态化制度化和"不忘初心、牢记使命"学习教育等为切入点，不断提高用习近平新时代中国特色社会主义思想武装头脑、指导实践、推动工作的能力素质，在公司生产经营和转型升级过程中充分发挥党委的政治核心作用、党支部的战斗堡垒作用和党员的先锋模范作用，持续落实好提速降费，专项推进电信普遍服务，积极发挥信息通信业基础性和关键性作用，为决胜脱贫攻坚，不断满足人民数字化美好生活需求做出新贡献。

坚持创新驱动，以"5G+"战略助推四川数字经济发展

作为四川综合网络能力强、优先推动5G建设及应用、5G发展推动速度最快、发展规划完备和实在的运营商，中国移动四川公司加快实施"5G领航者计划"全力打造"5G+四川"，全力助推四川打造西部"无线硅谷"，构建全国现代产业高地。

聚焦网络领先，加快实施"5G+4G"确保四川5G网络建设"走在前列"。截至2019年底，已开通5G基站超4000个，率先建成成都"点线面"示范区，实现太古里春熙路商圈、高新南金融政务区、西博城及兴隆湖、地铁10号线、机场等重要区域的5G网络覆盖。

聚焦业务，加快实施"5G+AIC-DE"，确保四川5G产业发展"走在前列"。

面向个人客户，已提供了VR看熊猫、看烟花等示范体验，建成省内5G地铁线路、5G示范街区、5G旅游城市。面向家庭生活，积极与四川长虹、京东方等企业合作，全方位满足安全、智能、舒适、高效的家居生活需求。面向企业服务，与双流机场、蜀南气矿等合作，打造更加高效的智慧服务。

聚焦生态领先，加快实施"5G+Ecology"，确保四川5G生态打造"走在前列"。已在无人机、工业互联、医疗、教育、高清视频等不同场景领域，联合合作伙伴，打造了一批5G产业示范点；作为四川省5G产业联盟副理事长单位，积极协同各行各业，优先发展涉及5G的产业项目，并结合四川的科技、产业、高校和人才优势，聚焦智慧教育、移动医疗、科技农业等垂直领域，打造开放共享的新型产业生态圈。

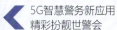
坚持赋能社会，以信息化手段助力塑造新经济发展品牌

近年来，中国移动四川公司积极落实网络强国、数字中国和智慧社会建设要求，不断利用自身网络优势、产业优势、技术优势等，持续赋能行业信息化，全面助推数字经济、智能经济、绿色经济、创意经济等新经济发展，打造独具特色的四川新经济品牌。

助力数字经济，做大云服务，打造四川"智慧政企"名片。已在川投入超30亿元，建成西部规模大、设备先进的云计算中心，向各行业客户提供综合智能信息服务，推动5G、云计算、大数据、物联网等新技术的研发创新，助力四川经济高质量发展、打造全川信息化服务生态链。

助力智能经济，做强大数据，打造四川"智慧民生"名片。推动企业级大数据中心建设，全力打造开放共赢的"大数据孵化基地"，在确保信息安全和保证客户隐私前提下，引入合作伙伴共同开发大数据应用产品。目前已与40家单位建立了创新孵化合作关系，已经孵化出旅游、交通、金融、商业选址、公共安全等共计十多个大数据产品。

助力绿色经济，做优三九大，打造四川"智慧文旅"名片。依托中国移动4G/5G、云计算、大数据、NB-Iot、高速全光网络等能力，结合四川"三星堆、九寨沟、大熊猫"等独特的旅游文化资源，推进"智慧文旅"建设，助力四川全域旅游文化发展。

网络施工人员在阿坝茂县
黑虎乡羌寨开展宽带装维

坚持精准扶贫，以运营商独特优势助推四川"乡村振兴"

中国移动四川公司坚持把脱贫攻坚作为头等大事，积极推动信息技术与扶贫工作深度融合，创新打造了具有四川特色的"农村电商＋精准扶贫"的信息化扶贫之路，为全省打赢脱贫攻坚战、推动治蜀兴川做出国企应有的担当和贡献。

高质量完成信息化扶贫基础设施建设任务。累计投资超15亿元，推进电信普遍服务试点，承担全省一半任务，包括建设难度最大的甘孜、凉山等地区，每年均圆满完成工信部、集团下达的电信普服务工程任务。

高标准推动对口帮扶的贫困村脱贫致富。坚持"扶贫先扶志、扶贫必扶智"，下足绣花功夫，在对口帮扶的广元王家坝镇红庙村、绵阳安县踏水镇七里村、南充石楼乡马达山村累计投入超千万元用于通信网络设施完善、道路建设、产业发展以及人文环境改造等项目，有力促进了贫困户脱贫致富，人均收入实现翻一番。

高水平打造"农村电商＋精准扶贫"模式。发挥自身技术、渠道优势，运用信息技术推动"互联网＋优势特色农业＋贫困农户精准扶贫"O2O农村电商平台建设，销售额已超千万，荣获"中国信息通信与互联网＋应用优秀成果金奖"。以县域行政区为最小单位，在当地党委政府将脱贫攻坚与特色农业发展相结合的前提下，以"互联网＋"思维与手段、以离乡游子对家乡优势特色农副产品的体验为消费纽带，实现特色优势农副产品从产区到销区的高效对接。

打造互联网＋电商平台
为甘孜果农解除黄果柑销售燃眉之急

中国联合网络通信有限公司
吉林省分公司

中国联合网络通信有限公司吉林省分公司（简称吉林联通）是中国联通在吉林省的分支机构，2009年由原吉林联通和吉林网通合并后组建，下辖9个市州分公司和40个县（市）分公司，是吉林省通信行业三家主要电信运营商之一。经营范围包括固定网通信业务，移动通信业务，数据通信业务，网络接入业务和各类电信增值业务，与通信信息业务相关的系统集成业务等，拥有覆盖全国，通达世界的现代通信网络。

近年来，吉林联通坚持和加强党的领导，认真贯彻上级重大的决策部署，积极践行新发展理念，坚持以提升企业效益和员工利益为目标，加快"五新"联通建设，持续推进互联网化运营和市场化机制改革，提升发展质量和服务水平，推动企业高质量发展，市场份额持续提升，各项业务收入规模扩大、效益水平持续改善。

2019年，吉林联通全体干部员工努力适应新形势、把握新机遇，共同奋力开创公司高质量发展新局面。

加快公众产品创新和价值经营。紧跟行业趋势，坚持效益牵引，深化存量运营和价值经营，提升客户价值，推动高质量发展。优化产品体系，以冰融产品为基础，构建高价值、大融合、长合约、强权益的全家福产品体系。积极助力家庭互联网发展，打造智慧家庭等差异化竞争能力。强化金融赋能带动业务发展，建立了联通产品+电子券+异业权益的运营模式，促进互联网化转型。

加快建设打造精品网络。积极落实"网络强国"重大战略部署，促进网络质量转化成网络效益，支撑市场发展。提升网络能力，市县城区移动网深度覆盖、农村广度覆盖大幅改善，口碑场景居民小区深度覆盖达标率达到92%，行政村4G覆盖率达到90%。提升宽带网络接入能力，FTTH小区用户全部具备200M接入能力，并具备向千兆接入转化能力。加快提升5G覆盖水平，截至目前共计开通近2000个5G基站，可满足城区主要干道覆盖及核心商圈的路面覆盖，建立了东北大区边缘云节点，助力东北经济发展。

加快公司管理体制改革。推进市场化运营机制，提升企业服务能力，激活力、增动力。围绕"管理做精、支撑做强、触点做大"建立了适应互联网化运营末梢流程和作业组织；以划小改革为牵引深入探索企业内外市场化机制；突出强化服务运营，打造互联网化的快速服务模式，系统推进中台建设，提能力、强支撑，通过智慧中台、创新中台及网络中台的分类赋能，形成全省上下纵向贯穿，横向协同的运营支撑体系，不断提升客户感知。

加快创新业务发展。积极落实"创新发展战略"，充分发挥"云网一体"优势，助力各行业产业升级，关注企业信息化建设和惠及民生，面向金融、制造、医疗、教育、环保、交通物流、旅游、农业等重点行业、重点企业行业客户及中小企业客户，提供"云网一体"的端到端服务。全面加快5G在重点领域布局，抢抓5G商用发展机遇，开展灯塔行动，开拓创新5G新应用，各类5G技术应用缤纷呈现，5G+政务办公、5G+工业互联网、5G+车联网、5G+新媒体、5G+体育、5G+医疗、5G+旅游，用联通5G大带宽、低时延、高可靠、广覆盖等特性助推5G产业链在吉林省的发展，同时与重点企业和单位建立了各类联合创新实验室10个，为基于5G的自主应用研发打下坚实基础。

助力2019年央视春晚长春分会场节目信息传送。实现我国在极寒环境下的5G网络4K传输、5G网络VR视频直播传输测试。实现快速批量开通5G基站、实现超远距离5G开站、实现联通极寒天气下5G基站开通。春晚长春分会场采用5G回传有效降低直播风险，并将为北京冬奥会等低温场景的5G直播开展提供宝贵经验。

吉林联通联合中央电视台、吉林网络广播电视台实现了长春马拉松5G+4K+VR直播，以360度的全景视角在屏幕上呈现马拉松全程赛事，多路实时传回的VR信号，工作人员可以自由地操控观看角度，把长马现场的每个角落，每个表情都清晰的收入眼底，也让观众在领略长马赛事乐趣的同时，享受到了一场北国春城优美风景的视觉盛宴。

吉林联通通过5G网络和MR（混合现实技术）助力吉林大学第一医院"5G-MR"腹腔镜胰十二指肠切除术远程诊疗在哈尔滨医科大学第二医院成功实施，在5个多小时的手术过程中实现长春、哈尔滨两地远程手术交流与协同操控，是吉林省于医疗、5G技术

和人工智能的完美融合，同时助推吉林联通5G赋能智慧医疗。

吉林联通作为一汽红旗重要的核心合作伙伴，在推动红旗品牌数字化转型的5G应用上不断探索，"智能网联化"实践、一汽红旗5G+VR/AR智慧工厂应用、5G预测性维护等方面取得重要进展。利用5G低时延、高可靠、广覆盖的核心网络基础，推动"5G+工业互联网"为中国自主品牌树立了新标杆，联通"智胜5G^n"助力一汽红旗工厂数字化转型，"国潮"新标签的长春智能制造代表者"一汽红旗"总装工厂数字化上线，国内先进的"智能工厂"和"绿色工厂"正式启动，这标志着联通5G成熟规模应用又一次跨上新台阶。

吉林联通与国网电力共同开展"5G电力切片——5G无人机智能巡检"项目，项目推进过程中，先后解决低空信号覆盖、平台容量、最后段接入、端口匹配等系列技术难题。"5G电力无人机""5G+VR远程诊断""5G智能巡检"三大5G电力项目的成功应用，全面实现了电力传输全程可视化、巡检作业任务可控化、无人机巡检智能化。

吉林联通携手万科集团，将5G与AI、大数据技术融合应用到传统建筑工地，成功打造了省内5G智慧工地——万科向日葵小镇，为万科施工现场提供了全套智能化安防监控解决方案。在5G专属移动网络覆盖的基础上，利用AI便携巡检系统、AI远程协作系统、VR全景系统、智慧头盔巡检系统、塔吊可视化系统等新一代智能软硬件，实现对项目管理进行全方位立体化的实时监管，提升工地人员管理、安全质量、成本管控等管理能力，助力建筑工地智慧转型，跑出复工复产"加速度"。

风好正是扬帆时　不待扬鞭自奋蹄
海南联通党建引领　书写高质量发展新篇章

中流击水，奋楫者先。2019年，海南联通实现主营收入同比增长4.6%。"海南联通的高质量发展，离不开全面加强党的领导、加强企业党建工作，离不开全体党员发挥先锋模范作用，积极拼搏奋斗。"海南联通党委书记、总经理张陶冶说，2019年，海南联通党委始终将政治建设摆在首位，增强"四个意识"，坚定"四个自信"，做到"两个维护"，认真落实新时代党的建设总要求，一体贯通推进"不忘初心、牢记使命"主题教育、集团公司党组巡视整改与公司重点工作，带动和促进了企业政治建设显著加强、政治生态明显好转，各项工作取得新的进展。

2月20日至22日，海口两会在海南国际会展中心召开。2020年两会期间，海南联通联合海口电视台，运用的5G网络技术对"两会"盛况进行现场直播，让观众身临其境地感受两会现场的氛围。

7月11日，海南联通党委召开"不忘初心、牢记使命"主题教育"突出政治引领、全面加强党的建设"专题学习研讨会

5月17日，中国联通澄迈云计算中心正式启用暨5G友好体验招募活动在澄迈举行，并同步启动"五新联通　5G先锋"中国联通国企开放日活动。

党建与企业发展两手抓两手硬

"党建强，企业强。"张陶冶说，海南联通党委坚持政治建设为统领，以实际行动把党中央决策部署和集团公司党组重要工作安排落到实处。一是深入践行新发展理念和网络强国。加快创新能力提升，创新人才同比增加40%，创新业务收入同比增长148.2%；积极推进与海南电信5G共建共享，共享开通基站250个，共同开展SA规划，省内率先开展无人机AR/VR等5G应用示范。与铁塔公司建立联动机制，开通VoLTE基站1332个。4G人口覆盖率达到94%。与友商置换海缆纤芯，出省海缆增加到6条，出省传输带宽达到3480GB。积极落实"提速降费"，移动网络流量平均资费下降20%，中小企业互联网专线资费下降达21.2%，二是助力地方政府实现定点帮扶村贫困户全面脱贫。2019年投入扶贫经费93万元，以产业扶贫为切入口，扶贫与扶智扶志相结合，海南联通定点帮扶点临高文新村建档立卡贫困户136户共594人，已实现整村脱贫；各市县分公司扶贫村建档立卡贫困户553户共2211人，已全部脱贫。党员干部带头开展消费扶贫，完成扶贫消费任务152%。海南联通在海南省2019年度定点扶贫考核综合评价中被评为"好"，并荣获"海南爱心扶贫网十佳爱心单位"，临高文新村抓党建促扶贫案例入选"海南省脱贫攻坚十佳优秀案例"。三是深入学习贯彻党的十九届四中全会精神，推进企业治理体系和治理能力现代化，推动企业改革发展。研究制定贯彻实施方案，形成15项重点工作持续推进。加快重点领域体制机制改革，建立人力片区、财务片区经理支撑体系，建立划小单元帮扶和迭代优化机制，进一步解决划小改革中资源下沉不到位、薪酬二次分配不规范等突出问题；持续深化增量收益分享激励机制，实施经营单位管理干部绩效年薪制和划小单元小CEO六项激励。持续推进418人才工程落地，创新人才队伍达70人。

主题教育和巡视整改取得实效

海南联通党委扎实开展"不忘初心、牢记使命"主题教育，组织集中研讨学5期、宣讲辅导学1期、万里行巡回宣讲1期，现场体验学2期，调研成果交流会1期，领导班子成员讲专题党课6次。通过党委检视形成10个方面38项整治整改问题清单，按计划完成整改，问题整改平均满意度达98.49%；深入开展"三个一切"大讨论活动，党支部参与率达100%，共收集有效问题及建议452个，问题解决率达94.9%，问题满意率达99.1%。通过开展整治整改，形成一批制度成果。

与此同时，海南联通党委坚决担起巡视整改主体责任，坚持与加强党的领导、全面从严管党治党，与深化企业改革、推进高质量发展相结合，认真对照查摆剖析，举一反三，不折不扣地抓好中央巡视和集团公司党组巡视反馈意见的整改。按照"件件有落实、事事有回音"，对中央巡视对照检查发现的5个类别13个整改问题41个整改事项，完成全部阶段性整改任务；对集团公司党组巡视发现的7个方面27个问题形成47个整改事项，完成集中整改工作。大力整治"形式主义、官僚主义"，制定23条举措，切实为基层减负。

7月15日，海南联通党委组织到中共琼崖一大会址开展"不忘初心、牢记使命"主题教育现场体验学习

7月18日，海南联通党委书记、总经理张陶冶与嘉宾共同向中国联通海南智慧大厦新建工程项目奠基石培土，为大厦铲下"第一铲"，宣告项目正式开工建设！

党建引领企业精神打造

一个企业的核心竞争力就在于它的企业文化竞争力。企业要做大、做强、做久，必然要有属于自己的、特色鲜明的、科学先进的企业文化，同时，好的企业文化能引领企业员工积极向上。

海南联通党委认为，党的组织体系、宣传思想工作、作风建设对企业管理思想、文化建设、核心价值观培育以及对党员、干部和员工的教育管理都有引领作用。

2019年，海南联通党委重点发挥好党组织的政治核心、政治引领作用，发挥好党员的先锋模范带头作用，把党的先进思想和运行机制融入到企业价值观塑造和企业管理中去。一是以庆祝新中国成立70周年为重点，开展"我和国旗合影""同唱国歌、祝福祖国"等系列活动，组织青年党员在祖国最南边三沙市拍摄建党98周年庆典视频，加强正面宣传，唱响昂扬主旋律，形成强大合力。二是牢牢把握住5G元年时机，开展5G商用及"5G+VR实时全景看海口两会"等宣传报道，同时开展《海南联通爱心消费连通乡亲脱贫路》的专题扶贫报道，在《人民邮电报》《海南日报》等行业和省内权威媒体发布新闻32篇。三是组织开展"三个一切"大讨论，构建"一线有需要，后台有支援"的前后台联动志愿服务模式；四是建立与统战民主人士联系机制，持续加强党委成员与民主党派人员建立对口联系谈心机制，召开座谈会集体观影和红色教育系列活动，开展谈心谈话，了解党外人士思想动态，凝聚向心力。

联通沃云

强大基座 就在身边

为用户提供一站式全方位、便捷可靠的专业云服务。

- 安全可信
- 云网一体
- 多云协同
- 专属定制

沃云官网：http://www.woyun.cn/

服务咨询热线：4000-111-000

扫描二维码
了解更多详情

5Gⁿ
让未来生长

沃云云市场

厚植沃土，云荟精彩

一键上云 轻松·精准·安全

为合作伙伴提供
品牌有保障、优势可互补、生态共繁荣的发展环境

5大优势

品牌优势
企业背景
客户信赖

技术优势
全新架构
能力升级

平台优势
腾云计划
全力护航

资源优势
三层云池
一张云网

渠道优势
遍布全国
直达客户

官网网站： market.wocloud.cn

服务咨询热线： 4000-111-000

沃云云市场
产品手册

沃云云市场
小程序

北京 2022 年冬奥会官方合作伙伴
Official Partner of the Olympic Winter Games Beijing 2022

数字政府-政务数据中台

为政府客户提供全方位大数据服务生态支撑体系。平台立足于数据层级，对数据实现全生命周期管理，致力于帮助政府更加高效、安全、便捷地对数据进行使用和增值，为解决政府数据信息孤岛、数据整合难、数据利用率低、数据管理治理成本高、数据增值无门路等问题提供了坚实的基础设施。

扫一扫了解更多

方案组成及交付形式

政务数据中心

数据来源	安全体系	标准规范	数据采集与交换
政务数据	数据脱敏		数据 ETL 系统
第三方数据	数据追踪溯源		数据采集交换系统
互联网数据	数据安全检测与审计		

数据治理　数据服务工具　应用支撑　数据计算存储
数据可视化 BI 系统　API 数据网关系统　实时流计算引擎
数据 API 服务系统　数据安全网管系统　分析型数据库
操作型数据库
知识库
数据科学

产品优势

 一站式工具

 灵活随意组合

 多数据源整合

 加工分析高效

 **适应不同场景**

提供完整的一站式政务数据中心，对全链路的数据采集、汇聚、存储、分析的质量和流程进行保障，避免重复建设。

根据不同客户的数据状况和数据服务的诉求，数据中台各个组件可灵活随意组合，形成满足客户需求的个性化产品。

统一接入多种来源的数据，客户可以简便、可扩展地访问异构数据，可用性和易用性高，且支撑多种模式部署。

提供智能的数据分析和模型算法工具，打通各来源数据资源，实现数据的更大价值变现。

通过对政务数据资源和业务场景的理解，选择所需的数据服务能力封装成统一服务接口。

中国联通大数据

数字政府-数据治理运营服务

扫一扫了解更多

面向各级政府数据资源主管部门，围绕政务大数据的采集共享、管理运营、合规使用等方面，提供全流程的治理、咨询、管理、运营和监督服务，助力客户建立共建共治、安全合规的政务数据共享应用体系，实现数据资源融通、数据资产盘活。

方案组成及交付形式

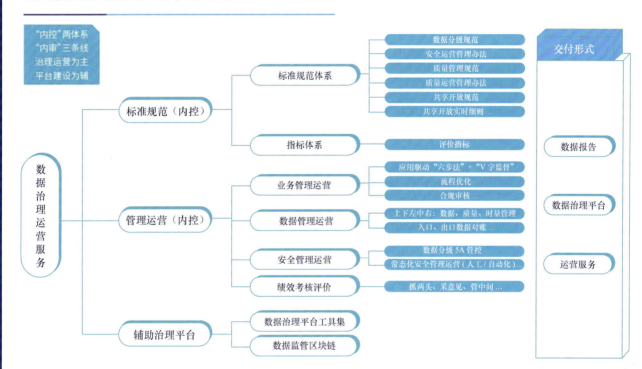

方案优势

央企责任

央企背景，肩负使命，与政府有着相同的使命愿景。

经验优势

具备全国31省数据一点集中运营及超大规模数据共享交换经验。

模式创新

以管理为主 j 建设为辅、以运营为主平台为辅、创新数据资源盘活和监管模式。

服务能力

全国31省及各地市部署专业本地团队，充分发挥业务咨询和科技攻关双重能力优势。

顶设咨询

基于强大的政务咨询团队，提供基于实施的高层次规划和顶层设计能力。

中国通信服务
CHINA COMSERVICE

中时讯通信建设有限公司

同心戮力
思行合一

CHINA
COMSERVICE

华为智能安防生态联盟（广东）成立仪式

广州广电运通金融电子股份有限公司　　中时讯建设有限公司　　中通服建设有限公司

高新兴科技集团股份有限公司　　佳都新太科技股份有限公司　　方欣科技有限公司

金鹏电子信息机器有限公司　　深圳云天励飞技术有限公司　　广州市伟昊科技电子有限公司

中时讯通信建设有限公司（以下简称"中时讯"）是中国通信服务股份有限公司旗下具有独立法人资格的全资成员企业。2012年12月28日，公司正式更名为"中时讯通信建设有限公司"。公司注册资金为2亿元，总部设在广州，下设八个分公司，拥有各类管理、技术和技能人员2000余人，在全国各省会城市和主要城市设有分支机构，在文莱达鲁萨兰国、马来西亚联邦、越南社会主义共和国、菲律宾共和国、沙特阿拉伯王国、南非共和国等国家和地区有海外业务往来。自2017年起，公司年收入超25.5亿元，其中46%来自广东省外及海外业务。

现在的中时讯拥有"信息系统安全集成服务一级资质""涉密信息系统集成服务乙级资质""消防设施工程专业承包二级资质""建筑装修装饰工程专业承包二级资质""通信网络代维基站甲级资质""电信业务经营许可证"等42项行业内顶级资质。

中时讯秉承"同心戮力、思行合一"的企业精神，以市场为导向，以客户价值为核心，发挥管理优势和产业优势，不断进行服务创新，承担社会责任，实现可持续发展，成为优质的通信服务解决方案提供者。

5G 技术与应用
发展篇

2019 年运营商 4G 发展及 5G 展望

2019 年是 5G 元年。2019 年 6 月，工业和信息化部向中国移动、中国电信、中国联通、中国广电发放了 5G 商用牌照。2019 年 10 月 31 日，运营商公布 5G 商用套餐，并于 2019 年 11 月 1 日正式上线 5G 商用套餐，标志着中国正式进入 5G 商用时代。

从投资、建设进度和用户发展的角度看，5G 实现全网覆盖还需要比较长的时间。所以，运营商还需要推动 4G/5G 的协同发展。目前，4G/5G 长期共存已成为业界的共识。

2019 年，中国移动董事长杨杰多次表示，中国移动提出"5G+"计划，推动 5G+4G 协同发展。中国电信董事长柯瑞文表示，坚持以客户为中心，统筹推进 4G 和 5G 的协同发展。中国联通董事长王晓初表示，4G 和 5G 网络将长期并存。

一、4G 发展依然是"主旋律"

2019 年虽然被视为 5G 元年，但市场主旋律依然是 4G。未来几年，市场也将会呈现 4G、5G 共存的局面。

第一，4G 基站建设情况分析。工业和信息化部发布的数据显示，截至 2019 年年底，中国已经全面建成的 4G 基站的总规模达到 544 万座，行政村光纤通达率、4G 覆盖率均已超过 98%，网络规模为全球领先，性能指标也是名列前茅。工业和信息化部、财政部联合印发的《2019 年度电信普遍服务试点申报指南》中指出，要加快偏远地区和边疆地区的 4G 网络覆盖，2019 年支持建设 4G 基站约 20000 座。

第二，4G 用户发展情况分析。如果从用户数量分析，三大运营商的 4G 用户在不断增长，4G 用户的渗透率也在增长。由此可知，4G 用户正在成为主体消费群体。三大运营商的 4G 用户数见表 1。

表 1　三大运营商的 4G 用户数

	2018 年年底的 4G 用户数	2019 年年底的 4G 用户数	2019 年新增的 4G 用户数
中国移动	712.6 万户	758 万户	45.4 万户
中国电信	242.43 万户	281.24 万户	38.81 万户
中国联通	219.9 万户	253.7 万户	33.8 万户

第三，4G 终端市场情况分析。中国信息通信研究院发布的数据显示，2019 年全年，国内手机市场总出货量达 3.89 亿部，同比下降 6.2%。

第四，4G 物联网发展情况分析。随着运营商 2G 网络腾退工作的持续开展，基于蜂窝网络的 NB-IoT（Narrow Band Internet of Things，窄带物联网）技术获得快速发展。2018 年，NB-IoT 用时 12 个月实现了 3000 万个连接；2019 年，NB-IoT 用时 8 个月完成了第二个 3000 万个连接；第三个 3000 万个以及过亿连接仅用了 4 ～ 5 个月；截至 2020 年 1 月底，NB-IoT 更是实现全球连接数突破 1 亿个的成绩。

第五，4G 业务发展情况分析。三大运营商的 2G 网络退市，语言业务正在向 4G 网络上迁移，VoLTE（Voice over Long-Term Evolution，长期演进语音承载）语言作为 4G 网络语言业务的承载者，三大运营商 VoLTE 用户数在 2019 年也得到了不断增长。

二、5G 正进入"加速跑"阶段

在用户方面。三大运营商的 5G 用户数迅速增长。2020 年 1 月 7 日，中国移动公布的数据显示，截至 2019 年 1 月 7 日，中国移动 5G 套餐客户数为 302 万户。2020 年 1 月 15 日，在中国电信 2020 年终端生态合作推进会上，中国电信市场部总经理陈文俊表示，自 5G 商用两个月以来，中国电信新增 5G 用户数超过 800 万户。

在 5G 基站方面。三大运营商 5G 基站建设进入"加速跑"阶段。工业和信息化部发布的数据显示，截至 2019 年年底，我国共建成 5G 基站超过 13 万座。

中国移动作为全球最大的电信运营商，积极推动 5G 建设。中国移动在召开工作报告时指出，2019 年，中国移动已建设并开通的 5G 基站超过 5 万座，在 50 个城市为用户提供 5G 商用服务。中国电信 2019 年在 50 个城市建设了 4 万座 5G 基站，并采用独立 / 非独立的混合组网方式，在重点城市的城区实现规模连片覆盖。在 2019 年"中国联通智慧生态合作大会"上，中国联通董事长王晓初披露，中国联通已建成近 5 万座 5G 基站。

此外，中国电信与中国联通签署《5G 网络共建共享框架合作协议书》。在"2020 中国信息通信研究院 ICT 深度观察大会"上，中国信息通信研究院副院长王志勤表示，截至 2019 年 12 月，中国电信与中国联通开通的共享基站数量已超过 2.7 万座。

在 5G 终端方面，中国信息通信研究院发布的报告显示，2019 年，5G 手机在中国的总销量为 1376.9 万部。

在 5G 业务方面。5G 正进入千行百业，一些典型行业应用涌现。一是"5G+ 高清视频"业务。2019 年 3 月，工业和信息化部、国家广播电视总局、中央广播电视总台联合发布《超高清视频产业发展行动计划（2019—2022 年）》，提出"4k 先行、兼顾 8k"的总体技术路线，并预计到 2022 年，国内超高清视频产业总体规模超过 40000 亿元，超高清视频用户数达 2 亿人次。

二是"5G+ 工业互联网"。工业和信息化部部长苗圩在国务院新闻办新闻发布会上谈及 5G 应用场景时重点强调了工业互联网。到 2022 年，我国将突破一批面向工业互联网特定需求的 5G 关键技术，打造一批"5G＋工业互联网"内网建设改造标杆、样板工程，形成至少 20 个典型工业应用场景。

三是"5G+ 医疗"。全国各地不少医院纷纷开启了基于 5G 的医疗应用探索，通过与运营商、设备商开展合作，陆续推出远程诊断、远程手术、5G 医疗救护车等。

2019 年我国智慧医疗行业投资规模达 880 亿元，2020 年，我国智慧医疗行业投资规模将突破千亿元。

目前，中国电信协助协和医院搭建的 5G 远程会诊应用系统已正式投入使用。

四是"5G+VR（Virtual Reality，虚拟现实技术）"。Superdata 公布的数据显示，2019 年，VR 硬件出货量达 570 万台，其中，PC VR 的出货量为 90 万台，主机端 VR 的出货量为 120 万台。VR 一体机在 2019 年的出货量是 2018 年一倍多，从 2018 年的 120 万台增长到 2019 年的 280 万台。

五是"5G+ 车联网"。C-V2X 车联网标准已经完成 Rel-14 LTE-V2X 和 Rel-15 LTE-eV2X 的制定，目前正在进行 5G NR Rel-16 的制定和 Rel-17 的规划。未来，5G 将赋能自动驾驶，还将融入支付等金融属性。

三、5G 在 2020 年的发展展望

2019 年 5G 已经开启商用，而 2020 年将是 5G 快速发展年。中国国际经济交流中心产业规划部研究员张瑾表示，5G 时代运营商面临建设资金量大、消费者端用户支付意愿弱、管道思维和组织模式待调整等挑战，5G 网络建设将是个循序渐进的过程，未来十年，4G 和 5G 将共存，预计 2025 年 5G 用户渗透率为 48%。

在 2020 年 5G 规划方面，三大运营商有以下举措。

中国移动将在 2020 年建设 25 万座 5G 基站，发展 5G 用户数 7000 万人次，销售 3 亿笔 5G 业务、1 亿部 5G 手机、5000 万台家庭泛智能终端和 1500 万座行业模组，在所有地市以上的城市提供 5G 的商用服务。中国移动计划投资关于 5G 相关的项目约 1000 亿元。

中国电信对外发布 2020 年 5G 终端策略。2020 年中国电信计划销售 5G 终端 6000 万部、VR 终端 300 万部。并且，中国电信将与中国联通联合共建约 25 万座 5G 基站，覆盖全国所有地市级（含）以上城市。中国电信规划投资 5G 项目约 453 亿元。

中国联通在加快 5G 发展方面，在 2C 侧，通过应用、终端推动 4G 用户向 5G 迁移；2B 侧，重点聚焦"5G＋工业互联网、智慧交通、智慧医疗、智能教育"等领域，加快提升"5G＋物联网＋大数据＋AI"融合应用能力。2020 年，中国联通规划投资 5G

项目约 350 亿元。

2020 年,5G 有以下发展趋势。

第一,5G 终端多样化。IDC 预计,2020 年将有接近 1 亿部 5G 智能终端出货量,其中,包括 5G 的智能手机、平板电脑、笔记本、VR/AR 等诸多产品。

第二,5G 套餐有望降低资费,用户流量再攀高峰。5G 套餐资费起步是 128 元,相比而言,2020 年 5G 套餐有较大的下降空间,而低于 100 元的 5G 套餐有望成为大众客户的主流选择,月均移动数据使用量将从目前的 7.56 GB 迅速向 20 GB 迈进。

第三,5G 手机从高端向中低端推进。中国移动发布《中国移动 2020 年终端产品规划》,预测 2020 年 5G 手机市场将超 1.5 亿部,2020 年第四季度终端价格将下降至 1000 ～ 1500 元,进入平台期。

第四,5G 网络服务步入四大运营商时代。2019 年工业和信息化部共发布 4 张 5G 牌照,除了三大运营商外,中国广电闪亮登场。中国广电在 700MHz 黄金频谱上的 60MHz 带宽具备优势。

第五,5G 网络覆盖从泛在向精准转型。对高速数据大带宽、低时延高可靠和海量设备接入有需求的特定区域和特定行业,如中央商务区、工厂、港口、矿区、教育、医养、物流、娱乐等,将会率先成为 5G 商用领域,技术、业务和商业模式有效共生。

第六,5G 网络将转向独立组网。工业和信息化部部长苗圩在国务院新闻办公室发布会上表示,2020 年在国际电联 R16 标准正式确立之后,国家要重点加快独立组网的网络建设,只有独立组网的方式才能更进一步显现出 5G 的性能。

(黄海峰)

5G 产业及核心元器件发展分析

一、5G 产业发展态势

（一）5G 产业覆盖应用、终端、网络、核心元器件等各个环节

5G 产业随着 5G 技术的发展成熟而不断走向成熟。在应用方面，5G 将涵盖增强移动宽带、海量机器类通信和超可靠低时延三大类场景，移动互联网和物联网将成为 5G 发展的主要驱动力。在终端方面，其不仅包括手机终端，还包括 VR/AR、无人机、无人车、机器人以及家居设备等在内的智能硬件，多元化创新态势明显；在网络方面，5G 网络包括无线接入网、核心网和传输承载网，其中，5G 无线接入网将采用高中频协同部署，以满足用户对覆盖范围及容量的需求，5G 核心网按网络架构分为非独立组网和独立组网，5G 传输承载网对高速的光通信设备和模块有较大的需求；在核心元器件方面，5G 将推动基带算法和工艺技术的升级，射频前端将向着高频化、模块化、集成化的方向发展，从而带动化合物半导体等材料工艺及设备的发展。

（二）5G 产业将成为经济增长新动能

一方面，在 5G 商用初期，运营商大规模开展网络建设，5G 网络设备投资带来的设备制造商收入将成为 5G 直接经济产出的主要来源。Strategy Analytics 和 IHS 的数据显示，2019 年，全球 5G 智能手机出货量为 1870 万部，5G 基站出货量超过 50 万座。预计到 2025 年，全球 5G 手机累计出货量约达 50 亿部，累计建成 650 万座 5G 基站，我国基站的数量将占到全球总量的一半。另一方面，5G 加快向经济社会各领域渗透，从移动互联网拓展至工业互联网、物联网等更多垂直行业，重塑传统产业发展模式，推动各行各业网络化、数字化、智能化转型。中国信息通信研究院预测，2020 年、2025 年和 2030 年，我国 5G 带动间接产出将分别达 12000 亿元、63000 亿元和 106000 亿元。

（三）5G 网络设备和终端日趋成熟

在系统设备方面，随着 5G 标准化进程的推进，5G 基站与核心网设备的技术研发和产业化日趋成熟，目前，主流设备厂商均推出可支持非独立组网和独立组网两种模式的网络设备。IHS 的数据显示，华为、爱立信、三星、诺基亚和中兴在 2019 年全球 5G 网络设备市场分列前 5 位。

运营商和设备厂商积极探索 5G 网络白盒化，运营商的需求是 5G 网络开源白盒化的重要驱动力，全球主要运营商和设备厂商陆续加入 5G 白盒开源项目，新兴进入者也在积极推进项目进度，试图打开通信设备市场的新局面。

在终端设备方面，华为、三星等终端厂商均已发布多款支持 5G 网络的手机，5G 中频手机占比超过 80%，华为、vivo、OPPO、小米等企业在 5G 终端市场所占份额超过 50%。随着 5G 模组的不断成熟，5G 将逐步在工业、汽车等领域实现规模应用，5G 终端设备的边界将会不断拓展，市场发展前景广阔。

（四）5G 将推动核心元器件市场需求的爆发

5G 核心元器件包括 5G 终端和网络设备中的基带、射频芯片及射频前端等器件，是构建 5G 主要技术场景中计算、通信、感知能力的重要支撑。5G 多模多频通信将对通信基础元器件尤其是射频元器件产生直接的拉动作用，高通、Skyworks、Qorvo 等国际芯片巨头正在加紧对 5G 基带、射频芯片及元器件的抢滩布局，抢占市场发展主导权。随着 5G 万物互联时代的开启，5G 核心元器件成为整个元器件产业增长的核心驱动力，预计到 2025 年，全球 5G 核心元器件市场规模累计将超过 2000 亿美元，其中，5G 终端核心元器件市场规模将累计达到 1500 亿美元，5G 网络设备核心元器件市场规模将累计达到 500 亿美元。

二、全球 5G 核心元器件发展情况

（一）5G 基带芯片成为 5G 终端成熟的关键

5G 基带芯片的研发难度远超过 4G，不仅要向下兼容 2G/3G/4G，还要兼顾 6GHz 以下和毫米波频段，并且要支持非独立组网和独立组网两种网络架构。目前已发布的 5G 手机终端有两套技术方案：一种是 4G 系统级芯片（SoC）外挂 5G 基带的方案，另一种是集成 5G 基带的 SoC 芯片技术方案。外挂基带会产生芯片面积上的浪费，集成方案在芯片面积、功耗控制方面更具优势，因此是未来 5G 手机终端的发展趋势。现阶段，我国华为海思推出业界首款支持独立组网和非独立组网的 5G 基带芯片——巴龙 5000，并发布了业界首款旗舰级 5G SoC 芯片——麒麟 990；紫光展锐也推出了 5G 基带芯片——春藤 510。

（二）5G 终端射频前端集成度不断提升

由于多模多频全网通的需求和多输入多输出、载波聚合等技术的升级，5G 终端射频前端模组性能要求以及架构复杂度大幅增加。5G 中低频段（Sub-6GHz）主要涉及 N1、N3、N41、N77、N78 及 N79 等频段。为减少占用空间，越来越多的功率放大器、滤波器等器件集成在前端模块中，射频前端集成度越来越高。目前，主流集成方法为了实现各器件通过系统级封装技术的封装，将不同器件集成为射频模组。这种封装方式在结构上更加紧凑，适用于 5G 终端和小基站，不断缩小模组尺寸成为射频前端模组设计和改良的重点。

（三）5G 基站核心芯片产品持续升级

5G 中频基站采用全数字波束赋形架构，升级重点在于大规模天线阵列的应用，通道数从 4G 时期的 2T2R ～ 8T8R 提升至 64T64R，总通道数量的增加对基带处理和射频收发的能力要求进一步提升。在研发和商用的初期，大部分厂商采用 FPGA（Field-Programmable Gate Array，现场可编程门阵列）、数字信号处理等通用数字处理器芯片。随着 5G 标准化和商用化进程的不断提速，各设备厂商正在逐步以更高能效比的 ASIC（Application Specific Integrated Circuit，专用集成电路）芯片来替代之前的通用数字处理芯片，华为已发布业界首款 5G 基站核心芯片——天罡芯片，该芯片在集成度、算力、频谱带宽等方面，取得了突破性进展；中兴通讯已经完成 7nm 工艺 ASIC 芯片的设计并实现量产。此外，一些设备厂商和芯片厂商正在积极推进无线接入设备的白盒化进程，英特尔面向 5G 白盒基站发布了首款 SoC 通用芯片——凌动 P5900，目前，爱立信等设备厂商已经在试用该方案。

（四）毫米波应用将促进核心元器件进一步小型化

由于 5G 毫米波波长较短、传导损耗较大，采用传统分立器件架构会面临系统复杂度、体积、功耗、成本等方面的一些问题，因此，天线阵面和射频前端通常会采用更为紧凑的设计。目前主要有 3 种高频相控阵天线集成化方案：AoB（Antenna on Board，天线阵列位于系统主板上）、AiP（Antenna in Package，封装天线阵列）和 AiM（Antenna in Module，天线阵列与射频芯片形成模组）。其中，AoB 主要实现了集成化的射频前端芯片与天线阵共享 PCB（Printed Circuit Board，印制电路板）布放，优点是集成度低，散热好；AiP 是以倒装封装技术将射频前端芯片与天线阵集成在一起的方案，虽集成度高，但是散热差、成本较高；AiM 是将天线阵列与射频芯片形成模组的方案，集成度，散热介于 AoB 和 AiP 之间。AoB 适用于发射功率较高、散热条件较好的 5G 高频基站；AiP、AoB 适用于发射功率较低、发热量低的 5G 高频小基站和 5G 高频终端。高通、ADI、IBM、Anokiwave 等企业利用射频技术优势，大力推动毫米波芯片设计、制造、封装技术的研发，现阶段处于技术领先地位。高通已推出了第三代 5G 毫米波模组产品，该产品的设计紧凑，性能得到大幅提升。

三、我国 5G 核心元器件的发展情况

（一）5G 终端射频前端创新态势良好

我国射频前端企业有数十家，大部分企业先从 2G/3G/4G 的中低端产品切入市场，并且同步加快 5G 产品研发，与国外企业技术产业的差距逐渐缩小。唯捷创芯的射频前端产品覆盖 PA（Power Amplifier，功率放大器）、开关、天线调谐器和前端模组等核心元器件；联发科已将 PA 产品的开发交由其负责，近期有望实现突破。与此同时，手机芯片厂商加快射

频前端布局。华为海思加快功率放大器、低噪放、开关等射频元器件的研发和产业化；展讯与锐迪科合并为紫光展锐后，对 PA 等射频前端器件加大投入，目前正在加快 5G 射频前端产品的研发。

（二）5G 基站核心元器件发展逐渐走向成熟

华为、中兴等网络设备厂商积极推动供应链的多元化，逐渐加大对国内供应商的扶持力度。武汉凡谷、大富科技、国人通信、灿勤等厂商在 5G 基站滤波器方面具备一定的竞争力，东山精密、硕贝德、信维通信、飞荣达等企业在 5G 天线及天线振子领域占据较高的市场份额，中国电科、苏州能讯、南通至晟等厂商正在加快 5G 基站功放、低噪放、开关等射频元器件的研发与产业化。

（三）5G 毫米波器件发展仍处于起步阶段

目前，我国缺少高集成、低功耗、低成本的毫米波商用芯片，国内企业和高校研究院所正在加大研发力度。南京紫金山实验室采用硅工艺成功研发商用毫米波相控阵芯片，突破了毫米波通信技术商用的主要障碍。华为完成了 5G 毫米波的功能、射频和外场性能等关键技术的测试，华为海思芯片已进行了 5G 毫米波关键技术的室内功能测试，预计将于 2020 年下半年推出支持毫米波的手机 SoC 芯片。

▌ 四、结论及建议

5G 时代，在更高速率、更低能耗、更多连接的需求下，核心元器件成为 5G 创新发展的基础和关键，带动元器件产业向更高水平迈进。全球高度重视 5G 产业及核心元器件的发展，其整体规模十分庞大，市场前景非常广阔。当前，我国 5G 产业发展扎实有序，5G 上下游产业生态正在加速形成，5G 技术和产品日渐成熟，系统、终端、芯片等产业链日趋完备。与此同时，各厂商要清醒地认识到我国 5G 产业尤其是核心元器件仍面临短板，应加强核心元器件关键环节的技术创新与突破，提高制造水平，完善产业配套，促进产业协同，推动我国 5G 产业的高质量发展。

（中国信息通信研究院　王骏成）

2019 年 5G 开放 RAN 发展现状及其 2020 年发展趋势

从 2G 到 5G，电信运营商建设无线接入网（Radio Access Network，RAN），可选择主流设备厂商提供的软硬件一体的专有 5G 设备，后续的交付、维护都由设备厂商参与支持。比如，最近三大运营商完成的 5G 无线主设备的集采，中标者中的华为、中兴通讯、爱立信、诺基亚等都是熟悉的电信设备厂商。

然而，面对 5G 建设的高昂成本压力，运营商希望引入 OpenRAN 开放基站，吸引 IT、互联网企业参与，以实现产业内更加开放的竞争环境，实现自动化运维，降低成本；通过 RAN 开源软件获取业务上线灵活性，提升商业竞争力。

在 5G 网络建设方式上，开放基站（或称为新基站）的热度越来越高。比如 TIP（Telecommunications Infrastructure Project，电信基础设施项目）和 O-RAN 联盟推出的 OpenRAN 项目，中国移动、AT&T、德国电信等成立的 O-RAN 联盟，都在积极推进 5G 基站开放。2019 年，5G 开放基站在技术、产品、商用上均取得了一定进展，但挑战犹存。

一、开放 RAN 的概念和背景

（一）概念

开放 RAN 的显著特征是软件开源化、硬件白盒化、接口开放化、运维自动化。例如，传统 RAN 基站的室内基带处理单元（Building Baseband Unit，BBU）和射频拉远单元（Radio Remote Unit，RRU）来自同一家厂商，开放 RAN 基站则采用从 A 供应商处采购软件，从 B 供应商处采购 COTS（Commercial Off-The-Shelf，商品化的产品和技术）服务器，再从不同的供应商处采购 RRH（Remote Radio Head，射频拉远头）设备，实现模块化组站的方式。

（二）RAN 开放的必要性

一方面，要形成开放 RAN 的发展生存环境。例如，在 2G 时代，采用 CDMA 标准的运营商是不可能与采用 GSM 的运营商共享网络的；在 3G 时代，有 3 种移动通信技术制式，彼此互不兼容；发展到 4G 时代，TD-LTE 与 FDD LTE 两种方式的融合及互相兼容，为基站开放带来了更多的可能。

另一方面，无线网络建设一直是运营商网络综合成本的最主要部分，占比为 60% ～ 70%。大部分运营商刚经历 4G 网络的巨大投资，就将面对 5G 网络的投资建设压力。5G 时代，运营商在 RAN 建设方面面临 "3 个 3" 的问题：3 倍于 4G 的基站数量，3 倍于 4G 的基站能耗，3 倍于 4G 的基站价格。

运营商想要解决 5G 建网的成本问题，需要借鉴 IT、互联网行业的成功思路，通过开源、开放、解耦来赋予网络最大程度的灵活性，同时，丰富采购选择，降低成本。

（三）两大产业联盟

在行业推动开放基站发展的过程中，TIP 和 O-RAN 联盟这两大组织已成为产业推动者。

早在 2016 年，Facebook 联合部分电信运营商发起了面向电信基础设施的开源项目 TIP，项目涵盖了接入网、传送网和核心业务网三大领域。目前，TIP 已有超过 500 家成员，包括运营商、设备商、系统集成商以及创新技术提供商等。

2017 年，TIP 发起 OpenRAN 项目，致力于白盒化基站研发，希望通过模块化方式在提升网络灵活性的同时实现无线接入网的低成本建设和运营，许多 IT 厂商和无线技术创新公司参与了该项目的研发和软硬件提供。TIP 又于 2018 年启动了 OpenRAN 5G NR 重点项目，进入 5G 基站领域。

2018 年 2 月，中国移动、美国 AT&T、德国电信、日本 NTT Docomo 以及法国 Orange 联合成立 O-RAN 联盟，旨在推动 RAN 的开放。联盟的主要工作包括：推动 RAN 虚拟化与智能化；定义 API；推动标准化和开源；支持灵活组网和更丰富、优质的业务；研究软件开源和硬件参考设计；保障复用和共享，提高联合创新能力，降低产业成本。目前，O-RAN 联盟有24 家运营商成员和 137 家厂商成员。

虽然两个组织都致力于 5G 基站开源，但侧重点还是有所区别的。TIP 联盟侧重于软硬件设备的研制实操，而 O-RAN 联盟侧重于架构标准化和接口开放工作。2020 年年初，TIP 联盟和 O-RAN 联盟宣布了一项联络协议，双方开展合作，以确保在开发可互操作的开放 RAN 解决方案方面的一致性，如 OpenRAN 5G NR 基站平台需求文件就包含对 O-RAN 规范的引用，双方还拟进行联合测试和集成工作。

二、2019 年 5G 开放接入网市场进展

2019 年是 5G 元年，运营商更加真切地感受到 5G 基站建设的高资金投入，也希望紧跟技术潮流。因此，2019 年许多运营商都开展了 5G 开放基站探索。

（一）OpenRAN 进展

自 2017 年以来，沃达丰一直在 OpenRAN 项目中扮演推动者的角色，以推动该技术的成熟。在 2019 年 TIP 峰会上，沃达丰展示了一款名为"CrowdCell"的 5G OpenRAN 小基站产品。

2019 年 1 月，日本乐天移动的首批 4G 基站开通，计划以全 IT 化的方式建设 4G/5G 网络，在无线侧将基站虚拟化、白盒化，以建成一张端到端的云原生移动网络。其将数字单元虚拟化，并通过开放接口连接来自不同厂商的 RRU 设备。需要指出的是，虽然未来可以通过软件升级的方式由 4G 扩展至 5G，但 AAU 或 RU 部分还是需要新建的。

2019 年 10 月，网络软件提供商 Mavenir 宣布推出和供应其完全虚拟化的 4G/5G OpenRAN 解决方案。

2019 年 11 月，沃达丰宣布要在 14 个国家建设10 万座开放式无线基站。

（二）O-RAN 联盟进展

2019 年 2 月，在移动通信大会上，紫光旗下的新华三集团联合中国电信、英特尔首次完整展示基于英特尔 FlexRAN 参考架构及开放无线接入网概念的 5G 白盒化室内小基站原型机。

2019 年 4 月，O-RAN 与 Linux 基金会合作建立了"O-RAN 软件社区"，并计划第一个开源代码于2019 年 11 月发布。

2019 年 11 月，我国三大运营商携手成立开放无线网络测试与集成中心。

三、2020 年 5G 开放基站展望

2020 年，5G 开放网络产业发展不断取得进展。在 TIP 联盟方面：2020 年 2 月，日本乐天移动正与移动运营商 TPG 合作，在新加坡测试 5G Open RAN 解决方案；4 月，沃达丰在试点中部署了宏Open RAN；同月，美国运营商 DISH Network 宣布与Mavenir 签订为期 5 年的 5G 商用合同，由 Mavenir为 DISH Network 新的 5G 网络提供云原生的 Open RAN 软件。

在 O-RAN 联盟方面，2020 年 4 月，ARM 正式宣布加入 O-RAN 联盟，进入 5G 网络基础设施市场。

虽然 5G 无线接入开放网络得到越来越多运营商的支持，但其本身仍面临诸多挑战：第一是性能挑战，Open RAN 采用通用芯片，但通用芯片性能远低于专用芯片，难以满足 5G 网络的高性能需求；第二是能耗挑战，通用硬件比专用硬件更耗电；第三是集成挑战，在 Open RAN 模式下，基站软硬件来自不同的厂商，厂商之间复杂的互操作测试和验证很难实现；第四是维护挑战，基站的组件由多家供应商提供，后期维护很难及时解决。

因为上述挑战，目前 Open RAN 设备主要是小基站设备，无法替代性能要求高的 5G 宏站，只适用于人口稀少地区。

5G 开放基站未来如何发展，是走向更加开放的明天，还是如 WiMAX 一样消失在移动通信历史的长河中，取决于行业参与者资金投入程度，也取决于 Open RAN 产业在芯片供应链方面的多元化程度。

（金丰）

5G 加持下电信运营商在垂直行业的机遇与挑战

一、5G 发展进程与发展节奏预期

（一）全球 5G 发展进程

当前，全球 5G 发展尚处于早期阶段。一是从 5G 商用的电信运营商的数量来看，截至 2020 年 3 月 31 日，全球共有 97 个国家和地区的 253 家运营商完成或正在进行 5G 试验，正式开始商用的有 39 个国家的 75 家电信运营商，二是 80% 的 5G 运营商分布在欧洲和亚洲。其次，从 5G 网络的覆盖情况来看，截至 2020 年 5 月底，全球 5G 服务地点总数为 8830 个。IHS 数据显示，截至 2019 年年底，全球已部署的 5G 基站数量约为 48 万座，大部分位于亚太地区。三是从 5G 用户数量来看，截至 2020 年 2 月底，韩国的 5G 用户为 536 万户，移动用户占比为 7.76%；截至 3 月底，我国的 5G 用户超过 4500 万户；截至 2020 年 3 月底，其他国家 / 地区的 5G 用户数达 408 万户。

（二）5G 发展节奏预期

从标准、组网方式、频段、设备等 5G 发展的基本要素预计，2019—2022 年是 5G 产业的培育期，2023—2025 年是 5G 加速渗透期，2026 年之后是 5G 的规模经营期，如图 1 所示。

疫情期间，电信运营商联合通信设备提供商为医院、学校以及物业、电力等行业提供了诸多 5G 应用，助力各单位抗疫防疫、复工复产，让企业大众认识到 5G 的价值，这对 5G 的发展带来了积极影响。例如，武汉火神山和雷神山医院在建设中利用 5G 直播支撑"云监工"，另外还有火神山医院的"5G+远程会诊平台"，武汉协和医院、同济天佑医院的 5G 智能医护机器人，以及 5G 远程办公、5G 远程教育、5G 热成像体温筛查等。

但是，在疫情防疫常态化下，全球市场避险情绪升温，贸易投融资活动相应收缩，全球经济发展的不确定性增强。在"后疫情时代"，一些国家对全球化的态度发生改变，未来，全球信息通信产业供应链格局或将会发生长期、深刻的变化。未来，5G 发展或将面临全球需求降低与全球供应链重塑的双重挑战。

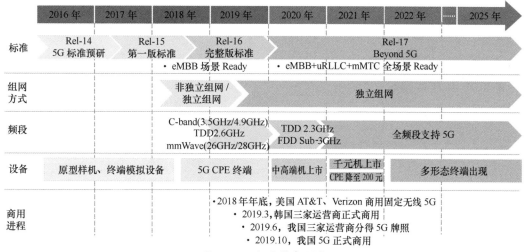

图 1　5G 发展节奏预期

二、运营商在重点垂直行业的机遇与挑战

（一）行业机遇

一是运营商基于 5G 可以扩大其在垂直行业的连接规模。例如，在制造行业，随着贸易摩擦、劳动力成本提升等核心问题的凸显，我国制造企业希望通过网络化、数字化、智能化转型，实现降本增效，创新商业模式，提高全球竞争力。而制造企业现有的网络架构主要围绕工业控制通信需要，并且相对封闭，未考虑到生产要素的广泛连接，以及数据分析、数据决策系统的网络连接需求和数据互通需求，从而导致现有的网络能力无法满足产业未来发展的需要。5G 的技术特性能够满足制造企业多场景网络连接的需求，甚至是生产控制网络连接的需求，同时也可以帮助企业简化网络架构。因此，电信运营商可以基于 5G 网络能力，面向制造企业提供生产控制网络、企业 / 园区网络等服务，而不仅仅是提供企业办公网络和骨干网络服务。

二是运营商基于 5G 可以推动其物联网、云计算、DICT 等业务的发展，提升其在垂直行业的连接价值。例如，在医疗健康领域，全国医疗行业面临人口老龄化趋势上升、慢性病患病率提高、医疗资源缺口大、医疗资源分布不均四大问题。针对这些问题，国务院于 2017 年印发《关于推进医疗联合体建设和发展的指导意见》，提出分级诊疗制度，以加快医联体的建设与发展。而 5G 可以通过赋能 AR/VR、AI、大数据、云计算、物联网等技术，使医院内可以使用 VR 会诊、机器人查房、机器人导医等应用，以及助力院外和院间远程急救等应用逐步落地，为医疗行业更好地解决医疗行业发展的关键问题，落实医联体制度，满足人民健康的需求。电信运营商则可以基于 5G 网络能力，面向医疗机构、养老机构等提供"5G+ 医疗健康"的解决方案，实现连接价值的增长。

（二）行业挑战

一是"后疫情时代"培养 5G 产业链需要花费更多的时间。企业对 5G 网络的质量、稳定性、安全性、使用成本、使用条件均提出了较高的要求。而目前 5G 产业尚处于发展的初期，需要通信产业链各类主体合力加快推进 5G 技术和产业链的成熟，才能支撑制造行业市场的拓展。另外，"后疫情时代"会对全球信息通信产业供给链进行重塑，将对 5G 产业链的发展产生不利的影响。电信运营商比任何时候都需要加强供应链的精益管理，甚至需要提升自身网络技术的研发能力，以提升对通信设备供应链的掌控能力。

二是垂直行业需求个性化、差异化，"5G + 行业应用"场景碎片化，与电信运营商传统规模化发展模式存在较大差异。垂直行业客户重视投入的产出比，只有"5G + 行业应用"能够为公司带来价值，他们才有动力应用 5G 网络，并且愿意支付一定的费用，或者愿意承担应用 5G 技术改造现有网络体系的成本。因此，电信运营商需要加大投入，不断深化对各垂直行业的发展趋势、行业生态、业务模式、业务流程等方面的理解和认识，努力挖掘能够给客户带来价值，能够规模复制，并且具有成熟商业模式的"5G+ 行业应用"场景。

三是垂直行业数字化生态复杂，电信运营商需要找到合适的定位。例如，制造业数字化生态包括智能装备制造商、自动化企业、工业网络提供商、工业软件企业、云基础设施与云服务提供商、工业互联网平台提供商、工业 App/SaaS 提供商、IT 系统集成商、工业安全提供商，以及技术研究组织机构、标准和监管组织机构等主体。电信运营商从前只是工业网络提供商中的一员。未来，在产业互联网时代，电信运营商想要布局哪些领域，可以布局哪些领域，哪些领域以自己为主，哪些领域以合作为主，则是需要深度思考并需要尽快作出决策的命题。

三、电信运营商的发展建议

一是建议电信运营商加快打造压舱石的产品，牢牢把握住客户的需求入口，而"网 + 云 +IoT 应用"是运营商最合适切入的方向。垂直行业内的龙头企业，拥有较强的 ICT 能力，一般采用单独采购的采购模式，这就决定了供应商需要构建自己的核心优势产品。例如，企业需要云计算服务会找领先的云计算厂商，需要网络会找领先的网络设备提供商或者领先的电信运营商，因此供应商必须具备有自己

的核心优势产品，才能牢牢把握住客户。电信运营商如果想基于网络拓展更多的价值，就需要打造更多的明星产品和标杆案例。

二是建议电信运营商针对重点需求、重点业务或者重点行业，成立相对独立、一体化运营的事业部，构建对市场环境敏捷响应的经营体系，给予相对独立的操作空间，给予资源和机制保障，并根据业务发展情况进行灵活调整。例如，2019 年 AT&T 成立单独的安全事业部；2018 年 11 月，阿里云事业群升级为阿里云智能事业群；2019 年 10 月，阿里云智能事业群再一次进行架构调整，数字政府、金融云、新零售、中国区域 4 个业务部整合升级为四大事业部。

三是建议电信运营商加快提升自有研发能力，并面向垂直行业构建广泛的联合研发生态。5G 技术融入垂直行业数字化技术体系中，需要进行标准对接、系统对接、数据对接等，因此，电信运营商需要在提升自身研发能力的基础上，创新合作模式，加强与垂直行业内的关键主体，如垂直行业龙头企业、科研院所、垂直行业 IT 集成厂商、垂直行业专业设备制造商等的合作。

四是建议电信运营商有效地利用国有企业改革的相关政策，突破自身在人才管理机制、资本投资机制等方面的限制。首先，人才机制是电信运营商数字化转型过程中需要突破的重点问题。例如，中国联通抓住混改契机，持续深化人力资源体系机制改革，在"回归岗位价值，岗级职级分离""推行项目制运作，管理灵活弹性""强化绩效管理，客观评价贡献""实行差异化激励，薪酬能多能少" 4 个方向持续发力，有效地解决了人才不足、人才能力需要提升等问题，适应业务转型要求。其次，资本运作是迅速补齐能力的有效手段。例如，2019 年 12 月 4 日，NTT DATA 通过其北美子公司 NTT DATA Services 收购了北美地区 AWS 高级咨询合作伙伴 Flux7 Labs Inc.，通过此次收购，NTT DATA 将加强支持客户导入云原生应用程序等与云相关的咨询服务，以加速开展北美的服务。

（中国信息通信研究院　孙路遥）

中国联通 5G "数智化" 发展与分析

5G 新基建风口下，智慧城市作为数字经济赋能的主舞台再次成为关注的焦点。进一步提高城市"数智化"（数字化、智能化与智慧化）水平，让城市"大脑"更"聪明"，已成为推动城市治理体系和治理能力现代化的必由之路，也是当下新型智慧城市建设发展的路线。据国家信息中心发布的《新型智慧城市发展报告 2018—2019》显示，我国智慧城市的建设重心已从数字化政务转向数字孪生城市，建设区域从中心城市向县域城市下沉。

中国联通依托以 5G 为核心的等新一代泛在网络，融合物联感知平台和城市大脑中台，打造了联通智慧城市感知云，为城市管理者、企业和居民提供个性化的智慧城市新服务，同时拓展数字生态，开放协同创新，为城市培育数字经济新产业。

一、"智慧城市感知云"重点解决的难题

智慧城市需要使用大量的物联网感知终端设备，碎片化的物联网终端生态导致不同厂商设备互不识别、不能通信、无法共享和难以管理。联通物联城市感知平台融合了多云管理、连接管理和设备管理等功能，可以提供包含 5G、4G/Cat.1、NB-IoT 等在内的泛在网络接入功能、丰富的连接管理功能和统一的设备管理功能，实现对海量城市感知终端的标准化接入，构建跨行业万物感知互联的物理基础和数据基础。

智慧城市承载的数据涵盖以数字建模为主的城市基础信息、以物联网感知为主的城市运行信息及以数据对接为主的城市生活信息。这些种类繁多、形式各异、结构复杂的数据如何规范和统一，将直接决定智慧城市的运转效能。智慧城市感知云的城市大脑中台包括数据中台、应用中台和智能中台。其中，数据中台实现数据融合和共享，智能中台提

供算法集中调度，应用中台实现应用组件封装、共享和集成，三者相辅相成，共同支撑智慧化的顶层应用。

中国联通综合运用云计算、大数据、物联网、人工智能等技术手段，在整座城市建立起一张看不到的"神经网络"。在这张网中，城市脉络和城市神经元清晰可见，并对人、物、事件等的动态运行进行有效感知和实时决策反馈，城市仿佛同时拥有了"大脑"和"神经网络"，对社会治理、政府管理及公共民生服务等各种需求做出智能化响应，成为真正智慧的城市。

二、"智慧城市感知云"聚焦基础设施智能化服务

南京南部新城是一个全新的功能区。它被定位为"枢纽经济平台、人文绿都窗口、智慧城市典范"。依托联通智慧城市感知云，以城市感知平台为基石，以城市大脑中台为支撑，采用创新化"3+3"的服务模式，助力打造南部新城新型智慧城市，有效解决传统智慧城市的建设和运营脱节的问题。

南京南部新城的整体建设分为两条主线展开：以道路交通、管廊、水务等基础设施智能化服务为突破，面向用户体验，提升城市综合运营和治理水平；以市场化运营机制构建民生应用，打造示范标杆，逐步拓展创新应用和产业应用。

三、智慧城市感知云助力县域智慧城市的建设和产业发展

随着新型智慧城市建设的深入推进和建设范畴的逐步拓展，智慧城市建设已从早期的中心城市、地级城市为主，逐步开始向县域一级下沉，县域智

慧城市建设已逐步成为新型智慧城市的新空间，也是分级分类推进新型智慧城市发展的重要组成部分。

当前县域智慧城市的建设正面临的难点有：若采用一次性投资建设，工程交付后经常出现升级和运维等问题；县域城市受制于财政压力，常采用分批建设，又造成数据和应用孤岛；若照搬大城市模式，极易与当地经济产业产生脱节。围绕上述问题，中国联通智慧城市感知云提供从云计算、存储、网络、平台和应用的一体化服务，客户按期购买服务，按需采购终端硬件，即可快速实现城市物联数据和政务数据的整合，低成本、高效率、可拓展地构建各类顶层智慧应用。该服务模式可最大程度地减少投资、降低风险和提升效能，并且随着智慧城市感知云在全国的扩展，服务体验和质量不断迭代提升，服务成本也会进一步降低。

未来，随着 5G 新基建的全面铺开，联通智慧城市感知云必将为推进新型智慧城市发展做出重要贡献。

（联通物联网有限责任公司　何　非　杨　磊　刘远明）

专家视点与专题
研究篇

5G 在疫情防控中的应用

5G 应用产业方阵和中国信息通信研究院

本文从应用类型、行业分布、地区分布等方面总结 5G 应用在疫情防控及复工复产方面的作用。

■ 一、应用分析

（一）总体分析

1. 应用类型分析

2020 年 1 月下旬至 2 月底是全国新冠肺炎疫情防控阻击战的关键时期，5G 技术深入应用到了防范、控制、管理、阻击等一线战场，社会疫情防控类和一线疫情阻击类的应用案例占比分别为 37.9% 和 28.7%；随着疫情防控效果的逐步显现，全国多个省市多日来确诊病例零增长，多地按照防控要求组织企业有序开展复工复产，这一阶段，5G 技术结合人工智能、大数据、云计算等 ICT 同样发挥了重要作用，助力复工复产类的应用占比已达 33.3%，并且仍在持续提升。

5G 在社会疫情防控类中的应用主要为防控筛查（27.6%）和民生保障（10.3%）两方面。5G 在一线

疫情阻击类中的应用主要为医学治疗（13.8%）和医疗保障（14.9%）两方面。5G 在助力复工复产类中的应用主要为复工复产新模式（17.2%）及现场复工新防线（16.1%）两方面。5G 应用场景统计如图 1 所示。

2. 融合应用分析

5G 以其大带宽、高速率、低时延、高可靠以及大连接的技术特性，有助于全面赋能人工智能、大数据、云计算、区块链、边缘计算等其他 ICT，并承载超高清视频、无人机 / 车、机器人等对网络需求极高的新型终端，从而使得 ICT 及新型应用有的放矢，在防控阻击疫情中发挥出更大的作用。从案例的统计结果来看，5G 与人工智能、大数据、云计算的融合应用分别为 29.9%、5.7% 和 21.8%，总体占到了全部应用的 57.4%，其中不乏一些案例同时结合三项技术并基于 5G 网络开展实际的数据传输与分析；5G 与超高清视频、无人机 / 车、机器人的融合应用案例也占到了全部应用案例的 48.2%，占比依次为 28.7%、9.2% 和 10.3%。

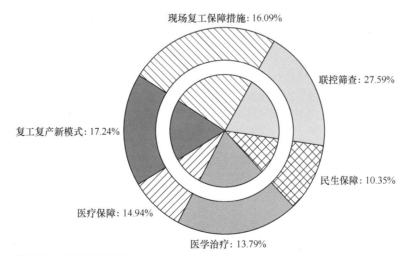

现场复工保障措施：16.09%
联控筛查：27.59%
复工复产新模式：17.24%
民生保障：10.35%
医疗保障：14.94%
医学治疗：13.79%

数据来源：中国信息通信研究院。

图 1　5G 应用场景统计

3. 行业分布分析

此次疫情防控加速了 5G 在医疗行业的应用落地，如图 2 所示。5G+ 医疗行业案例占比达 39.1%，覆盖了远程医疗、远程会诊、体温监测、院区物流、无人作业等多类业务，为 5G+ 医疗多样化业务的未来复制推广提供了大量样板。此外，安防作为此次疫情防控战的重要环节受到了国家的高度重视，5G+ 安防行业案例占比达 28.7%，5G 技术的应用丰富了此次疫情的防控手段，为推进国家的立体化安防体系建设提供了众多素材；助力企业有序安全的复工复产成为了 2 月中后期的一项重点工作，5G 在该领域同样发挥了重要的作用，涉及工业、建筑、能源、交通、教育、金融、信息、娱乐、物流等多个行业，为全社会各行业的复工复产提供了形式多样的保障措施及新型模式。

4. 地域分布分析

湖北省 5G 应用占比达 12.6%。此外，5G 技术在浙江省（27.6%）、广东省（10.3%）、四川省（10.3%）、北京市（8.0%）、江苏省（6.9%）等防疫形式较为严峻的省市也得到了广泛应用，在上海市、安徽省、河南省、山东省、甘肃省、广西壮族自治区、贵州省、河北省、黑龙江省、辽宁省、陕西省、海南省等省市均有 5G 协助防控疫情及复工复产的身影，如图 3 所示。

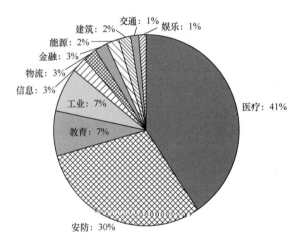

数据来源：中国信息通信研究院。

图 2　5G 应用行业分布统计

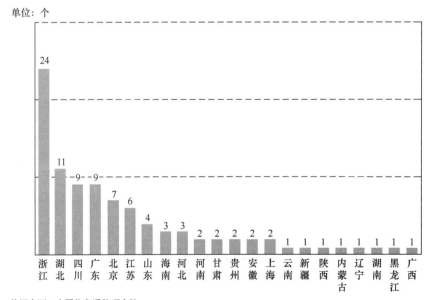

数据来源：中国信息通信研究院。

图 3　5G 应用案例数的统计

（二）社会疫情防控类

在社会疫情防控方面，5G 技术在此次疫情期间开展了大量的尝试，取得了一定的应用效果。社会疫情防控主要包括政府监控及公众服务，其中，政府监控指医疗及社区等在疫情期间对大众健康状况的筛查、行为规范的监控、不良行动的预警以及疫情实时分析的汇报等，上述的防控筛查在社会疫情防控类应用中的占比为 72.7%。公众服务指在公共场合的疫情预防、基础设施的维护、社会服务行业的正常运转等有助于在生活层面提供疫情防控帮助的措施，上述为民生保障，其在社会疫情防控类应用中的占比为 27.3%，如图 4 所示。

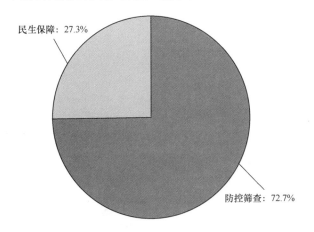

数据来源：中国信息通信研究院。

图 4　社会疫情防控类应用占比

1．5G 协助防控筛查

防控筛查是此次除了医院一线疫情阻击之外的重中之重，直接决定了疫情发展的方向，我国在此次疫情防控阶段实施的措施和取得的效果举世瞩目，为阻止疫情在世界范围内扩散做出了巨大贡献。可以看出 5G 技术在此次防控筛查中依据需求承载了一大批新型业务，成为后续防控筛查业务复制推广的典范。防控筛查应用场景中主要包括 6 种业务类型：基于热成像系统的体温监测（33%）、基于人工智能的人员筛查（12%）、基于无人机的社区巡检（21%）、基于机器人的远程巡查（13%）、基于大数据的隔离监控（13%）以及基于超高清视频的疫情报告（8%），业务占比如图 5 所示。

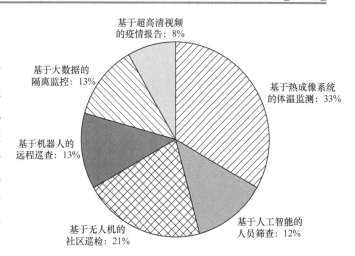

数据来源：中国信息通信研究院。

图 5　防控筛查应用场景业务类型占比

2．5G 助力民生保障

在疫情尚未完全结束时期，公众的生活受到了一定程度的影响。通过响应国家号召，民众配合管控并改变日常的生活习惯，居家隔离、减少社交成为了社会共同防"疫"的新型方式，然而也为公众的生活带来了一定程度的不便。基于 5G 在园区智能巡检、农业消毒、物流自动化配送以及 VR 娱乐等场景的应用积累，众多民生保障方式在更广泛的应用场景推广上线。民生保障应用场景主要包括 4 种业务类型：电力无人巡检（11%）、公共生活场所消毒防控（34%）、物流行业无人配送（11%）以及公众娱乐互动（22%），业务占比如图 6 所示。

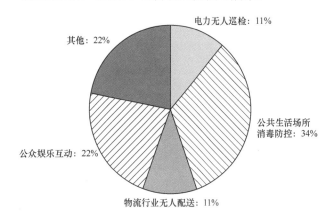

数据来源：中国信息通信研究院。

图 6　防控筛查应用场景业务类型占比

（三）一线疫情阻击类

在一线疫情阻击方面，5G 技术的大带宽、低时延和广连接特性被充分运用到医院建设、患者处置、医疗辅助等与抗击疫情工作直接相关的场景中，这是我国宣布 5G 正式商用以来，在全国民众面前对 5G 技术最直接和严苛的考验。一线疫情工作主要包括患者诊治及医疗服务，其中，患者诊治指在医院、救护车、医学方舱等医务人员直接参与患者诊治的场所内，开展的疑似患者诊断、确诊患者治疗及出院患者跟踪等医疗诊治工作，本文将其归纳为医学治疗，其在一线疫情工作应用中的占比为 56%；医疗服务指为患者提供救治场馆、辅助医务人员工作及保障医疗环境安全卫生等有助于患者诊治的服务，本报告将其归纳为医疗保障，其在一线疫情工作应用中的占比为 44%。

1. 5G 创新医学治疗

医学治疗是扼制此次疫情发展的重中之重，直接关系确诊患者的生命安全和预防疫情过后的再次爆发，我国在应对新冠肺炎疫情中积极与国际同行共享治疗方法和效果，5G 技术在此次疫情医学治疗中扩展了医疗资源的使用范围，推动了实时远程筛查、诊断、治疗等医疗方式在全国范围内的应用，成为后续全国医疗资源共享的典范。医学治疗应用场景中目前主要包括两种业务类型：疑似患者智能诊断（21%）和确诊患者远程治疗（79%）。

疑似患者智能诊断成为此次疫情中 5G 技术与人工智能、大数据、云计算融合的典型应用。5G 的特性能够采集大量疑似患者的视频影像、CT 检查数据图像、核酸检测报告等现场信息，并实时传输到远程医疗云平台，通过人工智能引擎，实现疑似病例的快速诊断和患者信息入库，第一时间排查疑似病例，大幅度减少疑似病例的确诊时间。四川大学华西医院放射科利用 5G 双千兆网络 + 远程 CT 扫描助手，为远在 300 千米外的四川大学华西医院甘孜医院患者进行医学诊断。

确诊患者远程治疗是 5G 技术与智慧医疗融合发展的排头兵。通过 5G 技术的高可靠和低时延特性，异地专家或医疗团队远程控制医学诊疗设备，接收治疗现场影像，进行远程会诊，指导现场医护人员进行远程诊疗或进行远程手术。浙江省人民医院远

程超声波医学中心的专家，利用中国电信 5G 网络，通过手柄远程控制武汉市黄陂体育馆方舱医院的超声机器人为患者进行超声检查治疗，杭州市、武汉市、荆门市通过浙江联通提供的 5G 网络开展三地远程诊疗，将邵逸夫医院分布在湖北不同战"疫"一线的专家与后方专家聚在一起，共同探讨湖北病例的救治方案。

2. 5G 助力医疗保障

医疗保障是顺利开展治疗工作的重中之重，疫情突发致使医院床位、医护人员和服务人员紧缺，全国各地迅速开展新型医院建设，派遣医护人员支援武汉，并采用科技力量解决服务人员不足的问题，基于 5G 的远程视频监控、超高清视频直播、智能机器人自主作业等一大批新型应用被投入到医疗保障工作中。医疗保障应用场景目前主要包括两种业务类型：医院建设直播（27%）和智能机器人辅助医疗工作（46%），业务占比如图 7 所示。

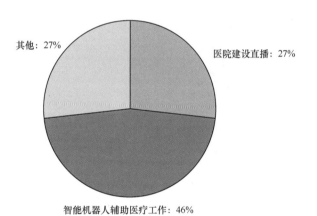

数据来源：中国信息通信研究院。

图 7　医疗保障应用场景的业务类型占比

（四）助力复工复产类

在助力复工复产方面，5G 技术助力企事业单位、大中小学开展复工复产，在恢复日常生活常态化的基础上助力疫情防控。助力复工复产主要包括创新工作模式和新型保障措施，其中，新型工作模式指依托 5G 技术，衍生出新型商业、生产、办公和教学模式，本文将其归纳为复工复产新模式，其在助力复工复产类应用中的占比为 51.7%；新型保障措施指疫情期间运用 5G 技术，在企事业单位办公场所、大中小学校园开展的日常工作保障措施，本报告将其

归纳为现场复工新防线，其在助力复工复产类应用中的占比为48.3%。

1. 5G催生复工复产新模式

受突发疫情影响，各企事业单位、大中小学和幼儿园都推迟了春节后复工复产的时间，随着疫情防控取得积极进展，各企事业单位逐步开展复工复产，大中小学和幼儿园逐步开展远程复学。5G技术与视频会议系统、云平台和机械自动化设备融合运用，分别面向政务、工业、教育等领域提供新型办公方式，助力复工复产，推广了异地远程实时办公的方式。复工复产新模式应用场景中主要包括3种业务类型：远程实时视频会议（20%）、异地协同办公（53%）以及远程教学互动（27%）。

2. 5G构筑现场复工新防线

随着疫情基本得到控制，各企事业单位开始复工复产，在保证员工健康的前提下安全生产，稳步有序地恢复生产是对疫情防控的严峻考验。5G技术与红外热成像、无人机/车和机器人创新融合应用，减少人员接触，避免疫情传播，有效解决复工复产期间的疫情防控问题，为疫情结束后公共服务区域日常保障提出了新思路。

二、应用洞察

（一）疫情攻坚，5G走进大众视野

新冠肺炎疫情突发、蔓延迅速、形势严峻，5G融合应用作为重要的科学防控手段，逐步走进大众视野。据本报告数据统计，疫情防控期间的5G融合应用案例已超过百个，涉及医疗、安防、教育、工业、交通、金融等多个垂直行业，覆盖全国省级行政区超过20个。5G为疫情带来科学化的防控手段，同时疫情为5G带来全新的展示平台，促进相关应用落地进程加速，但短期内受疫情影响5G产业发展暂时延缓。

疫情为5G提供了全新的展示平台。在这次疫情攻坚战中，5G融合人工智能、大数据、云计算、超高清视频等新型技术，搭载机器人、无人机/车等终端平台，全面助力疫情防控工作。5G融合应用在抗击疫情过程中呈现出技术积累丰厚、可拓展性强、应用范围广三大特点：在技术积累方面，绝大部分应

用案例如远程诊断、机器人巡检、无人机/车配送、超高清视频等在前期已进行多次测试验证与应用示范，为疫情时期的成功运用奠定坚实的基础；在可扩展性方面，应用案例中出现无人机消毒、健康状况监测、医院建设直播、云签约等新型业务，这些都是基于固有业务的模式拓展或场景拓展；在应用范围广方面，应用案例涉及抗"疫"一线医疗资源协调、公共场所卫生防护以及复工复产支撑等多样化的应用范围，多领域多维度助力疫情阻击工作。

疫情加速了5G融合应用从测试验证到实际落地的发展进程。无接触红外测温、大型场所无人机巡检、公共区域机器人/无人车消毒、远程疫情诊疗、远程办公、云会议、云直播、云课堂等5G创新业务提前进入"临床试验阶段"，人们切实体会到5G技术带来的公共区域信息化防"疫"手段的高效性、缓解抗"疫"一线医疗资源紧张的及时性以及远程办公学习的便捷性。

疫情对5G产业产生冲击，短期内发展延缓。为最大限度切断病毒传播途径，全国多个地区封城封路，工业企业停工停产，5G网络规划建设被迫后延，同时5G相关元器件提供商及终端设备制造商受停工停产的影响，短期内难以恢复正常运转。疫情过后，需加快5G建网进度，加大相关企业扶持力度，促使5G产业尽快恢复并取得长远的发展。

（二）科学防控，运营商勇挑重担

疫情发生以来，全国大中小型企业各尽其力，全方位地支持疫情防控工作。据本报告数据统计，作为基础电信运营企业，中国电信、中国移动、中国联通参与的5G应用案例占比分别为25%、46%、29%，中小型企业参与应用案例总体占比9.19%，形成以基础电信运营商为主体，中小企业部分参与的特色格局。

网络、技术和市场三重优势助力基础电信运营商确立主体地位。在网络优势方面，5G应用业务的开展需要5G网络做支撑，基础电信运营商作为网络建设的主体，最早启动5G网络规划和建设，具有应用探索的先天优势；在技术优势方面，5G业务的开展与推广需要前期丰厚的技术积累，基础电信运营商自5G概念提出开始，投入大量的人力、物力、财力进行5G技术的研发与测试，技术储备丰厚，实践

经验充足；在市场优势方面，基础电信运营商拥有庞大的用户集群，截至 2019 年 9 月底，移动电信业务用户总数接近 16 亿，以云旅游、云游戏为代表的 5G 消费类业务具有庞大的潜在用户基数。此外，基础电信运营商负责大型企业、医院、银行等机构专用网络建设与运维工作，为 5G 行业市场的开辟奠定基础。在这次疫情防控工作中，基础电信运营商充分发挥企业优势，助力科学防控。为早日打赢这场疫情攻坚战，积极开展 5G 在医疗、安防、工业、教育等领域的融合应用，在一线疫情阻击、社会疫情防控及复工复产等领域发挥重要作用。

疫情影响和 5G 产业现状双重因素降低了中小型企业的参与度。在疫情影响方面，中小型企业抗风险能力较差，极易受到外界环境的影响，新型冠状病毒肺炎疫情的突发对中小型企业造成了强烈的冲击，很多企业出现资金短缺、营收下降、无法发放员工工资等问题，陷入无法正常运转的困境；在 5G 产业现状方面，5G 网络建设成本高、现有基站数量少以及对应芯片、模组、终端发展不成熟，中小型企业参与成本、参与方式均受到限制。现阶段，国家需加大对中小型企业的扶持力度，促使其平稳度过困难期，疫情过后需加快 5G 网络建设，扩大 5G 芯片、模组、终端市场，为更多中小型企业加入 5G 融合应用和探索提供契机。

（三）众志成城，5G 赋能各行各业共克时艰

抗击疫情，刻不容缓；科技抗"疫"，势在必行，社会各行业纷纷采用 5G 等高科技手段投入战胜疫情的队伍中。从本报告统计数据看，在此次疫情抗击过程中，5G 应用行业分布呈现出覆盖行业广、应用场景集中的特点。

首先，5G 应用渗透到各行各业，全方位、多维度、立体化地对抗击疫情贡献力量。在抗击疫情前线，5G 远程医疗、5G 无人医疗有效降低医护人员工作的强度和人员间交叉感染的概率；在疫情防控后方，5G 远程测温、5G 无人机消毒、5G 高清视频监控等为公共安防领域提供可靠保障；在人民生活方面，5G 智能物流、智慧交通、智慧娱乐等为全社会各行各业提供智慧化民生保障；在生产教育方面，5G 在工业、信息通信业、建筑、金融、能源、教育等领域提供网络支撑，为复工复产保驾护航。

其次，在疫情抗击中 5G 应用集中分布在医疗、安防领域，占比高达七成以上。此次疫情中开展的应用模式大多基于前期的技术试验和应用示范，得益于前期在 5G 应用开展的广泛探索和技术积累；目前落地较多的应用仍以辅助性业务为主，例如，远程会诊、移动机器人医疗辅助、无人机巡检辅助等，远程手术、无人驾驶等核心类应用业务受限于多种因素，发展略显滞后；此次疫情为 5G 在医疗、安防领域的应用市场打开了缺口，行业需求被激发，催生大量相关应用落地，未来随着各行业需求被点燃，5G 应用将迎来广阔的发展空间。

此外，此次疫情暴露了目前 5G 应用发展存在的两个问题：一是各行业信息化基础参差不齐、行业需求碎片化，导致出现应用难以大规模复制推广、行业间应用发展水平不均衡等问题，产业各领域间需加强供需对接，协同探索融合应用；二是目前很多应用部署受制于网络覆盖，例如此次疫情中多数应用以室内场景为主，室外移动性较强场景鲜有部署，未来基础网络设施建设需进一步加强。

（四）同舟共济，5G 助力全国各地共渡难关

疫情发生以来，全国各地积极运用科技手段抗击疫情。据本文统计数据，全国共有 22 个省市及地区开展 5G 抗"疫"应用，呈现出"疫情催生、优势延续、政策牵引"的特点。

（五）多管齐下，5G 孕育更多科技抗"疫"手段

疫情之下，传统防"疫"、战"疫"工作方式面临人员感染风险高、效率低下的困境，应用信息化手段推动抗"疫"各项工作势在必行。从本报告的调查数据看，在对新冠肺炎疫情的防控和抗击过程中，多形态的新型智能终端正发挥至关重要的作用。

在疫情防控筛查过程中，5G 与信息采集设备、无人机、机器人等终端融合实现信息化防"疫"：用于热成像测温和人脸识别的各类摄像头应用占比为 41%，用于空中巡控、消毒喷洒作业的 5G 无人机应用占比为 27%，在医院、商场、火车站等公共场合用于巡检测温、物资运输的机器人应用占比为 23%。新型防控筛查手段满足疫情防控期间的迫切要求，不仅能够有效避免人员接触，还能大大提升巡检筛查效率，在疫情防控阶段发挥至关重要的作用。在

医院抗击疫情第一线，5G+超高清视频、VR/AR、医疗器械、机器人实现科技化战"疫"：用于远程会诊、云监工、远程探视的超高清视频应用占比为44%，用于测温、医护、配送的机器人应用占比为24%，用于远程诊疗医疗器械应用的占比为20%。远程会诊突破了时间、空间的限制，实现专家级资源随时驰援一线，提升病例的协同诊治效率；远程探视、智能机器人大大降低了病人与家属、医生发生交叉感染的风险。

现阶段，多形态的新型行业终端正逐步进入市场，尚处于发展初级阶段，5G行业终端发展仍面临众多挑战：一是终端模组研发相对滞后，离散化的行业市场需求导致研发成本高，尚未完全满足行业应用需求，各类行业终端现阶段主要通过Wi-Fi信号连接CPE（Customer Premise Equipment，客户前置设备）的方式接入5G网络；二是垂直行业对5G技术的认知不足，行业需求尚未点燃。

针对上述两个问题，此次抗击疫情为5G技术提供了全新的展示平台，未来越来越多的行业客户逐渐意识到ICT的重要性，疫情后将加快各自领域数字化转型升级，重塑传统生产模式。一方面，行业的需求将加速5G行业终端模组的研发进展与投入，终端模组通过统一尺寸、接口、能力等，将助力终端产品快速在各行各业的普及应用；另一方面，5G技术与AR/VR、超高清视频、无人机、机器人等行业的成功融合树立示范作用，未来将继续在工业、交通、教育、旅游等更多领域进行快速复制，有效推动更多的5G行业终端上下游企业依托5G技术实现提质增效。

三、结束语

抗击疫情期间，5G第一次被比较全面的推向公众视野，为了更好地促进5G支撑疫情防治工作，推进我国社会经济的数字化发展，面对疫情中后期及疫情后5G发展的挑战与机遇提出以下建议。

依托各级政府的政策引导5G产业和应用发展，实现多级顶层规划。调动各地区、各级政府的积极性，针对现有5G与行业融合发展的问题提供一定程度的政策引导、资源支撑等措施；坚持政府引导与企业主体相结合，支持和鼓励行业龙头企业、科研机构、通信企业建立跨领域的5G应用创新中心或实验室，培育吸引多方创新主体和中小企业的开放生态；发挥国家专项资金的撬动作用，积极引导各类投资基金、银行信贷向5G与工业互联网融合领域倾斜，扶持中小微企业开展5G融合产品及应用的研发。

广泛激发各行业、各领域的创新能力，持续推动5G与人工智能、大数据、云计算等融合技术创新，5G在行业领域的业务融合及应用场景创新，5G行业应用管理、运营及维护模式创新；建立产业与技术供需对接平台，形成跨领域、跨行业的共同语言，开展5G行业应用网络架构、服务能力、技术标准等问题研究；加速推动5G融合应用创新成果的转化与推广，同时鼓励中小企业借助创新中心的资源开展5G应用解决方案的研发和集成服务。

持续加大跨行业、跨领域的合作的力度，增加5G应用示范试点并探索商业运营模式。鼓励建设多主体、跨行业的5G研发中心，完成5G与制造设备融合的产品及应用研发、组网试验，提升融合应用产品的成熟度；鼓励运营商积极探索工厂内网络部署架构及模式，加大制造企业5G网络环境的建设，满足融合应用部署要求；针对工业、医疗、能源等典型行业应用领域开展5G融合应用试点示范，通过试用探索5G应用的商业运营模式，促进5G与行业领域的融合发展。

加快构建5G网络、终端模组等基础能力，为5G应用提供良好支撑。大力推进5G网络的建设，实现5G网络商用领域的覆盖，有序开展融合创新示范区、示范点的行业网络覆盖；构建公共服务平台，并具备统一对外的网络、测试、试验能力，进一步促进中小企业的创新发展；针对5G行业应用中的终端、模组等问题开展技术攻关，推进芯片模组、终端样机的开发及测试认证，有力支撑5G与行业应用的深度融合及发展。

5G 核心网的发展综述

工业和信息化部通信科技委　赵慧玲

信息通信技术不断地向各个领域融合渗透，经济社会向数字化转型升级的趋势愈发明显。5G 作为新一代通信技术发展的主要方向，是全球技术和产业竞争的战略高地，亦是引领科技创新、重塑传统产业发展模式、发展新经济的关键动力之一。针对 5G 核心网技术，网络云化、服务化架构、网络切片及网络边缘计算技术不仅是发展趋势，也是电信运营商必须面对的挑战。

一、全球发展态势

GSA（Global Mobile Suppliers Association，全球移动设备供应商协会）报告显示，目前包括中国、英国、美国、日本、韩国在内的 30 多个国家已完成 5G 频谱牌照的发放。5G 发展前景广阔，5G 产业的快速增长将带动 IoT 产业万亿级的规模发展，GSMA（全球移动运营商的共同关注和权益）预测，2025 年中全球 IoT 连接收入为 510 亿美元，占比为 5%；其他平台、应用、云、数据分析、安全、系统集成、运维管理都达千亿级。摩根士丹利预计到 2030 年，中国、美国、日本、韩国四国在 5G 七方面应用的收入（固定无线接入、云游戏、车联网、智能制造、联网监控、联网无人机、远程医疗服务）将在 2018 年移动服务收入的基础上增加 1560 亿美元，提高 40%。

全球普遍看好 5G 对垂直行业的支撑和服务。爱立信针对全球 50 名大型电信企业高管的调研结果显示，媒体和娱乐、汽车、公共交通、医疗卫生以及能源和公共事业是行业专家认为的 5G 重点行业；德勤发布的 2026 年 5G 带动八大重点行业营收占比的结果表明，能源公共业占比为 21%、制造业占比为 19%、公共安全和医疗卫生分别占比为 13%，其次是媒体娱乐、运输、汽车和金融；GSMA 和中国

信息通信研究院发布的中国 5G 报告指出，预计到 2025 年，中国的 5G 连接数将达 4.28 亿个，其中，智能手机占比为 3/4，视频、VR/AR 等是个人消费市场的重点领域，企业市场是 5G 最大的增收契机。中国、日本、韩国则普遍关注汽车、运输、物流、能源、公共设施监测、医疗保健、工业和农业等领域；工业和信息化部 IMT-2020 业务推进组重点聚焦电网、公安、交通和新媒体四个行业。全球对 5G 重点支撑行业和主要创收行业的看法较为一致。

二、我国发展态势

2019 年 6 月 6 日，工业和信息化部发放 5G 商用牌照，标志我国正式进入 5G 时代。5G 应用场景对通信网络产业链提出了新诉求。国际标准化组织 3GPP 定义了 5G 的三大场景：eMBB 指 3D/ 超高清视频等大流量移动宽带业务；mMTC 指大规模物联网业务；URLLC 指如无人驾驶、工业自动化等需要低时延、高可靠连接的业务。根据不同应用场景对 5G 业务要求进行分类，大流量场景可分为以下 4 类。

① 视频下载、图像上传、云端 CG/ 图像的渲染：如 CloudVR/AR、V2X 车载娱乐等。

② 流量上下行解耦：如社交网络、个人 AI 辅助场景。

③ 5G 流量内容主要为流媒体：如 CloudVR/AR、FWA、社交网络。

④ 动态 BoD 大带宽：如联网无人机场景、VR 体育直播等。低时延场景包括：端到端低时延，如 CloudVR/AR 的动作云端闭环、远程医疗的力反馈信号时延；确定性时，如社交网络、个人 AI 辅助场景；移动性时延，主要针对 V2X，如路况信息实时反馈。为了满足 5G 应用场景，运营商网络业务也发生新的

变化，具体如下。

一是提供网络全连接，部署智能敏捷的网络架构，通过网络动态切片按需提供大带宽。

二是发展MEC（Mobile Edge Computing，移动边缘计算）技术，保障低时延，未来时延将成为运营商收费的新量纲。

三是推动内容分发网络下沉，促进流量本地化和分层云化。

四是充分发挥平台使能，提升NaaS、IaaS、PaaS/SaaS的云服务能力，开放API，提供综合解决方案。

三、技术发展

5G将彻底改变数字医疗、智能家居等行业，引领全新的应用场景和商业模式。目前，多家手机厂商已推出5G手机，人们也逐渐感受到5G网络带来的新体验。但实现5G稳定、大范围应用仍需要攻破许多挑战。

（一）5G网络云化

5G将为垂直行业带来基因突变式的进化，网络的虚拟化、云化转型是进化的必经之路。行业分析机构Ovum也指出：5G网络的众多特性是需要

虚拟化网络架构支撑的。基于NFV（网络功能虚拟化）/SDN（软件定义网络）的云化、网络切片、MEC（边缘计算）是5G核心网的关键技术，5G核心网将实现控制与承载分离，引入全面云化结构，如图1所示。

5G核心网是以DC（数据中心）为基础设施、Cloud Native（云原生）的网络。CCSA（中国通信标准化协会）的TC3正在制定NFV相关标准，其思路是建设DC，并聚焦基于NFVI（网络功能虚拟化基础设施）的云化DC建设，构建云网融合的体系，如图2所示，其中，基础设施层，Cloud OS（云操作系统）对下收敛硬件，对上支持各类应用；应用层，核心网实现云化，云化是5G基础技术；运维管理，逐步引入下一代管理框架，实现运维的自动化。Cloud Native成为关键技术路线，包括无状态设计（垂直解耦）、模块化解耦（水平解耦）、自动化的生命周期管理、敏捷的基础设施（容器等）。云化应用层软件进一步支持Cloud Native，长远看基础设施层需要支持虚拟机与容器混编，提升运维效率。

基于容器的虚拟化技术，也被称作操作系统级别的虚拟化技术，是一种允许在操作系统内核空间上使用多个独立的用户空间实例的方法。相比虚拟化技术，容器技术在CT领域NFV架构下的应用标

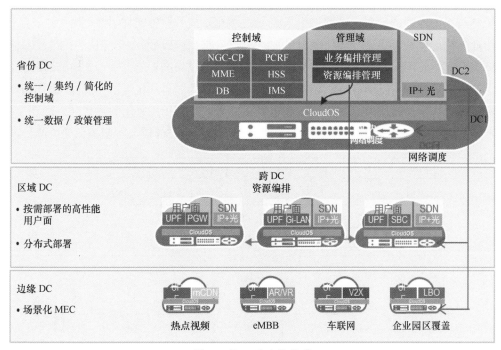

图1　核心网云化体系

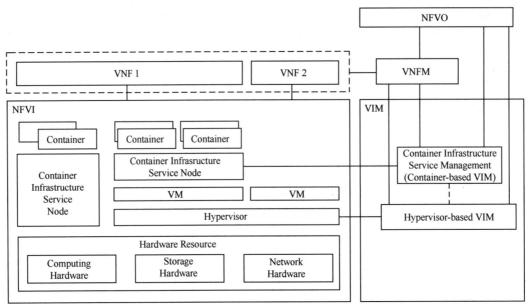

图 2　CCSA TC3 NFV 系统引入容器的技术方案示例

准化尚未成熟。裸机容器承载模式是最能发挥容器整体性能、大规模资源调度以及资源挖潜超卖优势的承载模式，然而由于容器平台及容器网络、容器安全和 MANO 等标准化及周边生态仍未成熟，虚机与容器的多种混合承载方式仍将长期并存。

从运营商角度分析，运营商也在推进自己下一代的运营管理体系，电信运营商正在加速地向虚拟化过渡，各大运营商均参考 ONAP 架构开发下一代运营系统。

在网络控制与采集保障的基础上，通过引入面向网络服务的业务编排模块，实现一体化业务发放与网络自调整，主要面向可自动化的 SDN/NFV 网元设备。目前 AT&T 已应用，Verzion、vodafone、DT、Orange、中国移动、中国电信和中国联通等多家主流运营商跟随。

（二）服务化架构

5G 核心网采用服务化架构（SBA，Service Based Architecture）进行设计，实现了网络功能的灵活组合、业务的敏捷提供。5G 核心网借鉴了软件架构基于微服务进行组织的理念，通过模块化实现网络功能间的解耦和整合，解耦后的网络功能（服务）可以独立扩容、独立演进、按需部署；各种服务采用服务注册、发现机制，实现了各自网络功能在 5G 核心网中的即插即用、自动化组网；同一服务可以被多种 NF 调用，提升服务的重用性，简化业务流程设计。

5G 核心网服务化架构的关键技术包括：服务的提供通过生产者与消费者之间的消息交互来达成；实现了服务的自动化注册和发现；采用统一服务化接口协议，在应用层采用 HTTP/2.0，如图 3 所示。

目前，5G 核心网服务化架构的接口协议栈与传

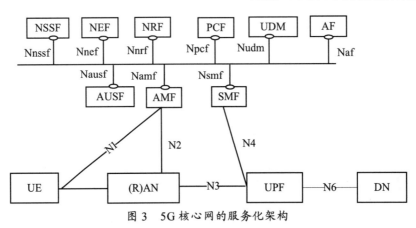

图 3　5G 核心网的服务化架构

统移动核心网的协议相比，变得更加复杂。用同样的硬件来实现，其性能相对传统协议是下降的，因此需要通过高性能的云资源来抵消接口性能的损失。对于服务化架构的自动化组网能力，还有待进一步完善。

（三）5G 网络切片

在 5G 网络中，我们会面临不同的业务需求，而传统的物理设备和物理设施无法根据这些业务进行灵活配置，网络切片则是关键技术，亦是未来发展趋势。3GPP 对网络切片的定义为：一个网络切片是一张逻辑网络，提供一组特定的网络功能和特性。可编排、可隔离，在统一的底层物理设施基础上实现多种网络服务是网络切片的关键特征，降低了运营商的多个不同业务类型的建网成本。网络切片如图 4 所示。

网络切片逻辑隔离可以实现网络功能定制，针对不同业务场景要求，采用不同切片分别满足对应场景的技术指标要求。网络切片可以基于不同的行业用户进行定制，为不同的切片分配不同的 ID 标识，网络侧签约用户所能够接入的切片，在初始接入时，网络切片服务网元协助确定用户接入哪个切片。总体来说，网络切片需支持一些业务功能和管理功能。业务功能要求包括：网络切片签约、选择、隔离、弹性（片切得有多大，大片或小片）、能力开放、计费和限制；管理功能要求包括：网络切片按需定制、自动化网络切片部署、业务开通与激活、网络切片生命周期管理、SLA（服务等级协议）监控和保障。

目前，5G 核心网切片的标准已成熟，承载网切片可以支持一定颗粒度的硬切片和基于优先级的软切片，无线网切片暂无标准支持，目前终端只支持同时接入一个切片。初期，5G 网络切片重点面向对核心网、承载网有切片需求的场景及客户，后续会逐步推动无线网和终端切片功能的标准化和产业成熟。对于行业客户，我们可以基于资源专供的方式提供端到端的切片解决方案。E2E 网络切片的总体架构如图 5 所示。

（四）5G 网络边缘计算

Gartner 公布 2019 年十大技术趋势，边缘计算位列其中。并且 Gartner 预测：2017 年 10% 的企业数据产生在云和数据中心之外，到 2022 年这一比例将超过 50%。运营商利用网络和基础设施优势，构建边缘云，使能各应用场景。网络边缘计算的应用场景如图 6 所示。

MEC 是 5G 标志性的新能力，用来打造极致的用户体验。移动边缘计算指在网络边缘、在靠近用户的位置上，提供 IT 的服务、环境和云计算的能力。通过将业务分流到本地进行处理，进而提升网络数据处理效率，满足终端用户的极致体验；满足垂直行业对网络超低时延、超高带宽以及安全等方面的诉求。

MEC 已发展为多接入边缘计算，兼容不同的接入方式。在操作中，MEC 平台/应用与网络应区分开，避免业务与网络绑定，MEC 的部署位置取决于它的具体应用需求。对 5G MEC 来说，5GC（5G 核心网）通过 UPF（用户面功能）的灵活部署能力支撑 MEC 平台/应用。多接入边缘计算能带来业务体验的升级。

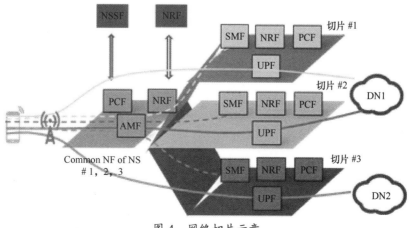

图 4　网络切片示意

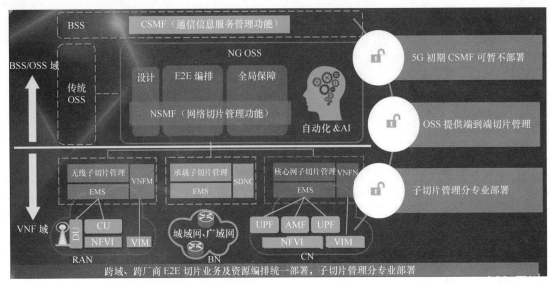

图 5 E2E 网络切片总体架构

图 6 网络边缘计算的应用场景

在 5G 视频业务中，MEC 通过将网络核心功能下沉到网络边缘，在靠近移动用户端，提供 IT 的服务、环境和云计算能力，满足 5G 低延时、高带宽的业务需求。在垂直领域，MEC 可向垂直行业提供定制化、差异化的服务，提升网络利用效率和价值。

边缘计算领域有两大标准组织，一是 ETSI，定义整个边缘计算服务环境；二是 3GPP，定义网络支持边缘计算的实现和提供服务质量保障。多接入边缘计算端到端框架和技术实现由 ETSI 和 3GPP 共同制定：3GPP 定义了控制面和承载面分离的网络架构，UPF 是边缘计算的数据锚点；ETSI 定了 MEC 的平台系统框架，包含应用部署环境、管理软件架构、应用场景和 API 接口等。

多接入边缘计算的典型应用如图 7 所示。

图 7 多接入边缘计算的典型应用

依据 MEC 的服务群体和需求特点，MEC 部署场景可分为定制场景和通用场景，定制场景有如企业园区，部署方式需要根据客户的个性化需求进行定制；针对通用的场景，其部署建议见表1。

表1 UPF与MEC的协同部署

部署业务类型	说明	部署建议
5G eMBB	10ms级的业务端到端时延，需要尽量减少传输时延	MEC主要部署在地市核心DC 边缘UPF与MEC部署在同一DC
5G URLLC	ms级别的极低时延要求	MEC部署在地市核心或边缘接入的位置，通常边缘UPF与MEC部署在同一DC
5G mMTC	暂认为同LTE	视具体应用，边缘UPF和MEC部署在服务覆盖范围内

MEC是发挥运营商网络资源优势，构建云+边缘的差异化云网融合体系的重要组成部分。电信运营商拥有丰富的"边缘"资源，包括智能家庭、平安城市等的各种摄像头、智能家居，工业物联网网管类设备、家庭网关、企业网关、物联网关等。通过在边缘机房（接入局所和边缘DC）引入MEC，其作为云服务延伸+本地就近服务的边缘计算平台，可进一步改善对传统边缘资源的要求，完善云边协同的服务环境。

除运营商外，华为、中兴、新华三等公司也都开展边缘计算业务，但方案各有不同：华为通过自主软硬件异构平台和AI加速打造极致性能；新华构造

分布式边缘云平台；运营商则侧重于基于5G强大的网络服务能力打造云边协同的开放生态，如图8所示。

边缘计算在部署时将面临机房/硬件、管理/编排、资源、运维和安全等众多层面的问题，需要根据边缘计算业务需求进行适配和增强，如图9所示。机房和硬件方面：边缘机房环境差异较大，如使用NFV架构下通用硬件，部分边缘机房场景需按条件改造风火水电和承重。管理/编排方面：存在CT网元和第三方IT应用等多种业务，需要规范第三方IT应用编排管理的流程和接口。资源受限/单位量产：NFV的虚拟层占用资源比例较多，边缘节点为网元和应用提供的资源有限。边缘是资源稀缺型，这点和中心机房完全不一样。运营/维护方面：如在边缘采用NFV架构，边缘节点海量部署会导致运维难度加大。安全/开放方面：边缘机房相对开放，安全防护措施需加强。

另外，在网络保障方面，虽然5GC定义了支持边缘计算的各种实现，但对具体实现如何和具体场景需求相结合，以及如何规范网络与应用业务逻辑相关的实现，还有待进一步完善；再加上5G网络商用设备的相关设计尚处于不太成熟的状态，某些场景下的网络实现还待验证和规范。

四、工程难题

2020年是5G预商用元年，在工程实施中可能

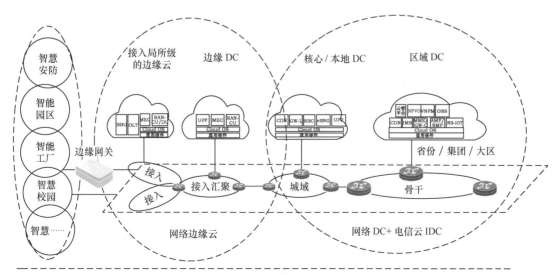

图8 电信运营商引入MEC

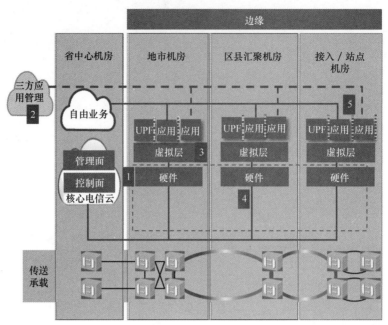

图 9　边缘计算部署

会遇到较多问题，本文重点讨论运营商可能遇到的几个共性的难题，后续不排除还有更多的难题会暴露出来。

（一）国际工程难题

在工程上，国外运营商遇到的难题为：5G 核心网如何规划建设和维护优化及如何将 NSA 组网架构平滑地向 SA 目标演进。

（二）国内工程难题

1. 5G 与 4G 互操作组网模式的选择

3GPP 提出了多种 5G 与 4G 互操作的方案，包括 5G SA 组网和 NSA 组网两类互操作方案。SA 方案是 5G NR 直接接入 5GC，控制信令完全不依赖 4G 网络，通过核心网互操作实现 5G 网络与 4G 网络的协同。采用 SA 方案，5G 网络可支持网络切片、MEC 等新特性，4G 核心网 MME 和 4G 基站需要升级，终端不需要双连接。

NSA 是将 5G 的控制信令锚定在 4G 基站上，通过 4G 基站接入 EPC 或 5GC，NSA 方案要求 4G/5G 基站同厂家，终端支持双连接。若采用这种方案，则不支持网络切片、MEC 等新特性，EPC 和 4G 基站需要较大的升级。

互操作方案的选择应综合考虑建网时间、业务体验、业务能力、终端产业链支持情况、组网复杂度以及网络演进。SA 是业务公认的目标架构方案。

目前，国外运营商倾向于初期采用 NSA 方案，然后再向 SA 过渡，而国内运营商更倾向于直接采用 SA 目标架构。

2. 5G 云化部署的解耦模式

5G 云化部署在工程实施时面临分层解耦和集成模式的选择问题。分层解耦有二层解耦和三层解耦多种模式，二层解耦指软硬件解耦，即物理资源 NFVI+VNF 独立部署，三层解耦指在二层解耦的基础上，进一步把 NFVI 和 VNF 解耦，从而形成物理资源、NFVI、VNV 三层独立部署。这里主要指的是业务平面的分层，当然管理平面 MANO 也可以自上而下分为 NFVO、VNFM、VIM。

三层解耦在共享基础资源、开放网络能力、实现自动化部署和网络弹性伸缩方面具备好处，长远看符合虚拟化演进的目标，但是系统集成难度较大，对运营能力要求较高。而二层解耦容易集成且部署快，对运营商来说增加了对设备厂家的依赖性。对于具备运营开发一体化能力的运营商，通常会选择三层解耦的目标架构。

3. 网络切片的端到端关联

5G 网络切片是提供特定网络能力和特性的逻辑网络，通过网络切片技术，可以实现业务需求和网络资源的灵活匹配，虚拟出多张满足不同业务应用场景差异化需求的 5G 切片网络，并能充分共享物理网络资源。

目前，5G核心网切片的标准相对完善，承载网切片可支持FlexE物理时隙级隔离、队列级隔离、队列内调度等多种功能，但是底层的承载网切片无法看到5G核心网的切片标识，导致上层5GC核心网的切片无法直接映射到承载网切片，使两者无法自动关联。另外，无线网目前只能为切片用户提供优先级调度，没有无线网切片的标准，而终端能力目前只支持同时接入一个切片。因此要实现端到端的网络切片难度非常大，运营商需要根据客户需求提供一定限定条件下的网络切片服务。

▌五、技术挑战和建议

（一）需要加快推动5G SA终端产业链的繁荣

5G SA是目标架构，网络切片、边缘计算等5GC特色功能无法在NSA网络中发挥作用。国内的三大运营商都在加快SA核心网的部署准备，政府应积极引导，加快推动终端产业链对SA的支持。

（二）推动5G垂直行业应用的商业模式创新、融合应用创新等

5G应用渗透到社会的各行各业，鉴于不同行业需求的差异化，运营商应积极和垂直行业合作并建立稳健、双赢的合作模式，政府应为运营商和垂直行业的合作渠道或载体提供便利，打破行业堡垒，鼓励联合实验室的建设。

5G应用渗透到社会的各个角落，5G应用涉及技术领域多，单纯网络技术驱动的发展态势对整个生态的推进作用有限，需鼓励5G应用跨界创新，强化跨行业、跨学科的交叉融合，充分协同5G、云计算、边缘计算、AI、区块链、全息技术、人机交互等一系列新技术，系统地解决联网和应用自身的薄弱和瓶颈问题（包括业务逻辑、应用体验等）。

（三）推动产业生态圈的建立，完善融合政策体系

MEC是技术和市场双驱动的产物，应允许MEC相关的产品和服务以多样化、定制化的形式存在，允许MEC的产业生态下面存在多个产业链和小生态；应鼓励细分领域的产业联盟从不同视角和侧重点优化生态环境，如5GAA、IIC等产业联盟聚焦于提升优质连接及高效计算能力，GSMA、Edge Computing Consortium等聚焦于构建领域大环境；应鼓励多个小生态以发展、多赢为主题打造博弈、合作的大生态。

5G改变社会，政府应从一开始就将5G纳入社会发展规划的蓝图中，促使5G应用的建设和行业规划、城乡规划的协同、"互联网+""中国制造2025"等社会发展目标的有机衔接。政府应不断完善融合政策体系，扶持5G在各行各业的应用试点，推进5G创新应用对经济的增强效应。

我国信息通信领域的法治建设持续推进

中国信息通信研究院　何　波

2019 年是中华人民共和国成立 70 周年，也是世界互联网诞生 50 周年和中国全功能接入国际互联网 25 周年。2019 年，国际信息通信领域的博弈持续升温，面对日益错综复杂的外部环境，中国顺应时代发展潮流，深入推进网络强国建设，信息通信法治建设稳步推进、成果丰硕，相关领域的法律法规体系更加完善，执法监督活动更加频繁，司法审判案件更加活跃，信息通信法治建设水平持续提升。

一、重点领域立法进程加速，法律制度体系日益完善

"法律是治国之重器，良法是善治之前提"。加快推进信息通信领域立法工作，是落实党的十九大提出的构建网络综合治理体系的重要环节，也是全面推进依法治国基本方略和网络强国战略的具体举措。2019 年以来，随着我国信息通信技术和产业的持续发展，相关领域的立法工作也加快推进、日益完善。

（一）强化网络安全配套法律法规

在网络安全立法方面，相关部门针对网络安全防护新形势、新挑战、新威胁，进一步完善相关配套法律法规。一是推进构建网络安全制度。2019 年 10 月，全国人民代表大会常务委员会通过《密码法》，极大地提升密码工作的科学化、规范化、法治化水平，有力地促进密码技术进步、产业发展和规范应用；与此同时，中共中央网络安全和信息化委员会办公室、工业和信息化部先后发布《网络安全审查办法（征求意见稿）》《网络安全漏洞管理规定（征求意见稿）》《网络安全威胁信息发布管理办法（征求意见稿）》等，进一步保障网络与信息安全。二是促进云计算服务安全可信水平的提升。2019 年 7 月，工业和信息化部、中共中央网络安全和信息化委员会办公室、国家发展和改革委员会以及财政部共同发布了《云计算服务安全评估办法》，进一步提高党政机关、关键信息基础设施运营者采购使用云计算服务的安全可信水平。三是持续强化数据安全管理。2019 年 5 ～ 6 月，中共中央网络安全和信息化委员会办公室先后就《数据安全管理办法》《个人信息出境安全评估办法》公开征求意见，进一步细化数据在收集、存储、传输、处理、使用以及跨境流通等环节中的具体安全规则。

（二）规范促进互联网信息服务活动

信息通信技术的发展和应用对网络内容管理带来了诸多新的挑战。2019 年，我国积极推进相关法律法规的建设。一是完善网络生态内容治理。2019 年 12 月 15 日，中共中央网络安全和信息化委员会办公室发布《网络信息内容生态治理规定》，文件以网络信息内容为主要治理对象，以建立健全网络综合治理体系、营造清朗的网络空间，重点规范网络信息内容生产者、网络信息内容服务平台、网络信息内容服务使用者以及网络行业组织在网络生态治理中的权利与义务。二是规范网络视听节目传播秩序。2019 年 1 月，中国网络视听节目服务协会发布了《网络短视频平台管理规范》和《网络短视频内容审核标准细则》，从机构监管和内容审核两个层面为规范短视频传播秩序提供了依据；2019 年 2 月，国家广播电视总局发布《未成年人节目管理规定》，将未成年人节目管理工作纳入法治化轨道。

（三）完善网络社会管理法律制度

互联网在"提高保障和改善民生水平，加强和创新社会治理"中的积极作用日益凸显，相关法律法规持续出台。一是电子商务领域的法律依据不断丰富。2019 年 1 月，《电子商务法》正式生效实施，明确了电商活动各方主体的权利和义务，加强了对消费者权益的保护和对不正当经营、销售行为的限

制。与此同时，促进、规范和保障电子商务市场高质量发展的相关法律法规、政策标准不断完善，为电子商务健康有序发展提供了有效保障。二是未成年人网络保护日益加强。2019 年 8 月，中共中央网络安全和信息化委员会办公室发布《儿童个人信息网络保护规定》，明确了儿童专门保护协议、内部管理专员、儿童监护人同意、加密存储和最小授权访问等儿童个人信息保护具体要求。2019 年 10 月，全国人民代表大会就《未成年人保护法》修订草案公开征求意见，新增未成年人网络保护专章，对网络素养培育、建设公益上网设施、网络信息内容管理、未成年人个人信息保护、网络沉迷防治、网络欺凌的预防和应对等未成年人网络保护核心问题作了规定。

二、执法活动力度加大，网络空间秩序日益规范

"法律的生命力在于实施，法律的权威也在于实施"。2019 年，工业和信息化部、中共中央网络安全和信息化委员会办公室、公安部等主管部门进一步提升执法力度，细化执法举措，我国网络空间执法活动的频率更高、力度更大、覆盖范围更广。

（一）持续开展网络安全治理行动

国家有关主管部门坚持以查促建、以查促管，加强网络安全检查，督促整改问题，全面提升网络安全管理及保障水平。在网络和设施安全方面，首次全国范围的关键信息基础设施网络安全检查于 2019 年 4 月启动，以厘清可能影响关键业务运转的信息系统和工业控制系统，掌握我国关键信息基础设施的安全状况。2019 年 6 月，工业和信息化部开展电信和互联网行业网络安全行政检查工作，深入查找网络安全风险隐患并强化整改，落实基础电信运营商、域名注册管理和服务机构、互联网服务提供者的主体责任，加强网络安全防护能力的建设。在信息和数据安全方面，工业和信息化部于 2019 年 7 月印发了《电信和互联网行业提升网络数据安全保护能力专项行动方案》，针对全部基础电信运营商、50 家重点互联网企业及 200 款主流移动应用程序开展数据安全检查，督促企业进一步完善网络数据安全制度标准，强化数据安全保护管理制度和流程，提升网络数据安全保护能力。

（二）清理整治网络违法有害信息

2019 年，工业和信息化部、中共中央网络安全和信息化委员会办公室、公安部等相关部门加大执法力度，集中整治网络违法有害信息，引导企业加强自律并落实主体责任，专项整治活动保持持续高压。一是清理低俗有害信息。2019 年上半年，国家有关部门开展网络生态治理专项行动，对各类网站、移动客户端、直播平台等重点环节中的淫秽色情、暴力血腥、网络谣言等 12 类负面有害信息进行整治；2019 年 3 月起，相关部门组织开展"净网2019""护苗 2019""秋风 2019"等专项行动，持续净化网络社会文化环境。二是整治"网络水军"及网络暴力。各地网信部门、公安机关联手针对部分互联网信息发布平台用户发布的谣言侮辱诽谤他人、侵犯他人名誉、隐私等合法权益的问题，及时开展调查并依法进行行政处罚监管。

（三）加大网络社会管理的执法力度

国家有关部门密切协作配合，多次开展联合执法，对网络社会管理中的重点进行打击。一是规范个人信息违法行为。2019 年 1 月，工业和信息化部、中共中央网络安全和信息化委员会办公室、公安部、市场监管总局联合开展 App 违法违规收集使用个人信息专项治理，针对部分"头部"App 进行评测，督促部分违规企业及时整改。二是整治网络市场秩序。2019 年 6 月，市场监管总局、工业和信息化部等多部门联合开展网络市场监管专项行动，以《电子商务法》《反不正当竞争法》等相关法律法规为依据，严厉打击网上销售假冒伪劣产品、不安全食品及假药劣药等市场突出问题。三是治理违法互联网广告。2019 年年初，市场监管总局组织开展本年度互联网广告专项整治工作，各地市场监管部门积极部署开展工作，整治虚假违法互联网广告。

三、新技术新业务规范发展，涉网案件规则日益清晰

随着信息通信技术的进步，互联网新技术、新业务快速发展，涉网纠纷案件不断增加，对司法部

门提出了更高的要求。在引导新技术新业务规范发展的同时，我国司法部门以互联网法院建设为依托，不断提升互联网时代司法工作水平，探索涉网案件审判规则，取得了良好效果。

（一）引导新技术新业务的规范发展

2019 年，我国进一步引导人工智能、工业互联网等新技术新应用健康有序的发展。2019 年 6 月，国家新一代人工智能治理专业委员会发布了《新一代人工智能治理原则》，提出了人工智能治理的框架和行动指南，旨在更好地协调人工智能发展与治理的关系，确保人工智能安全可控可靠。2019 年 7 月，工业和信息化部等十部委联合发布《加强工业互联网安全工作的指导意见》，加快构建工业互联网安全保障体系，提升工业互联网安全保障能力，护航制造强国和网络强国战略实施。2019 年 11 月，工业和信息化部发布了《携号转网服务管理规定》，在试点经验的基础上将携号转网服务正式推向市场并对业务经营进行规范。2019 年 11 月，中共中央网络安全和信息化委员会办公室、文化和旅游部、国家广播电视总局联合发布《网络音视频信息服务管理规定》，及时回应当前网络音视频信息服务及相关技术发展面临的问题，针对从业者应当遵守的相关要求做出全面规定。

（二）积极探索互联网案件裁判规则

网络司法是网络空间治理的重要组成部分，2019 年，互联网法院审理了一批具有广泛社会影响和规则示范意义的案件，进一步依法界定网络空间权利边界、行为规范和治理规则。一是清晰界定网络平台责任。例如，杭州互联网法院审理的"微信小程序侵权案"，明确了微信小程序仅提供架构与接入的基础服务，不适用"通知删除"规则，保障互联网新业态的健康发展。二是有力保护网络知识产权。例如北京互联网法院审理的"人工智能著作权案"，确定了计算机软件智能生成内容的保护方式。

三是规制个人信息侵权行为。例如杭州互联网法院认定"芝麻信用"对个人征信数据的商业使用行为侵犯隐私权，明确了滥用个人征信数据的法律责任。四是探索规范网络新兴产业。例如，通过司法判决坚决否定流量欺诈、网络刷单、信用炒作、身份盗用等网络灰色、黑色产业，探索区块链、比特币等新兴产业的权属认定和竞争保护规则。五是形成国际示范效应。例如，杭州互联网法院审理的"'小猪佩奇'著作权侵权跨国纠纷案"获得境外当事人的高度认可，使裁判示范效应向国际延伸，中国互联网司法的国际影响力进一步提升。

四、信息通信法治建设展望

2019 年 10 月，党的十九届四中全会审议通过《中共中央关于坚持和完善中国特色社会主义制度、推进国家治理体系和治理能力现代化若干重大问题的决定》，提出要进一步完善立法体制机制，加强重要领域立法，健全社会公平正义法治保障制度，严格规范公正文明执法，确保司法公正高效权威，为下一步我国法治建设指明了方向。2020 年是全面建成小康社会的关键之年和"十三五"规划的收官之年，我国信息通信领域的法治建设也将迎来一个承前启后的新阶段。一方面，随着《网络安全法》《电子商务法》《密码法》的实施，其配套法律法规将陆续出台，相关领域的执法活动也将全面展开；另一方面，已经列入十三届全国人民代表大会常委会立法规划的《电信法》《个人信息保护法》《数据安全法》等信息通信领域重要法律也将进入实质立法阶段，相关法律制度的研究论证和起草工作正在有序推进。展望未来，应当继续坚持规范管理和鼓励发展并重的原则，加快推进信息通信领域的重点立法项目，持续健全完善相关法律制度，强化执法能力和执法力度，推动我国信息通信领域的法治建设迈向更高水平。

"新基建"背景下云基础设施的发展趋势

联通云数据有限公司　赖羿明　刘文静

一、新基建的定义与内涵

"新基建"即新型基础设施建设，在"互联网＋"以及 5G 等业态升级改革的浪潮中反复被提及。2018年召开的中央经济工作会议中明确了 5G、人工智能、工业互联网等"新基建"的定位。2019 年，"新基建"再次被热议，并且在国家发展和改革委员会和高层会议里多次被提及。2020 年，中共中央政治局常务委员会在 3 月 4 日召开的会议中指出，要加大公共卫生服务领域的投入和应急物资的投入，加快 5G 网络、数据中心等新型基础设施的建设进度，使得"新基建"正式成为拥有国家政策支撑的新发展方向。

数字经济是继农业经济和工业经济之后新的经济形态。2018 年 12 月，中央经济工作会议中提出，"新型基础设施"是对我国数字经济工作的细化和发展。这表明政府开始把"新基建"作为推动数字经济发展的重要抓手。国家布局"新基建"，是面向未来塑造数字竞争力的考量。

二、云基础设施在新基建中扮演的角色

（一）新基建的政策解读

1. 数据中心被再次赋予使命

本次中共中央政治局常务委员会会议将数据中心与 5G 网络列为新型基础设施建设，并与公共卫生服务、应急物资保障等并列为国家重大工程和基础设施建设，由此可见国家的决心和政策的力度。

本次新基建最关键的是突出"新"，要用改革创新的方式推动新一轮基础设施的建设，而不是简单地重走老路，导致过剩浪费。按照高质量的发展方式，对重点地区的基础设施加大投入，特别是对部分地区的数据中心的建设进行约束性条件松绑，加快新型信息基础设施的建设速度。

2. 大型云数据中心是新基建的数字化基座

2020 年是全面建成小康社会和"十三五"规划的收官之年、经济发展的关键之年。5G、人工智能、在线教育、在线医疗、在线服务的广泛应用，将会改变社会经济的运行面貌。

与原子经济时代的衡量标准不同，数字化社会发展的指数在于人均数据产生量、拥有量、使用量和单位面积传感器密度以及人均有线、无线带宽等。各种因素的相互作用，使得全社会的数据总量出现一个跃升。作为数据的集中存储、分发、应用的物理基座，数据中心的建设具有基础特性明显、投资大、产业带动强、符合智慧城市、民生工程和数字经济发展等特点，必将成为各级地方政府的重要抓手。从国际上看，2019 年我国互联网数据中心的市场规模达 1560.8 亿元，同比增长 27.1%，远高于世界平均水平（约 11%）。但从国内生产总值的对比和整体体量来看，距离信息技术第二大经济体还有很大的差距。

从技术能力看，中国在数据中心领域与国际先进水平的差距较小；但数量规模上，与中国的市场规模和发展潜力不相匹配。因此，云数据中心建设正当其时。

3. 国有企业投资和民间投资同步发展

本次政治局常务委员会会议中，特别强调了要调动民间投资的积极性，已充分考虑到加快国有企业投资数据中心的同时，引导民间投资参与数据中心的建设，促使国有投资与民间投资的同步发展。

（二）基于新基建的要求，云数据中心承担着关键性作用

1. 新一代云化数据中心是数据中心发展的趋势

数据中心的发展方向是新一代云化数据中心，主要以承载 5G 及大数据、人工智能等业务为主，体现出安全可靠、绿色节能、技术先进等特点。在能耗方面，新型数据中心的平均能耗基本达到国际先进水平，新建大型、超大型数据中心的电能使用效率值达 1.4 以下。在安全性方面，新型数据中心体现出基于高安全、高可靠的特点。在技术方面，新型数据中心体现出高密度、模组化、集约化的特点。

2. 加快云数据中心的建设

各地市需要加快数据中心机房的建设，以满足数字政府的高效治理需求，满足企业线上数字化需求。

3. 优化云数据中心的布局

从地域结构上看，不能盲目地在全国广布节点，而应该找准数据产生的热点，贴近市场需求进行建设。

对热点地区做好重点覆盖。特别是在北、上、广、深地区，对数据中心的新建、扩建的需求将会显著增多，在此区域要做好重点覆盖。

对纵深地域做好区域覆盖。对于一些环境适宜、电价优惠、土地资源相对充裕的地区，如西北、西南等地区，数据中心的数量也会有较大的增长。

对 5G 及重点特色的应用做好分布式覆盖。随着人工智能、大数据应用的普及，5G 的应用将呈现爆发式增长，因此要做好分布式覆盖。

4. 做好云数据中心的互联互通

使用云联网快速实现数据中心之间东西向流量以及客户上云南北向流量的互通。云联网的骨干网的高安全性、服务质量的能力为流量的安全传送提供保障。

云联网与物联网、5G、智能传送网融合互通，打造云网一体供给能力，突破"上云一公里"的限制，为客户提供端到端的服务。

（三）云基础设施的规划发展趋势

5G 在无线通信领域内关键技术的增长，刺激了行业新需求，促使了应用场景的延伸。随着 5G 的建设和普及，自动驾驶、远程医疗、工业互联网等创新应用层出不穷，迅猛爆发。5G 对业务需求的推动，不仅关乎更快的个人设备和网络，更是跨越云端、网络、边缘的巨大革命。

三、5G 背景下的业务需求推动

5G 时代"超高带宽""超低时延""全连接覆盖"的网络特点实现了从消费到生产的全环节、从人到物的全场景覆盖，快速促进了互联网、物联网与各行各业的深度融合，开启了万物互联的智能世界。5G 技术的发展为以下领域提供了发展契机。

① 高清视频、云游戏、增强现实 / 虚拟现实：借助 5G 技术超高传输速率和低时延的特性，可传输多幕超高清直播信号，提供实时 3D 云渲染画面等。

② 车联网：4G 时代由于无线网络时延等原因，制约了车联网在现实生活中的应用。5G 网络的特性可以更好地解决车联网中车物互通的问题。通信延时的降低将成为自动驾驶系统的有效补充。

③ 工业互联网：5G 的高带宽、低时延和多终端接入的特性，可满足工业环境下设备互联和远程交互应用的需求。在物联网、物流追踪、工业自动化控制、云机器人等工业应用领域，5G 已经成为智能工厂的关键技术，为制造业转型升级带来历史性的发展机遇。

④ 在线教育、远程办公、在线医疗等网络要求高的场景。

不同产业的应用场景对 5G 提出了不同的需求，具体如下。

① 超低时延：例如 5G 远程手术需要极低的时延来保障医生操作的准确度，5G+ 自动驾驶场景中汽车的响应速度需要降至毫秒级方可及时处理路上突发的情况。

② 高度交互：5G 时代，智能安防将发展为全息感知和数据智能，在要事安保、城市综合治理、港口等场景，既要监控人群密度与数量，还要配合人脸识别来追踪可疑人物的行为轨迹等。

③ 数据自治：某些企业、园区基于数据安全性和隐私性的考虑，会要求将数据存储和处理都放在本地。例如，2019 年的某个 5G 智慧园区试点方在

5G+ 智能化车间上的应用中要求"本地数据不出园区"以保证企业数据的安全。

5G 时代的到来使传统数据中心面临着海量数据、算力、智能化等的挑战，具体如下。

① 5G 时代将迎来数据量爆炸式增长。据预测，随着 5G 和人工智能等新技术应用的落地，2021 年中国人均移动数据流量将比 2015 年增长 18 倍，2025 年全球数据量将会从 2016 年的 16ZB 上升至 163ZB。现有的数据中心网络以 100GE 为主，无法支撑 5G 时代数据"洪水"的挑战。

② 数据量井喷带来算力稀缺的同时，诸多 5G 应用对数据处理能力也提出了更高的要求。

③ 伴随 5G 与人工智能技术的发展，具备更强算力以处理海量数据的数据中心需要智能化的运维管理，以提升资源的利用率和管理维护的效率。

四、面向业务发展的三层云资源规划

在"新基建"背景下，数据中心不只是传统意义上的存放计算、存储及网络设备的机房场所，更多是体现创新、绿色等新发展理念的公共计算设施的组成部分，是促进 5G、人工智能、工业互联网、云计算等新一代信息技术发展的数据中枢和算力载体。

面对"新基建"时代对数据中心提出的新要求，配合 5G 时代下云 + 边 + 端的组网架构，云数据中心将面向业务发展形成核心云池 + 骨干云池 + 边缘云池的三层云资源布局。

核心云池作为大型和超大型的计算数据中心，选取全国分区域布局，服务于实效性不高的业务场景。"新基建"时代产生的海量数据将推动数据中心向超大规模发展。与此同时，数据中心对于电力、土地等资源的消耗也日益增长，大型和超大型的数据中心需在更大的域范围进行选址，进一步降低综合成本和能耗水平。为保障用户数据访问和数据中心互联，需要配合大型数据中心布局，优化骨干网络组织架构，推进互联网技术的升级，来满足数据中心互联对网络资源的弹性需求和性能要求。

骨干云池作为大中型云计算数据中心，分省市进行预部署，提供时效性较高的业务服务。疫情期间，从大数据防疫、智慧城市治理到居民信息消费等方方面面都需要数据中心提供底层算力支撑，城市数据中心正向实时性和弹性化发展。面对突如其来的巨大流量，需分省市进行城市数据中心预部署，提供资源的弹性扩容和提高就近接入能力。随着中国城镇化进程和 5G 商用的落地，未来，时延要求更为敏感的虚拟现实 / 增强现实、移动医疗、远程教育等场景，需要贴近更多用户聚集区域部署数据中心，以此保证用户的稳定性和数据实时性。此外，相关人员还需充分考虑大范围自然灾害等不可控因素对骨干云池的影响，建设异地灾备，保障数据的安全性和业务的连续性。

边缘云池作为网络边缘的小型数据中心，分散部署于网络边缘，实现计算能力下沉，快速响应用户需求。随着 5G、人工智能和工业互联网的发展，很多业务场景需要超低的网络时延及海量、异构、多样性的数据接入，集中式的计算处理模式将面临难解的瓶颈和压力，"云计算 + 边缘计算"的新型数据处理模式使云端数据处理能力下沉，降低对核心网和传输网络的依赖，减少网络带宽压力，可快速响应用户请求，提高服务质量。

同时，需在边缘云池与处于中心位置的云池之间打造算力协同能力，实现边缘计算、云计算以及网络之间的云网协同、云边协同和边边协同，达到资源利用的最优化。

五、云网一体的网络规划

云网一体将助力云网协同、云边协同和边边协同，打造基于云网一体的数字化平台和开放生态。云网一体包含云和网两个方面，以云为核心，云计算业务的开展需要强大的网络能力的支撑，即云间互联；以网络为核心，网络资源的优化同样要借鉴云计算的理念，云和网互相支撑。

5G 时代，业务需求和技术创新并行驱动，加速网络架构发生深刻变革，云和网高度协同，云网一体已由简单互联向"云 + 网 + 业务"过渡。"云 + 网 + 业务"向上与具体的企业应用相融合，使云网一体具有更明显的行业特点和用户需求；向下与 ICT 服务融合，使云网一体与基础服务能力结合的更紧密，最终实现云网业务的即联即用、同开同停，使计算资源合理分配，服务资源动态调整，更加契合行业特性和用户需求。

云网一体化是 5G 时代最重要的特征。一方面，云网一体为 5G 发展奠定了坚实的基础。通过一体化的信息通信网络和安全可控的云平台，各种数据可以实现安全、快捷传输，从而降低各方的沟通交流成本。另一方面，5G 的快速发展也在推动云网业务的深度融合。利用边缘计算技术，借助传输优势，推进 5G 网络和云平台、云技术的深度融合，可以更好地为智慧医疗、智慧警务、智慧城市、媒体直播等各行各业提供端到端、可定制的信息化服务。

通过从核心到边缘的网络云化转型，构建开放、智能、灵活的新一代云网一体基础设施，面向客户提供即联即用、业务与网络融合的一站式联接服务。

vCDN 系统的构建

中国移动（杭州）信息技术有限公司　谢　冬

内容分发网络虚拟化（Virtual Content Delivery Network，vCDN）改变了传统的 CDN 建设和运营运维模式，不仅为建设人员提供了一个快速自动部署 CDN 的方法，而且为运营运维人员提供了一个自动化的维护方式，同时使计算资源、存储资源、网络资源能被充分的、高效的利用。

一、内容分发网络

内容分发网络可以将源站服务器中的内容分发至分布式部署的边缘节点服务器中，依靠多种形式的流量调度技术手段，通过事先明确的调度策略，以最优的方式指向到边缘节点，通过就近节点为用户提供业务请求对应的业务数据服务。

现有的内容分发网络存在投资大、服务节点覆盖范围广、建设节点多、资源利用率不均衡等问题，并且后期投入的维护资源非常多。

虚拟化是对服务器的计算能力、存储服务、网络服务等资源的抽象化，基于通用 x86 服务器、存储和网络设备的基础上构建多个相互独立的虚拟机，从而将 CPU、内存、I/O、网络、存储等物理资源转化为逻辑资源，实现资源的统一管理、统一调度和灵活动态分配。vCDN 即是将虚拟化技术引入内容分发网络中来，利用虚拟化的实例化自动部署、弹性伸缩、迁移、自愈 & 重生可在一定程度上解决内容分发网络建设和维护过程中遇到的很多问题。

二、vCDN 技术优势

（一）更高的资源利用率

vCDN 可支持实现虚拟资源在资源池中的动态共享，提高资源利用率。例如，在 CDN 业务忙时把更多的资源分配给服务模块使用，在夜间 CDN 业务空闲时把业务分配给统计报表模块进行使用。

（二）降低运维管理成本和维护时间

vCDN 可实现灵活、快速的资源部署、自动和手动方式的弹性伸缩，大幅缩减系统部署时间。

（三）降低 CDN 的运维成本

vCDN 后可与其他业务共享底层基础设施，大幅降低 CDN 部署运营的 CapEx 和 OpEx 成本。

（四）提高使用的灵活性

vCDN 通过对资源的动态部署和灵活配置，满足不断变化的业务需求。节点服务能力可灵活地按需调整，根据负载变化情况实现自动、被动的扩缩容。

（五）提高安全性

vCDN 通过对网元的隔离和划分，从而实现对数据和服务的业务控制和安全管控。

（六）更高的可用性

vCDN 可在不影响用户业务使用的情况下对物理资源进行删除、升级或改变。

（七）满足 CDN 多租户运营的需要

vCDN 可实现 CDN 各签约 CP 的多租户隔离，客户可根据需要，自由选择资源、自由进行覆盖配置。

三、vCDN 平台架构

vCDN 从逻辑架构上包括：内容管理层虚拟化、调度分发层虚拟化和边缘服务层虚拟化。内容管理层虚拟化主要是内容管理平台，调度分发层虚拟化主要是内容中心虚拟化、调度控制中心虚拟化、区域调度中心虚拟化、运营管理中心虚拟化和溯源中心虚拟化 5 个子系统的虚拟化，边缘服务层虚拟化主要包含融合型的边缘服务节点的虚拟化，支持分层架构部署于网络中的不同层面。

（一）内容管理层虚拟化

内容管理平台虚拟化是内容管理平台的虚拟化后的网元，是互联网内容集中化分析、展现和决策的支撑平台。

（二）调度分发层虚拟化

调度分发层主要是对用户的请求进行调度管理，对内容网络进行网络管理，以及对业务进行运营管理。调度分发层包含多个网元，调度分发层的虚拟化即是各个网元的虚拟化。

1. 调度控制子系统虚拟化

调度控制子系统虚拟化是调度控制子系统虚拟化后的网元，调度控制子系统虚拟化后的网元，通过对用户终端请求进行分析，依据调度策略分配最优边缘节点进行服务，同时可以对服务负载情况、业务内容情况和节点健康度进行监控，以确保系统安全稳定运行。

2. 运营管理子系统虚拟化

运营管理子系统虚拟化是运营管理子系统虚拟化后的网元，通过可视化的界面管理和业务配置管理，为系统管理人员、业务管理人员和运维管理人员提供管理服务，从而实现对内容网络业务的客户管理、业务管理、策略管理、配置管理、网络资源管理、报表管理和运营分析管理等功能。支持面向总部管理员、各省管理员及 CP/SP 客户的分权分域管理。

3. 内容中心子系统虚拟化

内容中心子系统虚拟化是内容中心子系统虚拟化后的网元，作为内容网络的内容主动注入接口，负责存储内容网络中由内容源主动注入的内容（包括全局性内容及区域性内容），并且提供内容的删除、更新、分发、处理和存储等功能。

4. 溯源中心子系统虚拟化

溯源中心子系统虚拟化是溯源中心子系统虚拟化后的网元，溯源中心部署在 CMNET 骨干网络出口处，根据回源策略配置，监控边缘节点 Cache 群组的出网访问流量，从而实现 Cache 群组回源流量的汇聚，减少内容网络的整体出网回源流量。

5. 区域调度子系统虚拟化

区域调度子系统虚拟化是区域调度子系统虚拟化后的网元，区域调度子系统部署在 CMNET 省网核心位置，根据业务场景要求和域名策略配置，接收全局调度子系统转发的用户调度请求，根据用户的 IP 地址和归属位置，进行精细粒度的应用层请求调度（HTTP 重定向调度和流媒体协议重定向调度）。

（三）边缘服务层虚拟化

边缘节点子系统是边缘节点虚拟化后的网元，边缘节点负责内容在网络边缘处的最靠近用户的临时性存储，直接面向用户终端提供内容服务，同时提供本地内容调度、Web 服务、媒体服务、访问控制、文件下载服务等功能。

四、vCDN 系统的构建

（一）VNF 生命周期

VNF 生命周期包含 VNF 打包（VNF Packing）、VNF 注册（VNF On boarding）、VNF 实例化（VNF Instantiating）、VNF 模板（VNF Template）、VNF 运行（VNF Running）、VNF 监控（VNF Monitoring）、VNF 扩容（VNF Scaling Out）、VNF 缩容（VNF Scaling In）、VNF 升级（VNF Updating）、VNF 终止（VNF Terminated）等阶段。

（二）vCDN 架构

vCDN 在 NFV 系统整体架构中的位置如图 1 所示。

（三）vCDN 的应用场景及创新点

1. 实例化

在需要新增现网边缘服务节点时，虚拟化开局过程中需要对边缘节点的相关组件进行实例化，以新建边缘服务节点的基本网元组件。

2. 扩缩容

边缘服务节点上线后，随着用户增长，对边缘服务节点的服务能力的需求越来越大，边缘服务节

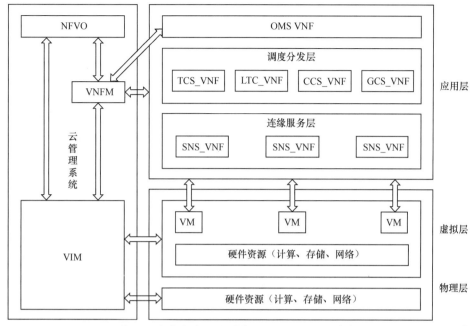

图 1　内容分发网络虚拟化 （vCDN） 架构

点的能力不满足实际业务需求时，对边缘服务节点进行扩容。扩容包括自动扩容和手动扩容。

在业务闲时到业务忙时的过程中，大量用户集中上线服务，需要边缘服务节点具备的服务能力越来越大。

在业务忙时到业务闲时的过程中，随着许多用户陆续的下线，需要边缘服务节点具备的服务能力越来越小，此时需要对边缘服务节点进行缩容。

缩容包括自动缩容和手动缩容。

主要应用场景如下。

① 节假日：提前扩容，假期结束后缩容。

② 特殊活动，如演唱会、赛事、国家重大活动等。

3. 下线

当业务发展到一定程度后，现有的边缘服务节点已经无法满足业务并且不具备扩容条件的，此时需要对边缘服务节点进行下线并异地重新上线。

五、总结与展望

本文基于 vCDN 的构建相关的内容，重点介绍了与内容分发网络构建相关的环节。

同时，针对 CDN 虚拟化过程中，业务存在损失的现象，提出了手动缩容业务无损方案和自动缩容业务无损方案，以解决通用场景下业务缩容存在损失的问题。

vCDN 是通过将内容分发网络和虚拟化技术相结合，不但有效地降低了内容分发网络在实际部署中工程建设人员的工作量，而且还降低了运营运维中运营运维人员的工作量，从而有效地进行内容分发系统的建设、运营运维，进而可以更加便捷高效地发挥内容分发网络的优势，为用户提供优质高效的服务。建设内容网络虚拟化平台，不仅是目前 CDN 研究的一个重要方向，也是未来 CDN 建设和运营运维的根本解决方案。

基于 IPv6 的下一代互联网现状及其发展分析

中国移动（杭州）信息技术有限公司　程　烨

■ 一、概述

在 IPv4 公有地址资源已枯竭、万物互联时代对 IP 地址海量需求的背景下，我国政府在 2017 年重新启动了新一轮的 IPv6 行动计划，以期下一代互联网赋能 5G、物联网、工业互联网等新兴领域，共同推动数字经济发展。

本文对国内基于 IPv6 的下一代互联网现状进行了多维度的分析，评估了下一代互联网发展面临的挑战，并结合国家出台的最新政策对未来进行了展望。

■ 二、IPv6 地址分配及技术标准化进展

（一）IPv6 地址数量稳步增长

截至 2019 年 12 月，根据 CNNIC 发布的第 45 次《中国互联网络发展状况统计报告》，我国已获得 50877 块 /32 IPv6 地址，较 2018 年 12 月的 43985 块，年增长率为 15.7%，如图 1 所示。

单位：块 /32

2013年	2014年	2015年	2016年	2017年	2018年	2019年
19153	21358	23207	23835	26160	43985	50877

图 1　我国 IPv6 地址数量的增长情况

（二）IPv6 技术标准更加完备

经过多年的发展，国内外 IPv6 各类技术标准已基本完备，如 2017 年 IETF 正式将 IPv6 标准由 RFC 2460 升级为 RFC 8200；同时，不同行业及场景化的 IPv6 标准或技术方案更加完善，充分满足了下一代互联网产业链各方相关领域向 IPv6 升级演进的技术支撑要求。

■ 三、我国基于 IPv6 的下一代互联网发展现状

我国在 IPv6 领域起步较早，基本与国际同步发展，尽管国家层面在 IPv6 商用部署及推动上做了大量工作，但限于各种因素，基于 IPv6 的下一代互联网发展并非一帆风顺，其发展大事件如图 2 所示。

截至 2019 年年底，我国基于 IPv6 的下一代互联网整体发展出现了令人可喜的积极进展和变化。

（一）IPv6 网络基础设施改造基本完成

经过近 10 年的持续投入，国内基础电信运营商基本完成固定及移动网络的 IPv6 化升级，截至 2019 年年底，国内 IPv6 网络基础设施已就绪。

注：以下数据源于运营商官网及国家 IPv6 发展监测平台。

① LTE 网络和固定网络的 IPv6 升级改造全面完成，已为 4G 网络用户全面开启 IPv6 服务，具备提供固定宽带 IPv6 业务和政企 IPv6 专线的能力。

② 北京、上海、广州等 13 个互联网骨干直联点均完成 IPv6 升级，支持网间 IPv6 流量交换。

③ 支持 IPv6 且已宣告的 AS 占比快速提升至 30%。

④ 基础电信运营商的所有域名系统（约 2000 套）均已支持 IPv6 域名记录解析。

⑤ 基础电信运营商的 IDC（Internet Data Center，互联网数据中心）均已完成 IPv6 改造，包括但不限于数据中心内外部网络设备层面的 IPv6 替换 / 升级等，涉及至少 907 个 IDC，占全国 IDC 总数的 16.8%。

（二）IPv6 内容供给支持情况明显改善

截至 2019 年 12 月，国内互联网内容供给侧的

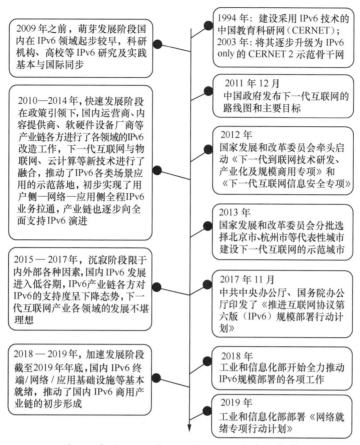

图 2　基于 IPv6 的下一代互联网发展大事件

IPv6 支持情况已有较明显的改善。

① Top 100 互联网应用中已超过 70% 支持 IPv6。国内用户量排名前 100 位的商业网站及移动应用中，可通过 IPv6 访问的共有 70 余款，覆盖新闻、社交、视频、电商、生活服务等 10 类主流互联网应用。

② 省部级政府、中央企业门户等重点网站支持 IPv6 占比持续提升。全国 91 家省部级政府网站、96 家中央企业门户网站、37 家重点金融网站支持 IPv6 的占比超过 80%；88 家 Top 互联网网站、100 家重点教育网站支持 IPv6 的占比超过 50%；13 家重点媒体网站有 4 家支持 IPv6，占比超过 30%。

③ 主流云服务提供商的超过半数的云产品实现了 IPv6 基本支持，涉及云主机、负载均衡等产品。

（三）IPv6 用户培育使用开始加速发展

截至 2019 年 12 月，按照国家 IPv6 发展监测平台数据，中国大陆 IPv6 已分配地址用户数约为 13 亿人次，IPv6 活跃用户达 2 亿人次（占比超过 23%）；IPv6 活跃连接数达 11 亿个（占比超过 65%）。

（四）IPv6 流量逐步加载，质量基本稳定

1. IPv6 网络流量已逐步加载，移动网络占比已突破 5%，城域网及国际出入口占比小于 2%

① IP 城域网 IPv6 流入、流出流量分别达 3Tbit/s 和 1.9Tbit/s。

② LTE 核心网 IPv6 流入、流出流量分别达 1.4Tbit/s 和 0.2Tbit/s。

③ 骨干网直联点 IPv6 流量约为 363Gbit/s，占互联互通总流量的比例低于 4%。

④ 国际出入口 IPv6 流入、流出流量分别达 67Gbit/s 和 30Gbit/s。

2. IPv6 网络质量与 IPv4 基本趋同

国内 IPv6 网络平均网间时延为 40.70ms；平均网内时延为 33.96ms。在轻载流量负荷下，IPv6 网络质量与 IPv4 基本趋同。

（五）IPv6 软硬件、终端等逐步走向成熟

截至 2019 年年底，主流厂商各类软硬件、终端等对 IPv6 的支持更加成熟，通过 IPv6 认证的国内各类硬件、终端、安全等设备已达数千款。

1. 软件

操作系统基本都已支持 IPv6，应用软件支持的 IPv6 情况不容乐观。

① 操作系统：PC、服务器侧主流操作系统包括 Windows、Linux 及 MAC OS 等均有成熟版本支持 IPv6；手机侧主流操作系统，如苹果 iOS 12.1 版本及安卓 Android 8.0 以上版本，已全面支持 IPv6；各类操作系统在是否默认安装 IPv6 协议栈、DHCPv6/ND RDNSS 等方面的支持程度上还存在差异性。

② 应用软件：除了部分浏览器、主流厂商软件（服务器、程序开发、数据库等）外，仍有相当规模的应用软件暂不支持 IPv6。

2. 设备

新出厂的网络及安全等设备均默认支持 IPv6，现网设备逐步被替换，以支持 IPv6。

3. 终端

LTE 移动终端方面，市场新终端默认支持 IPv6；智能家庭网关方面，运营商 2018 年以来的集采机型已全面支持 IPv6；家庭无线路由器方面，市场占有量较大的普联、腾达、华硕、小米及友讯等厂商的新设备均默认支持 IPv6（但 IPv6 性能及功能方面相对较弱）。

（六）基于 IPv6 的下一代互联网商用产业链初具雏形

截至 2019 年年底，IPv6 对于国内下一代互联网产业链各主要环节的相关支持度较 2012 年（上一轮 IPv6 发展年）有明显提升，如图 3 所示，但还没有

真正进入"市场化、自驱动"的规模商用阶段。

四、国内基于 IPv6 的下一代互联网发展面临的挑战及展望

（一）挑战

1. 运营商网络基础设施对 IPv6 承载能力初步具备，但离支持全面商用尚有较大差距

目前，电信运营商的 IPv6 网络基础设施基石是 IPv4/IPv6 双栈，成规模的 IPv6 用户及流量上线后实际承载能力有待进一步验证。若 IPv6 规模商用后现网双栈运行的关键网元设备出现性能大幅下降甚至不堪重负的局面，则电信运营商在推动 IPv6 用户使用 IPv6 网络的积极性将相对有限。

2. 用户使用 IPv6 的意愿远不如使用 IPv4

在"提速降费和 5G 规模建设"的背景下，国内电信运营商的运营压力巨大，在鼓励 IPv6 地址用户使用 IPv6 网络方面难以提供更具吸引力的优惠资费套餐；IPv6 用户在有效获得 IPv6 应用资源方面仍旧面临瓶颈，很多 App 及网站只是提供首屏/首页或一级链接的 IPv6 访问，使得 IPv6 访问体验的一致性欠佳；受限于国家安全管控政策，IPv6 国际互联互通的带宽较小，尽管国内互联互通已支持 IPv6，但相对有限的国内 IPv6 应用资源难以充分满足用户的需求，降低了用户使用 IPv6 的积极性。

此外，家庭侧仍有大量存量网关及家庭路由器不支持 IPv6，还需要较长的时间才能逐步被更新替代为全面支持 IPv6，IPv6 端到端打通"最后一米"

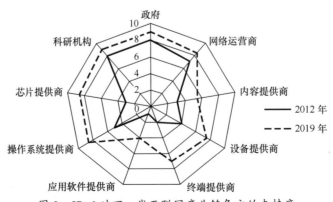

图 3　IPv6 对下一代互联网产业链各方的支持度

注：图 3 各环节支持度分值由咨询机构的业内专家采用德尔菲评分方式获得。

的挑战有待解决。

如上，IPv6 使用体验（包括但不限于家庭硬件制约、资费优惠性、应用可获得性、体验一致性等）较 IPv4 整体上还是有相当距离的，影响了 IPv6 用户使用 IPv6 业务的积极性。

3. 国内应用软件对 IPv6 支持的广度和深度远不及预期

现阶段，除了主流厂商对其标杆软件进行 IPv6 支持外，至少 60% 以上的国内各类应用软件基本不支持 IPv6。

4. 云服务关键基础设施及云产品支持 IPv6 尚需时日

云服务提供商的云产品对 IPv6 的全面支持依赖于数据中心内外部网络设备层面的 IPv6 替换/升级，目前云产品尚处在对 IPv6 的基本支持阶段：如 Web 页面的 IPv6 化使得官网可提供 IPv6 访问；提供 IPv6 与 IPv4 的转换服务使得 IPv6 用户能访问其 IPv4 服务器的应用资源等。

国内主流云服务提供商如阿里云、腾讯云等发布了对 IPv6 的支持路线，乐观预计，2022 年后才能全面支持 IPv6。

5. 国内 IPv6 应用内容侧供给仍然严重不足

尽管 Top 互联网应用 App，以及国家及省级层面的政府类、大型央企、金融、教育等领域重点网站对 IPv6 的支持度已有明显提升，但部分应用及网站仍然处在"应付"阶段，仅完成门户页面的 IPv6 改造，并未涉及深度的业务逻辑及功能的 IPv6 化改造，提供的 IPv6 内容也非常有限。

基于成本考量及 IPv6 用户规模的实际，现阶段各类内容提供商缺乏动力开发更佳体验、更深层次的 IPv6 应用和内容，大多数选择 IPv6 最低改造支持方案来满足国家的政策要求，为此 IPv6 内容供给的规模和质量远远不能满足用户的需求。

（二）展望

1. 完善 IPv6 发展评价指标体系，真正推动基于 IPv6 的下一代互联网各要素发展落地

工业和信息化部在 2020 年 3 月下发了《关于开展 2020 年 IPv6 端到端的贯通能力提升专项行动的通知》，要求加快提升 IPv6 端到端的贯通能力，持续提升 IPv6 活跃用户和网络流量规模，明确了七项重点任务和三大目标。

七项重点任务中：前四项（优化提升 IPv6 网络接入能力、加快提升内容分发网络 IPv6 应用加速能力、大幅提升云服务平台 IPv6 业务承载能力、全面扩大数据中心 IPv6 覆盖范围）及第七项（强化 IPv6 网络安全保障能力）仍然属于 IPv6 基础设施及支持能力的完善和提升；第五项（提升终端设备对 IPv6 的支持能力，即要求终端设备出厂默认支持 IPv6、主要电商平台优先向用户推荐支持 IPv6 的终端设备、加速运营商存量家庭网关的更新替换）和第六项（提升行业网站及互联网应用 IPv6 的占比，如已经穿透要求三级链接支持 IPv6 的占比要求超过 85%）则是关注到了 IPv6 商用层面的真正短板所在，但对于应用软件领域的 IPv6 支持关注度依然不足。

三大目标中：工业和信息化部首次关注到了流量占比对于 IPv6 商用的重要意义（要求移动网络 IPv6 流量占比达 10% 以上，这有助于推动移动网络 IPv6 流量越过临界点进入快速增长阶段），同时要求 IPv6 活跃连接数规模达 11.5 亿个，IPv6 网络性能与 IPv4 相比劣化不超过 10%，但并没有把行业网站及互联网应用 IPv6 浓度等与 IPv6 商用运营紧耦合的指标纳入目标体系。

综上，尽管国家层面近年来制订了不同领域、不同层面的各类 IPv6 推进目标及考核指标体系，对 IPv6 整体发展起到了巨大的引领推动作用，但也存在部分指标在被制订时的针对性和前瞻性不足，并不能很好地反映 IPv6 商用的真实状况，未能起到引领发展的示范作用。

后续，期待国家层面加大对 IPv6 商用运营紧耦合相关指标的研究及评估（以下为业界呼声较高的若干指标建议），充实和完善 IPv6 发展考核指标体系，从而真正推动下一代互联网产业各方共同实现 IPv6 的商用落地。

2. 在新基建背景下加大精准化施策，夯实下一代互联网产业链商业生态基础

在"新基建"浪潮下，随着 5G、物联网、工业互联网等应用的全面推进，未来产业链各方对于 IPv6 地址的需求将持续增长，而下一代互联网作为拉动新基建、提升数字化水平的关键抓手，需要国家层面对产业链各方精准施策，夯实基础，补齐短板，

加速 IPv6 规模商用并形成具备自生长能力的良好生态，具体实施如下。

① 针对 IPv6 日活用户规模、IPv6 流量占比等指标电信、广电运营商出台阶梯性补贴政策（如移动网内 IPv6 流量占比达 10%、20% 等作为政策激励的基点），鼓励运营商出台 IPv6 优惠资费套餐（设定 IPv6 使用频次、流量等作为优惠条件，配比专项补贴），加大 IPv6 用户牵引力度。

② 将内容提供商的 IPv6 改造作为施策重点，结合 ICP 备案准入、IPv6 应用资源可获得性及业务体验等因素对 IPv6 内容供给实施后评估式财政奖补政策，大幅提升 IPv6 内容供给规模和质量。

③ 鼓励运营商或厂商加大对存量家庭网关或无线路由器终端更新为支持 IPv6 新终端的力度，根据替换总量及 IPv6 日活使用终端数量等予以相应的专项补贴，推动企业加快替换进度。

④ 在政府采购中，引导企业将 IPv6 作为前置采购条件，鼓励软硬件设备厂商积极研发和推出支持 IPv6 的产品；同时引入 IPv6 专项产业发展基金，突出应用软件对 IPv6 的支持，按照相应 IPv6 产品销售额、税收缴纳额增量等数据对企业进行专项奖补。

希望通过上述措施或其他有效政策进一步激发和引导更多的社会资本进入下一代互联网产业，不断夯实下一代互联网生态基础，尽快推动下一代互联网产业进入用户—网络—业务（内容）良性互动、多方共赢的可持续发展阶段。

五、结束语

回顾 2019 年，我国基于 IPv6 的下一代互联网产业各环节加速发展：政府发布了更具操作性的专项行动计划，IPv6 网络基础设施基本就绪，IPv6 用户规模及活跃度超过预期，移动网络 IPv6 流量占比突破了 5%，相应的商用产业链初具雏形。

展望 2020 年，相信在政策及市场两轮的驱动下，通过建立更为科学合理的 IPv6 发展指标体系以及探索下一代互联网产业发展新范式等举措，基于 IPv6 的下一代互联网将进入发展快车道。符合用户预期、具有更佳体验的基于 IPv6 的下一代互联网也将会真正走向商用，同时赋能 5G、物联网、工业互联网、云计算等新兴领域，不断催生新技术、新业态，共同推动国内数字经济进一步繁荣发展。

量子通信研究与应用最新进展及发展趋势分析

中国信息通信研究院　赖俊森　赵文玉　张海懿

以量子通信、量子计算和量子测量为代表的量子信息技术已成为信息通信技术演进和产业升级的关注焦点之一，将成为信息社会加速发展的催化剂。2019 年新型双光场量子密钥分发样机开展实验验证；量子保密通信示范应用、网路建设和产业进一步发展；基于量子隐形传态的量子信息网络实验网规划呼之欲出，成为下一步量子通信研究和应用探索的重点发展方向。本文梳理了 2019 年量子通信领域的最新研究和应用进展，对未来发展演进趋势进行展望并提出相关策略建议。

一、概述

随着人类对光子、电子和冷原子等微观粒子系统的观测和调控能力的不断提升，探索和利用量子叠加、量子纠缠和量子遂穿等独特物理现象进行信息的获取、处理和传输，以突破经典信息技术在计算能力、信息安全和测量极限等方面的瓶颈成为可能。以量子通信、量子计算和量子测量为代表的量子信息技术成为信息通信技术演进和产业升级关注的焦点之一，将为信息社会加速发展注入新动能。

量子通信利用量子叠加态或量子纠缠效应，在经典通信的辅助下，实现量子态信息传输或密钥分发，基于量子物理学原理提供无法被窃听的信息论安全性保证。量子通信主要包括量子隐形传态（Quantum Teleportation，QT）和量子密钥分发（Quantum Key Distribution，QKD）两类。QT 基于收发双方的光子纠缠对分发（信道建立）、贝尔态测量（信息调制）和幺正变换（信息解调）实现量子态信息的传输，其中，量子态信息的解调需要经典通信辅助才能完成。QT 是未来实现量子信息网络的关键使能技术，目前处于研究探索阶段，实用化前景仍不明确。

QKD 通过对单光子或光场正则分量的量子叠加态制备、传输和测量，在经典通信辅助下，实现收发双方间的安全密钥共享，之后再与传统保密通信技术结合，对经典信息进行加密。QKD 已进入初步实用化，近年来基于 QKD 的量子保密通信示范应用和产业化在全球范围内得到进一步发展。

本文综述并分析了 2019 年以来量子通信研究和应用探索的最新进展和成果，对未来发展趋势进行展望和分析，并提出我国量子通信技术产业发展的策略建议。

二、新型 QKD 协议得到验证，商用系统实用化水平仍需提升

基于 QKD 的量子保密通信已进入实用化阶段，是未来提升网络信息安全保障能力的可选方案之一，试点应用在全球范围内逐步开展。我国 QKD 和量子保密通信技术研究与国外的先进水平基本保持同步，在星地量子通信实验、量子保密通信网络建设等方面，得益于国家高度重视和大力支持与投入，发展较为迅速。

近年来，QKD 领域科研在新型协议技术、传输距离和密钥成码率提升等方面取得一系列成果。2018 年 5 月，东芝剑桥研究所首次提出新型相位随机化双光场编码 QKD 协议，其中，中心测量节点可以作为量子中继的一种替代方案。2018 年 11 月，瑞士日内瓦大学报道：采用超导纳米线探测器的 QKD 传输实验，实现 421 千米的单跨段超低损耗光纤传输距离，对应密钥成码率 0.25bit/s。2020 年 2 月，中国科学技术大学（以下简称中科大）和清华大学报道：基于超导纳米线单光子探测器和改进型双光场 QKD 协议的传输实验，实现 509 千米光纤传输距离新纪

录，对应密钥成码比例为 $6.19×10^{-9}$ 比特 / 脉冲。

商用化 QKD 系统主要包括离散变量和连续变量两类方案，在现网光纤中的单跨段传输距离通常小于 100 千米，密钥成码率与传输距离成反比，典型为 10kbit/s 量级。DV-QKD（Discrete-Variable Quantum Key Distribution，离散变量量子密钥分发）的主要优点是协议安全性证明较为完善，设备商用化水平较高，目前在量子保密通信试点应用和网络建设中占据主流，主要缺点是单光子探测器的效率很低（约 10%），且需低温制冷，系统集成度和可靠性受限。CV-QKD（Continuous-Variable Quantum Key Distribution，连续量变量子密钥分发）在中短距离（小于 50 千米）的密钥成码率有一定优势，采用与传统光通信相同的硬件，无低温制冷要求，系统集成度和性价比有望提升，主要缺点是安全性证明有待进一步完善，后处理算法复杂，传输距离受限。

目前，量子存储中继技术尚不成熟，QKD 的远距离传输和端到端密钥生成需要借助"可信中继节点"，将各段 QKD 生成的密钥存储并逐段转发中继。"可信中继节点"存储的密钥不再具有量子特性保障的安全性，需要对中继节点和密钥存储按照传统信息安全要求，进行相应安全等级保护与防护。"可信中继节点"是 QKD 网络现实安全性的主要风险点之一。此外，QKD 系统密钥的成码率较低，对于通信网络中的同步数字体系、光传送网和以太网等高速接口承载的数据业务，量子保密通信难以采用一次一密的逐比特加密算法，通常采用传统加密算法，如 AES（Advanced Encryption Standard，高级加密标准）、SM1 和 SM4 等，由 QKD 提供对称加密密钥更新。传统加密算法中存在密钥的重复使用，并不满足信息论层面的无条件安全性要求，但量子保密通信相比传统对称保密通信安全性仍有提升，首先是 QKD 提供的加密密钥在密钥分发过程中防窃听和破解能力得到加强，其次是 QKD 提升了对称加密体系中的密钥更新速率，降低了加密信息被计算破解的风险。

三、量子保密通信应用和产业进一步发展，但仍面临若干挑战

基于 QKD 的量子保密通信在全球范围内的试点

应用和网络建设规模进一步扩大。2018 年 10 月，欧盟"量子旗舰计划"项目支持西班牙和法国等地运营商，开展 QKD 实验网络建设，与科研项目结合进行商业化应用探索。2018 年 11 月，美国 Quantum Xchange 公司开始修建华盛顿至波士顿的 805 千米 QKD 商用化线路。2019 年 2 月，韩国运营商 SKT 收购瑞士 QKD 设备商 IDQ，并承建了首尔地区的 QKD 实验网络。2019 年 7 月，欧盟多国签署量子通信基础设施（QCI）声明，探讨未来十年在欧洲范围内将 QKD 技术和系统整合到传统通信基础设施之中。整体而言，国外量子保密通信技术的应用推广发展较为缓慢，商用化和产业化规模有限。

我国量子保密通信的网络建设和示范应用在国家层面的重视和推动下发展较为迅速。2016 年，我国发射全球首颗量子科学实验专用卫星"墨子号"，在星地之间成功进行了 QKD 和量子保密通信实验；2017 年，全球首条长距离量子保密通信"京沪干线"建成开通；量子保密通信"苏宁干线""沪杭干线""武合干线""齐鲁干线"和多个地方城域网陆续开始建设；2019 年，国家广域量子保密通信骨干网络建设一期工程开始实施，目前处于建设部署和系统调试阶段。整体来看，我国的 QKD 和量子保密通信网络建设和示范应用项目的数量和规模处于世界领先位置。

随着量子保密通信试点的应用和网络建设的推进和发展，我国量子保密通信产业初步形成。量子保密通信的产业化发展虽取得一定成果，但仍有问题和面临挑战：一是，QKD 系统的性能指标、实用化和工程化水平仍有较大提升空间，网络管理和运维等方面尚未完全成熟。量子保密通信业界与信息通信行业和信息安全行业的合作融合有限，产品和解决方案的工程化和标准化水平需进一步提升。二是，量子保密通信标准测评认证有待进一步完善，针对 QKD 系统的安全性测评，以及网络"可信中继节点"的安全性防护要求和标准化研究和测评工作也有待加强。针对 QKD 系统和网络建设部署，也需要持续进行现实安全性的分析研究和测评验证。三是，量子保密通信主要适用于具有长期性和高安全性需求的保密通信应用场景，例如政务和金融专网，以及电力等关键基础设施网络等，市场容量和产业

规模相对有限，目前还主要依靠国家和地方政府的支持和投入，产业内生驱动发展动力不足。四是，抗量子计算破解的安全加密体制存在技术竞争，量子保密通信和经典信息安全领域主推的后量子安全加密算法研究之间存在体制路线、标准化和应用推广等方面的竞争。

四、基于 QT 的量子信息网络是未来量子通信发展的演进方向

QT 与量子纠缠调控和量子存储中继等关键技术结合，可提供量子通信信道，连接量子计算机和量子传感器等处理节点，构成量子信息网络（Quantum Information Network，QIN），也称量子互联网，其中，传输的信息单元是处于量子叠加态的量子比特（Quantum Bit，Qubit），而非经典信息比特。2018 年 10 月，《科学》杂志发表论文预测了量子互联网的发展路线，如图 1 所示，其中，QIN 将是量子通信技术发展的终极形态。根据网络是否具备端到端的量子态传输功能、确定性量子纠缠分发和测量功能、量子态存储转发功能、可容错的 Qubit 处理功能等，可以将 QIN 发展划分为不同阶段。现阶段基于"可信中继节点"的 QKD 网络，不具备端到端和确定性量子态传输能力，为仅用于密钥分发而非量子态信息传输的初级阶段。

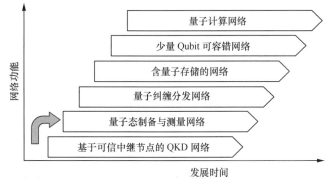

数据来源：*Science* 362，eaam9288（2018）。

图 1　量子互联网的发展阶段

QIN 已经成为量子通信未来前沿研究和应用探索的重点发展方向。2018 年 9 月，互联网工程任务组（IETF）成立量子互联网提案研究组（QIRG），开展包括网络基础架构和堆栈功能模型等在内的量子互联网协议标准化研究。2018 年 10 月，欧盟量子旗舰计划设立量子互联网联盟，由荷兰代尔夫特理工大学牵头，23 家欧洲研究机构和初创公司参与，计划 2022 年在荷兰建成全球首个 4 节点 QIN。

目前，基于 QT 的 QIN 研究仍处于关键使能技术的方案原理验证和实验探索阶段。2019 年 9 月，中科大首次报道了基于辅助光子和多通道路径干涉技术的三维度量子态的 QT 传输实验。2020 年 2 月，中科大报道了基于单光子和原子系综耦合的 50 千米距离双节点量子态存储和纠缠交换。2020 年 2 月，美国芝加哥大学和阿贡国家实验室完成了 83 千米光纤现网中的量子纠缠传输实验。此外，构成 QIN 的其他关键使能技术，例如确定性量子纠缠操控、量子存储交换和可容错量子比特转发等距离实用化也都有一定距离，基于 QT 的 QIN 在未来数年内将得到进一步实验研究和探索，网络架构、功能模型和应用场景等关键要素也有待探讨。

五、量子通信技术产业发展趋势展望与策略建议

以量子通信、量子计算和量子测量为代表的量子信息技术已经成为未来国家科技发展和信息通信行业升级演进的重要驱动力和使能技术之一，广受各主要国家的关注与重视。未来五年，基于 QKD 的量子保密通信将在新型协议系统、小型化和集成化提升、与光通信网络和经典加密体系融合等方面进一步发展，在实用化水平提升的基础上持续探索商用化和产业化发展新局面；另外，基于 QT 的量子信息网络将在关键使能技术、功能模块实现等方面继续实现攻关突破，实验网建设和标准化探索有序开展。我国量子通信技术的研究和量子保密通信的应用探索及产业发展具备良好的实践基础，但仍面临一些瓶颈问题与挑战，需要凝聚各方共识，充分论证分析，准确布局和推动技术研究、应用探索和产业化的协同发展。

（一）推出总体发展规划，加大基础科研投入

基于 QT、量子存储中继和量子纠缠操控的 QIN 已经成为未来量子通信技术研究和应用发展的重要目标。量子通信与量子计算有大量共性基础关键技

术，一旦取得突破将实现良好的发展和融合。QIN 与传统信息通信网络应用场景不同，并非替代关系而是并行发展关系，QIN 将为信息网络提供安全性、组网和协议处理能力等方面的增量和新方案，解决传统信息网络中面临的技术和安全性难题。

我国目前的量子通信研究和应用偏重 QKD 和量子保密通信，后续应进一步加强 QT 和 QIN 等方向的前沿研究、实验探索和标准化布局。建议研究机构在高品质量子纠缠源制备、高维量子纠缠态操控、实用化量子存储技术、QT 组网传输协议等 QIN 关键使能技术方面加大投入力度，积极开展 QIN 实验探索、协议研究和标准化预研等工作，为未来量子通信技术的发展和应用奠定坚实基础。

（二）业界加强研发力度，提升产品技术水平

我国的信息安全形势错综复杂，在政务、金融、国防和关键基础设施等领域，提高信息安全保障能力的需求较为紧迫，对量子保密通信技术带来的长期信息安全保障能力有客观需求和应用前景。同时，量子保密通信技术产业应用和市场化推广，也需要自身技术成熟度、设备工程化、现实安全性和可靠性水平的不断提升，以满足规模化应用部署和运维管理等方面的条件和要求。

产业企业和研究机构可进一步加大产品和解决方案的研发投入力度，对关键瓶颈进行攻关突破，提升量子保密通信设备和系统工程化及实用化水平，

以及网络管控、运维和保障能力；在高性能单光子探测器、集成化调制解调器和高性能后处理算法等领域实现攻关突破，将政策支持的优势真正转化为核心技术和产品功能性的优势，进一步提升系统工程化水平和解决方案的性价比。

（三）加强标准体系建设，稳妥推动产业发展

量子保密通信在网络建设和应用部署方面的标准化研究和测评认证目前进展还较为有限。近年来，QKD 和量子保密通信的标准化研究工作在国际电信联盟、中国通信标准化协会和密码行业标准化技术委员会等机构初步开展。后续建议进一步完善量子保密通信技术标准体系架构设计，面向应用部署和产业发展需求，加快推动系统技术要求和安全性要求的升级，"可信中继节点"的安全防护，密钥管理和应用接口等重要标准的研制，并推动相关测评认证工作，为量子保密通信应用和产业发展提供有效引导和支持。

在产业发展方面，量子保密通信在高安全性需求的政务、外交和国防等领域应用，可以采用以国家投入为主推动试点应用和产业探索的发展模式。在基础设施、行业专网以及公众信息通信网络等领域，建议结合实际信息安全需求，解决方案性价比和产业发展成熟度综合评估，以企业为主体，基于市场化方式进行探索和运作，实现从外部支持投入为主到内生需求驱动为主的发展模式转变。

附录 A　政策法规

工业和信息化部关于开展 2019 年 IPv6 网络就绪专项行动的通知

各省、自治区、直辖市通信管理局，部属各单位、部属各高校，中国电信集团有限公司、中国移动通信集团有限公司、中国联合网络通信集团有限公司、中国广播电视网络有限公司，阿里巴巴（中国）有限公司、深圳市腾讯计算机系统有限公司、百度在线网络技术（北京）有限公司、华为技术有限公司、苹果公司、三星（中国）投资有限公司、中兴通讯股份有限公司、小米科技有限责任公司、广东欧珀移动通信有限公司、维沃移动通信有限公司、联想控股股份有限公司、魅族科技有限公司、世纪互联数据中心有限公司、鹏博士电信传媒集团股份有限公司、北京奇虎科技有限公司、厦门秦淮科技有限公司、北京新网互联软件服务有限公司、北京方正信息技术有限公司、成都西维数码科技有限公司、万国数据服务有限公司、北京光环新网科技股份有限公司、网宿科技股份有限公司、北京蓝汛通信技术有限责任公司、北京金山云网络技术有限公司、上海优刻得信息科技有限公司、白山云科技有限公司、上海帝联信息科技发展有限公司、上海七牛信息技术有限公司、北京京东世纪信息技术有限公司、北京优帆科技有限公司、普联技术有限公司、友讯科技股份有限公司、深圳市吉祥腾达科技有限公司、华硕电脑股份有限公司：

为深入贯彻落实《推进互联网协议第六版（IPv6）规模部署行动计划》（厅字〔2017〕47号），持续推进 IPv6 在网络各环节的部署和应用，全面提升用户渗透率和网络流量，加快提升我国互联网 IPv6 发展水平，我部决定于 2019 年开展中国 IPv6 网络就绪专项行动。有关事项通知如下：

■ 一、重点工作任务

（一）网络基础设施 IPv6 能力就绪

骨干网、城域网、接入网全面完成 IPv6 改造，并开通 IPv6 业务承载功能；到 2019 年年末，武汉、西安、沈阳、南京、重庆、杭州、贵阳·贵安、福州 8 个互联网骨干直联点完成 IPv6 升级改造，支持互联网网间 IPv6 流量交换。

基础电信企业为支持 IPv6 的全部在网移动终端、固定终端分配 IPv6 地址；完善 IPv6 专线产品开通流程，为政企客户快速开通 IPv6 专线接入并支持分配 IPv6 地址。自 2019 年 6 月起，根据客户需求为新签或续签服务合同的政企客户分配 IPv6 地址。

（二）应用基础设施提升 IPv6 业务承载能力

基础电信企业数据中心全面完成 IPv6 改造，为用户提供基于 IPv6 的互联网数据中心服务；到 2019 年年末，世纪互联、鹏博士、秦淮科技、新网互联、方正信息、西部数码、万国数据、光环新网等数据中心运营企业完成大型以上数据中心内部网络和出口设备的 IPv6 改造。

网宿科技、阿里云、腾讯云、蓝汛、金山云、世纪互联、UCloud、白山云、七牛云、中国移动完成内容分发网络（CDN）IPv6 改造，在全国范围内提供 IPv6 流量优化调度能力。到 2019 年年末，CDN 的 IPv6 本地覆盖能力达 IPv4 本地覆盖能力的 85% 以上，开通 IPv6 带宽达 IPv4 带宽的 10%。

阿里云、天翼云、腾讯云、沃云、华为云、移动云、百度云、金山云、京东云、UCloud、青云等云服务企业完成云平台的双栈改造。到 2019 年年末，完成包含 IPv6 云主机、负载均衡、内容分发、域名解析、云桌面、对象存储、云数据库、API 网关、Web 应用防火墙、DDOS 高防、弹性 IPS 等在内的 70% 公有云产品 IPv6 改造；根据客户需求，提供支持 IPv6 的政务云产品。

（三）终端设备增强 IPv6 支持能力

华为、苹果、三星、中兴、小米、OPPO、vivo、魅族、联想、一加、金立、TCL、海信等品牌新申请进网的相关移动终端出厂默认配置支持 IPv4/IPv6 双栈；终端生产企业应加快系统软件升级，推动存量移动终端支持 IPv6。

新部署的家庭网关设备应全部支持 IPv6，并默认配置支持 IPv4/IPv6 双栈，能够为网关下挂设备分配 IPv6 地址；到 2019 年年末，完成 70% 存量智能家庭网关的 IPv6 升级。

TP-LINK、D-LINK、华为、腾达、华硕、网件、小米等企业新生产的家庭路由器应支持 IPv6，并向存量家庭路由器设备推送支持 IPv6 的固件版本。

（四）网站及互联网应用生态加快向 IPv6 升级

部属各单位、部属各高校、各省（区、市）通信管理局及其直属事业单位完成门户网站 IPv6 改造，新建网站及外部系统应全面支持 IPv6 访问。

基础电信企业集团及下属省级公司门户网站、网上营业厅、自营移动互联网应用（APP）及相应服务器全部支持 IPv6 访问，并能够统计 IPv6 活跃用户数。

应用宝、360 手机助手、豌豆荚、OPPO 软件商店、百度手机助手、华为应用市场、小米应用商店、vivo 应用商店、MM 商场、沃商店、天翼空间对上架的 APP 按照统一的方法及检测工具开展 IPv6 支持度检测与标识工作；自 2019 年 6 月起，各应用商店在醒目位置为支持 IPv6 的 APP 设置专区并推荐用户使用；到 2019 年年末，各应用商店新上架的 APP 均应支持在 IPv6 网络环境正常工作。

开发者在开发 APP、软件开发工具包（SDK）以及服务器端程序时，应考虑支持 IPv6 访问。

鼓励典型行业、重点工业企业积极开展基于 IPv6 的工业互联网网络和应用改造试点示范，促进 IPv6 在工业互联网、物联网等新兴领域中融合应用创新。

（五）IPv6 网络及服务性能持续提升

持续优化 IPv6 网络传输性能，提升数据中心、内容分发网络、云服务平台的 IPv6 服务能力。到 2019 年 9 月末，IPv6 网络基础设施、应用基础设施为用户提供与 IPv4 趋同质量的服务，平均丢包率、时延等指标与 IPv4 性能相比劣化不超过 10%。

（六）IPv6 网络安全保障进一步加强

各企业要进一步完善网络安全管理制度体系，涵盖 IPv6 安全防护和管理相关要求；同步升级防火墙 /WAF、IDS/IPS、4A 系统等 IPv6 网络安全防护手段；同步改造僵木蠕监测处置系统、移动互联网恶意程序监测处置系统、上网日志留存系统、IDC/ISP 信息安全管理系统等网络安全监测处置系统；到 2019 年年末，完成已升级改造的基础网络、业务系统、CDN/IDC、云服务平台、域名系统等网络和系统单元的定级备案、符合性评测和风险评估等网络安全防护工作。

相关机构开展 IP 承载网、CDN/IDC、核心路由器、安全防护设备等 IPv6 网络安全防护相关标准制修订工作。搭建 IPv6 测试环境，通过网络安全漏洞众测等方式，验证相关企业已部署的网络安全防护手段有效性。通过网络安全试点示范等方式，支持相关企业和机构开展工业互联网、物联网、车联网、云计算、大数据、人工智能等新兴领域 IPv6 网络安全威胁防范和应对研究。

▌ 二、2019 年年末主要目标

（一）获得 IPv6 地址的 LTE 终端比例达 90%，获得 IPv6 地址的固定宽带终端比例达 40%。

（二）LTE 网络 IPv6 活跃连接数达 8 亿。其中，中国电信集团有限公司达 1.6 亿，中国移动通信集团有限公司达 4.8 亿，中国联合网络通信集团有限公司达 1.6 亿。

（三）完成全部 13 个互联网骨干直联点 IPv6 改造。

▌ 三、保障措施

（一）严格落实责任。各企业要对照工作目标和重点任务，细化分解任务、层层压实责任。各基础电信企业集团公司在对各省级子（分）公司的业绩考核中，应将 IPv6 相关任务完成情况作为重要考核指标，并安排资金保障 IPv6 各项任务落实。各企业要建立本年度 IPv6 改造任务清单及台账，并于 2019 年 6 月、12 月底向工业和信息化部（信息通信发展司）报送工作进展情况。

（二）完善监测平台。中国信息通信研究院要加强 IPv6 发展监测平台建设，完善监测平台功能和性能，开展 IPv6 网络性能、APP 及网站 IPv6 支持程度等在线监测工作，定期发布 IPv6 发展监测报告；加强监测平台网络信息安全防护，确保系统安全稳定运行；制定统一的 APPIPv6 支持度检测方法，开发相关检测工具。各企业要积极配合，根据监测需要在已完成 IPv6 改造的数据中心、CDN 节点、云服务平台以及网关设备、网站、APP、应用市场等各环节部署节点，接入监测平台上报活跃用户、流量等统计数据。

（三）加强对接协调。我部将建立基础电信企业、CDN 企业、云服务平台企业以及互联网应用企业对接协调机制，聚焦各企业实施 IPv6 改造过程中存在的困难问题，通过定期召开协调会议、建立问题清单和任务台账等方式，推进网络基础设施、应用基础设施、互联网应用高效协同和无缝对接。

（四）开展抽查抽测。各通信管理局要瞄准重点任务、紧扣时间节点，通过明查暗访或者利用 IPv6 发展监测平台在线抽测等形式，加强对属地相关企业推进 IPv6 相关工作进度与质量的日常监督，每半年将相关工作情况报送我部（信息通信发展司）。我部将对各企业工作情况进行抽查，对网络、应用、终端各环节 IPv6 支持度进行抽测，抽查结果将向社会进行通报。

（五）优化保障措施。完善互联网信息服务备案管理制度，在互联网信息服务备案时明确要求提供支持 IPv6 相关信息；加强和完善 IPv6 地址备案系统的建设和备案核查、管理，督导基础电信企业严格落实 IPv6 接入地址编码规划方案和 IPv6 备案管理要求；完善相关电信业务管理要求，数据中心（含云服务）、CDN 等运营企业在提交年报时，应提供支持 IPv6 相关情况；严格落实电信设备进网检测相关要求，检测机构开展设备进网检测时，应对相关设备 IPv6 支持情况进行检测。

特此通知。

工业和信息化部

2019 年 4 月 1 日

工业和信息化部关于开展 APP 侵害用户权益专项整治工作的通知

工信部信管函〔2019〕337 号

各省、自治区、直辖市通信管理局，中国信息通信研究院、中国互联网协会，各相关单位：

当前，APP 违规收集个人信息、过度索权、频繁骚扰、侵害用户权益等问题突出，群众反映强烈，社会关注度高。结合 2019 年信息通信行业行风建设暨纠风工作安排，我部决定组织开展 APP 侵害用户权益专项整治行动工作。有关事项通知如下：

一、整治内容

依据《网络安全法》《电信条例》《规范互联网信息服务市场秩序若干规定》（工业和信息化部令第 20 号）、《电信和互联网用户个人信息保护规定》（工业和信息化部令第 24 号）和《移动智能终端应用软件预置和分发管理暂行规定》（工信部信管〔2016〕407 号）等法律法规和规范性文件要求，聚焦人民群众反映强烈和社会高度关注的侵犯用户权益行为，重点对以下四个方面 8 类问题开展规范整治工作。

（一）违规收集用户个人信息方面

1. "私自收集个人信息"。即 APP 未明确告知收集使用个人信息的目的、方式和范围并获得用户同意前，收集用户个人信息。

2. "超范围收集个人信息"。即 APP 收集个人信息，非服务所必需或无合理应用场景，超范围或超频次收集个人信息，如通讯录、位置、身份证、人脸等。

（二）违规使用用户个人信息方面

3. "私自共享给第三方"。即 APP 未经用户同意与其他应用共享、使用用户个人信息，如设备识别信息、商品浏览记录、搜索使用习惯、常用软件应用列表等。

4. "强制用户使用定向推送功能"。即 APP 未向用户告知，或未以显著方式标示，将收集到的用户搜索、浏览记录、使用习惯等个人信息，用于定向推送或精准营销，且未提供关闭该功能的选项。

（三）不合理索取用户权限方面

5. "不给权限不让用"。即 APP 安装和运行时，向用户索取与当前服务场景无关的权限，用户拒绝授权后，应用退出或关闭。

6. "频繁申请权限"。即 APP 在用户明确拒绝权限申请后，频繁申请开启通讯录、定位、短信、录音、相机等与当前服务场景无关的权限，骚扰用户。

7. "过度索取权限"。即 APP 在用户未使用相关功能或服务时，提前申请开启通讯录、定位、短信、录音、相机等权限，或超出其业务功能或服务外，申请通讯录、定位、短信、录音、相机等权限。

（四）为用户账号注销设置障碍方面

8. "账号注销难"。即 APP 未向用户提供账号注销服务，或为注销服务设置不合理的障碍。

二、整治对象

本次专项整治工作主要面向两类对象：一是 APP 服务提供者，主要检查是否存在前述 8 类问题；二是 APP 分发服务提供者，含应用商店和基础电信企业营业厅等承担 APP 分发功能的各类企业，主要检查是否落实《移动智能终端应用软件预置和分发管理暂行规定》（工信部信管〔2016〕407 号）等有关要求。

三、工作安排

专项整治工作时间为通知印发之日至 2019 年 12

月 20 日。分三个阶段实施：

（一）企业自查自纠阶段（通知印发之日起至 11 月 10 日）。APP 服务提供者对照前述 8 类问题认真开展自查，发现问题及时整改；APP 分发服务提供者组织对所分发 APP 进行全面检查，对存在问题的违规应用软件予以督促整改，拒不改正的应组织予以下架处理。

（二）监督抽查阶段（2019 年 11 月 11 日至 11 月 30 日）。我部将组织第三方检测机构对 APP 进行技术检测和检查，重点抽测与群众生活密切相关、下载使用量较大的 APP 产品和分发平台。对群众反映强烈、难以接受、认为不合理的 APP，我部将组织电信用户委员会、中国互联网协会以及相关媒体机构开展用户和专家评议。各省、自治区、直辖市通信管理局可根据本地实际情况开展检查工作，并将结果报部（信息通信管理局）。

（三）结果处置阶段（2019 年 12 月 1 日至 12 月 20 日）。我部将对存在问题的 APP 统一进行通报，依法依规予以处理，具体措施包括责令整改、向社会公告、组织 APP 下架、停止 APP 接入服务，以及将受到行政处罚的违规主体纳入电信业务经营不良名单或失信名单等。

四、工作要求

（一）切实提高思想认识。各单位要坚决贯彻落实以人民为中心的发展思想，切实提高政治站位，高度重视本次专项整治工作，精心组织、周密部署，细化整治措施，着力解决群众最关心最直接最现实的利益问题，务求取得实效。

（二）畅通用户投诉渠道。专项整治工作期间，各企业应畅通用户投诉渠道，完善投诉处理服务机制和流程。中国互联网协会应通过互联网信息服务投诉平台或 12321 举报中心接受群众投诉，及时汇总处理用户反映的相关问题。

（三）巩固建立长效机制。APP 用户量大、影响面广、耦合性强，规范管理工作涉及主体多、链条长，需要企业自律、社会监督和政府监管的协同共治。各单位要以此次专项整治工作为契机，不断总结经验、分析原因、举一反三、巩固成效，为后续规范行业管理奠定基础。

特此通知。

工业和信息化部

2019 年 10 月 31 日

电信和互联网行业提升网络数据安全保护能力专项行动方案

近年来，随着国家大数据发展战略加快实施，大数据技术创新与应用日趋活跃，产生和集聚了类型丰富多样、应用价值不断提升的海量网络数据，成为数字经济发展的关键生产要素。与此同时，数据过度采集滥用、非法交易及用户数据泄露等数据安全问题日益凸显，做好电信和互联网行业（以下简称行业）网络数据安全管理尤为迫切。

一、总体要求

以习近平新时代中国特色社会主义思想为指导，全面贯彻党的十九大和十九届二中、三中全会精神，严格落实《网络安全法》《全国人民代表大会常务委员会关于加强网络信息保护的决定》《互联网信息服务管理办法》等法律法规，坚持维护数据安全与促进数据开发利用并重，坚持数据分类分级保护，坚持充分发挥政府引导作用、企业主体作用和社会监督作用，立足我部行业网络数据安全监管职责，开展为期一年的行业提升网络数据安全保护能力专项行动（以下简称专项行动），加快推动构建行业网络数据安全综合保障体系，为建设网络强国、助力数字经济发展提供有力保障和重要支撑。

二、工作目标

（一）通过集中开展数据安全合规性评估、专项治理和监督检查，督促基础电信企业和重点互联网企业强化网络数据安全全流程管理，及时整改消除重大数据泄露、滥用等安全隐患，2019 年 10 月底前完成全部基础电信企业（含专业公司）、50 家重点互联网企业以及 200 款主流 App 数据的安全检查工作。

（二）基本建立行业网络数据安全保障体系。网络数据安全制度标准体系进一步完善，形成行业网络数据保护目录，制订 15 项以上行业网络数据安全标准规范，贯标试点企业不少于 20 家；行业网络数据安全管理和技术支撑平台基本建成，遴选网络数据安全技术能力创新示范项目不少于 30 个；基础电信企业和重点互联网企业网络数据安全管理体系有效建立。

三、重点任务

（一）加快完善网络数据安全制度的标准

1. 强化网络数据安全管理制度设计。梳理对标《网络安全法》《电信和互联网用户个人信息保护规定》等法律法规要求，加快建立网络数据分类分级保护、数据安全风险评估、数据安全事件通报处置、数据对外提供使用报告等制度。部署电信和互联网企业按照法律法规要求，开展数据安全管理对标工作，健全完善企业内部网络数据全生命周期的安全管理制度。

2. 完善网络数据安全标准体系。推动出台行业《网络数据安全标准体系建设指南》，加快完善行业网络数据安全标准体系。制定出台行业重要数据识别指南、网络数据安全防护等重点标准，遴选企业开展贯标试点。指导中国通信标准化协会成立网络数据安全标准专项工作组，加快推动网络数据安全相关标准的制定工作。

（二）开展合规性评估和专项治理

3. 开展网络数据安全风险评估。出台网络数据安全合规性评估要点，依托互联网新技术新业务安全评估机制，部署基础电信企业（含专业公司）和重点互联网企业结合重点业务类型和场景，开展网络数据安全合规性自评估工作，提升企业网络数据安全风险防范能力。针对物联网、车联网、卫星互联网、人工智能等新技术新应用带来的重大互联网数据安全问题，及时开展行业评估和跨部门联合评估工作。

4. 深化 App 违法违规专项治理。持续推进 App 违法违规收集使用个人信息专项治理行动，组织第三方评测机构开展 App 安全滚动式评测，对在网络数据安全和用户信息保护方面存在违法违规行为的 App 及时进行下架和公开曝光。组织开展应用商店安全责任专项部署，督促应用商店落实 App 运营者真实身份信息验证、应用程序安全检测、违法违规 App 下架等。创新工作模式，引导鼓励第三方机构开展 App 数据安全管理认证，探索推动应用商店等明确标识并优先推荐通过认证的 App。

5. 强化网络数据安全监督执法。将企业网络数据安全责任落实情况、数据安全合规性评估落实情况作为重点内容，纳入 2019 年网络信息安全"双随机一公开"检查和基础电信企业网络与信息安全责任考核检查，采取远程测试、实地检查等方式开展监督检查，督促问题整改。持续开展数据泄露等网络数据安全和用户信息安全事件监测跟踪与执法调查，对违法违规行为及时采取约谈、公开曝光、行政处罚等措施，将处罚结果纳入电信业务经营不良名单或失信名单。

（三）强化行业网络数据安全管理

6. 稳步实施网络数据资源"清单式"管理。开展电信和重点互联网企业网络数据资源调研摸底，依据网络数据重要敏感程度和泄露滥用可能造成的危害，研究形成行业网络数据保护目录，并选取重点企业开展试点应用。指导督促试点企业建立内部网络数据清单和数据分类分级管理制度，对列入目录的网络数据实施重点保护。

7. 明确企业网络数据安全职能部门。指导电信和重点互联网企业加强内部网络数据安全组织保障，推动设立或明确网络数据安全管理责任部门和专职人员，负责承担企业内部网络数据安全管理工作，督促协调企业内部各相关主体和环节严格落实操作权限管理、日志记录和安全审计、数据加密、数据脱敏、访问控制、数据容灾备份等数据安全保护措施，组织开展数据安全岗位人员的法律法规、知识技能等培训。

8. 强化网络数据对外合作安全管理。落实《工

业和信息化部关于加强基础电信企业数据安全管理规范清理数据对外合作工作的通知》等相关管理要求，督促企业定期开展网络数据对外合作业务专项排查，及时发现问题消除隐患。研究明确利用行业网络数据进行大数据开发应用的数据安全管理要求，督促企业开展合作方数据安全保障能力动态评估，充分依托合同约束、信用管理等手段强化合作方管理，切实提升网络数据共享安全管理水平。

9. 加强行业网络数据安全应急管理。落实工业和信息化部相关应急预案要求，指导企业进一步健全完善企业网络数据安全事件应急处置机制，开展应急演练，落实重大网络数据安全事件报告、调查追责、向社会公告等要求。在中华人民共和国成立 70 周年等重大活动保障期间，明确企业数据安全重要岗位职责要求，强化应急响应，及时处置网络数据安全突发情况。

（四）创新推动网络数据安全技术防护能力的建设

10. 加强网络数据安全技术手段建设。加快建设行业网络数据安全管理和技术支撑平台，支撑开展行业数据备案管理、事件通报、溯源核查、技术检测和安全认证等工作，提升网络数据安全监管技术支撑保障能力。指导企业加大网络数据安全技术投入，加快完善数据防攻击、防窃取、防泄漏、数据备份和恢复等安全技术保障措施，提升企业网络数据安全保障能力。

11. 推动网络数据安全技术创新发展。推动成立大数据安全联盟，打造网络数据安全技术交流、联合攻关和试点应用平台。组织开展网络数据安全技术最佳实践案例征集和试点示范项目评选，加大技术研发、成果转化和解决方案的支持力度，促进网络数据安全先进技术创新和产品服务应用推广。制定发布网络数据安全产业发展白皮书。

12. 加强专业支撑队伍建设。成立行业网络数据安全专家委员会，为网络数据安全政策标准制定、关键技术研究、重大网络数据安全风险评估、网络数据安全示范项目评审等提供决策支撑。委托中国信息通信研究院、中国电子信息产业发展研究院、中国电子技术标准化研究院、中国互联网协会、中国通信标准化协会等单位开展面向行业的网络数据安全法律法规和政策标准宣贯、技能培训和测试

检查。

（五）强化社会监督和宣传交流

13. 强化社会监督和行业自律。依托中国互联网协会 12321 网络不良与垃圾信息举报受理中心，建立网络数据违法违规行为举报平台，及时受理用户投诉举报。强化行业自律，指导中国互联网协会联合基础电信企业、重点互联网企业、第三方机构等签署网络数据安全自律公约，引导企业自觉履行数据安全保护义务，努力提高数据安全保护水平。

14. 加强宣传展示和国际交流。充分利用中国互联网大会、中国国际大数据产业博览会、国家网络安全宣传周等，指导相关单位举办网络数据安全论坛，开展网络数据安全主题宣传日等活动，促进网络数据安全管理和技术经验交流，提升全行业数据安全意识。加强数据安全国际交流合作，利用世界互联网大会、中欧数字经济与网络安全会议等，积极开展数据安全管理经验交流和信息共享。

四、工作安排

（一）工作部署阶段（2019 年 7 月）。部制定印发专项行动方案，组织开展宣贯部署，向各单位、各企业制定印发工作任务清单，明确各项任务时间节点和工作要求。

（二）重点保障阶段（2019 年 8—10 月）。部组织完成电信和重点互联网企业网络数据资源调研摸底，明确数据安全合规性评估要点，指导完成各省级基础电信企业和重点互联网企业重点环节的数据安全合规性评估，持续开展 App 违法违规收集使用个人信息专项治理，组织完成对重点企业网络数据安全责任落实情况的监督检查和隐患整改，全力做好中华人民共和国成立 70 周年网络数据安全保障工作。

（三）长效建设阶段（2019 年 11 月—2020 年 5 月）。总结固化中华人民共和国成立 70 周年网络数据安全保障工作经验，重点围绕关键制度、重点标准、技术手段、示范项目、支撑队伍等方面，加快推进完成重点任务举措，推动建立网络数据安全管理长效机制。

（四）总结提升阶段（2020 年 6—7 月）。各单位、各企业梳理总结专项行动完成情况、工作成效及问题，形成工作总结报部（网络安全管理局）。部组织对专项行动工作情况进行总结通报，对典型经验做法进行推广，巩固相关工作成效。

五、工作要求

（一）加强组织领导。各单位要充分认识加快提升行业网络数据安全保护能力的重要性和紧迫性，结合本单位实际，精心组织，周密部署，迅速行动，确保专项行动顺利开展。部网络安全管理局牵头做好专项行动总体部署、推进落实、督导检查等工作；各地通信管理局结合实际，组织开展属地网络数据安全能力提升专项行动各项工作。

（二）明确任务分工。各企业要明确责任部门和责任人，对照任务清单，坚持问题导向，逐一细化工作措施和责任分工，做到措施到位、责任到人，确保专项行动中各项任务的落实到位并取得实效。中国信息通信研究院、中国电子信息产业发展研究院、中国电子技术标准化研究院、人民邮电报社、中国互联网协会、中国通信标准化协会等单位要做好相关支撑保障工作。

（三）强化监督检查。部和各地通信管理局组织对各单位、各企业专项行动落实情况进行督导检查，指导督促基础电信企业和互联网企业进一步落实相关制度标准要求，健全完善企业网络数据安全合规管理体系，对存在的问题及时督促整改。

（四）加强宣传通报。各单位、各企业要建立信息通报机制，及时总结专项行动进展和成效，每月月底前将工作进展情况、取得成效、问题和建议报部网络安全管理局。大力宣传专项行动新进展、新动态及典型经验做法，营造全行业重视网络数据安全、自觉维护网络数据安全的良好氛围，推动专项行动扎实深入开展。

（工信部通信函〔2019〕95 号）

附录 B　创新成果类

2019 年通信行业用户满意企业名单

中国电信股份有限公司宣城分公司
中国电信股份有限公司南平分公司
中国电信股份有限公司广州分公司
中国电信股份有限公司武汉分公司
中国电信股份有限公司盐城分公司
中国电信股份有限公司阳泉分公司
中国电信股份有限公司上海崇明电信局
中国电信股份有限公司丽水分公司
中国电信股份有限公司江津分公司
中国电信股份有限公司天津西青分公司
中国电信股份有限公司钦州分公司
中国电信股份有限公司沧州分公司
中国移动通信集团广东有限公司广州分公司
中国移动通信集团北京有限公司房山分公司
中国移动通信集团安徽有限公司宣城分公司
中国移动通信集团云南有限公司昭通分公司
中国移动通信集团四川有限公司德阳分公司
中国移动通信集团宁夏有限公司固原分公司
中国移动通信集团新疆有限公司阿克苏分公司
中国移动通信集团陕西有限公司汉中分公司
中国移动通信集团福建有限公司宁德分公司
中国移动通信集团海南有限公司儋州分公司
中移铁通有限公司湖南分公司
中国移动通信集团甘肃有限公司陇南分公司
中国联合网络通信有限公司平凉市分公司
中国联合网络通信有限公司衡水市分公司
中国联合网络通信有限公司玉树藏族自治州分公司
中国联合网络通信有限公司包头市分公司
中国联合网络通信有限公司阿勒泰地区分公司
中国联合网络通信有限公司中卫市分公司
中国联合网络通信有限公司天津市塘沽分公司

（续表）

| 中国联合网络通信有限公司佳木斯市分公司 |
| 中国联合网络通信有限公司开封市分公司 |
| 中国联合网络通信有限公司怀化市分公司 |
| 中国联合网络通信有限公司运城市分公司 |
| 中国联合网络通信有限公司北京市昌平区分公司 |
| 中国邮政集团公司忻州市分公司 |
| 中国邮政集团公司乌兰察布市分公司 |
| 中国邮政集团公司阜新市分公司 |
| 中国邮政集团公司永州市分公司 |
| 中国邮政集团公司防城港市分公司 |
| 中国邮政集团公司山南市分公司 |
| 中国邮政储蓄银行股份有限公司北京金融大街支行 |
| 中国邮政储蓄银行股份有限公司保定市分行 |
| 中国邮政储蓄银行股份有限公司深圳分行营业部 |
| 中国邮政速递物流股份有限公司上海市分公司陆家嘴营业部 |
| 中国邮政速递物流股份有限公司乌鲁木齐市分公司 |
| 中国邮政集团公司金华市分公司 |

2019 年通信行业企业管理现代化创新优秀成果名单

一等成果（17 个）	
中国电信股份有限公司四川分公司	生态魔方引领智能宽带推进企业转型发展
中国电信股份有限公司广西分公司	基于规模发展导向的"公司竞标"型财务预算管理创新
中国电信集团有限公司客户服务部	以人工智能技术统一赋能、全面提高企业客户服务能力的管理创新
中国电信股份有限公司陕西分公司	电信基于创业平台的现场综合维护模式创新
中国移动通信集团北京有限公司	对外传播互动，对内感知修复，打造数据驱动的双闭环客户体验管理体系
中国移动通信集团有限公司网络部	"大道至简，智配天下"——构建"高效、精准、安全"的集中化网络配置管理体系
中国移动通信集团有限公司技术部	通信企业激发创新活力、培育创新生态的特色"双创"体系建设
中国移动通信集团江苏有限公司	构建"三横 N 纵"管理会计体系，切实支持公司降本增效
中国移动通信集团有限公司采购共享服务中心	通信运营企业基于全流程在线模式下的智能化采购管理与实施
中国联合网络通信集团有限公司政企客户事业部	发挥云网一体优势，加快推动"云＋网＋X（应用）"政企新融合营销模式转型
中国联合网络通信集团有限公司人力资源部	创新人才体制机制，实施"418"人才工程，助力公司转型发展
中国联合网络通信有限公司天津市分公司	搭建"全触点、全周期、全透明"的"互联网＋"客户联络平台，打造更优质的客户体验
中国联合网络通信有限公司北京市分公司	依托混改契机，通信网络互联网化运营新模式"RISE"的探索与实践
中国邮政集团公司湖南省物流业务分公司	基于"一带一路"倡议的邮政中欧班列物流发展体系构建
中国邮政集团公司安徽省分公司	基于构建紧密型客户关系的城市社区邮政服务生态圈建设
中国邮政储蓄银行股份有限公司小企业金融部	以分析小微企业运行状态为目标的小微企业运行指数体系构建
中国邮政集团公司寄递事业部运营管理部	以智能运输为目标的车辆运行管控云平台构建
二等成果（30 个）	
中国电信股份有限公司江西分公司	打造前后端"铁三角"协同"看网讲云"六步法促企业云改发展
中国电信集团有限公司财务部	大数据财务风险防控
中国电信集团公司企业信息化事业部（数据中心）	构建中国电信大数据能力开放运营体系，助力企业高质量发展
中国电信股份有限公司广东分公司	构建云网融合维护体系，支撑云网融合业务发展
中国电信股份有限公司广东分公司	打造交互式智慧家庭运营平台（智家达人），实现服务体验与触点价值双提升
中国电信集团有限公司政企客户事业部	政企客户服务标准落地执行项目
中国电信股份有限公司福建分公司	基于渠道全生命周期的智慧化管理模式
中国电信股份有限公司上海分公司	基于 0&DICT 运营模式的智慧政务服务体系建设

（续表）

中国移动通信集团山东有限公司	打造 RC4 全天候电信诈骗防范体系，实现全方位客户安全防护
中国移动通信集团浙江有限公司	打造面向数字化转型的"谷仓型"人才发展体系
中国移动通信集团北京有限公司	引入"AI+ 大数据"智能分析，助力宽窄运维管理数字化转型
中移（杭州）信息技术有限公司	基于 SHARE 框架的数字家庭生态体系构建与管理实践
中国移动通信集团陕西有限公司	深化运维体制改革，构建网络运维集中调度与支撑新体系——统一作战平台的建设与运行支撑
中国移动通信集团广东有限公司	面向 5G 的网络运营支撑顶 PROVE 敏捷转型管理体系
中移（苏州）软件技术有限公司	落实集团"IT 换人"战略，打造智能化业务审查管理体系
中国移动通信集团湖南有限公司	预测、分析、管控"三位一体"构建全过程收入保障管理体系
中国联合网络通信集团有限公司网络发展部	规建维优一体化战略管理的实现与管理
中国联合网络通信有限公司广东省分公司	"智能探针"——面向有效发展的中台管理模式的创新与实践
中国联合网络通信集团有限公司信息化部（信息安全部）、智能网络中心、联通大数据有限公司、联通系统集成有限公司	打响"网络数据能力攻坚战"构建数据保障服务新机制
中国联合网络通信集团有限公司运行维护部	打造六位一体 4G 容量保障体系，助力公司转型发展
中国联合网络通信有限公司山西分公司	山西联通互联网化转型探索与实践
中国联合网络通信有限公司上海市分公司（权益运营中心）	构建基于权益运营的新型客户经营体系
中国联合网络通信有限公司河南省分公司	基于网络资源价值运营的网络线划小改革探索与实践
中国联合网络通信有限公司北京市分公司	通信企业构建高效的增值税专用发票线上集约服务新模式
中国联合网络通信有限公司北京市分公司	打造互联网化"全景看板"服务新模式，实现客户感知和管理效率双提升
中国邮政集团公司江苏省分公司	"放管服"背景下的邮政便民服务矩阵化管理
中国邮政集团公司浙江省分公司	以集包作业促进快递包裹业务提质增效
中国邮政集团公司兴安盟分公司	基于国家重点工程的对公业务协同开发与管理
中国邮政储蓄银行股份有限公司三农金融事业部	基于"专家经验 + 数据驱动"的小额极速贷风控体系构建
中国邮政集团公司黑龙江省分公司	依托扁平化管理的邮政县域经营发展模式构建
三等成果（42 个）	
中国电信股份有限公司销售及渠道拓展事业部	"一体两流四注智"，打造通信实体门店专属智慧运营管理体系
中国电信股份有限公司江苏分公司	以激发活力为目标的省、市公司管理机制创新
中国电信股份有限公司安徽分公司	依托高清 GIS 网格与建设管理平台，实现高效集约管理，打造一张综合承载的精品全光网络
中国电信集团有限公司政企客户事业部	融合新兴技术打造智慧畜牧服务，助力传统畜牧行业转型增效
中国电信财务部	电费划小"四步法"助力企业成本精确管控
中国电信集团有限公司网络运行维护事业部	构建一体化集约运营新体系，缔造高质量开放型 VoLTE 业务网络
中国电信股份有限公司研究院	基于数字化技术的网络规划精细管理系统
中国电信股份有限公司新疆分公司	实践数字化转型，构建数字化社区宽带攻防体系
中国电信股份有限公司上海分公司	基于"你需要，我提供"服务理念的能力组件敏捷精益开发管理体系

（续表）

天翼电子商务有限公司	央企"双百行动"混合所有制改革与公司治理创新
中国移动通信集团四川有限公司	以数据驱动为核心，打造政企智能运营体系
中国移动通信集团福建有限公司	深化人事改革，激发组织活力，再创管理领先——福建移动人力资源改革实践
中移信息技术有限公司	构建面向 IT 改革的集中化固定资产投资管控体系
中国移动通信集团山东有限公司	大数据"双融"主动服务实践
中国移动通信集团河南有限公司	以智能化产品运营为基础促进企业提质增效的供应链体系建设
中国移动通信集团终端有限公司	一切成本为增效——基于多维损益分析的全成本管理体系
中国移动通信集团四川有限公司	打造以资源管理为核心的精细化网络运维管理体系
中国移动通信集团上海有限公司	以赋能式流程管理助力"四轮驱动"融合发展
中国移动通信集团上海有限公司	智慧协同、合作共赢，打造高效的供应链生态体系
中国联合网络通信有限公司山东省分公司、中国联合网络通信集团有限公司财务部	激发内生动力，建设以价值创造为目标的共享 CFO 体系
中国联合网络通信集团有限公司市场部、中国联合网络通信有限公司研究院	构建互联网化的品牌运营及创新传播体系，打造"五新"联通差异化品牌核心竞争力
中国联合网络通信集团有限公司市场部	以 eSIM 创新智能卡管理，助力业务互联网化转型及 5G 发展
中国联合网络通信集团有限公司客户服务部、信息化部	打造行业领先的 NPS 测评运营模式，创新客户口碑风向标管理
中国联合网络通信有限公司天津市分公司	基于构建通信企业"新生态、金融化、高体验"线上线下一体化门店的创新与实践
中国联合网络通信有限公司山西省分公司	网络能力前置驱动移网客户服务智能化
中国联合网络通信有限公司山东省分公司	基于 AI 的"规建维优营"一体化新运营平台的创新与实践
中国联合网络通信有限公司广东省分公司	构建集约化运营 2B 账务中台，创新服务模式转型
中国联合网络通信有限公司上海市分公司（企业发展部 / 法律部）	上海联通持续推进数字化转型的创新实践
中国邮政集团公司安徽省分公司	以构建"最强省内网"为目标的县域物流体系建设
中国邮政集团公司湖南省分公司	基于"提升客户感知"的邮政服务体系建设
中国邮政集团公司江苏省寄递事业部	以降本增效为目标的邮区中心局"TCM+"体系构建
中国邮政集团公司湖南省分公司	基于精准扶贫的十八洞村主题邮局建设
中国邮政集团公司重庆市分公司	基于战略导向的对标管理体系构建
中国邮政集团公司江西省分公司	以"廖奶奶咸鸭蛋"扶贫项目为切入点的农村电商产业链构建
中国邮政集团公司上海市分公司	基于标准化的安全管理体系构建
中国邮政集团公司邮政研究中心	以"决策智库、科创基地"为目标的组织管理变革
中国邮政集团公司沈阳市分公司	基于校园快递集中管理的邮政综合服务中心建设
中国邮政储蓄银行股份有限公司授信管理部	污染防治攻坚战背景下的绿色银行建设
中国邮政储蓄银行股份有限公司信用卡中心	基于信用卡交叉营销的客户服务提升
中国邮政集团公司安徽省分公司	基于大数据分析的代理金融网点用工总量和结构弹性调整体系构建
中国邮政储蓄银行股份有限公司福建省分行	以"县—乡—村"三级走访为切入点的信贷业务开发管理
中邮人寿保险股份有限公司	以风控最优平衡点为依托的保险核保体系建设

2019 年通信行业管理创新先进单位

中国电信股份有限公司四川分公司
中国移动通信集团北京有限公司
中国联合网络通信集团有限公司人力资源部
中国邮政集团公司安徽省分公司

2019 年通信行业管理创新优秀组织者

叶松华	中国电信股份有限公司广西分公司	党组书记、总经理
叶利生	中国电信股份有限公司陕西分公司	党组书记、总经理
张 轩	中国移动通信集团山东有限公司	总经理
卓 锋	中国移动通信集团陕西有限公司	总经理
李广聚	中国联合网络通信集团有限公司政企客户事业部	总经理
王 鑫	中国联合网络通信集团有限公司天津市分公司	总经理
陈洪涛	中国邮政集团公司安徽省分公司	党组书记、总经理
陈 清	中国邮政集团公司浙江省分公司	党组书记、总经理
傅斌勇	中国邮政集团公司湖南省物流业务分公司	总经理

2019 年通信行业优秀质量管理小组名单

QC 小组名称	单位名称
"火炬" QC 小组	中国电信股份有限公司新疆长途传输局
NO.1 小组	中国电信股份有限公司杭州分公司
春雷 QC 小组	中国电信股份有限公司广东分公司
"热气球" QC 小组	中国电信股份有限公司浙江分公司
"添翼无线" QC 小组	中国电信股份有限公司湖州分公司
账务极速 QC 小组	中国电信股份有限公司上海分公司
管控之星 QC 小组	中国电信股份有限公司广东分公司
数据一致性攻关 QC 小组	中国电信股份有限公司北京分公司
"光速行动" QC 小组	中国电信股份有限公司新疆长途传输局
源动力 QC 小组	中国电信股份有限公司新疆长途传输局
网络卫士 QC 小组	中国电信股份有限公司上海分公司
"动环" QC 小组	中国电信股份有限公司杭州分公司
智能视频探索小组	上海理想信息产业（集团）有限公司
网络资源圆梦 QC 小组	中国电信股份有限公司广东分公司
光网络保障 QC 小组	中国电信股份有限公司广东分公司
大数据先锋 QC 小组	中国电信股份有限公司厦门分公司
江淮论剑 QC 小组	中国电信股份有限公司安徽分公司无线中心
数据之翼 QC 小组	中国电信股份有限公司山西分公司
政企支撑 QC 小组	中国电信股份有限公司广东分公司
"质的飞跃" QC 小组	中国电信股份有限公司浙江分公司
分析支撑 QC 小组	中国电信股份有限公司无锡分公司
兄弟连 QC 小组	中国电信股份有限公司新疆网络监控维护中心
新格局 QC 小组	中国电信股份有限公司北海分公司
"经纬度" QC 小组	中国电信股份有限公司北京分公司
数据质量专项提升 QC 小组	中国电信集团有限公司企业信息化事业（数据中心）
网络卫士 QC 小组	中国电信股份有限公司乌鲁木齐分公司
宽带支撑 QC 小组	中国电信股份有限公司海南分公司
翼支撑 QC 小组	中国电信有限公司财务共享服务中心
"移动质量提升" QC 小组	中国电信股份有限公司福建分公司网络支撑运营中心
机房峰行者 QC 小组	中国电信股份有限公司北京分公司

（续表）

QC 小组名称	单位名称
网优无限 QC 小组	中国电信股份有限公司安庆分公司
"提质增效" QC 小组	中国电信股份有限公司海南分公司
向日葵 QC 小组	中国电信股份有限公司云南分公司
"绿叶" QC 小组	中国电信股份有限公司江西分公司无线网络优化中心
光传送 QC 小组	中国电信股份有限公司南京分公司
光宽先锋 QC 小组	中国电信股份有限公司山西分公司
用户数据 QC 小组	中国电信股份有限公司海南分公司
网络操作维护中心 QC 小组	中国电信股份有限公司徐州分公司
新活力 QC 小组	中国电信股份有限公司北海分公司
无线中心 QC 小组	中国电信股份有限公司南通分公司
数据精灵 QC 小组	中国电信股份有限公司云南分公司
正能量 QC 小组	中国电信股份有限公司淮北分公司
"冀翼生辉" QC 小组	中国电信股份有限公司河北分公司
"融会贯通" QC 小组	福建省电信技术发展有限公司泉州分公司
啄木鸟 QC 小组	中国电信股份有限公司泉州分公司
网络金刚 QC 小组	中国电信股份有限公司福建分公司网络支撑运营中心
美丽街区 QC 小组	中国电信股份有限公司上海分公司
扬帆 QC 小组	中国电信股份有限公司云南分公司
省操作维护中心运行监控部 QC 小组	中国电信股份有限公司江苏分公司
无线网优中心江南 QC 小组	中国电信股份有限公司南宁分公司
"翼动天成" QC 小组	中国电信股份有限公司北京分公司
SSG QC 小组	中国电信股份有限公司上海分公司
质量领先 QC 小组	中国电信股份有限公司吉安分公司
精益运营 QC 小组	中国电信股份有限公司湖南网络运行维护分公司
天翼先锋 QC 小组	中国电信股份有限公司广西分公司
"破冰" QC 小组	中国电信股份有限公司江西分公司网络运行维护部
"翼剑" QC 小组	中国电信股份有限公司邯郸分公司
"翼心服务" QC 小组	中国电信股份有限公司海南分公司
上山下乡 QC 小组	中国电信股份有限公司山西分公司
无线网络质量提升 QC 小组	中国电信股份有限公司贵州分公司
"精准建设" QC 小组	中国电信股份有限公司泰安分公司
装维翼支撑 QC 小组	中国电信股份有限公司安徽分公司客支中心
"暗室" 网络安全 QC 小组	中国电信股份有限公司北京分公司
售后服务领先 QC 小组	中国电信股份有限公司江西分公司网络运营支撑事业部
朝阳 QC 小组	中国电信股份有限公司广西分公司
徽 Young QC 小组	中国电信股份有限公司安徽分公司无线中心

（续表）

QC 小组名称	单位名称
小钢钉 QC 小组	中国电信股份有限公司青海分公司网络运行维护事业部
优翼 QC 小组	中国电信股份有限公司辽宁分公司
投诉攻坚 QC 小组	中国电信股份有限公司郑州分公司
光翼视界 QC 小组	中国电信股份有限公司宁夏分公司网络监控维护中心
扫雷 QC 小组	中国电信股份有限公司云南分公司
"梦之翼" QC 小组	中国电信股份有限公司黔东南分公司
障碍终结者 QC 小组	中国电信股份有限公司青海分公司网络运行维护事业部
智联 10000 QC 小组	中国电信股份有限公司宁夏分公司 10000 号客户服务中心
天津电信网优 style 小组	中国电信股份有限公司天津分公司
新越监控 QC 小组	中国电信股份有限公司云南分公司
数据支撑 QC 小组	中国电信股份有限公司海南分公司
"阿尔法" QC 小组	中国移动通信集团浙江有限公司
网络啄木鸟研发 QC 小组	中国移动通信集团北京有限公司
湛蓝 QC 小组	中国移动通信集团天津有限公司
迅雷疾电 QC 小组	中国移动通信集团福建有限公司厦门分公司
智探 QC 小组	中国移动通信集团广东有限公司中山分公司
数据网先锋 QC 小组	中国移动通信集团广东有限公司湛江分公司
基业常青 QC 小组	中国移动通信集团山东有限公司
陕西移动集思广益 QC 小组	中国移动通信集团陕西有限公司
数据先锋 QC 小组	中国移动通信集团有限公司信息技术中心
金算盘 QC 小组	中国移动通信集团山西有限公司财务部
霹雳火小组	中国移动通信集团江苏有限公司
数据掘金 QC 小组	中国移动通信集团广东有限公司
"一网前行" QC 小组	中国移动通信集团浙江有限公司湖州分公司
极速网络 QC 小组	中国移动通信集团江苏有限公司宿迁分公司
网优工匠 QC 小组	中国移动通信集团广东有限公司珠海分公司
"智启未来" QC 小组	中国移动通信集团浙江有限公司绍兴分公司
"精益求精" QC 小组	中国移动通信集团有限公司信息技术中心
"核聚堂" QC 小组	中国移动通信集团福建有限公司福州分公司
智睿 QC 小组	中国移动通信集团天津有限公司
VoLTE 先锋 QC 小组	中国移动通信集团湖北有限公司
技术专题 QC 小组	中国移动通信集团天津有限公司
"和能量" QC 小组	中国移动通信集团浙江有限公司杭州分公司
网络质量提升 QC 小组	中国移动通信集团北京有限公司
大象快跑 QC 小组	中国移动通信集团山东有限公司
网优无限 QC 小组	中国移动通信集团江苏有限公司宿迁分公司

（续表）

QC 小组名称	单位名称
无忧工匠 QC 小组	中国移动通信集团广西有限公司
和包梦工厂 QC 小组	中国移动通信集团陕西有限公司
"IT 支撑" QC 小组	中国移动通信集团浙江有限公司温州分公司
火之熠 QC 小组	中国移动通信集团陕西有限公司
创新工坊 QC 小组	中国移动通信集团江苏有限公司
无所畏 QC 小组	中国移动通信集团有限公司信息技术中心
鹰眼 QC 小组	中国移动通信集团河南有限公司
无线先锋 QC 小组	中国移动通信集团黑龙江有限公司
"我能" QC 小组	中国移动通信集团广西有限公司南宁分公司
求实 QC 小组	中移（苏州）软件技术有限公司
阳光地带 001QC 小组	中国移动通信集团设计院有限公司
泉承载 QC 小组	中国移动通信集团福建有限公司泉州分公司
畅通无限 QC 小组	中国移动通信集团上海有限公司
探索 QC 小组	中国移动通信集团安徽有限公司网管中心
"宙斯盾" QC 小组	中国移动通信集团湖北有限公司
"匠心创造" QC 小组	中国移动通信集团有限公司信息技术中心
取长补 "短" QC 小组	中国移动通信集团有限公司网络部
推陈致新 QC 小组	中国移动通信集团上海有限公司
Let's VoLTE QC 小组	中国移动通信集团河南有限公司
支撑最前线 QC 小组	中国移动通信集团河南有限公司
飞悦无限 QC 小组	中国移动通信集团吉林有限公司
阿尔法信 QC 小组	中国移动通信集团广东有限公司广州分公司
"川流不息" QC 小组	中国移动通信集团四川有限公司网络优化中心
德寅社 QC 小组	中国移动通信集团江苏有限公司扬州分公司
"服务尖兵" QC 小组	中国移动通信集团重庆有限公司
大数据识别 QC 小组	中国移动通信集团有限公司信息安全管理与运行中心
前进 QC 小组	中国移动通信集团甘肃有限公司兰州分公司
威武 4 哥 QC 小组	中国移动通信集团黑龙江有限公司
"信安守护者" QC 小组	中国移动通信集团海南有限公司
惟妙惟肖 QC 小组	中移在线服务有限公司广西分公司
石榴籽 QC 小组	中国移动通信集团新疆有限公司网络管理中心
星火 QC 小组	中国移动通信集团有限公司信息技术中心
IT 运维 QC 小组	中国移动通信集团辽宁有限公司信息技术中心
知行合一 QC 小组	中国移动通信集团上海有限公司
启明星 QC 小组	中国移动通信集团辽宁有限公司政企客户响应中心
洞悉 QC 小组	中国移动通信集团山西有限公司信息技术部

（续表）

QC 小组名称	单位名称
物与伦比 QC 小组	中国移动通信集团有限公司网络部
先锋 QC 小组	中国移动通信集团上海有限公司
渝战渝勇 QC 小组	中国移动通信集团重庆有限公司
"网络卫士" QC 小组	中国移动通信集团福建有限公司福州分公司
"招财猫" QC 小组	中国移动通信集团河北有限公司邯郸分公司
好好学习 QC 小组	中国移动通信集团新疆有限公司
VoLTE 攻坚 QC 小组	中国移动通信集团湖南有限公司
变形金刚 QC 小组	中国移动通信集团河南有限公司
网优猫头鹰 QC 小组	中国移动通信集团北京有限公司
龙江智汇 QC 小组	中国移动通信集团黑龙江有限公司
"鲁班 1 号" QC 小组	中国移动通信集团山东有限公司
超越 4 号 QC 小组	中国移动国际有限公司
紫荆花 QC 小组	中国移动通信集团海南有限公司
安全保障 QC 小组	中国移动通信集团西藏有限公司
梦想之舰 QC 小组	中国移动通信集团北京有限公司
变色龙 QC 小组	中国移动通信集团终端有限公司浙江分公司
"腾云驾物" QC 小组	中国移动通信集团湖南有限公司
产品达人 QC 小组	中国移动通信集团山西有限公司市场经营部
欣星向荣 QC 小组	中国移动通信集团上海有限公司
远征军 QC 小组	中国移动通信集团陕西有限公司
专项攻坚 QC 小组	中国移动通信集团云南有限公司网优中心
"和聚精英" QC 小组	中国移动通信集团四川有限公司内江分公司
"杀虫剂" QC 小组	中国移动通信集团贵州有限公司
双子星 QC 小组	中国移动通信集团山西有限公司太原分公司
磐石安全 QC 小组	中国移动通信集团重庆有限公司
飞翔 QC 小组	中国移动通信集团广西有限公司崇左分公司
心网 QC 小组	中国移动通信集团福建有限公司厦门分公司
探路者 QC 小组	中国移动通信集团湖北有限公司
口碑卫士 QC 小组	中国移动通信集团陕西有限公司
英雄无敌 QC 小组	中国移动通信集团设计院有限公司
水凝 QC 小组	中国移动通信集团山西有限公司榆次营业部
齐心合力 QC 小组	中国移动通信集团广西有限公司柳州分公司
"金刚啄木鸟" QC 小组	中国移动通信集团重庆有限公司
问题消消乐 QC 小组	中国移动通信集团辽宁有限公司互联网运营中心
集客先锋 QC 小组	中国移动通信集团吉林有限公司业务支撑中心
业务支撑无止境 QC 小组	中国移动通信集团甘肃有限公司

（续表）

QC 小组名称	单位名称
IT 尖峰 QC 小组	中国移动通信集团辽宁有限公司网络管理中心
胜翼 QC 小组	中国移动通信集团天津有限公司
天天向上 QC 小组	中国移动通信集团新疆有限公司
"I"拓者 QC 小组	中国移动通信集团山东有限公司
数据先锋 QC 小组	中国移动通信集团青海有限公司
网优清道夫 QC 小组	中国移动通信集团天津有限公司
"健壮传输" QC 小组	中国联合网络通信集团有限公司天津市分公司
"七零八零" QC 小组	中国联合网络通信集团有限公司济南市分公司
功夫熊猫 QC 小组	中国联合网络通信集团有限公司北京市分公司
火焰 QC 小组	中国联合网络通信集团有限公司威海市分公司
匠心筑梦 QC 小组	中国联合网络通信集团有限公司天津市分公司
无人车 QC 小组	中国联合网络通信集团有限公司北京市分公司
国际漫游 QC 小组	中国联合网络通信集团有限公司北京市分公司
网运先锋 QC 小组	联通系统集成有限公司
无限优化小组	中国联合网络通信集团有限公司天津市分公司
"牛人部落" QC 小组	中国联合网络通信集团有限公司山东省分公司
"黑蚂蚁" QC 小组	中国联合网络通信集团有限公司嘉兴市分公司
草原增智 QC 小组	中国联合网络通信集团有限公司内蒙古区分公司
信息创新 QC 小组	联通系统集成有限公司
畅通 QC 小组	中国联合网络通信集团有限公司天津市分公司
扬帆起航 QC 小组	中国联合网络通信集团有限公司济南市分公司
宽带沃 QC 小组	中国联合网络通信集团有限公司武汉市分公司
服务支撑 QC 小组	中国联合网络通信集团有限公司内蒙古区分公司
"千里眼" QC 小组	中国联合网络通信集团有限公司湖州市分公司
精益求精 QC 小组	中国联合网络通信集团有限公司北京市分公司
智能机器人 QC 小组	中国联合网络通信集团有限公司北京市分公司
无线沃感知 QC 小组	中国联合网络通信集团有限公司新疆区分公司
迎风飘扬 QC 小组	中国联合网络通信集团有限公司郑州市分公司
提升用户感知 QC 小组	中国联合网络通信集团有限公司玉林市分公司
大客户网络保障 QC 小组	中国联合网络通信集团有限公司内蒙古区分公司
网络创优 QC 小组	中国联合网络通信集团有限公司深圳市分公司
星火燎原 QC 小组	中国联合网络通信集团有限公司舟山市分公司
网络创优 QC 小组	中国联合网络通信集团有限公司深圳市分公司
旋风小子 QC 小组	中国联合网络通信集团有限公司重庆市分公司
沃维 IT QC 小组	中国联合网络通信集团有限公司重庆市分公司
"沃·优网络" QC 小组	中国联合网络通信集团有限公司河南省分公司

（续表）

QC 小组名称	单位名称
诗嫣 QC 小组	中国联合网络通信集团有限公司武汉市分公司
网事无忧 QC 小组	中国联合网络通信集团有限公司内蒙古区分公司
完美风暴 QC 小组	中国联合网络通信集团有限公司舟山市分公司
腾云驾物 QC 小组	中国联合网络通信集团有限公司天津市分公司
"可乐" QC 小组	联通在线信息科技有限公司
网络创优 QC 小组	中国联合网络通信集团有限公司深圳市分公司
沃维先锋 QC 小组	中国联合网络通信集团有限公司重庆市分公司
安全卫士 QC 小组	中国联合网络通信集团有限公司邯郸市分公司
超越 QC 小组	中国联合网络通信集团有限公司河北省分公司
承诺是金 QC 小组	中国联合网络通信集团有限公司湖北省分公司
蜂巢 QC 小组	中国联合网络通信集团有限公司重庆市分公司
服务沃满意 QC 小组	中国联合网络通信集团有限公司崇左市分公司
千里马 QC 小组	中国联合网络通信集团有限公司郑州市分公司
太原网优卓越 QC 小组	中国联合网络通信集团有限公司太原市分公司
知行合一 QC 小组	中国联合网络通信集团有限公司衡水市分公司
流量经营 QC 小组	中国联合网络通信集团有限公司玉林市分公司
数据互联网 QC 小组	中国联合网络通信集团有限公司邢台市分公司
神兵小将 QC 小组	中国联合网络通信集团有限公司石家庄市分公司
超前 QC 小组	中国联合网络通信集团有限公司杭州市分公司
绿水联盟创新 QC 小组	中国联合网络通信集团有限公司内蒙古区分公司
网络先行 QC 小组	中国联合网络通信集团有限公司佛山市分公司
太原网优卓越 QC 小组	中国联合网络通信集团有限公司太原市分公司
鸿雁 QC 小组	中国联合网络通信集团有限公司郑州市分公司
沃网优天下 QC 小组	中国联合网络通信集团有限公司江西省分公司
口碑匠人 QC 小组	中国联合网络通信集团有限公司重庆市分公司
"闪电" QC 小组	中国联合网络通信集团有限公司福建省分公司
快无止境 QC 小组	中国联合网络通信集团有限公司山西省分公司
"光明之城" QC 小组	中国联合网络通信集团有限公司福建省分公司
探索者 QC 小组	中国联合网络通信集团有限公司广西区分公司
快乐修障 QC 小组	中国联合网络通信集团有限公司威海市分公司
沃开心 QC 小组	中国联合网络通信集团有限公司广州市分公司
沃的 IT 沃的团 QC 小组	中国联合网络通信集团有限公司湖北省分公司
星月晨曦 QC 小组	中国联合网络通信集团有限公司新疆区分公司
"数据业务感知提升" QC 小组	中国联合网络通信集团有限公司福建省分公司
量子传输 QC 小组	中国联合网络通信集团有限公司湖北省分公司
飞虎 QC 小组	中国联合网络通信集团有限公司山西省分公司

（续表）

QC 小组名称	单位名称
"闪电" QC 小组	中国联合网络通信集团有限公司福建省分公司
冰镇可乐 QC 小组	中国联合网络通信集团有限公司阜阳市分公司
火焰 QC 小组	中国联合网络通信集团有限公司伊犁州分公司
净网行动 QC 小组	中国联合网络通信集团有限公司郑州市分公司
奥卡姆剃刀 QC 小组	中国联合网络通信集团有限公司黑龙江省分公司
宽带守护有沃 QC 小组	中国联合网络通信集团有限公司亳州市分公司
数据掘金 QC 小组	中国联合网络通信集团有限公司广西省分公司
西安联通运维部深度优化 QC 小组	中国联合网络通信集团有限公司西安市分公司
服务体验先行 QC 小组	中国联合网络通信集团有限公司上海市分公司
沃精彩 QC 小组	中国联合网络通信集团有限公司黑龙江省分公司
复兴号 QC 小组	中国联合网络通信集团有限公司山西省分公司
重要场景优化 QC 小组	中国联合网络通信集团有限公司辽宁省分公司
睿智图灵 QC 小组	中国联合网络通信集团有限公司新疆自治区分公司
黑龙江创新先锋 QC 小组	中国联合网络通信集团有限公司黑龙江省公司
邮件处理中心分拣 QC 小组	中国邮政集团公司池州市分公司
11185 客服中心话务 QC 小组	中国邮政集团公司杭州市分公司
包分机效率攻关 QC 小组	中国邮政集团公司南宁邮区中心局
金融系统运维 QC 小组	中国邮政集团公司陕西省信息技术局
我的中国梦之队 QC 小组	西安西古光通信有限公司
"奋进" QC 小组	西安西古光通信有限公司
节节高 QC 小组	江东科技有限公司
堂室花明 QC 小组	中天科技光纤有限公司

2019 年通信行业 QC 小组活动一等成果名单

研究物联网基站智能化开通新方法	中国联合网络通信集团有限公司天津市分公司
提高物联网井盖心跳上报成功率	中国联合网络通信集团有限公司北京市分公司
研制基于大数据的终端违约管控平台	中国移动通信集团浙江有限公司
研究无人驾驶汽车远程通信系统建设的新方法	中国联合网络通信集团有限公司北京市分公司
缩短 FTTB 光改业务开通历时	中国联合网络通信集团有限公司威海市分公司
研究获取王卡用户服务信息的新方法	中国联合网络通信集团有限公司济南市分公司
提高乌鲁木齐地区工单处理及时率	中国电信股份有限公司新疆长途传输局
研究通信管孔智能管控新方法	中国联合网络通信集团有限公司天津市分公司
提升在线客服 AI 推荐答案采纳率	中国电信股份有限公司广东分公司
研究应急自动化的新方法	中国移动通信集团北京有限公司
缩短家客业务开通工单流转时长	中国移动通信集团天津有限公司
探索光宽智能提速的新方法	中国电信股份有限公司杭州分公司
提高国际资源管理系统调单流转及时率	联通系统集成有限公司
提升凭证处理自动化率	中国电信股份有限公司上海分公司
基于人工智能的移动视频定界方法研究	中国移动通信集团福建有限公司厦门分公司
降低 5G 网络 VR 视频业务回传时延	中国联合网络通信集团有限公司北京市分公司
研究一键式网络质量诊断的新方法	中国移动通信集团广东有限公司湛江分公司
研究基于 NSA 组网实现无人船精准打捞新方法	中国移动通信集团浙江有限公司湖州分公司
研究异常入网号码识别的新方法	中国移动通信集团广东有限公司中山分公司
提升业务稽核系统派单准确率	中国电信股份有限公司北京分公司
降低异常外呼率	中国电信股份有限公司上海分公司
研究基于 10GPON 智慧交警视频质差帧控制的新方法	中国移动通信集团浙江有限公司绍兴分公司
研究全物联网端到端故障自动定界的新方法	中国移动通信集团福建有限公司福州分公司
降低物联网超时投诉单占比	中国电信股份有限公司浙江分公司
研究全用户网络质量智能评估的新方法	中国联合网络通信集团有限公司天津市分公司
研究云化网络"快、准、全、弹"告警关联的新方案	中国移动通信集团江苏有限公司
研究分公司收入账户管理的新方法	中国移动通信集团山西有限公司财务部
研究面向 VoLTE 信令风暴评防管控的新方法	中国移动通信集团陕西有限公司
研究分析热门网游业务感知提升的新方法	中国移动通信集团江苏有限公司宿迁分公司
降低干线波分系统月均业务不可用时长	中国电信股份有限公司新疆长途传输局
缩短天翼云云迁移平均时长	中国电信股份有限公司广东分公司

（续表）

研究互联网化"无忧"中台建设新方法	中国联合网络通信集团有限公司山东省分公司
提升流量限速成功率	中国移动通信集团山东有限公司
研究基于集中化的网间结算业务支撑新方法	中国移动通信集团有限公司信息技术中心
缩短办公终端平均交付时长	联通系统集成有限公司
提升杭宁高铁湖州段 4G 网络里程覆盖率	中国电信股份有限公司湖州分公司
提高电信客服语音 AI 质检成功率	中国电信股份有限公司厦门分公司
提升存量客户外呼营销成功率	中国移动通信集团天津有限公司
研究网状网交易传输的控制体系	中国移动通信集团有限公司信息技术中心
研究家宽覆盖移动号码识别新方法	中国移动通信集团广东有限公司
研究 LTE 网络容量预测的新方法	中国移动通信集团天津有限公司
研究基于 AI 快速载波调度的新方法	中国移动通信集团江苏有限公司宿迁分公司
提高空间资源信息准确率	中国电信股份有限公司广东分公司
降低 FTTH 宽带光猫 ONU 互通失败占比	中国联合网络通信集团有限公司武汉市分公司
研究 VoLTE 质差小区识别的新方法	中国移动通信集团湖北有限公司
提高人脸识别成功率	上海理想信息产业（集团）有限公司
提升"小牧童"奶牛发情报告准确率	中国电信股份有限公司安徽分公司无线中心
降低移动网用户流量 BO 稽核比率	中国联合网络通信集团有限公司内蒙古区分公司
研究精准识别电信诈骗的新方法	中国移动通信集团山东有限公司
研究 VoLTE 用户智慧化迁转新方法	中国移动通信集团陕西有限公司

2019 年通信行业质量管理小组先进单位名单

中国电信股份有限公司上海分公司
中国电信股份有限公司广东分公司 10000 号运营中心
中国电信股份有限公司安徽分公司
中国电信股份有限公司北京分公司
中国电信股份有限公司广西分公司
中国电信股份有限公司江苏分公司操作维护中心
中国电信股份有限公司江西分公司
中国电信股份有限公司新疆分公司
中国电信股份有限公司宁夏分公司网络监控维护中心
中国电信股份有限公司泉州分公司
中国移动通信集团北京有限公司
中国移动通信集团天津有限公司
中国移动通信集团山西有限公司
中国移动通信集团江苏有限公司
中国移动通信集团浙江有限公司
中国移动通信集团福建有限公司
中国移动通信集团山东有限公司
中国移动通信集团广东有限公司
中国移动通信集团陕西有限公司
中国移动通信集团有限公司信息技术中心
中国联合网络通信有限公司天津市分公司网络管理中心
中国联合网络通信有限公司威海市分公司
中国联合网络通信有限公司北京市分公司网络交付运营中心
联通系统集成有限公司
中国联合网络通信有限公司舟山市分公司
中国联合网络通信有限公司内蒙古自治区分公司网络管理中心
中国联合网络通信有限公司武汉市分公司
中国联合网络通信有限公司新疆维吾尔自治区分公司客户服务呼叫中心
中国联合网络通信有限公司郑州市分公司
中国联合网络通信有限公司玉林市分公司

2019 年通信行业质量管理小组活动优秀推进者名单

杨书珍	中国电信股份有限公司青海分公司
马 瑞	中国电信股份有限公司河北分公司
刘 璐	中国电信股份有限公司河南分公司
李怡臻	中国电信股份有限公司山西分公司
张红华	中国电信股份有限公司云南分公司
谢 红	中国电信股份有限公司贵州分公司
张 欢	中国电信股份有限公司海南分公司
赵 跃	中国电信股份有限公司辽宁分公司
蒋燕勇	中国电信股份有限公司浙江分公司
张 振	中国电信集团有限公司企业信息化事业部
于 健	中国移动通信集团北京有限公司
刘燕丽	中国移动通信集团天津有限公司
吴 琼	中国移动通信集团山西有限公司
张 虹	中国移动通信集团江苏有限公司
严子洋	中国移动通信集团浙江有限公司
袁 玲	中国移动通信集团湖北有限公司
刘玲玲	中国移动通信集团广东有限公司
顿玉成	中国移动通信集团陕西有限公司
崔久灵	中国移动通信集团设计院有限公司
夏敬侃	中国移动通信集团有限公司信息技术中心
曹砚利	中国联合网络通信有限公司天津市分公司
魏玉兵	中国联合网络通信有限公司山东省分公司
陈婧俐	中国联合网络通信有限公司北京市分公司
王 涛	联通系统集成有限公司
俞华峰	中国联合网络通信有限公司浙江省分公司
皇瑞华	中国联合网络通信有限公司内蒙古区分公司
孙 巍	中国联合网络通信有限公司湖北省分公司
陈继秋	中国联合网络通信有限公司新疆区分公司
童叶琳	中国联合网络通信有限公司河南省分公司
杨 军	中国联合网络通信有限公司广西区分公司

2019 年通信行业质量信得过班组

中国电信股份有限公司广东分公司	梦之队班组
中国电信股份有限公司杭州分公司	客户服务部投诉处理中心
中国电信股份有限公司福建厦门分公司	运营支撑中心服务调度部
中国电信股份有限公司新疆阿克苏分公司	大十字营业厅
中国电信股份有限公司江苏南京分公司	投诉处理中心疑难处理班
中国电信股份有限公司广西分公司	多媒体客服班
中国电信股份有限公司吉林分公司	客户服务中心曹宇班
中国电信股份有限公司北京分公司	客服部订单办理组
中国电信股份有限公司新疆乌鲁木齐分公司	客户服务部投诉处理中心
中国电信股份有限公司陕西分公司	客户服务中心业务支撑班
中国电信股份有限公司陕西分公司	运营维护室
中国申信股份有限公司广东惠州分公司	客户服务中心服务管理室
中国电信股份有限公司海南分公司	智慧客服运营支撑班
中国电信股份有限公司宁夏分公司	10000 号客户服务中心客服专家支撑班
中国电信股份有限公司山东淄博分公司	客户投诉处理班组
中国电信上海网络操作维护中心	全球客户服务热线
中国电信股份有限公司新疆分公司	客服中心新翼班
中国电信股份有限公司安徽宿州分公司	沁韵班
中国电信股份有限公司山东烟台分公司	客户服务班
中国电信股份有限公司黑龙江分公司	服务质量管控班
中国电信股份有限公司天津分公司	越级申诉处理"朝阳"团队
中国电信股份有限公司河南洛阳分公司	客户服务部客户服务班
中国电信股份有限公司甘肃分公司	客户服务中心话务及投诉处理部贾晓飞班
中国电信股份有限公司上海南区电信局	漕溪北路营业厅
中国电信股份有限公司福州分公司	福州 10000 号业务支撑组（"探索者"班）

（续表）

中国电信股份有限公司广西分公司	智能客服机器人班组
中国电信股份有限公司安徽马鞍山分公司	客户服务部投诉处理班
中国电信股份有限公司宁夏中卫分公司	中宁营业厅
中国电信股份有限公司天津宁河分公司	宁河光明路营业厅
中国电信股份有限公司江苏常州分公司	互联网运营班
中国电信股份有限公司上海崇明电信局	市场服务处投诉组
中国电信股份有限山东青岛分公司	客户服务部客户投诉处理班组
中国电信股份有限公司甘肃定西分公司	定西市营业厅
中国电信股份有限公司陕西西安分公司	新城营维中心客户质检班
中国电信股份有限公司浙江公司温州分公司	投诉处理中心生产班组
中国电信股份有限公司江西新余分公司	核心网络技术支撑班
中国电信股份有限公司增值业务运营中心	新媒体客服运营班组
中国电信股份有限公司甘肃嘉峪关分公司	接入维护中心装维班组
中国移动通信集团安徽有限公司	网管中心监控班
中国移动通信集团陕西有限公司安康分公司	满意度提升班组
中国移动通信集团浙江有限公司	信息技术部厅厅通高维特攻队班组
中国移动通信集团山西有限公司太原分公司	五一广场营业厅星火班组
中国移动通信集团河北有限公司邯郸分公司	移动客户服务组
中国移动通信集团江西有限公司抚州分公司	家客支撑班
中国移动通信集团四川有限公司内江分公司	综合调度支撑组
中国移动通信集团广东有限公司	存量运营中心客户运营室
中国移动通信集团福建有限公司龙岩分公司	网络部全业务支撑中心
中国移动通信集团云南有限公司曲靖分公司	网络部传输组
中国移动通信集团陕西有限公司	全业务支撑中心宽带装维班
中国移动通信集团陕西有限公司渭南分公司	市场部品质管理中心投诉班
中国移动通信集团安徽有限公司	敏捷支撑班
中国移动通信集团福建有限公司厦门分公司	客户服务部客响运营室
中国移动通信集团广东有限公司揭阳分公司	市场部服务管理班
中国移动通信集团福建有限公司漳州分公司	客户服务部服务品质管理室
中国移动通信集团浙江有限公司台州分公司	投诉处理班

（续表）

中国移动通信集团江苏有限公司南通分公司	投诉处理监控中心
中国移动通信集团安徽有限公司滁州分公司	客户服务室
中国移动通信集团山西有限公司晋城分公司	梅园营业厅满意之家班组
中国移动通信集团甘肃有限公司武威民勤县分公司	南大街营业厅
中国移动通信集团四川有限公司雅安分公司	品质管理室
中国移动通信集团辽宁有限公司	ICT 业务支撑班
中国移动通信集团山西有限公司朔州分公司	服务支撑组
中国移动通信集团山东有限公司潍坊分公司	青云桥营业厅
中国移动通信集团湖南有限公司常德分公司	龙阳大道营业厅
中国移动通信集团四川有限公司德阳分公司	广汉营业分局
中国移动通信集团北京有限公司房山分公司	房山营业厅
中移铁通有限公司清远分公司	高铁综合维护铁军班
中国移动通信集团上海有限公司金山分公司	金山石化营业厅
中国移动通信集团湖南有限公司益阳分公司	客户服务中心投诉处理班
中国移动通信集团辽宁有限公司朝阳分公司	投诉处理班
中国移动通信集团山东有限公司临沂分公司	临沂天桥路营业厅
中国移动通信集团浙江有限公司舟山分公司	定海人民南路营业厅服务文化班
中国移动通信集团青海有限公司西宁分公司	臻心班组
中国移动通信集团山东有限公司德州分公司	投诉处理班
中国移动通信集团北京有限公司通州分公司	通州通胡大街营业厅
中国移动通信集团北京有限公司城区二分公司	金融街营业厅
中移铁通有限公司滨州分公司	滨城支撑服务中心
中移在线服务有限公司广东分公司	江门质量管理室
中移铁通有限公司济宁分公司	龙行路营业厅
中国联合网络通信有限公司河北省衡水市分公司	项目支撑班
中国联合网络通信有限公司浙江省分公司	集中交付线上服务"王牌"班组
中国联合网络通信有限公司北京市分公司	基站维护支撑班
中国联合网络通信有限公司广东省广州市分公司	技术部自主优化团队班
中国联合网络通信有限公司北京市分公司	中台运营中心班
中国联合网络通信有限公司河南省郑州市分公司	综合集客支撑班

（续表）

联通系统集成有限公司	电子商务服务响应班
中国联合网络通信有限公司内蒙古自治区分公司	网络管理中心业务平台班
中国联合网络通信有限公司广西壮族自治区玉林市分公司	网络优化中心班
联通系统集成有限公司	业务平台运营班
中国联合网络通信有限公司北京市分公司	互联网中心班
中国联合网络通信有限公司河北省衡水市分公司	网维与优化中心传输班
中国联合网络通信有限公司河南省分公司	综合监控班
中国联合网络通信有限公司山西省太原市分公司	网络优化中心卓越班
中国联合网络通信有限公司河北省邢台市分公司	移网价值经营班
中国联合网络通信有限公司广东省分公司	网络运营部数据网班
中国联合网络通信有限公司山东省济南市分公司	客户服务部服务创新班
中国联合网络通信有限公司福建省分公司	客户服务部 10010 客服中心质检中心团队
中国联合网络通信有限公司浙江省台州市分公司	高价值客户运营室
中国联合网络通信有限公司重庆市分公司	重庆联通现场优化室
中国联合网络通信有限公司内蒙古自治区分公司	内蒙古联通网络优化中心集中优化班
中国联合网络通信有限公司河南省新乡市分公司	集客支撑班
中国联合网络通信有限公司福建省分公司	客户服务部 10010 客服中心生产中心团队
中国联合网络通信有限公司山东省济南市分公司	智能网络维护中心数据组
中国联合网络通信有限公司新疆分公司	客户服务中心投诉班
中国联合网络通信有限公司浙江省舟山市分公司	网络优化班
中国联合网络通信有限公司吉林省分公司	移动信令网优化班
中国联合网络通信有限公司天津市分公司	智能客服班
中国联合网络通信集团公司重庆市分公司	网络运营班
中国联合网络通信有限公司山东省分公司	客服中心济宁话务班
中国联合网络通信有限公司重庆市分公司	网络运维技术创新班
中国联合网络通信有限公司福建省分公司	客户服务部 10010 客服中心省级投诉处理团
中国联合网络通信有限公司山西省分公司	客服呼叫单元投诉管理室
中国联合网络通信有限公司山西省分公司	移动网络 NPS 提升班
中国联合网络通信有限公司广西壮族自治区玉林市分公司	日常规划中心班
中国联合网络通信有限公司吉林省分公司	技术管理质量分析班

（续表）

中国联合网络通信有限公司辽宁省沈阳市分公司	信息化支撑中心数据支撑组
中国联合网络通信有限公司江苏省分公司	网络优化中心高铁网络优化班
中国联合网络通信有限公司广西壮族自治区分公司	客户联络运营班组
中国联合网络通信有限公司广东省分公司	客户服务部智能运营支撑班
中国联合网络通信有限公司湖南省长沙市分公司	客户投诉质监组
中国联合网络通信有限公司天津市红桥分公司	前端响应中心班
联通在线信息科技有限公司	联通在线沃小助班
中国联合网络通信有限公司内蒙古自治区分公司	传送网维护班
中国联合网络通信有限公司新疆维吾尔自治区喀什地区分公司	客户服务投诉处理中心
中国联合网络通信有限公司江苏省无锡市分公司	网优中心
中国联合网络通信有限公司辽宁省沈阳市分公司	传输网络管理班
中国铁塔股份有限公司洛阳市分公司	市场部一体业务班
中国铁塔股份有限公司眉山市分公司	市场部
中国铁塔股份有限公司临汾市分公司	市场部

2019 年通信行业优秀班组长名单

陈　著	中国电信股份有限公司重庆分公司越级申诉处理及责任认定班组
黄　青	中国电信股份有限公司广西分公司疑难处理班组
郭　旗	中国电信股份有限公司北京分公司服务支撑班组
臧　艳	中国电信股份有限公司浙江分公司杭州分中心业务支撑组
白晓燕	中国电信股份有限公司甘肃分公司客户服务部投诉处理中心投诉处理一班
卢　曦	中国电信股份有限公司福建分公司南平 10000 号话务组
王生华	中国电信股份有限公司广西分公司工单综合处理班
王雅馨	中国电信股份有限公司广西分公司工单处理班
徐俊宇	中国电信股份有限公司广东分公司政企支撑指挥中心 / 政企客户支撑中心班组
段付革	中国电信股份有限公司河南分公司客户服务班组
袁会东	中国移动通信集团安徽有限公司政企客户部重要客户二室
刘　希	中国移动通信集团北京有限公司房山分公司房山燕山营业厅
赵永航	中国移动通信集团福建有限公司福州分公司客户服务部客响运营室
王　莹	中国移动通信集团湖南有限公司长沙分公司客户服务中心投诉处理班
韩　萍	中国移动通信集团山东有限公司威海分公司客户服务部投诉处理班组
张　静	中国移动通信集团山西有限公司晋中分公司榆次营业部东顺营业厅水凝班组
张小荣	中国移动通信集团陕西有限公司延安分公司客服中心满意度班组
陈轶群	中国移动通信集团上海有限公司浦东分公司服务投诉组
方兴党	中国移动通信集团云南有限公司曲靖分公司网络部传输组
陈　春	中国移动通信集团浙江有限公司绍兴分公司投诉处理班组
郁　红	中国联合网络通信有限公司山西省分公司 10010 信息采编班
邵　燕	中国联合网络通信有限公司浙江省分公司互联网创新服务班
王晓刚	中国联合网络通信有限公司山西省分公司移动网络 NPS 提升班
封　雪	中国联合网络通信有限公司新疆维吾尔自治区分公司新疆区投诉组
李　新	中国联合网络通信有限公司河南省新乡市分公司质量分析班
成建智	中国联合网络通信有限公司河北省邯郸市分公司视频组

曹丽英	中国联合网络通信有限公司浙江省分公司客服（金华）中心—先锋班
吴世柏	中国联合网络通信有限公司福建省泉州市分公司泉州片区网优中心
高雅倩	中国联合网络通信有限公司河北省衡水市分公司系统集成中心班
刘晓鸣	中国联合网络通信有限公司山东省济南市分公司短信系统维护组

ICT 中国创新成果名单

序号	申报单位	申报项目	主创与参与人员
最佳城市创新规划奖（5 个）			
1	广东省电信规划设计院有限公司	佛山市南海区智慧交通系统总体规划	主创人员：傅鹏 参与人员：陈豪钧、檀童和、刘郁恒、杨龙刚
2	中移全通系统集成有限公司、中国移动通信集团北京有限公司	东城区智慧城市管理信息化建设项目	主创人员： 中移全通系统集成有限公司：彭华 中国移动通信集团北京有限公司：刘南 参与人员： 中移全通系统集成有限公司：李东生、庞咏、唐令涛、李锐、林舒 中国移动通信集团北京有限公司：张亦南、刘兴苗、李智宇、樊谦、赵鹿阳
3	中国移动通信集团设计院有限公司	中国移动智慧城市"五源计划"	主创人员：谭敏、詹义 参与人员：高鹏、李琳、杨鹏、卢云、咸燕、王宇、张新程、井长青、杜雪涛
4	上海邮电设计咨询研究院有限公司	社区综合管网资源管理及信息发布平台	主创人员：唐维道、邱宏迅 参与人员：蔡杰、翁德元、孙玮、肖蓓
5	廊坊经济技术开发区管理委员会、华为技术有限公司	廊坊开发区 IOC	主创人员： 廊坊经济技术开发区管理委员会：薛玉山 华为技术有限公司：牟照忠 参与人员： 廊坊经济技术开发区管理委员会：袁亮、韩玉芳、刘沛、李旭杰、薛靖楠、丁晖 华为技术有限公司：朱磊、肖强、李盛武、邓英尧
最佳城市创新应用奖（10 个）			
6	智联信通科技股份有限公司	智慧城市部分解决方案——智慧社区安居服务	主创人员：田常立、董忠清 参与人员：田艳艳、陈欠欠、王忠贵、孙凤菊、赵彦臣、庄敏、张恒利、陈祥开、卢娜娜、姚庆刚
7	广州云趣信息科技有限公司	智能 AI 应用全场景	主创人员：邓从健、唐庆宁 参与人员：刘杰、刘志波、柯桂斌、曾鑫、郭远平、朱友鸿、张长长、林国杰、边浩澜、许正佳
8	北京讯众通信技术股份有限公司	96010 公众热线智能语音服务系统	主创人员：陈微 参与人员：黎金丽
9	上海邮电设计咨询研究院有限公司	智慧市政综合管理平台	主创人员：李纯甫、徐进 参与人员：王永利、赵广才、单吉祥、顾晋、徐步伟、翁德元、梅琼、余泓亮、顾一弘、浦巳怡
10	上海诺基亚贝尔股份有限公司	海南省大数据公众服务平台	主创人员：辛蕾、赵敏 参与人员：解新民、李赫鹏、朱健、廖伟、徐峰、陈世国

（续表）

序号	申报单位	申报项目	主创与参与人员
11	中国电信集团有限公司	甘肃武威政务服务一体化平台项目	主创人员：李忠、张宝玉 参与人员：王坤、许渭善、王彦龙、张秀娟、张亮亮、刘博、董卫兵、徐发昌、樊丁丁、刘希
12	武汉烽火信息集成技术有限公司	尧化智慧街道项目	主创人员：董喆 参与人员：秦威、林戈、徐磊
13	华为技术有限公司	智慧吴江项目	主创人员：徐国华、王罡 参与人员：尚立新、华威、刘志方、张如旭、李正峰、倪静洁、刘艳波、闵钰、肇崧、顾海华
14	中国电信集团有限公司	5G 智慧工地	主创人员：张青、宋建斌 参与人员：江子强、吴武勋、吴冬冬、钟建辉、叶海青、孙威、霍炼楚、范金盛、张俊、郑红莉
15	开沃新能源汽车集团有限公司	开沃"蓝鲸号"5G无人驾驶汽车	主创人员：董钊志、刘树全 参与人员：李江、张行峰、王春海、刘立军、芦波、宋罡、孙健、党建泉、周岩、顾彦阳
最佳行业解决方案奖（18 个）			
16	京信通信系统（中国）有限公司、中国移动通信有限公司研究院	5G 云小站与智慧室分融合解决方案	主创人员： 京信通信系统（中国）有限公司：方邵湖 中国移动通信有限公司研究院：张欣旺 参与人员： 京信通信系统（中国）有限公司：罗漫江、杨波、樊奇彦、夏聪、文庆怀 中国移动通信有限公司研究院：丁海煜、邓伟、董佳、张凯奕、孙蕾
17	长飞光纤光缆股份有限公司	长飞公司 5G 全联接解决方案	主创人员：周金凯、罗杰 参与人员：周红燕、蔡晶、张雨昕、张磊、卢星星、肖畅、彭萌、张敦峰、朱秀勇、崔涛
18	江苏亨鑫科技有限公司	移动通信室分无线接入系统解决方案	主创人员：史科、刘永坤 参与人员：董文彪、沈洁、黄崇辉、朱凯、卫伟、孙余良、吴学利、刘中华
19	中国移动通信集团云南有限公司	云南移动产品智慧运营解决方案	主创人员：陈磊、林辉 参与人员：罗赋、李艳、李春梅、李双凤、李亚魏、张梓楠、张海寰、姚远、字亚伟、丁天亮
20	广东海悟科技有限公司	海悟 HyperBlock 模块化数据中心解决方案	主创人员：邱永辉 参与人员：赵振东、张喜龙、廖宜利、李敏华、蔡安、李观波、孙贵清、刘曦、曹运周、欧腾升、卢宏
21	中国电信集团系统集成有限责任公司	中国电信智慧机场信息化建设解决方案	主创人员：刘志勇、尹海波 参与人员：王昊、李令昊、杨磊、李燕杰、李天军、吴磊、李海涛、李晨诺、王建利、张继超
22	普天信息技术有限公司	普天智慧健康养老综合解决方案	主创人员：胡炜、吕伯轩 参与人员：许玮、聂雯莹、姚燕玲、王单、张天洋、王丽丽、刘景文、刘文龙、成筱文、代军
23	西安海润通信技术有限公司	网络上网满意度提升解决方案	主创人员：黄成龙、高旭林 参与人员：杨立、吕大洋、何磊、杨方、卢金强、杨虎子、刘亚振、王妮英、李天、杨胜凯

（续表）

序号	申报单位	申报项目	主创与参与人员
24	随锐科技集团股份有限公司	随锐科技云通信解决方案	主创人员：幸文峰 参与人员：邢晓宇、于小波、吴天祥、闫掌乾、苏晓峰、杨娟、田萌
25	新华三技术有限公司	数字城轨解决方案	主创人员：李韦、于丛洋 参与人员：陈阳、翟志东、张宗炜、张岩、王晓丽、何丹、吕飞
26	安徽电信规划设计有限责任公司	智慧河长解决方案	主创人员：何瑞、徐丹丹 参与人员：王立功、廖继勇、王淼、朱和、李孟磊、刘杰、王中友、邓学杰、李小伟、孟军
27	中国移动通信集团广东有限公司、中兴通讯股份有限公司	广东移动 & 中兴通讯 MEC 解决方案	主创人员： 中国移动通信集团广东有限公司：蔡伟文 中兴通讯股份有限公司：王卫斌 参与人员： 中国移动通信集团广东有限公司：罗亚丹、黄继宁、辛冰、梁勇、张奕 中兴通讯股份有限公司：余方红、朱堃、黎云华、赵琼鹰、周官兵
28	北京拓明科技有限公司	智慧城市解决方案	主创人员：姚建材 参与人员：王一帆、林少华、杜建忠、姚素素
29	深圳市特发信息股份有限公司	公路边坡监测综合系统解决方案	主创人员：刘涛、邓伟锋 参与人员：王晓锋、周旭、易子南、徐常志、黄剑锋、陈晓波、卢接桦、李耀均、彭永年、梁有
30	北京旷视科技有限公司	旷视手机影像解决方案	主创人员：旷视手机影像产品组 参与人员：刘鹏、伍思瑾、宋美蓉
31	重庆信科设计有限公司	重庆市涪陵区公共安全视频监控建设联网应用解决方案	主创人员：杨丰瑞、王辉 参与人员：袁泉、何登平、李俭兵、李彬、廖许斌、易冰、杜子兵、古达文、郑伟、杨宇
32	中国卫通集团股份有限公司	中国卫通 Ka 卫星宽带远程教育解决方案	主创人员：毛孝峰、时紫剑 参与人员：韩晓、崔熠、张晓、周珊、赵淑瑶、施悦、赵克、刘阳、王兴元、周焕营
33	柒贰零（北京）健康科技有限公司	720 智能环境感知与宜居智能	主创人员：项立刚、余华 参与人员：司晓磊、孙阳、张科强、赵飞翔、李静、王淦玉、曹岚、肖占云、詹瑞
最佳行业创新应用奖（19 个）				
34	中移全通系统集成有限公司	党建云智慧云平台	主创人员：杨林、张建强 参与人员：金雷、牛昆亮、唐婷、何力、杜志星、毛旭、孙珊珊、苏杭、朱宁、张亚楠
35	亚信科技（成都）有限公司	亚信安全虚拟手机	主创人员：曹磊、许强 参与人员：朱安顺、杨登元、杨恒宇、肖波、曹瑀宏、章丽昕、郁圣楠、刘禹
36	中睿通信规划设计有限公司	无人机	主创人员：区奕宁、陈志成 参与人员：高钰明、刘子谦、王大海、李文锋、陈治邦
37	中兴通讯股份有限公司	中兴通讯 5G+ 配电网 PMU 应用	主创人员：陈永波、方陈 参与人员：欧阳新志、陈功勇、徐云霞、鲍亚军、宫成胜、唐小岚、刘舒、杜艳艳、丁睿

（续表）

序号	申报单位	申报项目	主创与参与人员
38	中国联合网络通信集团有限公司、华为技术有限公司	中国联通 & 华为 SD-OTN 政企精品网	主创人员： 中国联合网络通信集团有限公司：吕洪涛 华为技术有限公司：周家乐 参与人员： 中国联合网络通信集团有限公司：赵丽霜、黄为民、张贺、邓宇章 华为技术有限公司：卢毅权、宋越刚、刘巍崴、梁海昱、张雪松、辜春来
39	中国信息通信科技集团有限公司	智慧室分在 5G 网络中的应用	主创人员：周志军、李家和 参与人员：徐蒂、王利、王建新、李铁钧、杨浩、倪慧娟、李文、刘明、林卫、吴国铖
40	上海旦迪通信技术有限公司	LTCC 北斗芯片天线	主创人员：李俊 参与人员：姚凤薇、刘平
41	中国银行股份有限公司华为技术有限公司	中国银行云网一体	主创人员： 中国银行股份有限公司：钟腾飞、张乐 参与人员： 中国银行股份有限公司：奚舸、陈晨、贾宁、刘杨、李小平、毕澜馨 华为技术有限公司：郭婷、王泽正、张飞宇、田原
42	江苏亨通光电股份有限公司	5G 高速大容量无线通信系统	主创与参与人员：亨通研发团队
43	深圳曼顿科技有限公司	曼顿智慧空开	—
44	易视腾科技股份有限公司	便携 AI 电视	主创人员：吴三伟、赵世举 参与人员：张步泰、彭宗山、樊晓丹、刘俊、彭勃、张义磊、赵帅帅、毛敏、张杨、黄家和
45	中通服建设有限公司	南海区里水镇升级有线数字高清治安视频监控项目	主创人员：秦浩辉、郑昌龙 参与人员：胡勇、张志强、钟耀均、廖伟华、刘胜前、林伟涛、王晓林、李惠东、李军、景大晨
46	珠海众通乐行网络科技有限公司	在高速移动环境下的 Wi-Fi 组网应用	主创人员：陈龙、李伟干 参与人员：马君、胡俊普、刘灿银、徐必伟、阮桂池、何杏波、王海、许先盛、许楚珠、沈佳俊
47	中国联合网络通信有限公司青海省分公司	青海省数字化工地服务管理信息系统	主创人员：杨正伟、王俏也 参与人员：任志辉、胥浪、王古月、范增志、孔艳、袁雅琪、祁旭民、沈海星、梁婷、鲍鲜花
48	江苏保旺达软件技术有限公司	中国铁塔统一认证授权管理平台	主创人员：朱国良、杨兆刚 参与人员：李姗姗、张佳佳、韩云峰、孙蒙蒙、田志国
49	中讯邮电咨询设计院有限公司	中国联通产业互联网（CUII)SDN 实践与应用	主创人员：马季春、张桂玉 参与人员：朱常波、吕振通、易昕昕、高星、赵丽红、白露盈、任枫华、宋骏、吴亚彬、贾裕
50	中国联合网络通信有限公司网络技术研究院	中国联通大数据创新产品及应用	主创人员：张涌、程新洲 参与人员：晁昆、徐乐西、韩玉辉、关键、高洁、成晨、张恒、曹晓冬、宋春涛、张涛
51	中兴通讯股份有限公司	中兴 5G 模块	主创人员：刘勇、肖小珊 参与人员：周洋、朱鹄、李源、徐捷、郭志雷、张迪、王超、马伟伟

（续表）

序号	申报单位	申报项目	主创与参与人员
52	天聚地合（苏州）数据股份有限公司	聚合云数据平台	主创人员：韩剑锋 参与人员：高奇、曹一非、许绪满、张良晖、李阳、蔡劼、桑晓龙、张快、陆先柱、叶帆、徐继伟
优秀组织奖（2 个）			
序号	单位名称		
53	中邮国际展览广告有限公司		
54	中国国际广告有限公司		

注：上述单位及项目排名不分先后。

（中国通信企业协会）

附录 C 数据类

2019 年全年基础电信业发展情况

2019 年，我国基础通信业深入贯彻落实党中央、国务院决策部署，坚持新发展理念，积极践行网络强国战略，5G 建设有序推进，新型信息基础设施能力不断提升，有力支撑社会的数字化转型。

一、行业保持平稳运行

（一）电信业务收入企稳回升，电信业务总量较快增长

2019 年电信业务收入累计完成 1.31 万亿元，比 2018 年增长 0.7%，增速同比回落 2.2 个百分点。按照 2015 年价格计算的电信业务总量为 10.7 万亿元，比 2018 年增长 62.7%。实现增加值（现价）7120 亿元，比 2018 年增长 4.3%，如图 1 所示。

（二）固定通信业务保持较快增长，占比持续提高

2019 年，固定通信业务的收入为 4152 亿元，比 2018 年增长 9.3%，在电信业务收入中占比达 31.7%，占比较 2018 年提高 2.5 个百分点；移动通信业务的收入为 8944 亿元，比 2018 年下降 2.9%，在电信业务收入中占比降至 68.3%，如图 2 所示。

在用户规模增长放缓、互联网应用替代等多种因素的影响下，数据和流量业务、IPTV（网络电视）等非话音业务收入占比持续提高，通信业转型成效显著。2019 年，话音业务的收入为 1613 亿元，比 2018 年下降 16.4%，在电信业务收入中的占比降至 12.3%，如图 3 所示。

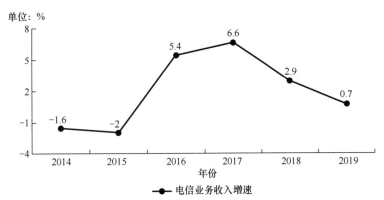

图 1　2014—2019 年电信业务收入增长情况

图 2　2014—2019 年移动通信业务和固定通信业务收入的占比情况

（三）数据和互联网业务较快增长，新兴业务成新动力

密切配合地方政府，加快推动智慧城市等重大工程和项目的建设，积极提供 5G、物联网、大数据、云计算、人工智能等新兴业务，为政府注智、为行业赋能，固定增值及其他业务逐渐成为行业发展新动力。2019 年，固定数据及互联网业务的收入为 2176 亿元，比 2018 年增长 4.9%，在电信业务收入中占比由 2018 年的 15.9% 提升到 16.6%，拉动电信业务收入增长 0.8 个百分点，对全行业电信业务收入增长贡献率达 113.3%，如图 4 所示；移动数据及互联网业务收入达 6096 亿元，比 2018 年增长 1.9%，在电信业务收入中占比由 2018 年的 46% 提升到 46.6%，对收入增长贡献率达 125.4%；固定增值业务收入 1374 亿元，比 2018 年增长 26%，虽然在电信业务收入中占比仅为 10.5%，但对收入增长贡献率却

达 315.6%，是行业收入增长的主要驱动力，如图 5 所示。其中，IPTV（网络电视）业务收入为 294 亿元，比 2018 年增长 21.6%；物联网业务收入比 2018 年增长 25.2%。

（四）优化成本管理，企业效益基本稳定

强化智慧运营，优化资源配置和成本管理。2019 年电信业务成本为 8941 亿元，比 2018 年增长 2.3%，增速较 2018 年下降 2.3 个百分点；实现电信利润为 1834 亿元，比 2018 年增长 3.8%，如图 6 所示。

二、网络提速和普遍服务效果显著

（一）电话用户增速渐缓，移动电话普及率稳步提升

2019 年，全国电话用户净增 3420 万户，总数达 17.9 亿户，比 2018 年年底增长 1.9%。其中，因第

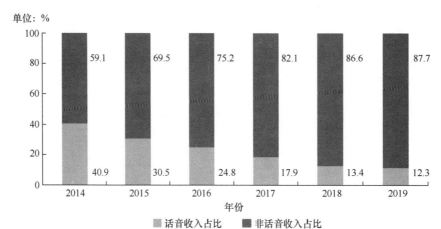

图 3　2014—2019 年电信收入结构（话音和非话音）情况

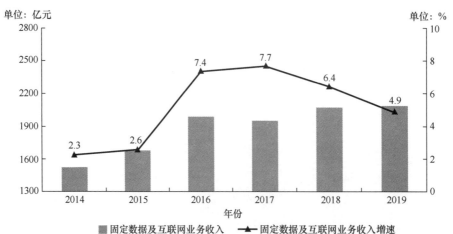

图 4　2014—2019 年固定数据及互联网业务收入的发展情况

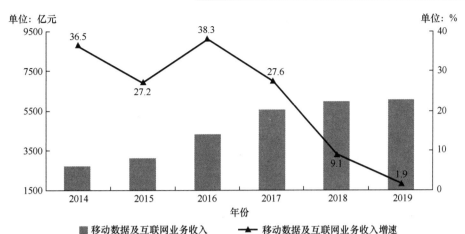

图 5 2014—2019 年移动数据及互联网业务收入的发展情况

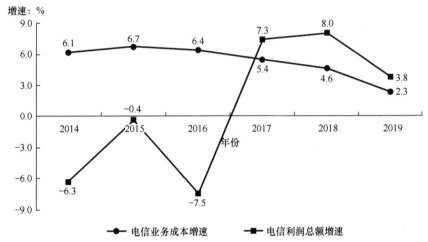

图 6 2014—2019 年电信业务成本和电信利润总额的增速情况

二卡槽需求基本释放完毕，移动电话用户 2019 年净增从 2018 年 1.49 亿户降至 3525 万户，总数达 16 亿户，移动电话用户普及率达 114.4 部 / 百人，比 2018 年年底提高 2.2 部 / 百人；固定电话用户总数为 1.91 亿户，比 2018 年年底减少 105 万户，普及率下降至

13.6 部 / 百人，如图 7 所示。全国已有 26 个省市的移动电话普及率超过 100 部 / 百人，如图 8 所示。

（二）固定宽带迈入千兆时代，4G 用户占比超八成

"双 G 双提"工作加快落实，网络提速卓有成效，

图 7 2009—2019 年固定电话及移动电话普及率发展情况

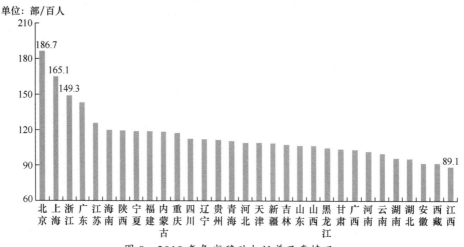

图 8　2019 年各省移动电话普及率情况

固定宽带迈入千兆时代。截至 2019 年年底，三家基础电信企业的固定互联网宽带接入用户总数达 4.49 亿户，2019 年全年净增 4190 万户。其中，1000Mbit/s 及以上接入速率的用户数达 87 万户，100Mbit/s 及以上接入速率的固定互联网宽带接入用户总数达 3.84 亿户，占固定宽带用户总数的 85.4%，占比较 2019 年年末提高 15.1 个百分点，如图 9 所示。移动网络覆盖向纵深延伸，4G 用户总数达 12.8 亿户，2019 年全年净增 1.17 亿户，占移动电话用户总数的 80.1%，如图 10 所示。

（三）电信普遍服务成效显著，农村宽带用户快速增长

截至 2019 年年底，全国农村宽带用户 2019 年全年净增 1736 万户，总数达 1.35 亿户，比 2018 年年末增长 14.8%，增速较城市宽带用户高 6.3 个百分点，如图 11 所示；在固定宽带接入用户中占 30%（2018 年同期占比为 28.8%），占比较 2018 年年末提高 1.2 个百分点。行政村通光纤和通 4G 的比例均超过 98%，电信普遍服务试点地区的平均下载速率超过 70Mbit/s，基本实现了农村和城市的"同网同速"。

（四）新业态发展喜人，蜂窝物联网用户规模快速扩大

加强生态合作，聚焦物联网、云服务、智慧生活、垂直行业应用、5G 等重点领域，加快培育新兴业务。截至 2019 年年底，三家基础电信企业发展蜂窝物联网用户达 10.3 亿户，2019 年全年净增 3.57 亿户。IPTV（网络电视）用户 2019 年全年净增 3870 万户，净增 IPTV（网络电视）用户占净增光纤接入用户的 78.9%。

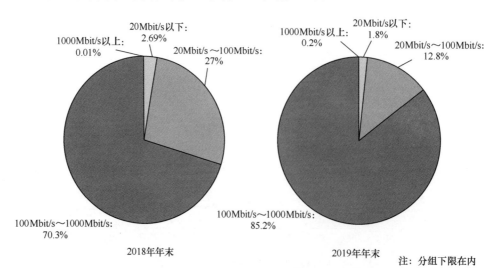

图 9　2018 年和 2019 年固定互联网宽带各接入速率用户占比情况

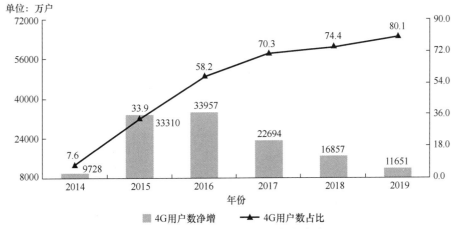

图 10　2014—2019 年 4G 用户发展情况

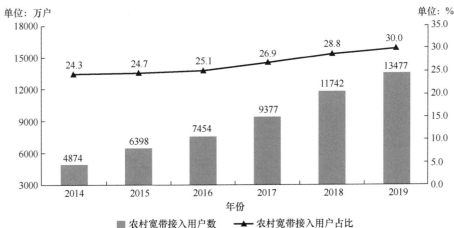

图 11　2014—2019 年农村宽带接入用户及占比情况

（五）移动转售用户规模快速扩大，携号转网服务如期推出

2019 年全年净增移动转售用户 4930 万户，比 2018 年增长 65.7%，移动转售用户总数达 1.18 亿户，但转售用户的月户均流量（DOU）只有 2.31GB·户·月，不足基础电信企业用户 DOU 的三分之一。2019 年基础电信业按时推出携号转网服务，确立了"携得了、转得快、用得好"的服务标准，不断提高服务水平。

■ 三、移动数据流量消费规模稳步扩大

（一）移动互联网流量较快增长，月户均流量稳步提升

线上线下服务融合创新保持活跃，各类互联网应用加快向四五线城市和农村用户渗透，使移动互联网接入流量消费保持较快增长。2019 年，移动互联网接入流量消费达 1220 亿吉比，比 2018 年增长 72.1%，增速较 2018 年收窄 116.2 个百分点。2019 年全年移动互联网月户均流量（DOU）达 7.84GB/户/月，是 2018 年的 1.69 倍。其中，手机上网流量达 1210 亿吉比，比 2018 年增长 72.4%，在总流量中占 99.2%，如图 12 所示。

（二）移动短信业务量较快增长，话音业务量小幅下滑

网络登录和用户身份认证等安全相关服务不断渗透，大幅提升了移动短信业务量。2019 年，全国移动短信业务量比 2018 年增长 32.2%，增速较 2018 年提高 18.2 个百分点；移动短信业务收入完成 396 亿元，比 2018 年下降 0.8%，如图 13 所示。

互联网应用对话音业务替代影响加深，2019 年，全国移动电话去话通话时长为 2.4 万亿分钟，比 2018 年下降 5.9%，如图 14 所示。

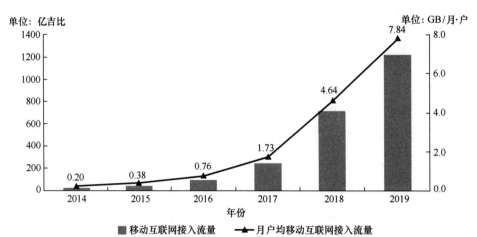

图 12 2014—2019 年移动互联网流量及月 DOU 的增长情况

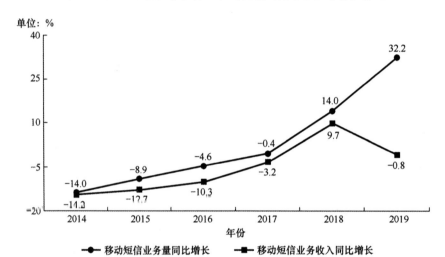

图 13 2014—2019 年移动短信业务量和收入的增长情况

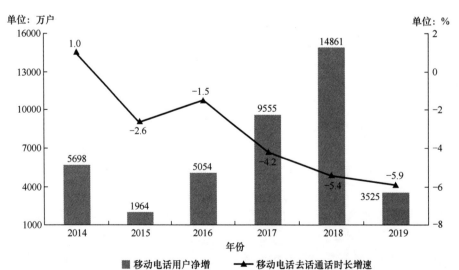

图 14 2014—2019 年移动电话用户和通话量的增长情况

四、网络基础设施能力不断夯实

（一）固定资产投资额小幅增长，移动通信投资加快

2019 年，三家基础电信企业和中国铁塔股份有限公司在 5G 相关方面的投资快速增长的推动下，共完成固定资产投资 3654 亿元，比 2018 年增长 4.2%。其中，移动通信投资稳居电信投资的首位，完成投资 1746 亿元，占全部投资的比重达 47.8%，占比较 2018 年上升 7.5 个百分点；近七年以 4G 为主的移动通信投资总额已超 1.03 万亿元。

截至 2019 年年底，三家基础电信企业的 5G 基站及室内分布系统的直接投资已经超过 382 亿元。

（二）光网改造工作效果显著，5G 网络建设有序推进

推进网络 IT 化、软件化、云化部署，夯实智慧运营基础，构建云网互联平台，夯实为各行业提供服务的网络能力；4G 覆盖盲点不断被消除、移动通信核心网能力持续提升，夯实 5G 网络建设基础。2019 年，新建光缆线路长度为 424 万千米，全国光缆线路总长度达 4741 万千米。互联网宽带接入端口"光进铜退"趋势更加明显，截至 2019 年年底，互联网宽带接入端口数量达 9.16 亿个，比 2018 年末净增 4826 万个。其中，光纤接入（FTTH/0）端口比 2018 年年底净增 6479 万个，达 8.36 亿个，占互联网接入端口的比重由 2018 年年末的 88.9% 提升至 91.3%。xDSL 端口比 2018 年年末减少 261 万个，总数降至 820 万个，占互联网接入端口的比重由 2018 年年末的 1.2% 下降至 0.9%，如图 15 所示。

2019 年，全国净增移动电话基站 174 万个，总数达 841 万座，如图 16 所示。其中，4G 基站总数达 544 万座。5G 网络建设顺利推进，在多个城市已

图 15　2014—2019 年互联网宽带接入端口的发展情况

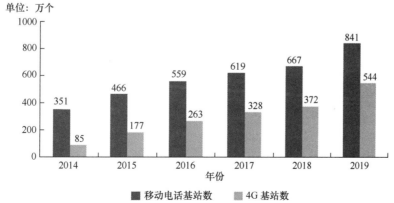

图 16　2014—2019 年移动电话基站的发展情况

实现 5G 网络的重点市区室外的连续覆盖，并协助各地方政府在展览会、重要场所、重点商圈、机场等区域实现室内覆盖。

五、东中西部地区协调发展

（一）东部、中部、西部、东北地区的电信业务收入份额稳定

2019 年，东部、西部地区占比分别为 49.6%、23.1%，分别比 2018 年下滑 1 个百分点和 0.5 个百分点；中部、东北部地区占比为 19%、5.7%，分别比 2018 年下滑 0.7 个百分点和 0.4 个百分点，如图 17 所示。

（二）东北部地区百兆及以上固定互联网宽带接入用户占比领先

截至 2019 年年底，东部、中部、西部、东北部地区 100Mbit/s 及以上的固定互联网宽带接入用户分别达 17143 万户、9285 万户、9602 万户和 2360 万户，在本地区宽带接入用户中，占比分别达 86.1%、86%、83.3% 和 87.5%，如图 18 所示。

（三）西部地区移动互联网流量增速全国领先

2019 年，东部、中部、西部、东北地区移动互联网接入流量分别达 531 亿吉比、262 亿吉比、355 亿吉比和 72.5 亿吉比，比 2018 年分别增长 68.6%、75.6%、76.9% 和 62.5%，西部增速比东部、中部和

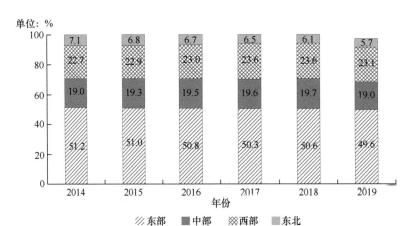

图 17　2014—2019 年东部、中部、西部、东北地区的电信业务收入比重

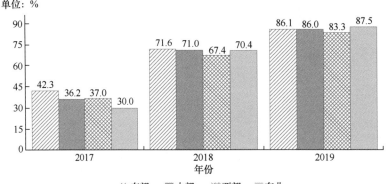

图 18　2017—2019 年东部、中部、西部、东北地区 100Mbit/s 及以上固定宽带接入用户渗透率情况

东北地区增速分别高 8.3 个百分点、1.3 个百分点和 14.4 个百分点，如图 19 所示。

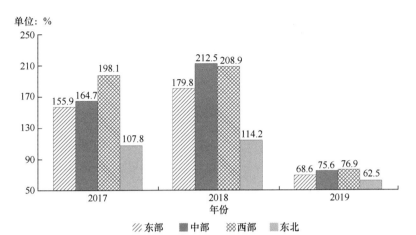

图 19 2017—2019 年东部、中部、西部、东北地区移动互联网接入流量的增速情况

2019 年基础电信业主要指标完成情况（一）

指标名称	单位	2019 年	比 2019 年同期增长（%）
电信业务总量（按 2015 年不变价）	亿元	106810	62.7
营业收入	亿元	15070	1.3
其中：电信业务收入	亿元	13096	0.7
其中：固定通信业务收入	亿元	4152	9.3
其中：固定增值业务收入	亿元	1374	26.0
固定数据及互联网业务收入	亿元	2176	4.9
其中：移动通信业务收入	亿元	8944	−2.9
其中：移动数据及互联网业务收入	亿元	6096	1.9
移动短信业务收入	亿元	396	−0.8
利润总额	亿元	1861	3.7
其中：电信利润总额	亿元	1834	3.8
税费总额	亿元	585	−1.3
固定资产投资完成额	亿元	3654	4.2
移动互联网接入流量	亿吉比	1220	72.1
移动短信业务量	亿条	15066	32.2
固定电话主叫通话时长合计	亿分钟	1207	−19.5
移动电话去通话时长合计	亿分钟	23929	−5.9

注：1. 固定电话主叫通话时长和移动电话通话时长均包含相应的 IP 电话通话时长。

2. 固定资产投资含中国铁塔股份有限公司。

2019 年基础电信业主要指标完成情况（二）

指标名称	单位	2019 年年底达	比 2018 年年末净增
固定电话用户合计	万户	19103	−105
移动电话用户合计	万户	160134	3525
其中：4G 用户	万户	128197	11651
其中：移动互联网用户	万户	131853	4371
其中：手机上网用户数	万户	131540	4680
互联网宽带接入用户	万户	44928	4190
其中：xDSL 用户	万户	448	−167
FTTH/0 用户	万户	41740	4907
其中：100M 速率以上用户	万户	38389	9748
其中：城市宽带接入用户	万户	31451	2454
农村宽带接入用户	万户	13477	1736
IPTV（网络电视）用户数	万户	29396	3870
物联网终端用户数	万户	102779	35718
固定电话普及率	部 / 百人	13.6	−0.2
移动电话普及率	部 / 百人	114.4	2.2

注：1. 比 2018 年年末净增采用 2018 年年终决算数据计算得到。

2. 普及率采用 2019 年年末人口数据计算得到。

2019 年电话用户分省情况

（单位：万户）

	固定电话用户	移动电话用户	
		合计	4G 用户
全 国	19103.3	160134.5	128197.5
东 部	9303.0	70124.9	57422.8
北 京	543.1	4019.8	3291.7
天 津	349.1	1704.7	1409.1
河 北	705.2	8315.6	6596.5
上 海	643.4	4007.9	3599.7
江 苏	1329.1	10165.9	8389.5
浙 江	1309.8	8736.4	6912.7
福 建	763.7	4720.3	3878.7
山 东	1185.2	10785.5	8112.7
广 东	2303.3	16533.1	14307.8
海 南	171.1	1135.7	924.4
中 部	3194.4	36165.8	28816.0
山 西	266.2	3987.2	3202.4
安 徽	570.9	5844.2	4506.3
江 西	457.5	4157.1	3268.0
河 南	757.8	9841.1	8067.4
湖 北	518.9	5688.0	4495.4
湖 南	623.1	6648.1	5276.7
西 部	5179.9	42133.6	32820.4
内蒙古	214.4	3011.7	2386.5
广 西	330.7	5127.5	4271.9
重 庆	604.2	3678.8	2897.5
四 川	1871.8	9443.5	7288.6
贵 州	229.7	4049.8	3280.3
云 南	287.8	4863.0	3700.0
西 藏	71.7	321.4	265.3
陕 西	641.7	4640.5	3795.2
甘 肃	331.8	2751.2	2205.4

（续表）

	固定电话用户	移动电话用户	
		合计	4G 用户
青　海	125.4	673.1	557.1
宁　夏	53.9	828.3	682.2
新　疆	416.9	2745.0	1490.6
东　北	1426.0	11710.3	9138.3
辽　宁	628.7	4883.6	3943.1
吉　林	457.4	2897.6	2217.6
黑龙江	339.9	3929.0	2977.6

2019 年基础电信业主要通信能力

指　标　名　称	单位	2019 年年底达	比 2018 年年末净增
光缆线路长度	公里	47412442	4244554
其中：长途光缆线路长度	公里	1084937	90807
移动电话基站数	万个	841	174
互联网宽带接入端口	万个	91578	4826
其中：光纤（FTTH/0）端口	万个	83617	6479

注：比 2018 年年末净增采用 2018 年年终决算数据计算得到。

2019 年通信水平分省情况

	固定电话普及率 （部／百人）	移动电话普及率 （部／百人）
全　国	13.6	114.4
北　京	25.2	186.7
天　津	22.4	109.1
河　北	9.3	109.5
山　西	7.1	106.9
内蒙古	8.4	118.6
辽　宁	14.4	112.2
吉　林	17.0	107.7
黑龙江	9.1	104.7
上　海	26.5	165.1
江　苏	16.5	126.0
浙　江	22.4	149.3
安　徽	9.0	91.8
福　建	19.2	118.8
江　西	9.8	89.1
山　东	11.8	107.1
河　南	7.9	102.1
湖　北	8.8	96.0
湖　南	9.0	96.1
广　东	20.0	143.5
广　西	6.7	103.4
海　南	18.1	120.2
重　庆	19.3	117.7
四　川	22.3	112.8
贵　州	6.3	111.8
云　南	5.9	100.1
西　藏	20.4	91.7
陕　西	16.6	119.7
甘　肃	12.5	103.9
青　海	20.6	110.7
宁　夏	7.8	119.2
新　疆	16.5	108.8

注：普及率＝用户／人口数 ×100；全国及各省人口采用 2019 年年底的人口数。

2019年互联网和相关服务业的经济运行情况综述

在人工智能、云计算、大数据等信息技术和资本力量的助推下，在国家各项政策的扶持下，2019年，我国互联网和相关服务业保持平稳较快增长态势，业务收入和利润保持较快增长，研发投入快速提升，业务模式不断创新拓展，对数字经济发展的支撑作用不断增强。

一、总体运行情况

互联网业务收入保持较高增速。2019年，我国规模以上互联网和相关服务企业（以下简称互联网企业）完成业务收入12061亿元，同比增长21.4%，如图1所示。

全行业利润保持较快增长。2019年，全行业实现营业利润1024亿元，同比增长16.9%，增速比2018年提高13.1个百分点，如图2所示。

研发投入增速高于收入。2019年，全行业完成研发费用535亿元，同比增长23.1%，增速比2018年提高4.1个百分点，高出同期业务收入增速1.7个百分点，如图3所示。

固定资产投资额有较大回落。2019年，全行业完成固定资产投资额371亿元，同比下降3.4%，增速低于2018年的19.8个百分点，如图4所示。

二、分领域运行情况

（一）信息服务收入整体快速增长，音视频服务增速保持领先

2019年，互联网企业共完成信息服务（包括网络音乐和视频、网络游戏、新闻信息、网络阅读

图1　2013—2019年互联网业务收入的增长情况

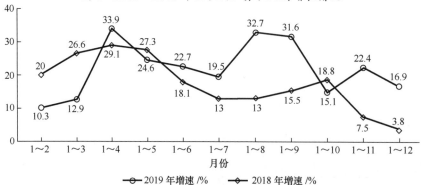

图2　2018—2019年互联网和相关服务业利润的增长情况

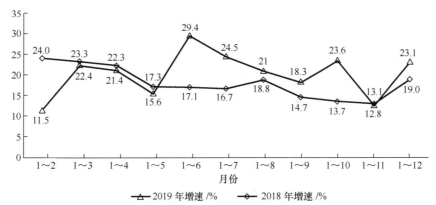

图 3　2018—2019 年互联网和相关服务业研发费用的增长情况

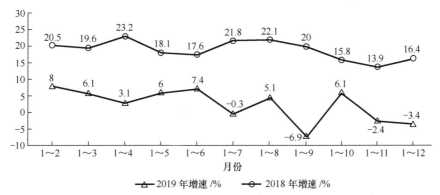

图 4　2018—2019 年互联网和相关服务业固定资产的增长情况

等服务在内）收入 7879 亿元，同比增长 22.7%，增速高于互联网业务收入的 1.3 个百分点，占比达 65.3%。其中，以提供视频和音乐服务为主的企业业务收入同比增长 42%，营业利润快速扩大，扭转 2018 年同期亏损局面。随着游戏审批常态化，游戏企业业务收入增幅趋于平稳，同比增长 18.7%，盈利能力不断提高。新闻和内容服务的企业业务收入同比增长 7.1%，研发费用同比增长 19.5%，研发投入强度超过 20%，居行业前列。

（二）互联网平台的服务收入增长较快，生活服务、网络销售服务的规模不断扩大

2019 年，互联网平台的服务企业（以提供生产服务平台、生活服务平台、科技创新平台、公共服务平台等为主）实现业务收入 3193 亿元，同比增长 24.9%，增速高于互联网业务收入的 3.5 个百分点，占比达 26.5%。其中，在线上线下融合的新零售、下沉市场服务、跨境电商、社交电商等新模式和新方向不断兴起的拉动下，提供网络销售服务的平台企业收入同比增长 32.7%。提供生活服务的平台企业收入同比增长 22.4%，提供快递服务的平台企业收入同

比增长 32.1%，提供教育服务的平台企业收入同比增长 40.9%。提供生产制造和生产物流平台服务的企业收入同比均增长 18.4%。

（三）互联网的数据服务收入保持较快增长

2019 年，随着 5G、云计算、大数据和人工智能等新技术应用加快，新型基础设施建设进入快速增长期，拉动互联网数据服务（含数据中心业务、云计算业务等）实现收入 116.2 亿元，同比增长 25.6%，增速高于互联网业务收入的 4.2 个百分点；截至 2019 年年底，部署的服务器数量达 193.6 万台，同比增长 17.3%。

（四）互联网接入用户规模稳步扩大

截至 2019 年年底，互联网企业共发展宽带接入用户 4390 万户，同比增长 14.7%，占全国宽带接入用户总数（即包括基础电信企业和互联网企业发展的用户）的比重为 8.9%。2019 年，互联网企业完成互联网接入及相关服务业务的收入为 314.3 亿元，同比增长 32.3%，增速高于互联网业务收入的 10.9 个百分点，如图 5 所示。

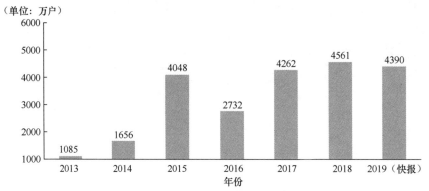

（单位：万户）

图 5　2013—2019 年互联网企业宽带接入用户规模

三、分地区运行情况

东部地区互联网业务收入集聚发展，中部地区增势突出。2019 年，东部地区的互联网业务收入为 9438 亿元，同比增长 23.8%，增速高出全国平均水平 2.4 百分点，占全国（扣除跨地区企业）互联网业务收入的比重为 90.9%。中部地区和西部地区的互联网业务收入为 452 亿元和 443 亿元，分别增长 56.5% 和 22.1%，增速高出全国平均水平 35.1 个百分点和 0.7 个百分点。东北地区的互联网业务收入为 45.5 亿元，同比增长 0.7%，如图 6 所示。

主要省份运行良好，个别省份增势突出。2019

年，互联网业务累计收入居前 5 名的广东（增长 16.3%）、上海（38.7%）、北京（18.5%）、浙江（37.9%）和江苏（5.9%）共完成互联网业务收入 9042 亿元，占全国（扣除跨地区企业）比重达 87.1%。互联网业务收入增速高于全国平均水平的省份共有 12 个，其中宁夏、安徽、海南、江西等省、自治区的增幅突出，如图 7 所示。

四、我国移动应用程序数量的增长情况

移动应用程序（App）数量整体呈下降态势。截至 2019 年年底，我国国内市场上监测到的 App 数

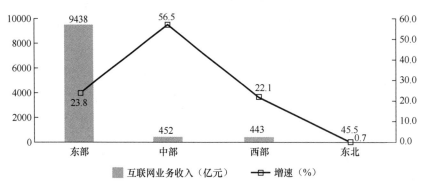

　互联网业务收入（亿元）　　增速（%）

图 6　2019 年东部、中部、西部地区互联网业务收入增长情况

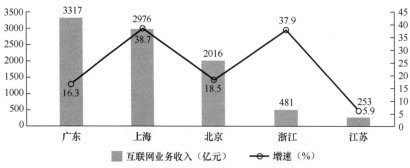

　互联网业务收入（亿元）　　增速（%）

图 7　2019 年收入居前 5 名省市互联网业务收入增长情况

量为 367 万款，比 2018 年同期减少 85 万款，下降 18.8%。其中，本土第三方应用商店 App 数量为 217 万款，苹果商店（中国区）App 数量超过 150 万款，如图 8 所示。

游戏类应用规模保持领先。截至 2019 年年底，移动应用规模排在前 4 位种类（游戏、日常工具、电子商务、生活服务类）的 App 数量占比达 57.9%，其中，游戏类 App 数量继续领先，达 90.9 万款，占全部 App 的比重为 24.7%，比 2018 年减少 47.4 万款；日常工具类、电子商务类和生活服务类 App 的数量分别达 51.4 万款、38.8 万款和 31.7 万款，分列移动应用规模第二、三、四位，占全部 App 的比重分别

为 14.0%、10.6% 和 8.6%。其他社交、教育等 10 类 App 占比为 42.1%。

音乐视频等五类应用下载量超过千亿次。截至 2019 年年底，我国第三方应用商店在架应用分发总量达 9502 亿次。其中，音乐视频类增势最为突出，下载量达 1294 亿次，下载量排第一位；社交通信类下载量排名从第三位上升到第二位，下载量达 1166 亿次；游戏类、日常工具类、系统工具类分别以 1139 亿次、1075 亿次、1063 亿次排名三、四、五位。在其余各类应用中，下载总量超过 500 亿次的应用还有生活服务类（826 亿次）、新闻阅读类（761 亿次）、电子商务类（593 亿次）和金融类（520 亿次）。

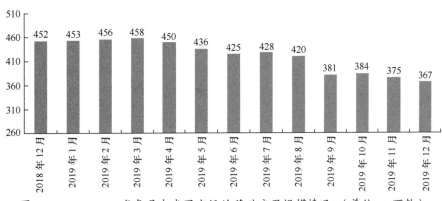

图 8　2018—2019 年各月末我国市场的移动应用规模情况（单位：万款）

2019 年互联网和相关服务业的经济运行情况表

2019 年互联网和相关服务业的主要指标完成情况表

指标名称	单位	本期累计	同比（±%）
一、经济指标			
企业个数	个	3739	—
营业收入	亿元	19148.5	16.0
互联网业务收入	亿元	12061.4	21.4
其中：1. 互联网接入及相关服务收入	亿元	314.3	32.3
2. 信息服务收入	亿元	7878.9	22.7
3. 互联网平台收入	亿元	3192.9	24.9
4. 互联网安全服务收入	亿元	3.9	88.3
5. 互联网数据服务收入	亿元	116.2	25.6
6. 其他互联网收入	亿元	555.3	−11.8
营业成本	亿元	15768.1	15.6
应交增值税	亿元	269.0	−28.4
营业利润	亿元	1023.8	16.9
企业所得税	亿元	144.8	−2.6
研发费用	亿元	534.7	23.1
固定资产投资	亿元	370.7	−3.4
二、业务指标			
互联网数据中心服务器数量	万台	193.6	17.3
（固定）互联网宽带接入用户数	万户	4389.7	14.7

注：1. 信息服务收入包括在线信息、数据检索、网络游戏、网络音视频等服务，不包括互联网支付、互联网金融等。

2. 互联网平台收入包括运营生产服务平台、生活服务平台、科技创新平台、公共服务平台等。

3. 互联网数据服务包括大数据处理、云存储、云计算等服务。

2019 年分省互联网和相关服务业的完成情况表

单位：亿元

单位名称	企业数（个）	互联网业务收入		其中：信息服务收入	
		本期累计	同比（%）	本期累计	同比（%）
全　国	3739	12061.4	21.4	7878.9	22.7
东　部	2394	9437.5	23.8	7238.8	21.7
北　京	414	2015.7	18.5	1153.0	10.9
天　津	45	42.1	18.5	39.3	24.2
河　北	72	30.1	7.7	10.2	−5.9
上　海	519	2975.7	38.7	2818.3	38.1
江　苏	124	252.5	5.9	186.7	−7.9
浙　江	182	481.4	37.9	464.8	43.8
福　建	240	246.8	12.5	151.9	9.8
山　东	58	8.3	−6.8	2.9	11.7
广　东	643	3316.6	16.3	2354.8	11.2
海　南	97	68.3	59.6	56.9	40.2
中　部	432	451.9	56.5	337.6	59.0
山　西	14	1.5	−64.3	0.6	−78.2
安　徽	78	141.5	105.3	130.7	104.1
江　西	40	65.1	55.5	61.0	57.2
河　南	86	86.8	28.7	17.9	−2.5
湖　北	140	15.8	49.5	7.8	44.7
湖　南	74	141.2	47.6	119.6	44.2
西　部	471	442.8	22.1	190.9	16.0
内蒙古	20	2.1	−34.6	0.4	29.6
广　西	14	5.1	−23.1	2.4	−27.2
重　庆	78	57.4	23.5	35.1	−5.5
四　川	197	130.7	20.9	100.6	5.1
贵　州	37	31.3	−23.8	12.1	30.9
云　南	37	120.2	47.9	4.4	−3.1
西　藏					
陕　西	43	38.5	7.0	13.4	−6.6

（续表）

单位名称	企业数（个）	互联网业务收入		其中：信息服务收入	
		本期累计	同比（%）	本期累计	同比（%）
甘　肃	10	3.8		1.9	
青　海					
宁　夏	5	4.6	228.4		
新　疆	30	49.1	28.1	20.7	
东　北	138	45.5	0.7	18.5	2.0
辽　宁	67	13.9	5.0	9.7	49.6
吉　林	34	21.9	−1.0	7.8	15.7
黑龙江	37	9.7	−1.0	1.1	−78.2
跨地区	304	1683.7	3.9	93.1	18.6

（工业和信息化部网络安全产业发展中心）

使能数字未来
生态价值共生

　　天翼物联科技有限公司（简称"天翼物联"）成立于2019年2月，注册资本10亿元，是中国电信股份有限公司的全资子公司，是中国电信承担5G时代网络强国使命，在物联网领域打造的自有核心能力、研发运营一体化的物联网能力中心。

　　天翼物联全面立足于粤港澳大湾区、长三角经济带、京津冀地区，依托中国电信的资源禀赋，将物联网与5G、大数据、AI、边缘计算、区块链、视图云等新技术深度融合，打造中国电信智能物联网开放平台（CTWing），提供高价值、高质量"平台+应用"服务，汇聚万千生态合作伙伴和开发者，实现连接感知世界，平台汇聚应用，数据创造价值，智能承接未来。

　　以5G，引领万物"智"联新时代。天翼物联愿携手合作伙伴共建5G+AI+IoT创新生态，加快推进5G商用步伐，助力数字中国和网络强国建设。

中讯邮电咨询设计院有限公司检测业务中心

中讯邮电咨询设计院有限公司检测业务中心前身为信息产业通信电源产品质量监督检验中心和信息产业通信产品防雷性能质量监督检验中心，为中国国家认证认可监督管理委员会（CMA）和中国合格评定国家认可委员会（CNAS）认可的第三方检测机构，也是泰尔（TLC）认证、CQC认证、CB国际认证、德国TUV认证、鉴衡（CGC）认证等国内外知名认证机构的授权签约实验室。

中心依托中讯邮电咨询设计院有限公司深厚的技术基础，积累了大量的检测、监测、认证、评估与咨询研究的经验，主持制定了多项ITU国际、国家和通信行业标准，获得了多项科技奖励。

通信设备测试实验室

电源实验室-电池测试设备

全套供电系统实操室

自主研发的雷电发生器

经过二十多年的建设与发展，中心现有60余名技术人员，其中，教授级高级工程师3人，高级工程师20余人，检测场地约5500平方米，配备有近亿元的先进检测仪表和试验设备，检测业务涵盖了电源/节能检测、电磁环境监测、防雷检测、数据中心第三方检测（取得了中国计量科学研究院认可的检测认证经历）、铁塔结构检测、传输设备检测、无线设备检测、云核心网设备检测等多个领域，可以提供覆盖入网检测、质量抽检、验收测试、后评估检测、服务验证等检测业务全流程的服务能力，具备GB、YD、IEC、EN等多种相关标准的检测能力。目前，中心在通信、军队、气象、石化等多个行业开展了相关检测业务，业务范围区域涉及全国26个省份区域，覆盖移动、电信、联通、铁塔等通信运营企业和其他各类政企客户。

面向未来，中心将以技术为先导，以客户为导向，致力于向产品制造、运营企业、认证机构以及社会公众提供一站式检测服务，成为国内领先、国际化的信息通信领域第三方检测实验室。

地址：河南省郑州市互助路一号 邮编450007
联系人：许向阳　　电话：18637128538
邮箱：xyxu@dimpt.com

联通物联网
5G时代"AIoT"赋能
百行千业的引领者

助力客户数字化转型！

端到端物联网服务，助力客户数字化转型！

雁飞Cat.1

- 公网对讲
- 车载定位
- 车辆诊断
- 电力模块
- 电子胸卡
- 安防摄像

NB-IoT

NB
- 智慧水表
- 智慧燃气
- 消防烟感

工业互联网

- 设备管理平台+工业网关
- 标识解析体系应用创新推广中心

5G

智慧城市
智慧城市感知云：

- 统一开放门户
- 城市大脑中台
- CIM平台
- 物联感知平台

联通智网科技有限公司

美好车生活的建设者

公司愿景：

立足中国，走向世界，致力于成为国际一流的汽车信息化运营服务提供商

车辆联网 先行者

构建"智能网联时代的新型信息通信基础设施"

服务运营 引领者

打造领先的汽车全生命周期运营服务，成为"车企数字化转型的优选合作伙伴"

智慧交通 赋能者

基于5G-V2X的核心能力，构建面向场景化的车路协同平台产品和服务体系

智网科技官网：https://www.cu-sc.com

扫码了解更多

智能客服云平台

——提供一站式AI智能客服解决方案

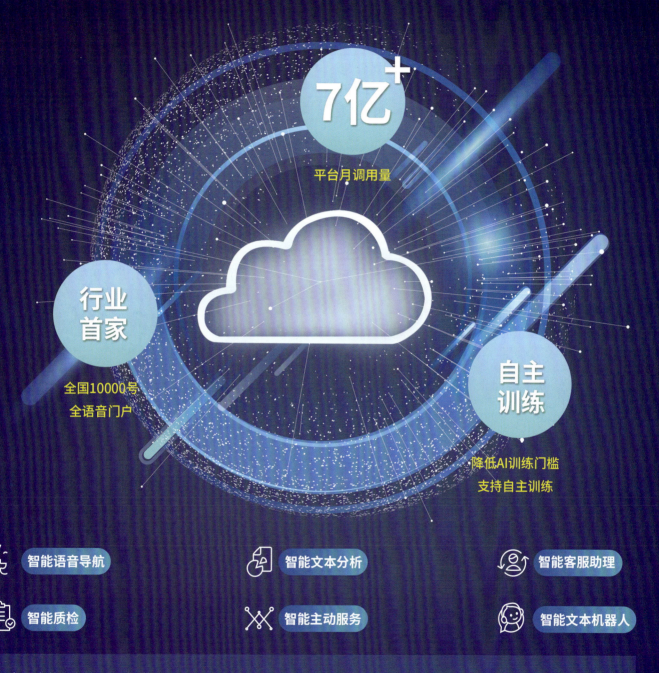

7亿⁺

平台月调用量

行业
首家

全国10000号
全语音门户

自主
训练

降低AI训练门槛
支持自主训练

智能语音导航　　智能文本分析　　智能客服助理

智能质检　　智能主动服务　　智能文本机器人

中国电信股份有限公司增值业务运营中心运用先进的语音识别、语音合成、语义解析、深度学习、机器阅读等人工智能技术搭建了智能客服云平台，采用集约建设、分省赋能的模式，支持客户自主训练，推出了多种成熟应用，为各省及专业公司提供网络、软件、硬件、安全等一站式AI智能客服解决方案，并可以对外提供解决方案，有意向可联系。

不断提升用户的幸福感、获得感、安全感，

助力企业实现成本优化和效率提升

010-58507241
lifzh@chinatelecom.cn
北京市海淀区杏石口路99号D座

润泽科技发展有限公司

　　润泽科技发展有限公司于2009年9月在廊坊经济技术开发区成立，是一家"网络+数据"服务商，专注提供以"物联网、移动互联网、量子通信网等网络+云计算、大数据"为基础的新一代信息技术、产品、服务和系统解决方案，并在云计算、大数据领域拥有持续的规模投入。

一、润泽国际信息港项目建设情况

　　润泽国际信息港项目于2010年正式投资建设，项目占地134万平方米，建筑面积262万平方米，规划专业数据中心机房面积66万平方米，该项目已被列入河北省"十二五""十三五"重点规划，承担着廊坊市、河北省及京津冀信息产业转型的重要任务。

　　目前，润泽国际信息港已完成5栋数据中心建设，总建筑面积达22.5万平米，容纳2.8万个机架运营；京津冀大数据创新应用中心已完成33万平米建筑面积，已完成投资15亿元。同时，润泽科技已完成数字技术产业供给侧平台累计投入5500万元；大数据产业创新应用（工惠驿家）累计投入2.15亿元。2020年，我们将继续建设7栋数据中心建设，新增7栋数据中心总建筑面积达31.5万平米，容纳4.2万个机架运营。

　　润泽国际信息港凭借高规格的设计标准及稳定、安全、可靠的运营体系赢得了用户的肯定，已吸引国家信息中心、国家信息安全中心、国家电子政务外网、国家超算中心天津中心等单位；中国电信、中国联通、中国移动、中国教育网等运营商；京东、华为、美团、今日头条、亚马逊、快手、陌陌等互联网企业入驻。

中工服"工惠驿家"与中化石油达成战略合作

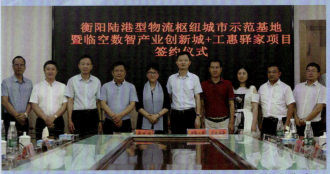

临空数智物流产业创新城+"工惠驿家"项目签约落户衡南

衡南数智产业创新城奠基仪式

临洮"一带一路"智慧产业创新城签约仪式　卤阳湖"一带一路"智慧产业创新城签约仪式

二、大数据产业生态建设情况

　　一是依托京津冀大数据创新应用中心，打造创业平台。京津冀大数据创新应用中心是京津冀大数据综合试验区重点项目，中心有效整合大数据产业资源、技术及应用方案，培育创新型大数据发展业态，打造京津冀地区大数据应用与服务最具竞争力的承载平台。目前以顺丰冀北区调度中心为代表的大批客户已成功入驻，伴随京津冀大数据创新应用中心的逐步发展，廊坊大数据产业园将成为京津冀地区促进大数据产业健康、绿色、良性发展的强劲引擎。

　　二是以"工惠驿家"项目为重点，探索大数据应用。润泽科技规划建设了"工惠驿家"项目，核心是智惠产业创新城建设，通过"互联网+"、大数据创新应用，为全国3000万卡车司机提供普惠性、常态性、精准性服务，逐步提升中国卡车司机获得感、归属感和幸福感。从各级工会为切入口，为动员、组织、服务货运司机职工提供新的服务方式和高效帮助，为广大货运司机职工打造可以依靠的温暖的家，促进物流货运行业的高品质、良性的发展，提供互联互通的优质资源共享服务支撑平台。目前，"工惠驿家"已和河北省廊坊市、邢台市，江苏省南通市，甘肃省兰州市、定西临洮，湖南省衡阳市、衡南市、宜章市，重庆市九龙坡，浙江省德清市、山东省阳谷市、陕西省卤阳湖等省、市、县签约。涵盖辽宁、山东、江苏、浙江、山西、河南等全国各地项目落地合作正在有序接洽。未来，"工惠驿家"将以发展县域经济为中心，在全国范围内试点示范进行落地。

中国通信服务
CHINA COMSERVICE

新一代综合智慧服务商

广东省通信产业服务有限公司

注册资本28亿元人民币，总资产超过100亿元，2019年营业额超过300亿元，是率先在海外上市的生产性服务类集团型企业——中国通信服务股份有限公司（HK0552）旗下规模较大、业务范围遍及全国及海外的省级全资子公司，亦是广东省百亿级大型骨干企业之一。

业务范围

业务外包服务
● 网络维护服务
● 设施管理
● 供应链服务
● 贸易服务
......

信息网络建设
● 咨询设计
● 网络建设
● 项目监理与管理
......

应用内容服务
● 应用软件开发
● 系统集成
● 增值服务（呼叫中心、ICP/ISP）
......

联系方式

传　真：020-38266800
邮　箱：market@gdccs.com.cn
网　址：www.gdccs.com.cn
邮政编码：510630

地　址：广东省广州市中山大道西191号
联系电话：020-38266899

南方通信建设
Southern Comconstruction

中国通信服务
CHINA COMSERVICE

- 通信工程施工总承包资质　一级
- 信息通信网络系统集成服务能力资质　甲级
- 通信网络代维（外包）企业资质（通信基站专业、通信线路专业、铁塔专业、装维专业、综合代维专业）　甲级
- 电子与智能化工程专业承包资质　一级
- 建筑智能化系统设计专项资质　甲级
- 企业涉密信息系统集成资质(系统集成、综合布线、安防监控)　甲级
- 广东省安全技术防范系统设计、施工、维修资格证　一级
- 信息通信行业运维领域企业信用等级评价　AAA
- 信息系统集成及服务资质　二级
- 信息系统安全集成服务资质　二级
- 建筑装饰工程设计专项资质　乙级
- 建筑装修装饰工程专业承包资质　二级
- 消防设施工程专业承包　二级
- 公路交通工程专业承包　二级
- 机电工程施工总承包资质　三级
- 市政公用工程施工总承包资质　三级
- 建筑工程施工总承包资质　三级
- 电力工程施工总承包资质　三级
- 钢结构工程专业总承包资质　三级
- 承装（修、试）电力设施许可证　承装类四级、承修类四级、承试类五级
- 高新技术企业证书
- 质量管理体系认证证书(包含GB50430认证）
- 环境管理体系认证证书
- 职工健康安全管理体系认证证书
- 信息技术服务管理体系认证证书
- 信息安全管理体系认证证书
- 广东省有线广播电视台工程设计（安装）许可证
- 增值电信业务经营许可证
- CMMI 3级证书(软件能力成熟度模型集成3级）

企业介绍 COMPANY INTRODUCTION

　　广东南方通信建设有限公司（以下简称"南建公司"）注册资本达2.45亿元，是国内专业的信息网络服务提供商，是中国通信服务旗下国有大型骨干企业。公司自1993年10月成立以来，专注技术创新，打造高技术与高知识含量业务类型，形成以管线类业务为基础，以无线类、设备类、网优类业务为核心，以整体网格运营解决方案为体系的三大业务版块，服务网格遍布全国各地，以及东南亚、欧洲、非洲等国家和地区。

　　公司凭借不断增强的创新能力、突出的通信专业技术能力、日趋完善的服务能力，赢得行业客户的信赖和行业口碑，相继获得政府颁发的多项行业证书，包括通信工程施工总承包一级、通信信息网络系统集成甲级等行业多项资质，并顺利通过ISO9001及GB/T50430标准认证，是高新技术企业、中国通信企业协会通信网络运营及工程建设专业委员会常委单位，被中国通信企业协会评为信息通信行业运维领域企业信用AAA等级单位。

地址：广州市中山大道华景路1号南方通信大厦24-25楼

电话：020-38637788　　邮编：510630　　网站：www.teleland.net

南方通信大厦

提供信息通信产业全方位一体化解决方案

广西壮族自治区通信产业服务有限公司（以下简称中国通信服务广西公司）于2007年7月正式成立，注册资本1.92亿元，是我国通信行业在香港上市的生产性服务类企业，是中国通信服务股份有限公司（HK552）在广西设立的省级全资子公司。

公司致力于为运营商、政府机构及其他集团客户、海外客户提供涵盖信息通信产业全方位、一体化解决方案，满足客户多元化信息需求。公司可提供的产品及服务涵盖"网络建设服务""业务流程外包服务"及"应用、内容及其他服务"3个板块，涵盖设计、施工、监理、网络维护、设施管理、装饰装修、IT应用服务、语音增值、互联网增值服务及其他专业。目前，广西公司下设6家专业子（分）公司、14个地市分公司，业务范围立足广西区市县，辐射至周边其他省、市乃至东南亚国家，具有完善的本地一体化服务网络和一支优秀的属地化交付运营服务团队，公司年业务收入十五亿元，是广西信息化领域生产性服务业的主导企业。

地址：南宁市大学东路89号　　邮编：530007　　网站：guangxi.chinaccs.cn

新一代综合智慧服务商

智慧运营保障者
数字生产服务者
智慧产品和平台提供者
数字基建建设者

物联网
应用平台

信息化
解决方案

智慧园区管理
系统平台

工程云视频
管理系统

EPC
总包

3D数据中心
可视化平台

驻地网融合
管理平台

地址：江苏省南京市雨花台区雨花西路210号

公司网址：www.chinacctc.com 传真：025-58768980 邮编：210012

综合管理部电话：025-58805022 市场经营部电话：025-58765888

集团客户部电话：025-58305678